BUR
Biblioteca Universa

L'inglese. Nuove lezioni semiserie
Inglesi
An Italian in America
An Italian in Britain
Italiani con valigia
Italiani si diventa
Un italiano in America
Manuale dell'imperfetto sportivo
Manuale dell'imperfetto viaggiatore
Manuale dell'uomo domestico

Beppe Severgnini

ITALIANI CON VALIGIA

SAGGI

Proprietà letteraria riservata
© 1993, 1995 R.C.S. Libri & Grandi Opere S.p.A., Milano
© 1997 RCS Libri S.p.A., Milano

ISBN 978-88-17-12608-3

Prima edizione BUR Supersaggi: settembre 1995
Diciassettesima edizione BUR Saggi: febbraio 2007

Per conoscere il mondo BUR visita il sito **www.bur.eu**

PREFAZIONE

Italiani con valigia è il mio terzo libro, ed è uscito otto anni fa, nella primavera del 1993. Contiene il racconto dei miei viaggi preceduto dalla descrizione degli italiani che incontravo in giro per il mondo. Personaggi affascinanti, che spesso mi portavano a dimenticare il motivo per cui ero arrivato fin là. Come concentrarsi su un'inchiesta o un'intervista, infatti, quando il vicino di tavolo commenta in italiano l'aspetto della cameriera cinese alla quale ha appena chiesto in francese se parlava inglese?

Quando il libro è stato pubblicato abitavo a Londra, dove lavoravo nella redazione di «The Economist». Non mi attendevo un gran successo. Mi bastava offrire una lettura piacevole e conservare il ricordo di un periodo frenetico che mi aveva visto correre in luna di miele in Transiberiana (in quattro: le altre due ragazze non le avevo mai viste), e poi dall'America al Sudafrica, da Varsavia a Lisbona, da Tienanmen alle piazze – meno pericolose, ma non meno eccitate – della provincia italiana.

I libri hanno però vita propria e fanno ciò che vogliono. *Italiani con valigia* è diventato un bestseller, e ha avuto diverse edizioni e molte ristampe. Quando, nel 1999, mi è stata proposta un'edizione Superpocket, la tentazione di metter mano al testo è stata forte: in fondo, molte cose erano cambiate, in sei anni. Ma ho deciso di resistere. Il libro è la fotografia dell'Italia turistica a metà degli anni Novanta, e tale doveva restare. In quell'occasione quindi ho soltanto inserito il resoconto di un lungo viaggio attraverso l'Italia (cosiddetta) minore, compiuto con una tecnica insolita: in ogni località, chiedevo a un lettore di farmi da guida (da qui il titolo, *Virgilio cercasi*).

Ora, per questa nuova edizione BUR, aggiungo un'altra sezione, dedicata alle città del mondo. Ventuno visite (da Atlanta a Zagabria, passando per Seattle, Stoccolma e Sydney), compiute nel corso di quindici anni (dal 1982 al 1996). Ho indicato ogni volta la data: serve per capire il momento storico e gli umori.

Spero che anche queste nuove pagine possano incuriosirvi. Perché si viaggia prima con la testa. Il resto, segue.

Crema, settembre 2001

Al papà viaggiatore, prima per mare
e poi da via Ponte Furio

ELOGIO DEL VIAGGIO

Noi italiani non facciamo niente in maniera normale. Facciamo tutto da italiani, e questo non è necessariamente un difetto. Protestiamo da italiani, ci abbattiamo da italiani, risorgiamo da italiani. Viaggiamo, anche, da italiani: quando prendiamo una valigia e partiamo — anzi, soprattutto quando prendiamo una valigia e partiamo — ci portiamo appresso i nostri vizi, le nostre qualità, le nostre squisite leggerezze.

Per anni ho osservato affascinato gli «italiani con valigia». Ne ho scritto, però, soltanto occasionalmente. Innanzitutto, perché da un inviato speciale nessuno si aspettava un resoconto dettagliato del dialogo surreale tra un geometra di Verona e la centralinista di un albergo del Vietnam. E poi perché descrivere altri popoli era, in un certo senso, più facile. Non mi riferisco alla complessità della psicologia italiana. Mi riferisco a un altro fatto, che si riassume in quattro parole: sono italiano anch'io. Cosa vuol dire questo? Vuol dire che, di fronte allo spettacolo di una comitiva di cafoni tedeschi in un ristorante a Praga, riesco a mantenere una sorta di divertito distacco. Davanti a una comitiva di cafoni italiani, provo meno distacco e nessun divertimento. Qualche volta, una gran voglia di cambiare cittadinanza.

La decisione di non occuparmi dei connazionali, tuttavia, è servita a poco. Non solo gli italiani erano dovunque. Mi sono accorto che si intrufolavano, sempre più spesso, nei miei articoli e nei miei libri. Più mi allontanavo dall'Italia, più me la trovavo vicina. Più fuggivo, più gli italiani mi inseguivano. Implacabili, inimitabili, inossidabili: italiani ossessionati dallo shopping o dalla ricerca di un orologio; italiani che non sapevano bene dove fossero, ma lo spiegavano comunque alla famiglia; italiani che cercavano la nebbia di Londra scomparsa da trent'anni almeno; italiani che nell'Europa dell'Est dalle nove alle undici di sera cercavano di telefonare alla moglie, e dalle undici in avanti tentavano di sedurre la centralinista; italiani che compravano cappelli militari e diventavano guerriglieri vietcong per le strade di Saigon, soldati cinesi negli alberghi di Pechino, ufficiali sovietici all'aeroporto di Mosca. Italiani sereni e onnipresenti, al punto che il mio mestiere è diventato talvolta imbarazzante. L'ho detto anche a Indro Montanelli: direttore, dovunque vado c'è un commerciante di Brescia che mi aspetta.

La mia, sia chiaro, non è una protesta. È una semplice constatazione, e mi ha portato a una conclusione: pedinare due signore cremonesi a passeggio per New York, o ascoltare i commenti di una comitiva di Bari in un albergo di Budapest, può non servire alla conoscenza dell'Europa post-comunista o della nuova America di Bill Clinton. Ma serve, senza dubbio, alla conoscenza dei pugliesi e dei lombardi. Viaggiando, infatti, noi italiani non soltanto restiamo quel che siamo: lo diventiamo ancora di più. Lo dimostrano film celebri — pensiamo a Alberto Sordi in *Fumo di Londra*, o ai soldati di Gabriele Salvatores in *Mediterraneo* — e lo conferma l'osservazione sul campo: all'estero gli italiani diventano perfino patriottici, il che è tutto dire.

Il viaggio, in sostanza, diventa lo specchio del nostro carattere. «La condizione d'italiano espatriato» scriveva Giorgio Manganelli «attiva il complesso dell'orfano sannita, un che di sventurato e diffidente, di irto e rusticamente astuto.» Se in Italia ci diamo un contegno, varcata la frontiera viene fuori di tutto: la furia con cui i connazionali entrano nelle stanze d'albergo e fanno sparire immediatamente carta da lettera intestata, penne biro e flaconcini di shampo (gli armadi delle case italiane, è noto, traboccano di questa refurtiva); la facile commozione di chi arriva nel Terzo Mondo e vuole adottare tutti i bambini che capitano a tiro; il sentimentalismo onesto e pericoloso di chi si innamora della causa (e, di solito, di un ragazzo o una ragazza del posto); il semplicismo — ma anche la generosità — dell'italiano che arriva in Paesi complessi come Israele, il Sud Africa o l'ex Jugoslavia, e dopo tre giorni sta già spiegando agli indigeni allibiti cosa devono fare per risolvere un problema che li tormenta da decenni o da secoli. Anche di costoro ci occuperemo, nella prima parte di questo libro.

Nella seconda parte descriverò alcuni dei miei viaggi all'estero. Perché anch'io sono «un italiano con valigia». Forse un italiano con più ore di volo rispetto alla media, e probabilmente un italiano poco furbo, visto che talvolta finisco in posti discutibili. Ma rimango indubbiamente un italiano, con i suoi entusiasmi e le sue ingenuità, prontamente sfruttate dal taxista di turno. Anch'io devo stare attento a non cedere alla commozione e alla leggerezza. Anch'io, confesso, rubo i saponcini negli alberghi.

I viaggi descritti non sono lunghi soggiorni: sono viaggi. Parlerò, in sostanza, di «moto a luogo» e «moto attraverso luogo», piuttosto che di «stato in luogo». Di quello che ho scoperto andando, più di quanto ho trovato arrivando. Racconterò di aerei russi, treni bulgari, auto americane, tricicli vietnamiti e motociclette cinesi. Credo infatti che i mezzi di trasporto — compresi i piedi, come diceva Egisto Corradi — siano armi fondamentali nell'arsenale di un giornalista o di uno scrittore. A Graham Greene un treno servì per scrivere un capolavoro; io mi accontenterò di salire su quel treno, e raccontare come è andata.

La terza parte, infine, è dedicata ad altri viaggi: in Italia, e tra gli italiani. Per osservarli, ho seguito diligentemente le coste della «Repubblica sul mare», da Trieste fino a Ventimiglia. Il viaggio è avvenuto qualche tempo fa, ma la situazione non è cambiata: il litorale della Calabria, ancora oggi, non è meno esotico delle sponde del lago Baikal; i personaggi che si nascondono nei locali uffici del turismo sono più misteriosi dei cavalieri buriati; e gli italiani che ho incontrato viaggiando per 4.000 chilometri con il mare a sinistra non sono meno straordinari dei connazionali che varcano le frontiere.

Per concludere: questo è un libro di viaggi. La dichiarazione, me ne rendo conto, è di quelle destinate a mettere in fuga i lettori italiani, la cui passione turistica si ferma di solito allo shopping e raramente si estende alle librerie. Ho deciso di tentare comunque. Questo «italiano con valigia», tra le altre cose, è un testardo.

Londra, aprile 1993

1

ITALIANI ALL'ESTERO

«Cœlum, non animum mutant, qui trans mare currunt.»

Orazio, *Epistole*

È di moda deridere i turisti. Descriverli come bande di giullari involontari che girano il mondo per fornire spunti agli umoristi e tenere allegri i dipendenti delle agenzie di viaggio. L'atteggiamento non è nuovo: tra la metà dell'Ottocento e la metà del Novecento, non c'era straniero in visita in Italia che non si lasciasse sfuggire un'imprecazione sarcastica quando si imbatteva in altri stranieri, soprattutto se erano connazionali e gli sedevano accanto in trattorie pittoresche che egli credeva di aver scoperto.

Poi è venuto il nostro turno: negli anni Cinquanta anche l'Italia ha cominciato a produrre una classe media da esportazione, ansiosa di riempire di souvenir mensole sempre più lunghe di case sempre più grandi. Secondo una stima attendibile, oggi gli italiani viaggiano 2,3 volte più di quanto viaggiassero vent'anni fa, e spendono il 15 per cento del proprio reddito per spostarsi, contro il 9 per cento del 1970. Inevitabilmente, anche noi abbiamo preso a dare spettacolo.

Sebbene la derisione sistematica del turista sia ingiusta e ingenerosa, talvolta, bisogna ammettere, è difficile resistere alla tentazione. Chiunque abbia provato ad arrivare a Casablanca su una nave carica di italiani che non riescono a trovare il Marocco su una carta geografica, sa quanto sia difficile evitare un sorriso di sufficienza. Ma il sorriso dovrebbe essere un atteggiamento passeggero, e lasciare il posto a una domanda: perché tanta gente viaggia? Perché gli italiani di ogni condizione sociale, ogni volta che si trovano intorno a un tavolo, parlano di aerei, di isole, di tariffe speciali e di ragazze che vivono sulle isole raggiungibili con aerei a tariffa speciale?

Nessuno ha fornito una spiegazione esauriente di questo fenomeno. La bruciante passione italiana per i viaggi, gli espatri e i soggiorni all'estero non ha ancora i suoi studiosi, i suoi interpreti e i suoi cantori. Recentemente un settimanale ha scritto che fuggono «i giovani, gli imprenditori, i pensionati con qualche lira, i portaborse in odor di mazzette». Non sono i soli: il vizio di viaggiare — che, sosteneva Aldous Huxley, «come ogni altro vizio è imperioso, e pretende dalla vittima tempo, denaro, energia e il sacrificio delle comodità» — conquista nuovi adepti e acquista nuove motivazioni. Oggi si parte per distrarsi, per evadere, per avere qualcosa da raccontare, per il desiderio di porre qualche frontiera tra sé e la spettacolare confusione che regna in Italia.

Il risultato di tutto questo si può sintetizzare con tre parole: siamo arrivati dappertutto. Secondo uno studio recente, il nostro «raggio d'azione» è aumentato di dieci volte in vent'anni. Le cosiddette «mete turistiche» del pianeta non sono più soltanto popolate di tedeschi che puntano la sveglia per occupare i posti migliori sulla spiaggia e intorno alle piscine, di arabi che nell'intimità delle stanze d'albergo passano il tempo con la testa dentro il mini-bar, di giovani scandinavi con lo zaino che nelle periferie dell'Asia sfidano gli indigeni in una gara di cattivi odori. Ora ci siamo anche noi: gli italiani che per generazioni attraversavano il mondo con la valigia di cartone si stanno prendendo una umana, comprensibile, chiassosa rivincita.

Le statistiche, per illustrare questo fenomeno, non bastano. Dicono infatti *quanto* viaggiamo, ma non *perché* viaggiamo e soprattutto *come* viaggiamo. Scrivere che nel 1991 605mila italiani hanno visitato la Grecia è molto meno interessante che ascoltare le conversazioni dei vicini nella tavola calda sul traghetto in partenza da Brindisi. Riportare che nel corso dello stesso anno 5949 connazionali sono entrati in Paraguay non spiega cosa diavolo ci sono andati a fare. Sapere che altri 478.853 italiani hanno visitato gli Stati Uniti non è istruttivo come guardare dentro la valigia del 478.853^{esimo}, dove troveremo tre cucchiaini di plastica con scritto *McDonald's*, un disco e un paio di scarpe regolarmente in vendita in Italia, due magliette con la scritta *Harvard University* passate di moda nel 1977.

Nelle prossime pagine — prima di illustrare le scoperte e le debolezze di quello strano viaggiatore con taccuino che va sotto il nome di giornalista — tenterò di colmare in parte questa lacuna, descrivendo alcune delle cose che ho visto: da quelle abominevoli a quelle lodevoli, passando per quelle sorprendenti. Questa prima parte del libro non ha intenzione di offrire alcun messaggio — me ne guardo bene — e neppure una grande teoria sull'argomento: non sono un turista professionista, infatti, né un professionista del turismo. Intendo proporre soltanto l'onesta testimonianza di un italiano che di tanto in tanto, negli ascensori del mondo, ha finto di essere greco per non essere risucchiato in discussioni del tipo: «È possibile distinguere di notte un cinese da un giapponese?» (è accaduto: martedì 20 ottobre 1992, ore 21.30, Pechino, hotel Jianguo, ascensore di sinistra).

* * *

Possiamo iniziare col dire che gli «italiani con valigia» possiedono straordinarie qualità. Le vedremo in dettaglio. Citiamone soltanto alcune, per ora. Siamo curiosi, e adoriamo i confronti tra la nostra condizione di italiani e quella dei popoli che visitiamo (perché stanno meglio o perché stanno peggio, non importa: quel che conta è avere un argomento di conversazione). Siamo complessivamente onesti, e giustamente cinici: l'italiano che torna da un viaggio sottoscriverebbe, senza conoscerla, la battuta di Arthur Koestler: «Viaggiando, si impara che tutti i popoli hanno torto». Siamo indiscutibilmente generosi: quasi sempre, ad esempio, rinunciamo a controllare i conti dei ristoranti, un'attività che occupa invece circa metà delle ferie di uno svizzero o di un austriaco (la cosa, va da sé, ci rende popolari tra i camerieri di tutto il mondo).

Un'altra qualità dell'italiano in viaggio è questa: non soltanto non si innervosisce incontrando altri italiani, ma festeggia l'avvenimento, manifestando un orgoglio nazionale che in patria tiene ben nascosto. Questa caratteristica contravviene a una delle «leggi di natura del turismo» enunciate alla fine del secolo scorso dalla scrittrice americana Agnes Replier: «Non possiamo imparare ad amare gli altri turisti. Ma, meditando sobriamente sull'impossibilità che essi amino noi, possiamo raggiungere un compromesso basato sulla tolleranza, e accettare l'altrui presenza e l'altrui divertimento».

Un aspetto meno entusiasmante del turismo italiano è la sua rumorosità. È scientificamente provato che una comitiva di cinquanta bergamaschi produce gli stessi decibel di cento francesi, centocinquanta tedeschi e duecento giapponesi. Questa rumorosità spesso non ha nulla a che fare con la scortesia, ed è invece un'espressione del piacere di stare al mondo (soprattutto in un mondo pieno di *duty-free shops*). Altre volte è più sinistra e aggressiva. Vent'anni fa Giorgio Manganelli, in procinto di imbarcarsi su un volo per la Cina, descrisse con maestria i compagni di viaggio, un gruppo di imprenditori che si recavano a Pechino in occasione di un'esposizione industriale. Questa la partenza dall'aeroporto di Fiumicino: «È la prima esposizione italiana, il viaggio è lungo, misteriosa la meta e poi gli operatori economici hanno idee assai vaghe su quello che può attenderli. Sono vigorosamente eurocentrici e incautamente estroversi. Nella folla si leva una voce milanese, rancorosa, oscuramente offesa, e chiede assicurazioni aggressive: non lo metteranno mica a dormire in una capanna? Un addetto della compagnia aerea accenna alla millenaria civiltà, ma il sanguigno eurocentrico diffida. Qualcuno gli ha insegnato che al di fuori della valle padana prevale l'antropofagia, e gli unici successi nell'opera di decannibalizzazione si debbono ai missionari che hanno imposto il venerdì di magro. La folla degli operatori è chiassosamente mascolina, e si ha l'impressione di una gigantesca gita in campagna da parte di un istituto correzionale dai risultati modesti». Guardatevi intorno, e vedrete che non molto è cambiato.

A un'altra caratteristica di fondo del turismo italiano ho fatto cenno poc'anzi: gli italiani che viaggiano, finora, hanno ispirato pochi esegeti. In altre parole, se ne è scritto sempre poco. Esiste una robusta letteratura, invece, sui «viaggi di gruppo» degli americani, descritti per la prima volta da Mark Twain il quale, l'8 giugno 1867, si imbarcò sul vascello a vapore *Quaker City*, e raccolse poi le sue osservazioni in un libro dal titolo *Innocenti all'estero*. Gli inglesi cominciarono a viaggiare per diletto appena la rivoluzione industriale prese a fornire loro i mezzi necessari. Il «Grand Tour», oltre a creare un nuovo gusto in pittura e in architettura, scatenò fantasie romantiche, suggestioni classicistiche e incontrollati impeti verso le antichità riscoperte, il sole, il cibo, il vino. Per tutti questi motivi l'economista Adam Smith considerava il viaggio una «pratica assurda», dalla quale «i giovani ritornano più dissipati, più presuntuosi, più incapaci e con meno princìpi». Nessuno tuttavia gli prestò ascolto, e il numero dei «turisti» continuò ad aumentare. Nel 1841 il signor

Thomas Cook raccolse cinquecento persone sopra un treno e le portò in gita da Leicester a Loughborough, distanza undici miglia: era nato il «viaggio di gruppo», destinato a cambiare il mondo.

Il progenitore degli scrittori di viaggio moderni fu proprio un inglese, Laurence Sterne, che nel 1768 scrisse *A Sentimental Journey through France and Italy*, prototipo del «viaggio in Europa», trasgressivo e liberatorio: il signor Yorick, timorato uomo di chiesa, parte per una vacanza in Francia e in Italia, dove non arriverà mai. Il lettore lo lascia a Lione, impegnato in schermaglie amorose con la cameriera di una locanda. *A Sentimental Journey*, a differenza dei libri di viaggio che l'avevano preceduto, non contiene dati, informazioni o descrizioni di paesaggi. La vacanza è semplicemente una condizione dello spirito, e il viaggio è una scusa: lo scrittore è all'estero, lontano da casa, con la mente all'erta. Da allora, questa è la ricetta del *travel book*, e questo è il segreto del *travel writer*. I mari di Conrad o i tropici di Graham Greene, in altre parole, non c'è bisogno di andarli a cercare tanto lontano. Sono già nella testa di tutti noi.

Questo, in teoria, avrebbe dovuto esser valido anche per gli autori italiani. Ma non è stato così. Dopo essere stata all'avanguardia all'epoca delle grandi scoperte, la nostra «coscienza geografica» si è lentamente addormentata. Nel 1850 Emilio Dandolo, il primo «turista» italiano in Sudan di cui si abbia certezza, si lamentava che pochi viaggiassero e ancora meno scrivessero. E all'inizio del Settecento, in una prefazione al *Giro del mondo* di Giovan Francesco Gemelli Careri, uno studioso dell'epoca esprime lo stesso concetto. Dopo aver riferito questi episodi, Claudio Cerreti della «Società Geografica Italiana» mette in guardia contro «la tendenza della cultura italiana a sottovalutarsi», ma ammette che «il problemino» — così lo chiama — esiste: nel secolo scorso qualsiasi commerciante francese o naufrago olandese che tornasse a casa da un lungo viaggio, per prima cosa pubblicava il suo libretto. Gli italiani scrivevano poco, e quel poco lo tenevano nei cassetti.

Non è questo il luogo per dibattere nei dettagli l'assenza di una «cultura del viaggio» in Italia. Ogni ipotesi è buona. La piacevolezza della «terra dove fioriscono i limoni» certamente non spingeva a lasciare il Paese; gli inverni del Nordeuropa, per contro, hanno contribuito certamente alla produzione e alla diffusione di «libri di viaggio», come lascia intuire lo scrittore Evelyn Waugh («Gli inglesi» affermò «si sono mezzi uccisi, e qualche volta si sono uccisi del tutto, soltanto allo scopo di scappare dall'Inghilterra»). Un'altra possibilità è che a noi italiani — fin troppo bravi nell'adattarci a nuovi ambienti e nuove circostanze — manchi quel senso di disagio (*being un-at-home*, «essere non-a-casa») che ancora oggi costituisce la molla della migliore letteratura di viaggio: l'ottimo Eric Newby, lungo il fiume Gange o sulla ferrovia Transiberiana, rimane un gentiluomo britannico, che s'adombra per la qualità del servizio. I viaggiatori italiani, dopo due settimane in Terra Santa, si scambiano inviti a cena con israeliani e palestinesi. Ecco forse perché l'Italia, scomparsi i Piovene e i Moravia, ha smesso di produrre «scrittori di viaggio»: perché noi italiani arriviamo sì in capo al mondo, ma ci stiamo troppo bene.

VISTO, FOTOGRAFATO, COMPRATO.
OVVERO, IL FALSO VIAGGIO

Tra gli anni Sessanta e gli anni Settanta nacque negli Stati Uniti una curiosa discussione accademica che vedeva protagonisti alcuni antropologhi specializzati in «comportamenti turistici». Alcuni sostenevano che i turisti moderni meritano tutto quanto gli tocca: essi amano infatti la «autenticità costruita» (*staged authenticity*), gli pseudo-eventi, e in generale le sceneggiate che vengono preparate per loro nel mondo, dalle oasi del Magreb alle riserve indiane degli Stati Uniti, dagli alberghi della Turchia alle trattorie di Trastevere. Secondo un'altra scuola di pensiero, i turisti sono invece *vittime* di tutto questo. Il desiderio di chi viaggia è infatti avere «esperienze autentiche», conoscere la realtà e «guardare dietro le quinte», per usare l'espressione di un accademico coinvolto nella diatriba.

Il campione di quest'ultima teoria si chiama Dean MacCannell, ed è professore di «scienze del comportamento» presso l'Università di California, nonché autore di *The Tourist, A New Theory of the Leisure Class* (Il turista, una nuova teoria della classe agiata). A suo giudizio, «desiderio dei turisti è condividere la vita vera dei posti che visitano», e il loro destino è non riuscirci, e venire per questo derisi. Convinto assertore dell'opinione contraria è Daniel J. Boorstin, autore di *The Image: A Guide to Pseudo-Events in America*, e creatore di una celebre distinzione tra «il turista» e «il viaggiatore»: «Il viaggiatore (*traveller*) lavora per ottenere qualcosa; il turista (*tourist*) cerca il piacere. Il viaggiatore è attivo; va strenuamente in cerca di gente, avventure, esperienze. Il turista è passivo; aspetta che le cose interessanti gli accadano». *He goes sight-seeing*, «egli va a vedere le curiosità di un luogo», conclude Boorstin disgustato.

Ebbene: se qualcuno mi chiedesse dove collocare il moderno turista italiano — se nell'olimpo dei *travellers* oppure giù, nella bolgia dei *tourists* — sarei in difficoltà. La grande maggioranza dei connazionali visti in azione sembra infatti condividere le caratteristiche di entrambi i gruppi. Raramente un dentista ligure in viaggio in Marocco si ribella contro «un pranzo nelle tipiche tende berbere», e quasi mai a una signora di Pavia viene in mente che la giovane cameriera di Bangkok abbia un nome migliore dell'orribile «Jessica» impostole dalla direzione dell'albergo. D'altro canto, è vero che quando accade l'imprevisto — uno dei camerieri berberi si rivela essere un docente universitario disoccupato, Jessica invita la signora e il marito a conoscere la famiglia — gli italiani si entusiasmano. Nelle serate d'inverno, in Liguria e a Pavia, racconteranno la triste storia del docente costretto a fare il cameriere, non lo spettacolo nelle tipiche tende berbere.

Ho rilevato spesso questa apparente contraddizione, ma credo di dover essere severo. Per bontà d'animo, ignoranza delle lingue o semplice pigrizia, i turisti italiani tendono a essere passivi: più turisti, insomma, che viaggiatori; più rassegnati alle rassicuranti ovvietà del *falso viaggio* che interessati a vedere il mondo com'è. Ho notato, ad esempio, che i partecipanti ai tour organizzati raramente protestano se a Cipro, durante la solita micidiale serata di musica folkloristica, la cantante libanese intona *Stranger in the Night*. Difficilmente gli italiani insorgono quando le guide locali li consegnano per ore dentro orribili negozi di artigianato e souvenir. Quasi mai si ribellano ai crudeli «animatori» dei villaggi-vacanze (molti dei quali sono convinti che il resto del mondo abbia un'età mentale di nove anni), ricordando loro di avere una laurea, due figli e un ufficio avviato, e rifiutando perciò di esibirsi nel «gioco del tennis con le padelle».

Un'altra circostanza che non depone a favore degli «italiani con valigia», e tende a confinarli tra i turisti piuttosto che innalzarli tra i viaggiatori, è la strepitosa, inguaribile, inspiegabile passione per l'acquisto, la contrattazione, l'occasione, l'*affare*. Questa attività — per motivi a me ignoti — appassiona profondamente i connazionali in vacanza all'estero, e assorbe molte delle loro energie. In un articolo scritto per la rivista *Esquire* negli anni Cinquanta, Alberto Moravia paragonava gli atteggiamenti di quattro nazionalità alle prese con il rito turistico: «Un francese visita un Paese straniero, un tedesco lo studia, un inglese ne fa la sua casa, un americano se lo mangia». Un italiano, avrebbe potuto aggiungere, chiede quanto costa.

La nostra passione per gli acquisti è leggendaria, come può confermare qualsiasi «accompagnatrice di gruppi» dopo una giornata trascorsa braccando comitive di italiani scatenati nella *casbah* del Cairo o di Algeri. Come al solito, vorrei evitare di offrire elaborate spiegazioni del fenomeno. Ma dopo aver visto italiani capaci di sprecare metà vacanza alla ricerca di un orologio Swatch, e averne conosciuti altri che nei templi dell'Oriente compravano statuette-souvenir del Budda *prima* di ammirare l'originale, e qualche volta *invece* di ammirare l'originale, non posso negare di essere rimasto turbato.

Chissà: forse siamo un popolo di commercianti, e non riusciamo a convincerci che «andare per acquisti», quasi sempre, crea soltanto bagaglio in eccesso, ed è uno spreco di tempo prezioso, che potrebbe essere impiegato altrimenti: riposando, ad esempio, oppure mangiando. C'è di più, e di peggio: assistendo all'indecoroso spettacolo di connazionali che, nelle periferie dell'Africa o dell'America Latina, sbraitano, imprecano e tirano sul prezzo, gli indigeni si convincono che *così si fa in Occidente*. Non possono immaginare che la belva che lotta per uno sconto di cinquemila lire con un bambino scalzo è, quasi sempre, un'ottima persona — un'insegnante di scuola media, magari, che ha spiegato cento volte agli alunni i drammi del Terzo Mondo.

In Corea del Sud, durante le Olimpiadi del 1988, ho avuto modo di studiare con agio questa insana passione per l'*affare*. In quell'occasione i connazionali presenti (giornalisti, accompagnatori e atleti: nessuno si è salvato) erano ipnotizzati dal «falso d'autore», esposto quotidianamente in un quartiere di Seul chiamato Itaewon. Nei mesi prima dei giochi, il governo sud-coreano, che aveva ripulito la capitale come se dovesse accogliere una popolazione svizzera, aveva tentato di convertire anche questo quartiere-bazar, ma senza successo. Gli articoli più richiesti erano finti orologi Rolex a 40 dollari (un collega ne aveva comprati quattro, e amava chiudersi nella sua stanza al villaggio olimpico e metterli al polso tutti insieme) e scarpe da ginnastica quasi-Reebok a 12 dollari. Tra le borse di marca (si fa per dire), erano di moda le Hunting World; meno le Vuitton, che i coreani consideravano banali, in quanto troppo facili da imitare. Con i portafogli e i portadocumenti occorreva stare particolarmente all'erta. Ricordo di aver aperto un modello marcato «Cartier-Paris», dal quale è sbucato un cartoncino rosa che annunciava in italiano: «Frauentino Specillio, sempre a disposizione dei signori clienti se vorranno visitare di persona la conceria».

Per aiutarvi a guarire da questa malattia, e comprendere che con i turisti gli affari li fanno sempre *gli altri*, mi permetto di suggerire un gioco per la prossima estate. È un po' caro, per nulla divertente, ma istruttivo. Partite con un milione di lire italiane dall'aeroporto di Milano o di Roma per un tour delle principali città della Comunità Europea. In ogni città, invece di lanciarvi nei negozi, entrate in una banca, e cambiate l'intero vostro gruzzolo in valuta locale. Ad Atene, prima tappa, il valore del vostro capitale scenderà subito del 2,75%, ma quando con le vostre dracme appena cambiate vi presenterete in una banca di Francoforte per ottenere marchi tedeschi, perderete addirittura il 21,46%. Proseguiamo — anzi, proseguite: con i marchi andrete in Danimarca, dove il cambio in corone vi alleggerirà di un altro 0,95%. In seguito perderete il 5,56% in Olanda, il 2,39% in Belgio e il 3,66% in Gran Bretagna. Cambiare le sterline all'aeroporto «Charles de Gaulle» di Parigi vi costerà un altro 3,11%, convertire i franchi in pesetas spagnole il 2,30%, e trasformare le pesetas in escudos portoghesi il 2,77%. L'ultima operazione, ossia il cambio in lire di quanto vi è rimasto, sarà ben più dolorosa: nella transazione perderete il 13,89%. Alla fine del giro d'Europa, sebbene non abbiate acquistato assolutamente nulla, avrete perso il 47% del vostro peculio di partenza: invece di un milione, vi ritroverete con 530mila lire. Il resto è stato perduto per strada: a causa delle differenze tra il prezzo di vendita e d'acquisto della valuta, e poiché le banche di quasi tutti i Paesi impongono una commissione. Se invece di entrare nelle banche vi foste rivolti ai *bureaux de change*, non è escluso che sareste tornati con i debiti.

Quando non possono acquistare una cosa, gli amanti — o le vittime? — del *falso viaggio* ripiegano solitamente su due attività: la fotografia e le riprese con la videocamera. Anni fa Ennio Flaiano parlava, generosamente, del «culto moderno che fa di ogni turista un fotografo preoccupato di raccogliere testimonianze della sua stessa vita, per avere la certezza di aver vissuto». Oggi sembra soprattutto desiderio di appropriarsi di luoghi, cose e persone, nei rari casi in cui non sono in vendita.

Non siamo i soli, ovviamente, a comportarci in questo modo. Come noi fanno gli americani, e peggio di noi i giapponesi, che andrebbero anche all'inferno, se fossero certi di poterlo fotografare. Con loro condividiamo la passione di immortalare *assolutamente tutto*: i cassetti nelle case di Milano, Filadelfia e Osaka devono essere pieni di primi piani degli stessi spigoli, lampioni, cartelli, gradini, negozi, muriccioli e semafori. Nel corso di una crociera nel Mediterraneo occidentale ho notato con un certo raccapriccio che molti passeggeri italiani filmavano i piatti di portata *mentre venivano deposti sui tavoli*, e durante le escursioni a terra riservavano ai mendicanti del Marocco lo stesso trattamento che, la sera precedente, era toccato a un cocktail di gamberetti.

Un altro aspetto impressionante del fenomeno è questo: i videoamatori, mentre riprendono, amano registrare anche le cosiddette «impressioni sonore». In altre parole, *parlano da soli*. È ormai abbastanza comune, tra le rovine di Petra o sulle sponde del Mar Morto, sentire il rumore del vento, il pianto lontano di un bambino e le parole «*Sono le ore sedici e trenta. Sono a cento metri dal pullman. Fa caldo. Ho sete*». Di solito sono altri italiani a rimanere turbati di fronte a queste manifestazioni. Gli indigeni, abituati da tremila anni a trattare con gente che parla da sola nel deserto, non fanno una piega.

Una variante piuttosto nota della mania videofotografica è la passione per le diapositive — che va considerata più grave, perché l'autore sogna di mostrarle a un gruppo di amici attirato a tradimento dentro un salotto (di solito non ci riesce, perché la macchina si inceppa). A questo proposito è bene ricordare un'affermazione della scrittrice americana Erma Bombeck, degna di essere scolpita nel marmo: «Nessuno vorrà mai vedere le vostre diapositive. Mettetevelo bene in testa». La signora — in un libro dal titolo chilometrico (*Quando in vacanza la tua faccia comincia ad assomigliare alla foto sul passaporto è ora di tornare a casa*) — si dilunga intorno a questa sindrome, spiegando che esistono rare occasioni in cui le diapositive possono essere mostrate al genere umano: «Quando è necessario ricorrere alla chirurgia casalinga e non ci sono anestetici a disposizione; quando la polizia vuol estorcere una confessione a un criminale senza ricorrere alla violenza; quando i genitori cercano un metodo per indurre i figli adulti a sposarsi e lasciare il nido». «Per puro caso» scrive a questo proposito Erma Bombeck «un'anziana coppia, una sera, proiettò le diapositive di una vacanza in Egitto. Quando si riaccesero le luci, il figlio se n'era finalmente andato.»

Il fatto che viaggi e crociere siano diventate esposizioni ambulanti di videocamere e macchine fotografiche ipersofisticate è un segno dei tempi, sul quale non è il caso di drammatizzare. È lecito soltanto stupirsi in silenzio, ricordando come negli anni Sessanta i buoni borghesi italiani si presentassero sulla nave con blazer blu, pantaloni bianchi, carte geografiche, libri di viaggio e binocolo, e passassero le giornate a poppa, leggendo e scrutando l'orizzonte. Oggi i passeggeri trascorrono la maggior parte del tempo chiusi nei saloni da ballo, impegnati a filmarsi a vicenda durante le gare di lambada. I binocoli, poi, sono scomparsi. Il motivo è semplice: il mondo oltre le lenti appare più nitido e più vicino, ma non si può portare a casa.

Un ultimo aspetto del *falso viaggio* sono le cartoline illustrate, che occupano uno spazio sproporzionato nella mente del turista italiano. Raramente costituiscono una gioia. Spesso provocano ansia genuina. C'è chi ha sentito dire che spedire cartoline non è più *chic*, ma non sa come informare della novità gli anziani genitori; chi non sopporta di sprecare tempo prezioso umettando con la lingua i francobolli, e si lamenta che qualche sadico li faccia sempre più grandi; chi va in vacanza da quarant'anni a Nizza e non sa più che cartoline spedire, perché ormai ha esaurito tutte le possibili angolature di Nizza.

Tutti costoro potrebbero salutare con entusiasmo l'iniziativa di un pensionato del Connecticut di nome Palmer Chambers, il quale, dopo aver abbandonato il commercio per corrispondenza delle vitamine, ha fondato la società «Beforehand Cards» (Cartoline preventive) e soccorre i vacanzieri in questo modo: basta segnalare con buon anticipo l'itinerario del proprio viaggio, e vengono recapitate le cartoline illustrate dei luoghi in questione. L'acquirente le scriverà *prima* di partire. Arrivato a destinazione, non perderà un minuto delle proprie vacanze. Le cartoline non dovrà più acquistarle, scriverle e indirizzarle. Le avrà già in tasca, pronte: dovrà semplicemente imbucarle.

Tutto questo è valido in teoria. Potrebbe funzionare, cioè, con un popolo diverso da quello italiano. In Italia il signor Chambers — il quale assicura di avere in archivio panorami e tramonti provenienti da centotrenta Paesi del mondo — incontrerebbe serie difficoltà. Innanzitutto, gli italiani si muovono per il mondo come se avessero la tarantola, ed è certo che le prime richieste riguarderebbero i quaranta Stati che non sono nell'archivio (Turks e Caicos, Burkina Faso e sultanato del Brunei). Un altro problema sarebbe quello della scelta delle cartoline. Se gli americani appaiono facili da accontentare — di solito sono felici con una fontana e, quando li trovano, con i grattacieli — gli italiani hanno gusti più complicati. Esistono gli appassionati delle vedute aeree, che spediscono praticamente la stessa cartolina da trent'anni: che siano a Bordeaux, a Urbino o a Dublino mandano sempre l'identica immagine di tetti rossi che sembra ripresa da una sonda spaziale. All'estremo opposto stanno gli appassionati dei dettagli artistici, i quali spediscono solo le ali di angeli affrescati e gli occhi bovini delle statue. È chiaro che il signor Chambers del Connecticut, qualora si vedesse richiedere una cartolina con l'immagine dell'angelo della navata di sinistra della chiesa di Nostra Signora delle Nevi a Praga, potrebbe avere qualche difficoltà.

Altre sorprese seguirebbero. Gli italiani, dicendo di detestarle, amano le cartoline illustrate perché permettono di esercitare anche in vacanza quello che resta il grande passatempo nazionale: lamentarsi. Una cartolina acquistata sul luogo di villeggiatura permette infatti di protestare per: a) il costo della cartolina stessa; b) la difficoltà di reperire i francobolli; c) la scocciatura di doversi portare appresso l'agenda con gli indirizzi; d) il fatto che sull'agenda l'indirizzo richiesto sia sprovvisto di numero civico e codice postale; e) l'obbligo, se si scrive a un parente, di scrivere anche a tutti gli altri; f) la difficoltà di trovare una frase originale (l'alternativa, alla fine, si riduce a «cari saluti» e «molti saluti»; gli stranieri vergano invece lunghe missive, andando a scrivere anche tra i dentini dei francobolli). Tutti questi problemi costituiscono deliziosi argomenti di conversazione, e consentono di trascorrere piacevoli giornate in compagnia sulle spiagge, negli atrii degli alberghi e nelle sale d'attesa degli aeroporti del mondo.

SIGHTSEEING,
COME SENTIRSI LA COSCIENZA A POSTO

Il turista, come abbiamo visto, si vergogna raramente di essere turista. Si vergogna, semmai, di non esserlo abbastanza. Si rammarica di non aver visto quello che *doveva* vedere. L'osservazione può apparire banale soltanto a chi non ha mai pedinato un gruppo di signore italiane impegnate in un «viaggio culturale»: la meticolosità con cui seguono le istruzioni del *baedeker* è paragonabile a quella di un amministratore delegato di una multinazionale, che si rifiuta di passare al punto successivo dell'ordine del giorno se non ha completato quello precedente; la determinazione con cui decidono di *esaurire* tutti i piani di un museo riesce a far tremare i polsi anche ad una sorvegliante tedesca; la grinta che mostrano muovendo all'assalto di una celebre chiesa trovata inopinatamente chiusa, conferma la bontà dell'intuizione di Sir Richard Burton, che nel 1855 affidò al giornale della «Royal Geographical Society» di Londra una verità rimasta fondamentale: «I viaggiatori, come i poeti, sono una razza arrabbiata».

La chiave del fenomeno, e la spiegazione della furia delle turiste italiane di fronte a quella chiesa, sta in una parola inglese: *sightseeing*. La traduzione — «visita alle curiosità turistiche di un luogo» — appare pallida e imperfetta. Non spiega un fenomeno che mina la concordia delle famiglie e affatica gli antropologhi. «Il primo segno di *sacralizzazione* avviene quando un *sight* (luogo d'interesse turistico) è messo in evidenza rispetto ad altri luoghi simili, e indicato come degno di essere conservato» scrive il già citato Dean MacCannell. In sostanza, accade questo: più un oggetto o un luogo sono messi in evidenza (da uno speciale simbolo sulla guida, da un riflettore, da un sistema di protezione o da una coda di persone in attesa), più appaiono appetibili. Parte del fascino della Gioconda di Leonardo, non c'è dubbio, sta nel vetro antiproiettile messo davanti al quadro.

Gli studiosi chiamano questo fenomeno «incorniciamento ed elevazione». Una scrittrice inglese d'inizio secolo, Lady Florence Bell (nipote di Gertrude Bell, una delle più famose viaggiatrici del suo tempo), rendendosi conto di come i turisti nutrissero un desiderio famelico di collezionare «luoghi d'interesse», creò questo passatempo, e lo inserì nel suo *Piccolo Manuale di Giochi per Viaggiatori*. Il gioco si chiama «Vedo!», e prevede un punteggio: 5 punti per una chiesa, 10 per un castello (15 punti se ne hanno sentito parlare in precedenza), 20 per una cattedrale, 20 per una cascata, 100 per una sfinge. Il gioco, conclude sarcasticamente l'autrice, «viene praticato senza requie, mattina, giorno e sera, da tutti coloro che si recano alla Meta.»

Oggi, quasi un secolo più tardi, i 700mila italiani che ogni anno si recano nella patria di Lady Bell mostrano i sintomi della stessa malattia. I turisti che arrivano a Londra, in particolare, mostrano chiari segni di disagio quando viene consigliato loro di evitare i luoghi più ovvii e più noti, soprattutto se già visitati in passato. Dopo poche ore di permanenza, abbigliati come certi personaggi di Graham Greene («In città sembrano sempre arrivati dalla campagna, in campagna sono inconfondibilmente turisti venuti dalla città»), partono a passo di carica verso la Torre di Londra, i cancelli di Buckingham Palace e le luci di Harrod's. La vera passione degli italiani a Londra è tuttavia trascorrere i pomeriggi a Piccadilly Circus, dove sono perfettamente riconoscibili, in quanto pretendono di posare per le fotografie in mezzo all'incrocio più insidioso del Nordeuropa (le automobili sbucano non viste da Regent Street, Piccadilly, Shaftesbury Avenue). Anche i migliori — i più colti, gli insospettabili — sentiranno di aver *mancato*, se prima di ripartire non avranno rischiato di essere travolti in quel modo.

Questa ossessione per tutto ciò che è noto — e, quindi, *obbligatorio* — diventa imbarazzo, e talvolta rifiuto, di fronte al cambiamento e alla trasformazione. Prendiamo Carnaby Street, simbolo della *Swinging London* degli anni Sessanta. Molte volte ho provato a spiegare agli italiani in visita che si tratta ormai di un postaccio dove nessun inglese ragionevole si sogna di metter piede. Quelli ascoltavano, sorridevano e partivano, armati di ricordi e cinepresa. Non volevano ammettere l'errore nemmeno quando, arrivati sul posto, si accorgevano che la strada era popolata soltanto da altri italiani delusi, tristi *au-pair* olandesi, euforici studenti nigeriani e commercianti pakistani dall'aria astuta, acquattati dietro pile di magliette con la scritta *University of London*. Carnaby Street — dicevano i loro occhi al ritorno — è stata *vista*: Lady Bell ci avrebbe assegnato almeno venti punti.

L'unica circostanza in cui il triste rito del *sightseeing* acquista significato è quando consiste in una visita guidata della città, utile introduzione a un luogo che non si conosce per nulla. Come ogni cosa nel mondo paludoso del turismo, anche questi *sightseeing tours* si dividono in ottimi, buoni, discreti, mediocri e disastrosi (personalmente, ricordo con piacere le visite di Boston, Tokio, Sydney e il mio primo giro di Londra nell'estate del 1972, a bordo di un bus scoperto, in un pomeriggio di pioggia). Gli amanti del *sightseeing tour* — ne esistono, come esistono i fanatici dei panorami dall'alto e i patiti delle carrozze a cavalli — sanno bene che questo genere di attività ha senso soltanto in quanto consente di «visitare in gruppo i luoghi in cui non si ha intenzione di ritornare da soli», come ha osservato lo scrittore Gabriel García Márquez. Sanno anche che non bisogna credere a una parola di quello che dicono i cosiddetti «ciceroni»: il mondo che descrivono con voce allegra è totalmente fasullo, pieno di luoghi pittoreschi e di personaggi che, in quei luoghi, hanno fatto cose divertentissime come venir impiccati, ghigliottinati, torturati e incarcerati a vita.

Alcuni regimi autoritari, infine, offrono un particolare tipo di *sightseeing tour*, riservato agli intenditori. Nei Paesi comunisti (quelli rimasti) e nel mondo arabo, gli accompagnatori e le accompagnatrici illustrano una realtà di comodo, che esiste soltanto nella testa del dittatore locale. Il numero di fandonie che una guida turistica di Cuba, Pechino o Damasco riesce a concentrare in tre ore di «visita guidata» è assolutamente straordinario. Ancora più straordinaria è la docilità con cui i turisti ascoltano quelle colossali bugie, salvo poi protestare vivacemente una volta tornati in albergo. In molte occasioni mi è capitato di assistere a improvvisati consigli di guerra, durante i quali il gruppo dei vacanzieri italiani progettava un'insurrezione contro la Teresa, il Chen o il Mohammed di turno. Il giorno successivo, appena la guida gridava «Tutti sul pullman!», i leoni ridiventavano agnelli. E quando Teresa, Chen o Mohammed, al termine del soggiorno, lasciavano intendere che una mancia in valuta forte sarebbe stata opportuna, gli italiani abbassavano lo sguardo e mettevano mano al portafogli. Perché siamo gente dal cuore tenero, ecco un altro problema.

MAI SENZA IL LIBRO:
IL MONDO DELLE «GUIDE TURISTICHE»

Non c'è dubbio che le guide turistiche — intese, questa volta, come libri — abbiano contribuito grandemente a stimolare l'interesse per i viaggi, e a renderlo uniforme. Il primo a sospettare che i viaggiatori cercassero indicazioni su alberghi e ristoranti, e per ottenerle non intendessero pagare una guida in carne ed ossa, fu un tedesco, il barone Karl Baedeker. Nel 1839 pubblicò un manuale sulla regione del Reno, e il successo fu tale che in tre anni sfornò guide simili sull'Olanda, la Germania, l'Austria e l'Italia del Nord. I discendenti continuarono l'attività, e il nome *baedeker* divenne sinonimo di «guida turistica». Questo fino al 1944, quando i bombardamenti su Lipsia cancellarono la premiata ditta Baedeker dalla faccia della terra. Lo scrittore americano Paul Fussel sostiene che quel giorno finì l'era dei viaggi, ed è iniziata l'età del turismo.

Se questo è vero — potrebbe esserlo — bisogna aggiungere che, per i turisti, i viaggi sono diventati più facili, mentre la scelta del *baedeker* si è fatta più difficile. Oggi l'offerta è immensa, soprattutto se consideriamo anche la produzione in lingua inglese e francese. Ogni guida si distingue dall'altra, sia per il tipo di suggerimenti che offre, sia per il pubblico cui si rivolge. Ci sono guide che invitano al risparmio, come le *Frommer's*; agli acquisti, come le *Fielding*; o alle «visite ai luoghi di interesse», come le rinate *Baedeker*, pubblicate in Italia da De Agostini. Alcune puntano sui consigli pratici, come le *Fodor's* o le *Birnbaum's*. Altre spingono all'avventura, come le ottime *Lonely Planet*, che però si occupano soltanto di luoghi disagiati. Se in un Paese l'acqua del rubinetto si può bere e i telefoni funzionano, alla *Lonely Planet* quel Paese non interessa.

Ci sono poi le guide che sollecitano i giovani all'avventura, al risparmio e — sembra di capire — alla sofferenza. Le più celebri appartengono alla serie *Let's Go*, e godono di una certa popolarità anche in Italia, sebbene non siano tradotte. Le guide *Let's Go* forniscono consigli eccellenti (ricordo con gratitudine l'indicazione di un albergo a Lisbona, e con qualche apprensione quella di un ristorante a Gerusalemme), ma hanno un difetto: sospingono i turisti verso luoghi pieni di giovani americani sudati, con uno zaino in spalla e un'identica guida *Let's Go* tra le mani. Prodotte per la prima volta nel 1960 da un gruppo di studenti dell'Università di Harvard, oggi coprono quaranta Paesi del mondo, e impiegano settanta ricercatori, cui sembrano essere accadute le cose più atroci. Recentemente veniva annunciato con malcelato orgoglio che nella stagione precedente gli studenti-scrittori sguinzagliati per il mondo avevano collezionato «un attacco con gas lacrimogeni, due auto distrutte, una concussione, un quasi-annegamento e una fuga su un albero per sfuggire a un branco di renne».

Tra gli italiani che hanno più di vent'anni, e al solo pensiero di girare il mondo con uno zaino in spalla accusano attacchi di sciatica, sono popolari anche le guide francesi, e non solo perché tutti possono fingere di capire cosa ci sta scritto sopra. Celeberrime, informate e scrupolose, sono le *Guides Bleus*, detestate però da Roland Barthes, che le accusava di trovare «pittoreschi» anche i tunnel in montagna, sebbene, una volta dentro, «non si vedesse niente». Altrettanto celebri, e ben più diffuse in Italia, sono le *Michelin*, pubblicate per la prima volta nel 1900 dall'omonima casa di pneumatici, che intendeva così stimolare il traffico automobilistico. Prima vennero le «guide rosse», che si occupavano (e si occupano tuttora) di alberghi e ristoranti; seguirono le «guide verdi», che estendono a chiese e monumenti il «sistema di stelle» creato per classificare la buona tavola (una stella, locale raccomandato; due stelle, vale una deviazione; tre stelle, vale un viaggio).

I volumi della *Michelin* presentano però alcune carenze: le guide rosse (*Mich' rouge*), per fornire in poco spazio le indicazioni necessarie, ricorrono a sfilate di simboli minuscoli (tazzine, forchettine, cucchiaini, casine, casine con alberi, seggioline, uccelletti, cagnolini), che presuppongono nel turista medio la competenza di uno specialista in geroglifici. Le guide verdi (*Mich' vert*), per quanto accurate e affidabili, tendono talvolta a scivolare nella banalità. Gli italiani che avessero preso in mano una vecchia edizione della guida *Italia*, ad esempio, si sarebbero trovati descritti così: «In questa terra dove abbonda ogni genere di bellezza, l'italiano si muove perfettamente a suo agio (*e ci mancherebbe altro, nda*). Scuro di capelli, nero di occhi, gesticolante, svelto e passionale, egli è tutto movimento e fantasia... Gli italiani sono cortesi e gentili, sempre desiderosi di rendere un servizio: anche voi dovrete essere cordiali con loro, e pronti a fare amicizia».

Molto più caute nei giudizi appaiono le «guide verdi» del Touring Club Italiano, i cui punti forza sono numerosi: meticolose, corredate da impeccabili piante di città, vengono vendute plastificate e rilegate, e non perdono le pagine a metà del primo viaggio. Alle guide del Touring, i viaggiatori italiani si attaccano con una sorta di morbosità, rifiutandosi di prendere in considerazione l'esistenza di una città se i ricercatori di Corso Italia hanno deciso di non includerla negli itinerari. Il binomio «turista italiano-guida Touring» è ben noto ai venditori di souvenir, ai cambiavalute, ai taxisti abusivi e ai prosseneti di tutto il mondo. Da Atene a Mosca, da Madrid a New York, basta una copertina verde per farli partire all'attacco.

Le carenze dei volumi del Touring, fino a qualche tempo fa, erano due. Innanzitutto la caparbietà con cui insistevano nel descrivere l'opera di un pittore minore dell'Ottocento all'interno di una chiesa bulgara, trascurando di riferire come viveva la gente in Bulgaria. In secondo luogo, la flemma con cui le pubblicazioni venivano aggiornate: accadeva che i turisti cercassero disperatamente monumenti chiusi, quadri spostati, attività scomparse e luoghi totalmente trasformati. Nella guida *Gran Bretagna*, ancora in vendita nel 1986, si parlava ad esempio di Liverpool come di una «prestigiosa piazza di commercio», quando la città sul fiume Mersey era da tempo una delle più disastrate d'Europa. Per far litigare un marito e una moglie italiani, è noto, basta molto meno.

Oggi, bisogna dire, il Touring Club ha introdotto nelle proprie pubblicazioni alcuni corsivi da cui risulta con chiarezza che la vita quotidiana a Praga non assomiglia alla vita a Barcellona, e i punti di contatto tra i sobborghi di Londra e quelli di Napoli sono, tutto sommato, minimi. Anche le pubblicazioni vengono rinnovate con maggiore solerzia: sono usciti recentemente, ad esempio, nuovi titoli su Mosca, San Pietroburgo e Kiev, Polonia, Bulgaria e Romania, Ungheria e Cecoslovacchia (che, nel frattempo, com'è noto, è scomparsa, ma siamo certi che non l'ha fatto per indispettire il Touring Club). Questa improvvisa sollecitudine non sembra dovuta alle proteste dei soci, o alla notizia di un matrimonio naufragato in seguito a una discussione sull'esatta ubicazione di un quadro del Guercino. Molto più convincenti sono risultati i cataclismi che hanno investito l'Europa orientale negli ultimi anni. O forse la consapevolezza, tra i dirigenti del Touring Club, che gli italiani, abbandonati ad est di Vienna senza la «mamma plastificata» (così la chiamava Manganelli), rischiavano di non tornare più a casa.

Il lavoro del Touring è a buon punto, ma è lontano dall'essere concluso. Un tempo, in quella parte del mondo, erano i regimi comunisti che facevano di tutto per complicare la vita agli ospiti, convinti che il buon senso fosse un vizio capitalista, come la pornografia. Oggi sono le nuove amministrazioni democratiche che, sebbene animate dalle migliori intenzioni, preparano trappole e trabocchetti. L'ultima trovata è questa: cambiare i nomi di vie, piazze e città, per cancellare tutti i ricordi del passato prossimo marxista. Questo vuol dire che non basteranno una mappa e qualche ricordo per orientarsi. Occorrerà passeggiare con l'Enciclopedia Treccani a rimorchio: solo così a Budapest sarà possibile sapere se il signor László Kelli (che dà il nome a Kelli László utca, 14° distretto) era un torturatore dello stalinista Rákosi, un burocrate del grigio Kádár oppure il cognato magiaro dell'attrice Grace Kelly. Nei primi due casi si può star certi che il nome sarà stato sostituito con qualcosa di nuovo e semplice come Forgách utca egy része. Solo nell'ultimo caso sarà rimasto immutato. (Risposta: oggi si chiama Forgách utca egy része.)

Non solo le vie, e non soltanto gli ungheresi, dovranno piegarsi alla furia toponomastica dei nuovi dirigenti. In Moravia è sparita dalla mappa la città di Gottwaldov, e al suo posto è ricomparsa la vecchia Zlín. A Praga la piazza dell'Armata Rossa è ora piazza Jan Palach, e i comitati di quartiere litigano in tribunale perché tutti vogliono battezzare una strada con il nome dell'eroe nazionale Tomáš Masaryk. I tedeschi hanno rapidamente giustiziato Karl-Marx-Stadt. I polacchi hanno trasformato i Cantieri Lenin: continuano a produrre in perdita, ma adesso si chiamano Cantieri Danzica.

Gli ungheresi, nel «gioco dei nomi», rimangono però i migliori. Quando mi sono rivolto al municipio di Budapest chiedendo se avevano intenzione di cambiar nome a qualche strada, l'impiegata si è lasciata sfuggire un mugolio di dolore. Non cambiamo il nome di *una* strada, ha detto. Non cambiamo il nome di *qualche* strada. Cambiamo il nome di *tutte* le strade. Ha quindi estratto un plico: ventuno pagine, scritte fitte. A sinistra il nome attuale, a destra il nome proposto (nome precomunista oppure nome nuovo). Poi una lettera dell'alfabeto: A vuol dire si cambia subito. B si cambia tra poco. C si cambia solo se così vogliono i vari quartieri. Vogliono tutti, pare.

Non riesco a immaginare la faccia dei cartografi del Touring Club, quando hanno saputo di questo scherzo. Riesco a immaginare benissimo, invece, le mandrie di turisti italiani perduti nella grande via del Nepstadion (che non si chiamerà più Nepstadion út ma Stefánia út), provenienti da Andrássy út senza sapere di aver percorso il viale della Repubblica Popolare (Népköztársaság útja), alla ricerca di piazza Marx che è diventata piazza Parigi (Párizsi tér). Non piangeranno solo i turisti. Piangeranno anche i budapestini, che dovranno cambiare carta da lettera, biglietti da visita, documenti. Piangeranno le casse municipali: sarà necessario aggiornare l'intera anagrafe e cambiare mappe, stradari, guide del telefono e targhe con il nome delle vie. Una volta approvata la spesa, cominceranno le discussioni. Il criterio di tornare ai vecchi nomi, infatti, può creare qualche imbarazzo. Spazzar via strade, vicoli e viali intitolati al bulgaro Dimitrov è senz'altro opportuno, ma non si vede per quale motivo anche via Leonardo da Vinci (8° distretto) dovrebbe fare la stessa fine, e diventare Thék Endre utca. Sostituire via Münnich Ferenc (dal nome del ministro degli Interni ai tempi della repressione del 1956) con via Nádor, va benissimo. Ripristinare la vecchia Mussolini tér (piazza Mussolini), ho l'impressione, sarà un po' più delicato.

NUOVE METE, STESSA FANTASIA

Il 12 luglio dell'anno 1900, da bordo del piroscafo *Prinz Heinrich* diretto in India e in Cina, Luigi Barzini lanciò questo grido di dolore: «La civiltà è una cosa bellissima, ma orribilmente monotona. La sua luce potente, ovunque arriva a proiettarsi, rende tutte le cose del medesimo colore scialbo, come fa un raggio di luce elettrica. I paesi più lontani diventano eguali; a poco a poco le differenze di costumi, di usi, perfino di linguaggio e di razza vanno scomparendo, tutto quanto vi è di più incantevole, la varietà, si appiana, e il mondo finirà col non presentare più attrattive di una immensa palla da biliardo».

È un lamento, questo, che — con meno stile, ma con qualche giustificazione in più — nei successivi novantatré anni è stato ripetuto da tutti i turisti, e negato con veemenza dalle agenzie di viaggio. La colpa viene equamente distribuita tra gli aerei, i viaggi di gruppo e gli americani (particolare astio suscitano i gruppi americani che viaggiano in aereo). In realtà — come arrivò a concludere l'umorista P.J. O'Rourke dopo una dozzina di viaggi nel Terzo Mondo — «la civiltà è un enorme miglioramento rispetto alla mancanza della suddetta». In altre parole qualsiasi turista, anche il radical-chic più caparbio, è arrivato ad ammettere ciò che fino a qualche anno fa non era per nulla scontato: gli abitanti dei villaggi cinesi e delle *favelas* brasiliane non possono rimanere poveri per fornire a noi turisti ricchi *une atmosphère très primitive*, e hanno il diritto di sognare prima la luce elettrica e poi la televisione a colori.

Questa convinzione — unita al fatto che, di solito, dove resiste *une atmosphère très primitive* la gente si spara addosso, e le docce funzionano male — ha indotto i turisti occidentali a una sorta di ripensamento. L'Europa dell'Est post-comunista — quella dove si divertono a cambiare i nomi — è apparsa subito un buon compromesso, in quanto moderatamente esotica, relativamente povera, ma fornita di (quasi) tutte le comodità. L'ordine degli arrivi è stato il seguente: prima i giornalisti, accorsi a descrivere le rivoluzioni; subito dopo gli uomini d'affari, curiosi di vedere se sotto le macerie del comunismo non ci fosse l'oro; poi gli uomini politici, insidiosi e onnipresenti (per un paio d'anni è stato praticamente impossibile visitare in pace un monumento di Praga o un ospedale di Bucarest: sbucava sempre un sottosegretario italiano, che sorrideva alla gente come se la rivoluzione l'avesse fatta lui). Buoni ultimi sono arrivati i turisti, i quali hanno scoperto con gioia che non era più necessario sobbarcarsi ore di aereo per stupire gli amici al ritorno, e ipnotizzarli con duecento diapositive. Bastava andare a Budapest, e lavorare di fantasia.

Il più rapido nell'approfittare dei tempi nuovi è stato il solito Club Méditerranée, che già nel 1990 organizzò un viaggio-lampo attraverso l'Europa dell'Est, chiamandolo «L'ère du temps», forse per richiamare la suggestione di un profumo. La pubblicità comparve sul *Figaro*, e non lasciava dubbi sulle intenzioni minacciose degli organizzatori: in sette giorni, infatti, si visitavano sette capitali (Praga, Berlino, Varsavia, Mosca, Budapest, Bucarest, Sofia). Ai turisti *branchés* («impegnati») il tour veniva presentato come «un'escursione nel cuore dell'attualità». Alla fine del viaggio — sembra di capire leggendo i resoconti apparsi sulla stampa francese — i partecipanti erano talmente rintronati che se li avessero portati ad Ancona invece che a Sofia, non se ne sarebbero accorti.

Un aspetto interessante del «turismo dell'ex-comunismo» è che i padroni di casa sembrano entusiasti quanto gli ospiti. Tutti d'accordo, in altre parole, sul fatto che le rivoluzioni dell'89 debbano diventare la ricreazione degli anni Novanta. Il ministro del Turismo romeno ha dichiarato ad esempio di voler trasformare il Paese in un paradiso per le vacanze: più che sulle solite attrazioni (delta del Danubio e castelli di Dracula), intende puntare sui bunker di Ceausescu e i mille chilometri di tunnel usati dalla polizia segreta Securitate, dove tutti potranno provare forti emozioni e, se qualcuno si mette d'impegno, può persino smarrire la moglie.

Così in Ucraina, in Bulgaria e nei Paesi Baltici: spesso sono gli ex-comunisti che vogliono chiudere gli atroci musei del passato o gli uffici della polizia segreta; la nuova dirigenza democratica, convinta dell'esistenza di un esotismo post-totalitario, li tiene aperti, e lascia al loro posto anche le famose sorveglianti socialiste, che con uno sguardo riescono a bloccare gli entusiasmi di un'intera comitiva di Modena. Anche il nuovo segretario dell'ex-partito operaio polacco ha mostrato di essere su questa lunghezza d'onda. Quando gli è stato chiesto cosa suggeriva di fare del vecchio edificio del Comitato Centrale nel cuore di Varsavia, ha risposto: «Un bell'Hotel Bolscevik con le luci rosse sul tetto; a pianterreno, il più grande hamburger-restaurant d'Europa». Chissà: forse potrebbe ospitare i partecipanti alle prime «settimane bianche» di Varsavia, che certamente sono dietro l'angolo. La città è ideale: fa freddo, si beve in compagnia e chi ha nostalgia delle code agli skilift può mettersi in fila davanti a un negozio di alimentari, sperando che i polacchi lo trovino spiritoso.

Qualche volta, mentre esplorano questi nuovi territori, gli italiani superano se stessi. Solo per caso, in un pomeriggio assolato di Praga, ho scoperto di cosa siamo capaci quando sbarchiamo ad est. È accaduto in un piccolo slargo della via Nerudova, dove il quartiere di Mala Strana si arrampica verso il Castello. Una statua, tra una siepe e un incavo del muro, rappresenta una ragazza che si pettina, con la testa inclinata. Sul basamento, l'iscrizione *Toileta*. Ad intervalli regolari, gli italiani arrivavano, riconoscibili dal tono della voce e, nel caso (raro) in cui non aprivano bocca, dall'abbigliamento (pullover legato in vita, scarpe simil-Timberland). Guardavano la statua, leggevano l'iscrizione, e scomparivano dietro la siepe, giocondi. Dopo pochi secondi ricomparivano: qui di *toilette*, diceva il marito alla moglie, non ce n'è. I due, silenziosi, si allontanavano, senza sospettare di aver reso insolito omaggio all'opera dello scultore Jan Stursa: *Toileta*, ovvero una fanciulla impegnata nella *toilette* del mattino.

Sono piccole incomprensioni, e non tolgono fascino ad una città — Praga — diventata ormai una meta obbligatoria. Le statistiche diffuse dall'ufficio del turismo rivelano che gli italiani sono al quarto posto come presenze dopo tedeschi, austriaci e polacchi. A differenza di tutti costoro, però, noi non abbiamo confini comuni con la Repubblica Ceca. Gli italiani non sono, perciò, gitanti di un giorno. Gli italiani vengono per restare, e lasciano il segno.

La capitale boema, ho spesso potuto constatare, suscita in noi entusiasmi scomposti. Gli italiani, scesi da un aereo o smontati da una corriera, sciamano come api, chiacchierano come canarini, mangiano come lupi. Praga è una città splendida e compatta, risparmiata dalle bombe, perfetta per i pedoni, con un fiume nel mezzo per aiutare l'orientamento. I turisti si sentono immediatamente a casa (e questa è l'unica cosa che desiderano, sosteneva Ennio Flaiano). La sensazione, si ha l'impressione, allenta i freni inibitori. Così due italiani su cinque, dopo ventiquattr'ore di permanenza, vorrebbero comprare un appartamento con vista sulla Moldava. Uno su quattro, camminando la sera tra le statue annerite del ponte Carlo, si lascia sfuggire raccapriccianti paragoni tra la luna di Boemia e la luna di Biella (o di Bari, o di Bologna). Tra i diciottenni con lo zainetto fosforescente (italiani, dunque) accampati sui gradini del monumento a Jan Hus, due su cento, forse, sanno che Jan Hus era un uomo di chiesa, un Lutero ante litteram finito sul rogo. Quarantotto pensano sia un pittore, un musicista oppure un dirigente comunista con un vestito troppo largo. Cinquanta non pensano.

Altre sorprese sono in agguato, per chi decidesse di pedinare gli italiani lungo le strade strette di Praga. Eroiche sono le attese davanti all'orologio astronomico di Staromestska Radnice, per vedere sfilare, all'ora esatta, il corteo con il Cristo, gli Apostoli, la Morte, il Turco, l'Avaro e il Vanitoso. Leggendarie le diatribe con i taxisti, i più feroci dell'Europa centro-orientale: il prezzo della stessa corsa può variare da 50 a 600 corone (da duemila a ventiquattromila lire), a seconda dell'umore del guidatore e della combattività del passeggero. Commoventi i tentativi di prenotare un tavolo nei ristoranti, sempre gli stessi: «U tri pstrosu» (Ai tre struzzi), all'inizio del ponte Carlo; «U labuti» (Ai cigni), nella piazza del Castello; «Zlata Praha» (Praga d'oro), all'ultimo piano dell'hotel Intercontinental. In questi locali, tra aprile e settembre, la concentrazione di connazionali è tale che risulta difficile credere di non essere in Italia. Alla stessa conclusione sono giunti i gestori, che hanno adottato con gioia prezzi italiani: cinquantamila lire a testa, una somma con cui in Moravia organizzano ancora un pranzo di nozze.

Grande entusiasmo suscitano le birrerie. Le più popolari sono «U kalicha» (Al calice), la taverna del buon soldato Svejk, e «U Fleku», trasformata in un campo di concentramento per comitive: in questi locali ricevevano turisti anche prima della rivoluzione dell'89, e non si stupiscono di niente. Altrove nel centro (in particolare intorno a piazza Venceslao, ormai ridotta a un suk arabo con parcheggio), rapinare i turisti è diventato un impulso irrefrenabile. Un settimanale, *The Prague Post*, ha ricordato a questo proposito le tigri dell'India, che quando hanno assaggiato la carne umana perdono interesse per le altre prede. Così i camerieri di Praga: dopo aver imbrogliato la prima coppia di italiani, non riescono più a togliersi il vizio.

Quando non sono impegnati a duellare con i ristoratori, i turisti italiani hanno altre ossessioni. Molto popolari, ma facoltativi, sono i monumenti (36mila in tutto il Paese), soprattutto se sono in cattivo stato (28mila su 36mila), e permettono malinconici paragoni con l'Italia. Obbligatori, invece, gli acquisti. Gli italiani, come sappiamo, comprano di tutto: dai cristalli alle tovaglie, dalla ceramica ai granati. Nella foga di trovare qualcosa da mettere in valigia, e non potendo asportare i mattoni della casa di Kafka, molti cadono in questo obbrobrio storico: acquistano, come souvenir di Praga, berretti militari sovietici. I venditori — trafficanti russi, ucraini e uzbechi, quasi sempre clandestini — sono spesso personaggi sgradevoli e aggressivi. Ma neppure loro, ho notato, osano contraddire un commerciante di Brescia mentre prova un colbacco e grida alla moglie se la misura è giusta.

L'attrazione per i simboli del comunismo non porta tutti i turisti a travestirsi da ufficiali dell'Armata Rossa. Quasi sempre, i visitatori più sofisticati mostrano un genuino desiderio di sfiorare la vecchia Praga, socialista e misteriosa, dalla quale si sono mantenuti a distanza di sicurezza per quarant'anni. Il problema è che i praghesi — a differenza dei più astuti polacchi e romeni — non capiscono cosa ci sia di entusiasmante nei brutti ricordi. Si verifica perciò questo strano fenomeno: gli occidentali chiedono un po' di «vecchio Est» (un museo, un film in bianco e nero, qualche bandiera rossa). I cechi fingono di non capire, e offrono agli ospiti il «nuovo Ovest» conquistato con tanta fatica: film americani, hamburger-restaurants e il musical *Les Misérables*.

Dimenticavo. Tra le attività dei visitatori italiani ad est c'è anche il sesso, sul quale non staremo a dilungarci. Ci limiteremo a ricordare una statistica, secondo cui il turista medio passa negli alberghi della città 2,5 notti all'anno. Se è italiano, maschio e viaggia solo, nella metà dell'ultima notte credo di sapere cosa sta cercando.

Un giornalista canadese, residente a Mosca da anni, tiene un elenco delle cose nelle quali la Russia è superiore agli altri Paesi. È un elenco piuttosto corto, ma molto vario. Insieme ai treni-letto, alle crociere sui fiumi, all'inverno, al caviale e al gelato alla vaniglia, viene un'invenzione chiamata *progolosovat' mashinu*.

Il nome, per noi italiani, ha un suono piuttosto astruso, e la traduzione non aiuta: *progolosovat' mashinu* vuol dire «dare il voto alla macchina». Si tratta, invece, di qualcosa di molto semplice: l'autostop in città. Il nome deriva dal gesto che fanno i russi quando cercano un passaggio. Si mettono sul lato della strada, fronte al traffico, e alzano il braccio destro, come se votassero nel Congresso dei Deputati del Popolo.

Con grande meraviglia degli stranieri, ma con grande sollievo dei moscoviti, il sistema funziona. Per andare, poniamo, da piazza Gagarin — l'ex-barriera di Kaluga, dove finiva la città degli anni Quaranta — al nuovo consolato tedesco di Leninskij Prospekt, ci sono circa dieci chilometri. La metropolitana, per quel tragitto, non serve. Gli autobus sono scalcinati e affollati. I taxi ufficiali sono guidati da piccoli tiranni che vanno solo dove vogliono, al prezzo che vogliono. Il cittadino disposto a spendere qualche rublo può però mettersi sul bordo della strada e alzare un braccio. Ci sarà certamente un automobilista che viaggia solo o in coppia, al quale non dispiacerà recuperare qualche soldo per pagarsi la benzina.

Il sistema di «dare il voto alla macchina», oltre a dimostrare che quando vogliono i russi hanno buon senso (e, perché no, una certa civiltà: aggressioni e rapine sono piuttosto rare), può servire come introduzione all'universo dei trasporti pubblici, che molti turisti italiani guardano ancora con un certo sospetto, e non dovrebbero. A Mosca come a Londra, a San Francisco come a Islamabad, i mezzi pubblici rimangono uno dei modi più semplici e a buon mercato per avvicinarsi a un Paese, nonché il sistema più sicuro per tenersi alla larga dai taxisti che, a parte ogni altra considerazione, costituiscono una delle categorie professionali più loquaci del mondo (un giovane scrittore australiano, David Dale, sostiene che l'autore di un libro dal titolo *How to Stop a Taxi Driver from Talking to You*, Come impedire a un taxista di parlarvi insieme, farebbe fortuna). I giornalisti sono consapevoli di questo ma — un po' per ottenere informazioni, un po' per non abituare troppo bene le amministrazioni dei giornali — preferiscono affrontare la logorrea di un taxista coreano piuttosto che gli odori della metropolitana di Seul, regno di fieri mangiatori d'aglio.

Possiamo partire proprio dai taxi, e ripetere una cosa nota: le auto pubbliche, per chi viaggia, costituiscono un problema. Sempre e dovunque. I taxi infatti non aspettano mai i turisti: in metà del mondo li inseguono, e nell'altra metà li sfuggono. Chiunque abbia provato il piacere di contrattare con una muta di taxisti marocchini, o assaporato la gioia di rincorrere l'unico taxi libero di Parigi in una notte di pioggia, sa di cosa sto parlando. Il comportamento dei taxisti in un dato Paese, oltretutto, non sempre si può prevedere ragionando sulla latitudine o sulla generica correttezza di quel Paese. Le sorprese sono tali e tante che potrebbero riempire un manuale di autodifesa dove, su base geografica, vengono forniti ai viaggiatori quei consigli che le guide turistiche di solito tendono a ignorare, impegnate come sono a descrivere l'interno dei monasteri.

A un'opera di questo genere, tutti i professionisti del viaggio — uomini d'affari e giornalisti in testa — sarebbero lieti di fornire un contributo. Posso iniziare io, offrendo qualche ricordo a caso.

Il Cairo, Egitto: contrattate sempre. Pagando subito quanto vi viene chiesto, offenderete il senso sportivo del conducente.

Zurigo, Svizzera: non contrattate mai. Non pagando subito quanto vi viene chiesto, offenderete il conducente, che chiamerà la polizia.

Hong Kong: nella colonia britannica i taxisti non parlano inglese, non conoscono l'esistenza della ricevuta e in genere fanno quello che vogliono.

Pechino, Cina: i taxisti guidano con una fotografia di Mao Tse-tung sul cruscotto. Non fatevi impressionare: si tratta di un portafortuna, non di una dichiarazione ideologica. Come nel resto del mondo, anche i cinesi vogliono diventar ricchi con i vostri soldi.

Funchal (Madeira), Portogallo: i taxisti che aspettano le navi in porto considerano un affronto personale qualsiasi suggerimento diverso da un giro completo dell'isola; la richiesta di essere accompagnati in centro viene giudicata una provocazione, alla quale rispondono guidando come Diabolik e sputando imprecazioni in un interessante dialetto portoghese.

Rawalpindi, Pakistan: i conducenti dei taxi guidano come i colleghi di Madeira. Anche quando non sono arrabbiati.

Arlanda, Svezia: atterrando nella civilissima Stoccolma, sappiate che cercheranno di imbrogliarvi. Il prezzo di una corsa in città è 250 corone (poco più di 50mila lire), ma i taxi in attesa di fronte alle porte automatiche vi chiederanno tre volte tanto. I taxi da 250 corone sono poco più in là, ma bisogna saperlo. Se protestate, risponderanno: è il libero mercato.

Milano-Linate, Italia: idem come sopra, soltanto che il trucco avviene in lire italiane, anziché in corone svedesi.

New York, Usa: la lingua più diffusa tra i taxisti, secondo un'indagine recente, è l'urdu.

Varsavia, Polonia: dopo la caduta del comunismo è cambiato tutto; adesso il taxista cercherà d'imbrogliarvi in inglese, e non più in polacco. I taxisti di Varsavia contendono ai colleghi di Praga, Mosca, Napoli e Bagdad l'Oscar Mondiale dell'Inaffidabilità.

Tallinn, Estonia: i taxisti sono tutti russi: parlate male degli estoni, e avrete uno sconto.

Melbourne, Australia: per lo sconto di cui sopra, dite che l'accento australiano è delizioso. Può sembrare incredibile, ma abboccano.

Bucarest, Romania: i taxisti sono tutti «ingegneri».

Helsinki, Finlandia: gli ingegneri fanno talvolta i taxisti.

Lagos, Nigeria: siete *sicuri* di voler prendere un taxi?

Londra, Inghilterra: i *cabbies* odiano i ciclisti, perché sono piccoli e sguscianti; i bus, perché sono grossi e ingombranti; i pedoni, perché attraversano la strada; i pedoni stranieri, perché attraversano la strada guardando dalla parte sbagliata. Odieranno anche voi, e ve lo faranno capire, se dimenticate di lasciare il dieci per cento di mancia.

Per chi preferisce battersi con molti avversari invece che contro un uomo solo, ci sono i tram e gli autobus.

I turisti italiani — sia detto a loro onore — amano compiere questi esperimenti di tanto in tanto, e sono facilmente riconoscibili perché salgono a bordo gridando «Dove si compra il biglietto?», e subito dopo presentano al conducente una banconota uguale allo stipendio mensile di quest'ultimo. Una certa vocazione all'indisciplina fa sì che perfino i gruppi accompagnati, con un soprassalto di orgoglio, rifiutino la visita all'ennesimo negozio di artigianato locale e chiedano di provare l'ebbrezza di un *avtobus* a San Pietroburgo, di un *electrico* a Lisbona, di un *tramvaij* a Praga o di un *cablecar* a San Francisco. Anche se quest'ultimo è completamente fasullo, e carico di altri turisti italiani che sgomitano per occupare i posti esterni «con vista», poco importa.

Affrontare i mezzi pubblici all'estero, e uscirne vincitori, è certamente fonte di profonda soddisfazione. In ogni grande città del mondo, infatti, i sistemi di pagamento, di entrata e di uscita sono differenti. Talvolta è necessario acquistare una scheda; alcune volte un gettone; altre volte un biglietto unico, oppure un biglietto diverso a seconda della destinazione (spesso tramite una macchina dall'aspetto spaziale, che tutti sanno far funzionare meno voi). Quando non ci sono le macchine, biglietti schede e gettoni vengono venduti nel punto più buio della stazione da personaggi facili all'ira, nascosti dietro un vetro affumicato. In qualche caso, il funzionamento dei trasporti pubblici appare così cervellotico che sembra essere stato studiato da un'apposita commissione incaricata di complicare la vita agli stranieri, intrappolandone ogni tanto qualcuno dentro porte misteriose, ascensori infidi, cunicoli terrificanti e malevoli cancelletti a ganascia che sembrano in grado di riconoscere un forestiero dal passo, e amano umiliarlo, di solito di fronte alla moglie.

Tra i mezzi di trasporto pubblici, la metropolitana è forse il più impegnativo, ma costituisce anche un modo sicuro per avvicinarsi alla mentalità di un popolo. Qualche volta la mentalità di questo popolo può essere un po' particolare, com'è facile rilevare frequentando il *subway* di New York dopo le otto di sera. Nella maggioranza dei casi, tuttavia, il costo del biglietto è abbondantemente ripagato. A Berlino Est, ai tempi della Repubblica Democratica, una semplice *Touristenfahrkarte* permetteva di perlustrare U-Bahn e S-Bahn e assistere allo spettacolo dei tedeschi che cercavano di far funzionare il comunismo; la metropolitana di Stoccolma, del tutto simile a una galleria d'arte, illustra bene il gusto degli svedesi, e quella di Tokio — dove all'ora di punta speciali funzionari spingono la folla nelle carrozze — la preoccupante sottomissione dei giapponesi. A Parigi, qualche volta, i vandali riescono ad essere crudelmente spiritosi, soprattutto quando modificano le scritte esistenti (tolgono la negazione e ottengono *fumate!*, *aprite le porte in movimento!*, *mettete i piedi sui sedili!*). La monumentale metropolitana di Mosca mostra come Stalin avrebbe voluto fossero i russi; la «linea nera» dell'*underground* di Londra — Northern Line, detta anche *Misery Line* — rivela come possono ridursi gli inglesi. Al ritorno, infine, la nuova «linea gialla» della metropolitana di Milano mostrerà al viaggiatore come potremmo essere noi italiani, se altri italiani non lasciassero le siringhe usate sui sedili.

SETTIMO: NON RUBARE NEGLI ALBERGHI

Gli alberghi non sono soltanto «un ottimo rifugio dalla vita domestica», come sosteneva George Bernard Shaw in *You Never Can Tell*. Ancor più dei trasporti pubblici, costituiscono un osservatorio sul carattere di un Paese. Facciamo un esempio. Se durante un viaggio aereo vi capitasse di scorgere, sul collo del vostro vicino di posto, un adesivo con il numero 538 — prova inequivocabile che la sua camicia esce dalla lavanderia di un albergo — potete arrivare a stabilire in quale Paese è stata lavata. Basta possedere alcune nozioni di fondo: gli alberghi cinesi consegnano camicie pulite, stirate e profumate (al Mandarin Oriental di Hong Kong l'ospite può indicare come vuole il colletto: duro, semirigido o semimolle); gli alberghi americani le riconsegnano pulite e profumate; gli alberghi del mondo arabo le riconsegnano profumate. Gli alberghi tedeschi le riconsegnano. Ogni piega è stata spianata, ogni imperfezione è scomparsa, ogni ombra è stata affrontata con la determinazione assoluta di estirparla. Peccato che talvolta la camicia sia diventata due misure più piccola, e si debba buttare.

Gli alberghi del mondo hanno un altro vantaggio, rispetto ai trasporti pubblici descritti nel capitolo precedente: gli osservatóri, a loro volta, vengono osservati. Luoghi come l'hotel Victoria di Varsavia o l'Intercontinental di Bucarest permettono di capire molto sulla Polonia o sulla Romania; se in zona ci sono fanciulle locali e italiani in visita, tuttavia, consentono anche di intuire una o due cose circa il nostro Paese. Così, nei vecchi alberghi cari ai giornalisti e agli scrittori (i cui nomi vengono perfidamente tenuti nascosti dai compilatori di guide turistiche: York House, Lisbona; Portobello Hotel, Londra; Relais Christine, Parigi; Römischer Kaiser, Vienna; Pariz Hotel, Praga; American Colony, Gerusalemme; The Wyndham, New York; Lamothe House, New Orleans; Chateau Marmont, Los Angeles), la nazionalità degli ospiti si desume facilmente osservando il loro comportamento: gli inglesi leggono, gli americani bevono, i francesi parlano, i tedeschi meditano. Gli italiani, di solito, non ci sono, perché preferiscono gli hotel a cinque stelle. Se ci sono, controllano cos'hanno appena comprato, o discutono di quello che compreranno l'indomani.

I giornalisti, tutte queste cose, le sanno. Sono certo che anche Enzo Biagi — autore di *Mille Camere*, nel quale descrive la sua lunga carriera attraverso alcuni degli alberghi dove ha preso alloggio — avrà scoperto che allo stesso piano, almeno duecento volte su mille, c'erano italiani impegnati nelle varie attività che rendono piacevole e interessante una vacanza all'estero: piccolo contrabbando, chiusura di valigie troppo piene, ordinazione della colazione in camera chiamando l'*housekeeping* o la *laundry*; furto sistematico di penne, saponcini e tappetini da bagno.

Sono sicuro che anche Biagi, almeno una volta, è stato tentato di tralasciare le rivoluzioni, i golpe, le elezioni e le interviste che aspettavano oltre la finestra, per dedicarsi allo studio di queste straordinarie abitudini. Perché, ad esempio, molti connazionali, appena preso possesso della stanza, cacciano freneticamente in valigia tutti i fiammiferi, tutta la carta da lettera e tutti i taccuini con l'intestazione dell'albergo? Quanti, tornati a Mantova, scriveranno all'amico di Trento usando un foglio con scritto *Pera Palace Hotel, Istan-*

bul? Che senso ha lasciare alla domestica un promemoria vergato su un foglietto con lo stemma del Waldford Astoria?

L'indagine sulla cleptomania alberghiera, sono certo, porterebbe lontano, e fornirebbe — se non i nomi dei responsabili, che riempirebbero dieci elenchi telefonici — utili indicazioni sulla psicologia nazionale. Una tra le spiegazioni più interessanti di cui ho avuto notizia è la seguente: negli hotel scadenti nessuno ruba la carta da lettera e i saponcini; perciò le direzioni degli alberghi devono considerare questi furti come una forma di complimento; non a caso, la direzione del glorioso Ritz di Parigi lamenta la scomparsa di seimila posacenere l'anno.

Ebbene: se questi sono complimenti, gli italiani in viaggio sono molto galanti. Ci sono i ladri dilettanti, quelli che si limitano ad asportare i «kit per il cucito», nessuno dei quali è stato mai usato nel corso della storia. Ci sono i semi-professionisti, che collezionano penne biro tutte uguali (cambia solo il nome dell'hotel), flaconcini di shampoo, limette da unghie e quelle orribili cuffiette per doccia che riempiono come ectoplasmi tutti i bagni della nostra penisola. Ci sono infine i professionisti, che asportano *tutto* ogni giorno, e si lamentano se non viene rimpiazzato. Pochi, ma temutissimi dalle direzioni degli alberghi, sono infine gli specialisti del furto con destrezza: costoro, memori della massima «Mai rubare nella tua camera. Ti scoprono subito», si sono specializzati in brevi *raids* nelle camere altrui, e soprattutto sui carrelli che cameriere ingenue abbandonano nei corridoi.

Queste, lo ammetto, sono considerazioni banali, e sfiorano appena un argomento che merita ben altro studio. Quanti italiani, ad esempio, cercano di guardare il «canale erotico» della pay-tv senza pagare, accontentandosi di vedere un'immagine per volta? Quanti non resistono alla tentazione e infilano in valigia l'accappatoio messo a disposizione dall'albergo? Devono essere parecchi, perché nelle stanze degli hotel diventano sempre più frequenti cartelli con la scritta: *Questo accappatoio è di proprietà dell'albergo. È possibile comprarne uno identico presso il souvenir-shop di fianco all'ascensore. Grazie.*

Che queste sparizioni — insieme a quelle di asciugamani, tappetini, pantofole di plastica e in spugna, calzascarpe e posacenere — debbano essere frequenti lo si deduce da un altro fatto: gli alberghi del mondo hanno ridotto al minimo gli stemmi, i ricami, i nomi e in genere tutto quanto può rendere appetibile un oggetto. Sembra, però, che non ci sia nulla da fare: gli italiani asportano perfino anonimi posacenere bianchi. Compresi i non fumatori, naturalmente.

Una prova di come il carattere d'un popolo si riveli anche nel chiuso d'una stanza d'albergo l'ho avuta a Stoccolma un 13 dicembre, Santa Lucia. L'attacco è avvenuto poco dopo le sei del mattino, quando l'alba è ancora lontana, gli ultimi nottambuli tornano verso casa scalciando bottiglie vuote, e gli stranieri dormono sereni, non immaginando quali insidie si nascondono nelle tradizioni scandinave. Posso affermare con sicurezza che l'apparizione — lunghi capelli biondi e mossi, occhi azzurri e morbidi, camicia da notte bianca: molto graziosa, non si può negare — è entrata usando un *passepartout*, perché è arrivata ai piedi del letto con una corona di candele in testa, e lì si è fermata, cantando una canzoncina melodiosa in cui le uniche due parole comprensibili erano anche il biglietto da visita: «Santa Lucia», un nome che gli svedesi pronunciano «Luzia», nonostante le origini siciliane della signorina in questione.

Quest'abitudine di spedire minorenni in camicia da notte nelle camere degli stranieri è, ho appurato, una vecchia tradizione scandinava, e l'idea di estenderla agli ospiti stranieri non è nuova. Un conto, però, è leggere di queste cose; un altro è essere svegliati nel modo che ho descritto. Alle sei del mattino è piuttosto difficile collegare l'apparizione di un angelo biondo con le antiche usanze nordiche. Queste ultime, di solito, occorre andare a cercarle seguendo le indicazioni dell'ufficio del turismo. Non vengono a trovarti a letto.

Convinto della singolarità di questo benvenuto scandinavo, ho svolto alcune indagini, e ho appurato che i miei sospetti erano fondati. L'apparizione di fanciulle in sottoveste provoca effettivamente qualche equivoco e qualche ansietà. Sempre preoccupati, al punto di barricarsi in camera, sono i turisti giapponesi, anche quando vengono avvertiti in anticipo: a terrorizzarli, pare, è l'idea di trovarsi di fronte una sconosciuta alta il doppio di loro che emette suoni in una lingua misteriosa. Ho saputo di ospiti americani che al mattino pensavano di aver sognato, e di un turista tedesco il quale, vedendo intorno a sé angeli biondi con le candele, credeva di essere morto. La reazione degli ospiti italiani è però la più interessante. I pochi che arrivano in Svezia d'inverno (per motivi misteriosi, i connazionali preferiscono Copenaghen a Stoccolma) non si lamentano quando si trovano in camera una splendida ragazza con gli occhi azzurri. Protestano, invece, quando la signorina, cantata la sua canzoncina, gira i tacchi e se ne va.

Anche gli alberghi di Mosca permettono agli italiani che arrivano di intuire qualcosa della Russia, e ai russi di capire molte cose sugli italiani. Talvolta sono il tempio dell'approssimazione, dell'intrallazzo (*blat*) e del cattivo gusto; altre volte luoghi di buona volontà e di sogni ingenui. Di certo, sono istruttivi: i russi dicono che «Mosca è in fondo al pendio di tutte le Russie», e nei suoi alberghi — dal vecchio Lux-Zentralnaja al nuovo, micidiale Kosmos — è rotolato di tutto.

Una prima categoria, minuscola ma importante, è quella degli hotel ristrutturati recentemente, in collaborazione con società straniere. Sono i migliori sulla piazza, e gli uomini d'affari italiani, mostrando un istinto che non ha eguali al mondo, sono diventati clienti abituali. I più celebri sono il piccolo Savoy, non distante dalla Lubjanka, e il glorioso Metropol, dai cui balconi parlò più volte Lenin. Il fascino del Metropol non sta soltanto in questi ricordi, o nel ristorante tutto marmi e specchi dove David Lean venne a filmare alcune scene del *Dottor Zivago*. Affascinante è anche vedere se gli occidentali di turno — in questo caso, la società Intercontinental — riusciranno a convincere i russi che un albergo non è sufficiente costruirlo bello: occorre anche mantenerlo in maniera dignitosa, e imparare che i clienti non vanno trattati come stracci. Il concetto può sembrare ovvio dovunque: non in Russia. Talvolta, confessano i nuovi manager occidentali, la vita è dura: recentemente uno dei ragazzi di cucina, mandato fuori ad acquistare qualche chilo di pomodori, è tornato con cinque quintali. Allo stupito cuoco francese ha spiegato orgoglioso che ne aveva trovati tanti, e tanti — secondo le vecchie abitudini sovietiche — ne aveva acquistati.

Una seconda categoria di hotel moscoviti è quella degli alberghi ignominiosamente decaduti. È il caso dell'hotel Lux, dove Palmiro Togliatti studiò il marxismo-leninismo, corteggiò giovani compagne avvenenti e meditò sulle sparizioni notturne dei colleghi del Komintern, sperando di non essere il prossimo in lista. Ora il leggendario Lux si chiama Zentralnaja, e di leggendario non ha più niente. L'aspetto e la clientela sembrano quelli di una pensione sopra il porto di Genova, dove però sono più cortesi. Quando sono andato in visita, superando un tappeto di scatole e bicchieri di carta provenienti dal vicino ristorante Pizza Hut, ho chiesto a un anziano portiere tatuato, di guardia all'ascensore, se potevo raggiungere il ricevimento al secondo piano. Il vecchio guardiano ha gridato che l'albergo non era un museo egizio, e probabilmente aveva ragione, perché i musei egizi sono più puliti e vivaci.

Un'ultima categoria di alberghi è quella dei mastodonti socialisti, dove gli stranieri vengono spediti d'autorità dalla tentacolare organizzazione «Intourist». Più che alberghi sono caravanserragli, pieni di trafficanti, abusivi di tutte le professioni e ragazze di piccola virtù. La cosa non è nuova, naturalmente, e non è un'esclusiva di Mosca. Ma a Mosca, negli ultimi tempi, ha assunto proporzioni epiche. A chi volesse studiare il fenomeno suggerisco di iniziare dal Rossija, appena sotto San Basilio, che passa per il più grande albergo del mondo (3200 camere, 5738 letti, 9 ristoranti, 20 caffetterie, 16 chilometri di corridoi e niente aria condizionata); proseguire con l'Intourist, all'inizio di via Gorkij (aperto nel 1971, mostra i segni di invecchiamento fulminante tipici delle società ex-socialiste); ed entrare, infine, all'interno del ciclopico Kosmos. Costruito nel 1979 dai francesi — come non si stancano di ripetere i russi, quasi che la cosa li dispensasse dalla colpa di non averlo subito demolito — si trova a nord della città, in fondo al viale della Pace e di fianco all'Esposizione dei Successi Economici.

Al Kosmos gli italiani sono sempre numerosi. Molti sono in cerca di avventure galanti. Eleganti, insistenti e famelici, rivelano molto dell'Italia, come abbiamo detto, ma insegnano anche qualcosa sulla Russia. Insegnano, per esempio, che si tratta di un Paese povero, dove i cento dollari che una ragazza riesce a strappare a uno straniero — anche dopo aver pagato portieri, guardie e *dezhurnaja*, la donna del piano — rappresentano un anno di stipendio del padre, operaio in un'acciaieria. Questa Russia non è cambiata con la perestroika di Mikhail Gorbaciov, né è cambiata con Boris Eltsin. Mosca, da questo punto di vista, assomiglia alla Napoli del dopoguerra, e noi siamo gli americani di turno. La differenza è questa: la guerra che i russi hanno perduto, l'hanno perduta da soli, infliggendo a se stessi settant'anni di comunismo. I portieri tristi del Lux-Zentralnaja e le ragazze sedute con le gambe al vento sui divani del Kosmos, in fondo, sono malinconici reduci, e come tali vanno rispettati.

Sull'alimentazione degli «italiani con valigia» esiste un'abbondante letteratura. Negli anni Settanta, quando i viaggi organizzati diventarono un fenomeno di costume, in molti hanno provato a descrivere la figura di questo italiano che viaggiava più per dovere sociale che per effettiva passione, e vagava in città e Paesi di cui non sapeva nulla con una sorta di rassegnata tristezza. Gli «orfani sanniti» di cui parlava Giorgio Manganelli, citato nell'introduzione, invece di apprezzare la varietà del mondo, ne soffrivano. Le abitudini alimentari degli altri popoli, in particolare, li sconvolgevano. Per questo portavano in valigia olio e caffè, e appena arrivati in un albergo straniero si dividevano immediatamente in due gruppi: quelli che cercavano le ragazze, e quelli che cercavano un fornellino.

La tentazione sarebbe di scrivere subito: oggi è cambiato tutto. Non siamo più quelli che sugli aerei rifiutano l'aranciata offerta dalla hostess temendo di doverla pagare, e abbiamo smesso di mettere avanti una mano prima di affrontare le porte automatiche degli aeroporti, mai del tutto certi che si aprano di fronte a noi. Gli «italiani con valigia», negli ultimi vent'anni, sono cresciuti: conoscono New Orleans, la Cina e l'Australia, e si sentono pronti a tutto. O meglio: si sentono pronti a *quasi* tutto. Basta che non venga servito all'ora dei pasti. Davanti a una zuppa chiamata *gumbo*, a una prima colazione cinese (zampe di gallina in umido e niente caffè) o a un assaggio di *Vegemite* (una sostanza che gli australiani insistono a spalmare sul pane) «l'orfano sannita» torna quello di sempre. Vuole l'Italia, e come dargli torto?

Sono molte le ragioni per cui gli «italiani con valigia» conservano un sacrosanto timore dei pasti. C'è, per cominciare, il fatto che in Italia si mangia bene, e il viaggiatore cade sovente in preda a una struggente nostalgia. Luca Goldoni — che fu uno dei cantori dell'Italia lanciata alla scoperta del mondo — ha ben descritto questo atteggiamento, che rende una comitiva di connazionali riconoscibile anche negli angoli più remoti del pianeta. L'articolo è apparso recentemente sulla rivista *Alisei*, e ha per titolo *Italiani in Africa, turisti sprovveduti*. Scrive Goldoni: «Osservo tre giovani coppie, una di Cremona, una di Treviso e una di Messina: s'erano già conosciute in aereo, avevano simpatizzato e stavano sempre insieme. In qualche occasione mi sono aggregato al loro programma e ho fatto una curiosa scoperta. Per esempio una sera andavamo a cenare in un ristorante di Nairobi con cucina *kikuyu* e la sposa di Cremona cominciava a parlare dei tortelli di zucca che si mangiano dalle sue parti; quella di Messina interveniva chiedendo se nessuno di noi aveva mai assaggiato la caponata di melanzane e i due di Treviso, venuto il loro turno, spiegavano come si fa la polenta con il baccalà: farina gialla non troppo fine, guai a invertire il senso rotatorio del bastone durante la cottura. Tentavo volonterosamente di riportare l'argomento sui sapori che stavamo sperimentando quella sera, ma il discorso slittava nuovamente su un'analisi comparata della cucina regionale italiana».

Non è soltanto la nostalgia a fare di ogni italiano un esule, quando arriva l'ora del pasto. C'è la crudeltà delle agenzie di viaggio, che spesso indirizzano i gruppi dentro luoghi più simili a palestre che a ristoranti. Ci sono le lusinghe delle pubblicazioni in carta patinata presenti in ogni camera d'albergo, luccicanti di tavole imbandite e piene di cuochi che fissano anguille con sguardo vizioso. C'è, infine, la colpevole leggerezza di chi non sa stare lontano dai «luoghi tipici», che non sono mai tali se non c'è qualcuno che suona uno strumento assordante nei pressi del vostro tavolo, e pretende denaro contante per andarsene: violini zigani a Budapest, cornamuse a Edimburgo, chitarre in Sudamerica e percussioni dovunque. Ancora più imbarazzanti sono i mandolini nei ristoranti italiani all'estero, gestiti di solito da un croato o da un cipriota, il quale fornisce ai clienti l'Italia fasulla che questi pretendono, per poi farsene beffe.

Davanti al cibo, ho notato, anche i viaggiatori più esperti si trovano spesso a malpartito, e finiscono per condividere questa riflessione di D.H. Lawrence: «Adoro provare cose nuove, e scoprire quanto le detesto». Sono numerosi gli scrittori che, per evitare ai viaggiatori cattive esperienze, hanno provato a fornire regole e istruzioni. Alcune sono ragionevoli e dettate dal buon senso (chiedete consiglio al ristoratore, e non ascoltatelo se suggerisce il piatto più costoso; mangiate quello che mangiano i locali; evitate frutti di mare nelle pizzerie in montagna, soprattutto se il cameriere giura che non sono surgelati). Altre volte l'esperto si dimostra più drastico, più perspicace o più ansioso. Un giornalista-viaggiatore australiano, il già citato David Dale, afferma: non esiste un cattivo ristorante a Bologna; non esiste un buon ristorante a Las Vegas. Lo scrittore americano Calvin Trillin, gloria del settimanale *The New Yorker*, scrive: a) Mai mangiare in un ristorante che gira o galleggia; b) Mai mangiare in un ristorante che sia a più di dieci metri da terra; c) Mai mangiare nel ristorante dell'albergo. Dimentica che: a) Durante i viaggi per mare non si può restar digiuni; b) A Hong Kong gli alberghi hanno ottimi ristoranti panoramici; c) Talvolta piove.

Più razionali, senza dubbio, sono le «istruzioni per mangiare in una città sconosciuta» fornite dal giovane scrittore Bill Bryson al termine di un lungo viaggio attraverso la provincia americana, descritto in un libro eccellente, *The Lost Continent*. Queste le regole, battezzate *Bryson's Six Rules*:

1) Mai mangiare in un ristorante che esibisce le fotografie del cibo che serve (se lo fai, non credere mai alle fotografie).

2) Mai mangiare in un ristorante con *flock wallpaper* (carta da parati greve, spesso con gigli di raso rosso in rilievo, ndt).

3) Mai mangiare in un ristorante collegato ad un impianto di bowling.

4) Mai mangiare in un ristorante dove puoi ascoltare quel che dicono in cucina.

5) Mai mangiare in un ristorante che offre uno spettacolo dal vivo nel quale gli artisti hanno nomi che comprendono i seguenti vocaboli: Rhythm, Swinger, Trio, Combo, Hawaiian, Polka.

6) Mai mangiare in un ristorante che ha macchie di sangue sulle pareti.

Ogni viaggiatore non occasionale, dopo qualche anno, finisce per stilare regole simili, solitamente ad uso personale. Il sottoscritto, in seguito ad alcune esperienze traumatiche, è giunto alle seguenti conclusioni. Per stare in tema, e non essere da meno di Bill Bryson, potrei definirle *Sever's Seven Rules*:

I) Evitare, all'estero, i ristoranti che hanno un nome italiano. In Italia, quelli che hanno un nome inglese.

II) Evitare i ristoranti alle cui pareti sono appesi oggetti diversi da un quadro (particolarmente insidiosi: fiaschi, attrezzi agricoli, abiti tradizionali, armi bianche).

III) Evitare i ristoranti che offrono come antipasto soltanto cocktail di gamberetti.

IV) Evitare i ristoranti che, per la pubblicità, usano le parole *special* e *gourmet*.

V) Evitare i ristoranti troppo vuoti, a meno che siano le undici del mattino o le tre di notte.

VI) Evitare i ristoranti nei quali, alla domanda «Di che colore era un tempo la giacca del cameriere?», quattro commensali danno quattro risposte diverse.

VII) Evitare i ristoranti. Meglio farsi invitare a cena da amici e conoscenti.

C'è un altro motivo per cui il senso di avventura dei viaggiatori si arresta sovente davanti a un piatto sconosciuto. Spesso il problema non è il cibo, ma chi lo serve: le possibilità di incomprensione, in un ristorante straniero, sono innumerevoli. È difficile descrivere la frustrazione di chi, negli Stati Uniti, non riesce a evitare il solito micidiale bicchiere di acqua e ghiaccio, o la malinconia che assale l'avventore quando, in un *restauracja* polacco, gli spiegano che quanto ha chiesto è effettivamente scritto sulla lista, ma senza l'indicazione del prezzo; quindi *nie ma*, non c'è. È altrettanto difficile mangiare con gusto una bistecca a Tokio, soprattutto se costa duecentomila lire, ovvero venticinquemila lire a boccone. Nessun turista affamato esce psicologicamente indenne dall'esperienza di tradurre un menu coreano (arabo, finlandese, ebraico) con l'aiuto del vocabolario.

Talvolta l'impatto tra il viaggiatore e il ristoratore assume i contorni di uno scontro di culture. Prendiamo un luogo qualunque: la birreria nei Riegrovy Sady, i giardini Rieger, nel quartiere Vinohrady di Praga. Un posto ameno, certamente non una trappola per turisti, un luogo dove è difficile immaginare sorprese. E invece le sorprese arrivano. Per cominciare, la gestione diffonde «rock duro» anni Settanta e propone birra tedesca. Gli avventori italiani, che chiedono silenzio e schiumosa birra boema, si innervosiscono e commettono una serie di errori, rendendosi subito impopolari. Tra questi: prendono posto senza chiedere «Questo tavolo è occupato?» (o l'equivalente in ceco: *Je tu volno?*); si sbracciano per attirare l'attenzione (per indicare «voglio una birra», basta invece mettere un sottobicchiere davanti a sé); scarabocchiano promemoria sul foglietto dove il cameriere traccia un'asta per ogni consumazione; non lasciano mance, oppure ne lasciano di esagerate (a Praga ci si limita ad arrotondare la cifra); al momento di andarsene, desiderosi di souvenir, si fanno pescare mentre infilano in tasca quindici sottobicchieri di cartone.

Può accadere di peggio. Talvolta le reazioni degli «italiani con valigia» di fronte al cibo non rivelano soltanto il nostro delizioso pressapochismo, ma diventano una spia sul nostro passato prossimo, che è quello di un Paese povero. Non si spiega altrimenti la furia con cui gli italiani, abituati a far colazione con un caffè nero e un biscotto, si gettano sul gigantesco *breakfast* inglese o sul preoccupante *Frühstück* tedesco, concentrato di quanto di più freddo e indigeribile venga prodotto sul pianeta. È un atteggiamento che la frase «È tutto pagato» aiuta a comprendere, ma non spiega completamente. È una sindrome misteriosa, la stessa che spinge i crocieristi italiani a mettersi in coda per il «buffet di mezzanotte» anche se soffrono il mal di mare, e durante i viaggi aerei porta signore insospettabili a far scivolare nella borsa formaggini, bustine di zucchero e crackers, malinconici resti del pasto servito durante il volo. Chissà: forse l'«orfano sannita», ormai grande, non ha dimenticato l'infanzia.

NON C'È VIAGGIO SENZA SPINE (ELETTRICHE)

Cartesio scrisse: «È utile sapere qualcosa dei costumi dei diversi popoli per giudicare i nostri in maniera più sana, e non pensare che tutto quanto va contro le nostre abitudini sia ridicolo e contro ragione, come fanno di solito coloro che non hanno visto nulla». Evidentemente, non gli era mai capitato di dover usare un asciugacapelli francese in una locanda della Britannia.

Se il grande filosofo avesse dovuto affrontare questo problema — cosa improbabile, lo ammetto: gli asciugacapelli erano piuttosto rari ai tempi del *Discorso sul Metodo* — avrebbe scoperto che la spina francese (due cilindretti e eventuale perno della massa) non si adattava alle prese a muro britanniche, predisposte per accogliere tre parallelepipedi con fusibile incorporato. Se Alessandro Volta non fosse nato un secolo e mezzo più tardi, il grande René Descartes avrebbe anche scoperto che il voltaggio inglese era leggermente diverso da quello francese. In conclusione: sarebbe rimasto con i capelli bagnati.

Sono queste frustrazioni, non c'è dubbio, che rendono difficile la comprensione tra i popoli. È l'impossibilità di usare il proprio asciugacapelli all'estero a trasformare l'«italiano con valigia» in un individuo irritabile, facile preda della nostalgia. È la scoperta che oggi — anno 1993, in pieno Mercato Unico — sono in circolazione in Europa sessantaquattro tipi diversi di spine elettriche a mutare il turista più mite in uno xenofobo bellicoso.

Trappole simili sono nascoste nei telefoni. Non soltanto ogni albergo dispone di numeri diversi per ottenere la linea esterna, e li annota su un cartoncino nascosto nell'angolo più remoto della camera. In Europa non esiste nemmeno un identico prefisso per accedere alla rete internazionale: in Belgio, Grecia, Irlanda, Portogallo e Svizzera si forma lo 00, come in Italia; così in Austria, dove però esistono codici speciali per alcuni Stati; in Germania (sempre 00) esistono particolari prefissi da alcune zone; in Finlandia si forma il numero 990; in Francia il 19; in Olanda lo 09; in Spagna lo 07; in Svezia e in Danimarca lo 009; nel Regno Unito lo 010. In alcuni Paesi, dopo aver formato questo prefisso, si può continuare a comporre il numero; in altri occorre attendere un «tono». Le telefonate urbane o interurbane non sono più facili: nessun segnale, infatti, è uguale a un altro. Quello che in uno Stato significa «linea libera», nello Stato confinante indica che nessuno è in casa; la tonalità che in un Paese avverte che la linea è occupata, in un altro Paese indica che non avete chiamato vostra moglie in Italia, bensì il *room service* al piano di sotto, e non dovete perciò stupirvi se laggiù ignorano come vanno i vostri figli a scuola.

Quello che in Europa occidentale innervosisce, in Russia imbestialisce. Nulla è semplice, quando si parla di moderna (si fa per dire) telefonia ex-sovietica. Nemmeno il nome: i russi scrivono *taksofon* per indicare il telefono pubblico, che però chiamano *avtomat*, diverso da *telefon*, che è il telefono nelle case o nelle stanze d'albergo (come sia questo telefono, lo ha mostrato il ladro che l'anno scorso ha trafugato da un museo l'apparecchio di Stalin; arrestato, si è difeso dicendo che «funzionava meglio del suo»). Chiamare un numero di

Mosca da un altro numero di Mosca è spesso l'inizio di una piccola avventura. Innanzitutto è facile sbagliare numero, e scontrarsi con la brutalità di cui dispone in questi casi la lingua russa: se un italiano dice «Pronto. Buongiorno. Qui è il signor Bianchi. Potrei parlare con il signor Ivanov, per favore?», un russo sbraita soltanto: «Ivanovaaaa!», che vuol dire «Passami Ivanov» (caso accusativo). Se Ivanov non c'è, sbatte giù il telefono senza aggiungere una parola. Anche se sono le cinque del mattino, anche se ha chiamato lui, anche se ha sbagliato numero.

Non c'è nessuna cattiveria in questo. Insieme a una certa «mancanza di cultura del colloquio», c'è invece la necessità di sfogare la propria frustrazione. Prima di svegliare voi in albergo (negli hotel russi, ogni stanza dispone di un numero diretto), l'ignoto chiamante, nella ricerca dello sfuggente Ivanov, ha piazzato il suo trillo in molti appartamenti silenziosi nella periferia di Mosca. Quando riuscirà a trovare chi cerca, sa che dovrà gridare come un indemoniato per superare fischi, scrosci, scariche, fruscii, colpi e cigolii. Spesso — e «spesso» vuol dire «spesso»: una volta su tre — la linea cade durante la conversazione; se proverà a richiamare, troverà il numero occupato, anche se non è occupato per niente. Nei ricevitori, malconci dopo anni di servizio (ma insostituibili per via del *defizit*), talvolta sembra alloggiare un'intera famiglia di criceti, ognuno dei quali è di cattivo umore. Molto emozionante è il «salto della linea», geniale variante alla banale caduta della linea. Una volta, durante la tramissione di un articolo a *il Giornale*, mi sono accorto di dettare prima a un russo misterioso con una voce tenorile; poi, dopo un altro «salto di linea», a un bambino di nome Aljoscia, che si è molto divertito.

BAGNI PUBBLICI, DRAMMI PRIVATI

Novant'anni fa Luigi Barzini, durante il viaggio per mare ricordato pagine addietro, si lamentava che «mezz'ora avanti il pasto suonasse il segnale della *toilette*. Una tortura raffinata». Il grande giornalista si riferiva ad una consuetudine ormai scomparsa (se oggi suonassero il «segnale della toilette» sui traghetti delle Ferrovie dello Stato per la Sardegna, la gente penserebbe che la nave affonda, e si butterebbe a mare). Eppure, involontariamente, centra un problema attuale: la toilette — *un'altra* toilette — per chi viaggia resta una «tortura raffinata». L'attrezzatura e le condizioni dei bagni vanno infatti incluse nelle «differenze tra i popoli», e sono in grado di inquietare anche il viaggiatore più esperto.

Sorvoleremo sulla sadica abitudine, tuttora diffusa attraverso il Commonwealth, di montare sui lavabi due rubinetti (uno per l'acqua calda e uno per l'acqua fredda, cosicché l'alternativa è scottarsi le mani o congelarsele). Non racconteremo i traumatici esordi del bidet a New York descritti nel 1954 da Adolfo Coltano (alias Indro Montanelli) su *Il Borghese* di Longanesi, né indugeremo sulla bizzarra convinzione americana che una doccia al giorno sia moralmente necessaria. Eviteremo anche di ricordare gli inconvenienti causati dalla continua assenza del summenzionato bidet nei bagni britannici (gli inglesi, ancora oggi, arrossiscono al solo pensiero; per questo, se ne trovano uno in albergo, lo riempiono immediatamente di calze a mollo). Nei bagni del pianeta, però, le bizzarrie rimangono troppe. Gli «italiani con valigia» vanno messi in guardia.

Ci sono, per cominciare, i terrificanti «vespasiani-lavatrice» inventati dai francesi, e astutamente esportati in altri Paesi del mondo (cilindrici e minacciosi, si richiudono sull'occupante, che non sa mai se ne uscirà). Ci sono le pesanti multe imposte dal governo di Singapore per chi dimentica di azionare lo scarico nei gabinetti pubblici (è lecito supporre che la prossima mossa sarà installare telecamere a circuito chiuso per effettuare i controlli). Ci sono poi le *public lavatories* di Manhattan, nelle quali il viaggiatore avveduto si guarderà bene dal metter piede. Secondo *The Economist*, solo cinque newyorkesi su cento si sentono di correre questo rischio; settanta si infilano in un bar, in un hotel o in un McDonald's; sette preferiscono le strade e i cespugli; dieci aspettano di tornare a casa. Come gli altri otto risolvano il problema, non si sa.

Ci sono, infine, i sistemi di azionamento dello scarico. Decine di sistemi diversi, a seconda della latitudine e della fantasia dei progettisti: c'è chi tira una catenella, chi alza un pomolo, chi schiaccia un tasto, chi abbassa una leva. Non solo: ogni popolo del mondo, per mettere in difficoltà tutti gli altri, si diverte a mimetizzare il più possibile questo meccanismo. Il viaggiatore, di conseguenza, è costretto a una serie di esplorazioni manuali e di esperimenti, durante i quali cerca di schiacciare le borchie del lavabo, tira il campanello, sposta rumorosamente il coperchio dello sciacquone, si accanisce contro una leva che non è una leva ma un innocente portasalviette.

Anche i modi per indicare «bagno per uomini» e «bagno per donne» sono spesso esoterici. Poiché mettere sulle porte le solite sagome (un omino e una donnina) era troppo semplice, ogni nazione si è sbizzarrita. Segnaliamo: sulle isole Canarie il locale per donne è talvolta indicato da un ventaglio, e quello per uomini da una pipa; in Gran Bretagna da due dei trentatré vocaboli che indicano il bagno, per cui soltanto un linguista può andare a colpo sicuro; in Cina e a Hong Kong dalle iniziali cinesi di «maschio» e «femmina», che naturalmente nessuno conosce; in Russia dalle iniziali in cirillico; in Polonia — ed è forse il caso più snervante — da un triangolo ($\triangle$ uomini) e da un quadrato ($\square$ donne), che può diventare all'occasione un cerchio ($\bigcirc$). Quando vogliono essere d'aiuto ai forestieri, i polacchi aggiungono le scritte *Dla Panow* e *Dla Pan*.

Queste differenze, dicevamo, provocano gli stessi turbamenti nei viaggiatori occasionali e in quelli abituali. Anche chi scrive è stato segnato da alcuni episodi accaduti nei bagni del mondo. Il primo a Tokio, dov'ero arrivato forte di una convinzione: nei bagni delle stanze d'albergo di qualsiasi Paese, dopo una doccia calda, gli specchi si appannano senza rimorso: per radersi o pettinarsi occorre passare freneticamente la mano da destra a sinistra e da sinistra a destra, come il tergicristallo di un'utilitaria in una notte di pioggia (di solito, però, l'umidità è tale che quando la mano è arrivata all'estremità sinistra, a destra lo specchio è tornato ad appannarsi; a quel punto occorre aumentare il ritmo, o rinunciare). Ebbene: a Tokio, in una mattina di gennaio agli albori dell'era Heisei, ho capito che i giapponesi avevano inventato uno specchio in cui un rettangolo di superficie non si appanna neppure dopo una doccia calda: rimane sempre libero, pronto a riflettere le occhiaie e i turbamenti dell'ospite di turno dopo una settimana di *sashimi* e *shabu-shabu*. Da quel giorno, devo dire, la mia stima per l'impero del Sol Levante è aumentata considerevolmente.

Un'altra esperienza memorabile — per un italiano abituato ai nostri bagni domestici piastrellati come basiliche e profumati come serre — è avvenuta a Guangzhou (Canton), nella Repubblica Popolare Cinese, per merito della signorina Feng Yuzheng, imprenditrice, e del signor Wen Wannien, proprietario del ristorante «Saeng», non distante dal fiume delle Perle. Quando sono arrivato, la signorina reggeva un enorme granchio vivo per le zampe, con l'aria di chi aveva maneggiato granchi per tutta la vita e sapeva farsi rispettare. Il locale — che non era un locale ma una processione di tavoli in un vicolo — passava per il migliore della città, ed era gestito privatamente. Il proprietario, orgoglioso, ogni pochi minuti passava a trovarci facendo lunghi discorsi in cinese. Nemmeno quando ho chiesto «Dov'è il bagno?» è sembrato perdere l'entusiasmo, e ha indicato sorridendo un tratto di muro di fianco ai fornelli, esposto agli sguardi di tutti gli avventori. Quando ho lasciato intendere di non voler dare spettacolo, il signor Wen e la signorina Feng si sono guardati, e hanno sorriso indulgenti: gli europei sono un po' strani, sembravano voler dire, ma qui a Canton siamo gente di mondo, e non ci stupiamo di niente.

In questi anni mi sono dilettato spesso di spionaggio. Non dello spionaggio di cui vengono talvolta sospettati i giornalisti — sbagliando: per quel lavoro non abbiamo né l'attidudine, né la pazienza — ma di uno spionaggio più artigianale e innocuo, che consiste nell'ascoltare non visto i turisti italiani all'estero. Non è un passatempo così strano, se ci pensate: esistono persone che trascorrono giornate intere osservando con il binocolo uccelli di specie rare (sostengono che è uno sport, e lo chiamano *bird-watching*). Ebbene: chi scrive trova rilassante, al termine di una giornata di lavoro, origliare nelle vicinanze di una comitiva di salernitani che, dopo ventiquattr'ore a Mosca, spiegano gli uni agli altri gli arcani del Cremlino, intervallando la spiegazione con indicazioni sul prezzo del caviale al mercato nero e sul modo di nasconderlo per passare la dogana.

Ancora più interessante è ascoltare i connazionali quando parlano con la gente del posto o con altri stranieri perché, quasi sempre, parlano in inglese. Questa lingua è ormai universale, ed è diventata quello che l'esperanto vorrebbe essere e, con buona pace degli esperantisti, non sarà mai. Ogni nazione, tuttavia, mette qualcosa di suo nell'inglese che parla. Ogni popolo, in altre parole, trasporta all'interno della «lingua del mondo» il proprio carattere, rendendola diversa, e dandole sapore. Gli italiani, soprattutto quando la distanza da casa allenta i freni inibitori, fanno anche di più: in mano a noi — meglio, in bocca nostra — l'inglese diventa un'opera d'arte astratta.

Sono numerosi i tratti del carattere italiano che si trasformano in inesattezze, imperfezioni, errori, vezzi e invenzioni pure e semplici. Senza alcuna pretesa di completezza, eccone alcuni. Perfino un marziano potrebbe dedurli senza difficoltà, se soltanto si mettesse tranquillo nella sala d'imbarco di un aeroporto, e ascoltasse.

1. OSSEQUIO VERSO L'INVASORE

Il nostro storico ossequio verso l'invasore (questa volta linguistico) fa sì che non ci limitiamo a usare parole inglesi quando parliamo *inglese*. Ne usiamo a centinaia anche quando parliamo italiano. Se esistono vocaboli ormai indispensabili (*film di cowboys* è molto più efficace e attraente di «lungometraggio sui ragazzi delle mucche»), molti altri si potrebbero — meglio: si dovrebbero — non usare. È il caso dell'infame *ticket* sui medicinali (ce l'ho con il nome, non con il principio di contribuire alla spesa farmaceutica) che, oltre ad essere una prova del nostro provincialismo, provoca conseguenze grottesche. È accaduto ad esempio che una farmacista di Finale Ligure si sia trovata di fronte una signora allarmata: aveva sentito parlare delle misure economiche prese dal governo, e voleva sapere se, da quel giorno in poi, «doveva pagare il *racket*». La dottoressa, invece di domandarle se si trattava di mafia 'ndrangheta o camorra, ha sorriso, e l'ha rassicurata: in quanto pensionata, non avrebbe dovuto pagare il *ticket* sui medicinali. La cliente, dicendo di aver capito, se n'è andata. La prossima volta che volerà a Londra per un fine settimana, tuttavia, si chiederà in che razza di Paese è finita: lassù il *ticket* lo chiedono addirittura sull'autobus, e in cambio non danno nemmeno un'aspirina.

2. SOTTILE COMPLESSO D'INFERIORITÀ

Noi italiani non siamo soltanto convinti che l'inglese sia efficace. Crediamo sia *importante*. Chiamare un uomo d'affari *vip*, *manager* o *executive*, in Italia, viene giudicata una cortesia. Questi termini dovrebbero invece rientrare nella categoria dell'ingiuria. La parola *vip* ormai viene scritta sulle tessere-sconto, e pronunciata solo nei villaggi-vacanze; *manager* è il buon vecchio capufficio, quello che nasconde il temperino nel cassetto e guarda le gambe alle segretarie; l'*executive* è quel signore che appare sulla pubblicità delle compagnie aeree, abbandonato sulla pista di un aeroporto, e sorride ebete, di solito con il vestito sbagliato indosso e una valigetta ventiquattrore in mano. Un'ultima parola che segnalo al pubblico obbrobrio — e invito, una volta all'estero, a usare con un minimo di cautela — è il vocabolo *top*. Nell'Italia del melodramma e dell'esagerazione, tutto è *top*: modelle (*top models*), uomini d'affari (*top managers*), posti a sedere (*top class*). Il fatto sarebbe insopportabile, se ogni tanto la sorte non pensasse ad aggiustare le cose. È accaduto a un negozio di abbigliamento in Liguria, che ha deciso di chiamarsi «Top One». Chi ha disegnato l'insegna, però, ha scritto le due parole troppo vicine: il Top One è diventato il Topone. I clienti, quando devono scegliere una giacca, dicono proprio così: «Proviamo dal Topone». Al proprietario è andata bene: un Topone è comunque meglio di un Grosso Ratto.

3. INCOSCIENZA

Noi italiani abbiamo *inventato* alcune parole inglesi. Il guaio è che non lo sappiamo. Il turista che volesse tenersi in esercizio e chiedesse in albergo «dove può fare footing», ad esempio, è destinato a incontrare sguardi smarriti (il nostro footing, in inglese, si dice *jogging*). Chi avesse bisogno di nastro adesivo e chiedesse alla cameriera del piano «mi porti lo scotch», la vedrebbe ritornare poco dopo con un whisky (avrebbe dovuto dire *Sellotape*). Fino a qualche tempo fa ero convinto che una signorina italiana, annunciando di voler acquistare un body, non chiedesse biancheria intima, ma un corpo o un cadavere (questo vuol dire *body* in inglese; «lo stretto vestimento che copre il corpo dalle spalle alle cosce» si chiama *cat-suit, leotard* o, al massimo, *body-suit*). Sono però talmente numerose le ragazze italiane che vagano per il mondo convinte di indossare un *body*, e così tanti i *body* prodotti in Italia ed esportati, che il termine si sta imponendo perfino in Gran Bretagna. Questo prova che noi italiani siamo straordinari. Se ci mettiamo d'impegno, riusciamo ad insegnare l'inglese agli inglesi.

4. DELIZIOSO PRESSAPOCHISMO

Chiunque abbia frequentato i connazionali all'estero sa una cosa: gli italiani, se parlano inglese discretamente, pensano di parlarlo bene; se lo parlano bene, sono convinti di parlarlo benissimo. Voglio ricordare soltanto alcuni piccoli gioielli. A Londra, una signora milanese conquista la celebrità usando l'espressione *in four and four eight*, che *non* vuol dire «in quattro e quattr'otto» (testimonianza personale). Sempre a Londra, una ragazza italiana terrorizza un inglese di mezza età agitandogli le dita sotto il naso e gridando *Do yourself to do for the misery!*, sua personale traduzione di «Datti da fare per la miseria!» (aneddoto raccolto presso l'Usis di Milano). Uno studente milanese presso una università americana esclama *Do you want to put?*, che secondo lui significa «Vuoi mettere?» (ibidem). A Kabul un giornalista della Rai insiste presso la guida locale: *I want to go coast to coast!*; il poveretto, naturalmente, risponde che l'Afghanistan non ha sbocchi sul mare, ed è perciò difficile andare «da costa a costa». Alla fine si scopre che il visitatore intendeva dire «Voglio andare *a tutti i costi*»; in inglese: *at all costs* (testimonianza di un collega de *Il Messaggero*).

5. INDISCUTIBILE FANTASIA

Gli italiani, parlando inglese, talvolta commettono errori che lasciano gli interlocutori stranieri completamente spiazzati. Alcuni sembrano richiedere l'intervento dello psicanalista, piuttosto che quello dell'insegnante. È il caso dell'uso del genitivo sassone, che in inglese indica il possesso (*Mary's dog*, il cane di Maria). In Italia qualcuno ha deciso che è elegante — che «sta bene», come direbbero certe mamme — e l'orgia del genitivo sassone è iniziata (Jean's West, Gianni's Bar, Baby's Market...). Alcuni episodi appaiono genuinamente preoccupanti: perché, ad esempio, la presentatrice televisiva (presentatore televisivo?) Eva Robin's scrive il cognome in quel modo? Di lei (di lui?) si è interessata anche la rivista *Newsweek*. Erano quell'apostrofo e quella «s», naturalmente, a indignare i colleghi americani. Il cambio di sesso, se c'è stato, al confronto è una bazzecola.

6. ENFASI

La gioia, la soddisfazione, la protesta o la delusione italiane, non mediate da una buona conoscenza della lingua, possono provocare turbamenti negli stranieri. La lingua inglese non si presta molto a espressioni nettamente affermative: quando si vuol dire che la si pensa in un certo modo, occorre premettere «Credo» (*I belie-*

ve...), «Penso» (*I think...*), «Suppongo» (*I suppose...*), «Ho paura» (*I'm afraid...*). Il guaio è che la maggioranza degli italiani all'estero non pensa, non crede, non suppone e soprattutto non ha paura di niente. «Quel diminutivo ed insieme dubitativo e magari ironico tono che è il genio della lingua inglese» — definizione di *understatement* secondo Giuseppe Prezzolini — viene regolarmente travolto dall'enfasi della certezza.

A questo proposito posso dire d'aver visto — meglio: ascoltato — di tutto. Nei Paesi scandinavi tendono a prenderci alla lettera: a Stoccolma o a Helsinki pensano che l'espressione «È impossibile» (in inglese: *It's impossible*; in francese: *Non, c'est impossible*) voglia dire *veramente* che qualcosa è impossibile, e non invece «avanti, prova a convincermi». Nei Paesi anglosassoni, dove l'imbarazzo è di casa, il nostro amore per il modo imperativo del verbo, e la nostra scarsa dimestichezza con il condizionale, provocano spesso il panico (il portiere d'albergo che si sente apostrofare con *Go away. Come here. Don't speak. Where is your sister?* racconterà in famiglia d'avere incontrato uno psicopatico). In altre parti del mondo — soprattutto in Paesi attenti alla forma come quelli del Sud-est asiatico e dell'Estremo Oriente — accade di peggio: so di signore italiane che negli alberghi di Pattaya o di Manila inseguono la camerierina bruna lungo il corridoio gridando allegramente *My dear, did you steal my comb?* (Cara, mi hai rubato il pettine?), gettando la poveretta nello sconforto.

7. TORTUOSITÀ E PROLISSITÀ

Si tratta della pretesa folle di tradurre in inglese alcuni involuti ragionamenti italiani, soprattutto in campo morale, politico ed economico. Appreso probabilmente in televisione dai nostri uomini politici, questo difetto ci trasforma sovente in vere e proprie attrazioni internazionali. La passione italiana per il racconto e il commento è tale che sono giunto a una conclusione: anche il *silenzio* è diverso, in Italia e nel mondo di lingua inglese. Il silenzio anglosassone è il silenzio di chi tace. Il silenzio italiano è quello di chi aspetta di prendere la parola.

8. IMPUDENZA

È noto che gli italiani, alla domanda *Do you speak English?* (Parli inglese?), rispondono spesso con una bugia oppure, quando va bene, con una verità parziale. Una delle risposte più popolari — e insieme una prova che il rapporto tra gli italiani e la realtà è sempre entusiasmante — è la seguente: «Non parlo inglese, ma lo capisco». Non è difficile smentire questa affermazione: basta mettersi d'impegno. La metropolitana di Londra, ad esempio, è un posto dove i connazionali impudenti si possono pescare facilmente, come pesci in un acquario. Il momento arriva quando gli altoparlanti gracchiano: *London Transport regrets to annonce that, due to a breakdown on the line, service is suspended. Passengers are kindly requested to leave the station* («London Transport» è spiacente di annunciare che, a causa di un'interruzione sulla linea, questo servizio è sospeso. I passeggeri sono invitati a lasciare la stazione). Conoscendo bene Londra, so cosa accade a questo punto: su mille passeggeri in attesa, novecentonovantacinque se ne vanno. Ne rimangono cinque: tre sono giapponesi, e due italiani. Ebbene: quelle due persone abbandonate nella cavernosa immensità del *tube*, almeno una volta nella vita hanno pronunciato la frase magica, la somma impudenza, la *grande bugia*: «Io non parlo inglese, ma lo capisco».

La notizia è scarna, ma significativa. Franco Malerba, il primo astronauta italiano, al ritorno in patria ha smarrito la valigia contenente i cimeli che aveva portato con sé durante il volo spaziale. Il fatto è avvenuto all'aeroporto Cristoforo Colombo di Genova. Sbarcato da un volo da Londra, dove aveva fatto scalo proveniente da Orlando (Florida), Malerba ha rilasciato le dichiarazioni di rito, parlando dell'«arricchimento spirituale» derivato dalla permanenza nello spazio. Poi si è girato, e si è accorto che il suo bagaglio non era stato riconsegnato. Dentro, per la cronaca, stavano: la bandiera italiana portata in orbita, da consegnare al presidente della Repubblica Oscar Luigi Scalfaro; una seconda bandiera italiana da regalare al presidente e al direttore dell'Agenzia Spaziale Italiana; il gonfalone della città di Genova; la camicia con lo stemma della Nasa indossata durante il volo sullo Shuttle, e destinata al presidente del Consiglio Giuliano Amato; biancheria e effetti personali.

Diciamo subito che l'episodio non deve indurre a commenti futili come «volare nello spazio è più facile che volare sulla terra». È, invece, da meditare. Franco Malerba, campione di tutti «gli italiani con valigia», tornando in Italia è rimasto *senza valigia*. Forse credeva, volando nel cosmo, di lasciarsi alle spalle le preoccupazioni italiane, ma si illudeva: l'Italia, quando non ti può seguire, ti aspetta. Ti aspetta con pazienza: che tu sia stato in vacanza in Provenza o in orbita intorno all'equatore, prima o poi ritorni.

Molte migliaia di italiani, ogni giorno, provano questa sensazione: dopo aver trascorso un paio di settimane serene in Paesi dove le valigie ricompaiono, le poste funzionano e gli uomini politici non sono onnipresenti, rientrano in patria, e si sentono vittime di un'imboscata. A chi ritorna — a meno che non torni da Paesi con i quali ogni confronto è improponibile — tutto appare improvvisamente complicato e caotico. Questo accadeva anche prima che la vita pubblica italiana assumesse i contorni di una tragedia greca. Prendiamo il linguaggio: l'Italia adotta nuove espressioni in codice con una velocità straordinaria. Chi è rientrato dall'estero negli ultimi tempi ha trovato la nazione che discuteva appassionatamente, e in rapida successione, di: Gip, Dia, Dau, Dna, Cobar, Coir, Csm e Cocer, sigle per cui i vocabolari sono diventati assolutamente inutili («Cocer», pagina 213 del dizionario Petrocchi: «Di cose da mangiare. Ridurle meglio mangiabili col fòco. Cocer la carne nella pentola, sulla gratella, arrosto, in umido, nel tegame, in fricassea, in stufa, in padella»). Tangentopoli, se non altro, è un nome che si capisce.

Per tutti questi motivi, ripeto, la vicenda dell'astronauta appare simbolica. Perché, in modo perverso, ristabilisce un principio: la condizione di italiani è perpetua, e non prevede possibilità di fuga. Malerba Franco, coniugato con prole, aveva provato ad allontanarsi più di altri, e si era distratto. Perché, ad esempio, ha consegnato la valigia? Perché non ha viaggiato con la camicia da astronauta indosso, il gonfalone in mano e le bandiere sulle spalle, mostrando così la saggezza antica degli italiani che trascinano a bordo, spacciandolo come bagaglio a mano, anche un baule di un metro per due, convinti che se lo consegnano al *check-*

in non lo rivedranno mai più? L'unica spiegazione è che la lunga assenza e la lontananza l'avessero addolcito, facendogli dimenticare che posto è l'Italia.

Un posto, per cominciare, dove molti amano lamentarsi, ma pochi sembrano interessati a sapere come altri Paesi hanno risolto i problemi in cui noi ancora ci dibattiamo. La maggioranza degli italiani preferisce le chiacchiere, le battute, le accuse generiche e i confronti ridicoli che sa scovare sulle pagine di un giornale americano, desumere dalla copertina di un settimanale tedesco, leggere nella scortesia di un cameriere francese. In questo gioco siamo imbattibili. Frasi come «siamo in serie A, siete in serie B» ci piacciono immensamente, perché spingono verso il piagnucolamento nazionale, cui segue il soprassalto d'orgoglio, che a sua volta lascia il posto alla disperazione più cupa, che infine sfocia in una cena con amici, al termine della quale qualcuno proclama che, in fondo, non se ne andrebbe dall'Italia per tutto l'oro del mondo.

Mentre siamo all'estero, invece, passiamo di stupore in stupore. Poiché è oggettivamente difficile visitare luoghi più belli dell'Italia, non sono tanto le attrazioni artistiche o naturali ad affascinarci. È invece lo spettacolo di Stati che funzionano, il buon odore di amministrazioni pubbliche rispettose dei cittadini, il rumore tranquillo di meccanismi sociali ben oliati. Gli italiani ormai salgono in Europa per visitare l'*organizzazione*, come i viaggiatori d'un tempo scendevano in Italia per ammirare le antichità. Siamo, in questo senso, i viaggiatori ideali di Samuel Johnson, che scrisse, più di duecento anni fa: «Tutti i viaggi portano vantaggi. Se visiterete Paesi migliori, potrete imparare a migliorare il Paese vostro. Se la sorte vi conduce verso Paesi peggiori, imparerete ad apprezzare il luogo dove abitate».

Non tutti, però, riescono a trarre dai loro viaggi le dovute lezioni. Alcuni, applicando a se stessi una sorta di razzismo bonario, sembrano concludere che è *geneticamente* impossibile che gli italiani non imbroglino o rubacchino, che paghino le tasse come gli americani e le impongano con il buon senso degli inglesi. Altri, con una sorta di rassegnazione storica, guardano, ammirano, commentano; poi tornano a casa, e accettano in silenzio la routine italiana, intimamente convinti che una certa dose di indecenza nazionale, a sud delle Alpi, sia inevitabile.

Soltanto alcuni, tra gli «italiani con valigia», mostrano di aver imparato qualcosa, nei giorni in cui erano all'estero con la valigia in mano. Costoro si chiedono, ad esempio: perché quest'Italia laboriosa, complessa e splendida, non può organizzarsi come la Francia, prima di ridursi come il Sudamerica? Perché non riesce a diventare un Paese *normale*, dove i leader vengono scelti, e quando sono stati scelti vengono lasciati tranquilli a lavorare? Se hanno lavorato bene, vengono rinconfermati; se hanno lavorato male, vengono cacciati. Karl Popper, uno dei grandi filosofi politici di questo secolo, sostiene che la democrazia è tutta qui.

A Bruxelles e a Londra, a Copenaghen e a Parigi, i governanti non passano il tempo in diatribe ridicole, e non le infliggono ai cittadini durante i telegiornali. Durante le campagne elettorali non si risentono se gli elettori chiedono di sapere in anticipo cosa ne sarà dei loro voti. Nell'Europa dove ormai abbiamo buoni amici e conosciamo buoni ristoranti, i dirigenti politici non temono di affrontare i grandi problemi, perché sanno che l'ignavia li condanna alla sconfitta elettorale, mentre un successo li consegnerà alla storia. I nostri governanti, invece, fino ad oggi non si sono preoccupati di passare alla storia. Si preoccupavano di passare l'estate, e di altre cose che è troppo triste ricordare qui.

I migliori tra gli «italiani con valigia» — quelli che insieme alla valigia portano in viaggio anche occhi e cervello — si inquietano quando sentono dire che l'Italia fino a oggi ha funzionato *perché* era ingovernata, o era governata poco e male. Si inquietano perché sanno che — fosse governata in maniera normale, come una qualunque Olanda — l'Italia funzionerebbe meglio. Quello che chiedono, gli italiani di buon senso, sono poche leggi chiare, un capo da premiare o da punire, una classe politica mediamente capace e non troppo corrotta, che non occupi, ogni giorno, più di quindici minuti dei loro pensieri e più di due pagine sui loro giornali. Un governo che si concentri sui treni, le poste e il bilancio, e li lasci andare avanti con la loro vita.

Sono stanchi, gli italiani, di essere «speciali». Dopo aver viaggiato, vogliono tornare in uno Stato come gli altri: magari meno spumeggiante, ma più onesto e funzionante. Hanno voglia, deposta la valigia, di vivere in un Paese *normale*.

2

UN ITALIANO ALL'ESTERO

«Ho pensato che forse potevo usare la tecnica dell'umorismo per descrivere qualsiasi avvenimento. O, perlomeno, ho pensato di poter usare questa frase per convincere il direttore e l'editore a pagarmi il viaggio.»

P. J. O'Rourke, *Holidays in Hell*

TRANSIBERIANA,
LUNA DI MIELE IN QUATTRO

Quello che state leggendo è stato scritto su un taccuino in mezzo a due cucchiai piccoli, un cucchiaio grande, una bottiglia di acqua minerale russa, un pacchetto di salviettine detergenti e tre bustine di tè usate che Liuba si rifiuta di portare via. Qui dovrei essere più preciso, perché di Liuba ce ne sono due: quella che si rifiuta di portare via le bustine del tè è Liuba Grande, che quando passa nel corridoio con i fianchi spolvera contemporaneamente il finestrino e la porta dello scompartimento. L'altra è Liuba Piccola, che fuma Marlboro e sorride a tutti gli uomini sotto i trent'anni.

Questo, più che un *reportage*, è una confessione: come un marito possa portare una moglie in viaggio di nozze su un treno per 9001 chilometri, tant'è la distanza da Mosca a Pechino, in seconda classe, ossia con due sconosciuti dentro lo scompartimento. L'unica giustificazione che posso addurre è che la seconda classe è una trovata dei russi, e la Transiberiana è una tentazione pericolosa: attraversa quasi cento gradi di longitudine, sei fusi orari e impiega sei giorni, un'ora e 41 minuti. Parte da Mosca alle 23.50 il venerdì sera e arriva a Pechino il venerdì successivo alle 6.31 del mattino. Si mangia malissimo, ci si può lavare soltanto approssimativamente, la sosta più lunga è di quindici minuti, e i russi fanno di tutto per convincervi che potevate passare le vacanze altrove. Però è un viaggio straordinario, e se la moglie sorride ancora alla stazione di Pechino è una moglie straordinaria, e forse avete fatto bene a sposarla.

Dalla stazione Jaroslavl di Mosca partono i treni diretti in Siberia, e le facce della gente che aspetta non lasciano molti dubbi in proposito. Seduta sulle valigie più grosse che io abbia mai visto, una turba di tartari, buriati, coreani, mongoli, kirghisi e uzbechi, in compagnia forse di qualche russo genuino, attende impassibile sotto le luci al neon. Non ha l'aria di aspettare una partenza imminente: ha l'aria di aspettare e basta.

Il nostro treno attende sul binario cinque. È verde, come un qualunque Milano-Napoli, e porta il numero 20 e la scritta Mosca-Pechino. Un inglese carico di macchine fotografiche sta informando un compagno di viaggio che la Transiberiana è l'unico collegamento terrestre dall'Europa Occidentale all'Oceano Pacifico: i russi stanno costruendo una strada ma non è ancora finita, e anche quando sarà finita sarà sempre meno affidabile della ferrovia: la neve si toglie meglio da due rotaie che da una carreggiata. Avrei voluto ascoltare ancora, senonché mia moglie, che è già salita sul treno, sbuca dal finestrino e informa sorridendo che «siamo in quattro, il bagno è microscopico e c'è una radio che urla in russo». È tutto vero, naturalmente.

Primo giorno

Con noi nello scompartimento ci sono due ragazze, che parlano moltissimo. Più di loro parla la radio, che nessuno riesce a spegnere. Mentre il treno si allontana dalla stazione e lascia i tartari, buriati, mongoli e uzbechi impassibili sotto i neon, cominciamo ad esplorare il convoglio. Verso la locomotiva, nei vagoni in cui viaggiano i russi, non possiamo andare: ce lo spiega Liuba

Grande, una delle due conduttrici, sbarrandoci il passo e insegnandoci la frase fondamentale per capire l'universo sovietico: *nje razreshajetsja*, non permesso. Andando verso la coda del convoglio, attraversiamo la prima classe, poi il vagone ristorante, infine le carrozze occupate dagli atleti della squadra nazionale nordcoreana, che tornano dai «Giochi della Buona Volontà» a Mosca. In prima classe viaggiano sei coppie di svedesi pieni di salute, una per scompartimento, nonostante non siano in viaggio di nozze. Nel vagone ristorante siede tale Boris, con una cravatta che deve aver cotto in molti sughi, il quale ci comunica l'orario della prima colazione dell'indomani. Il nostro scompartimento è ragionevolmente pulito: i due letti superiori, durante la giornata, si possono sistemare in verticale contro la parete. Abbassare i finestrini non è difficile, a patto di appendersi in due alla maniglia. Il tavolino si abbatte come su un qualsiasi treno, e quasi subito crolla trascinandosi sul pavimento una tazza di tè bollente. I bagni sono due, alle opposte estremità del vagone. Per lavarsi c'è soltanto un acquaio grande come una mezza anguria, rigorosamente senza tappo: per fermare l'acqua occorre una pallina di gomma — che abbiamo, essendo stati avvertiti. Delle pulizie sono incaricate le conduttrici. Tra i loro compiti c'e anche quello di bloccare le porte dei bagni dieci minuti prima dell'arrivo nelle stazioni e di sbloccarle dieci minuti dopo la partenza. Durante il viaggio avrò modo di constatare che Liuba e Liuba svolgono questa mansione con una sorta di sadismo: nessuna implorazione vale, nessun contorcimento di fronte alla porta chiusa.

Mentre indaghiamo i misteri della toilette e lottiamo per zittire la radio, il treno corre nel buio verso Zagorsk, attraverso le *dacie* dei moscoviti, e arriva a Jaroslavl alle tre di notte. Il fatto che la città sul Volga fosse il punto di arrivo della ferrovia intorno al 1860, quando la Transiberiana venne ideata, non convince nessuno ad abbandonare le cuccette. Al mattino, dopo aver scoperto che servono salame e poco altro per colazione, mi dedico al paesaggio: piatto, verde, nessun animale in vista anche se l'«Atlante dell'Unione Sovietica» assicura che questa è «terra di bestiame e latticini». A Danilov faccio conoscenza con alcune robuste rappresentanti dell'esercito dei lavoratori delle ferrovie sovietiche (3 milioni e 500mila persone), che nella circostanza riforniscono d'acqua il convoglio: anziane signore che in Italia svernerebbero in Riviera, e qui saltano da un binario all'altro piene di energia.

Mentre dai finestrini sfila l'enorme foresta sovietica — un quarto di tutti gli alberi del mondo, larici a perdita d'occhio — scopro su una mensola del corridoio vari opuscoli destinati all'educazione politica dei viaggiatori: tra i più interessanti, *Il trotskismo contemporaneo contro la pace e la distensione* e *Veri e falsi interessi per i diritti dell'uomo*, che mi mantengono di buon umore fino a Kirov, dove arriviamo alle 13.30. La città fino al 1936 si chiamava Vjatka, ma Stalin la ribattezzò col nome dell'amico Sergej Mironovič Kirov, forse per consolarsi di averlo fatto ammazzare. Verso sera, attraversato il fiume Kama, arriviamo a Perm, distante 1440 chilometri da Mosca. La città, dal 1940 al 1957, si chiamava Molotov, ma poiché la toponomastica sovietica è sempre un'opinione, Krusciov le cambiò nome. Sostiamo quindici minuti. Il tempo non è molto ma è più che sufficiente ai nordcoreani per svaligiare i botteghini della stazione: con il distintivo di Kim Il Sung al petto si lanciano tutti insieme e tornano carichi di *mineralnie vody* (acqua minerale) e panini color muschio.

Secondo giorno

Il treno, mentre dormivamo, ha preso un certo numero d'iniziative interessanti. Ha scavalcato lo spartiacque degli Urali, al 1770° chilometro da Mosca ha superato il cippo con la scritta *Europa* da una parte e *Asia* dall'altra, è entrato in un fuso diverso da quello della capitale e infine si è fermato a Sverdlovsk. Da questo momento siamo in Siberia, e seguiamo il *trakt*, la pista che portava i corrieri dello zar da Pietroburgo a Irkutsk, sulle rive del lago Baikal. Passiamo attraverso paesi malconci, con le strade sterrate, poche automobili in giro, qualche motocarrozzetta. Incrociamo il *Rossija*, il treno rosso che viene da Vladivostok, e una serie infinita di treni merci — in media uno ogni due minuti — che portano legname e minerali verso Mosca, e i cui motori diesel scaricano sporcizia dentro i nostri finestrini. Grazie a loro, ma non solo a loro, gli scompartimenti cominciano ad assumere l'aspetto gentile di piccole stalle. Nonostante ci cambiamo gli abiti ogni mattina e ci laviamo con l'aiuto della pallina di gomma, la nostra pulizia è approssimativa. I due bagni, grazie a Liuba e Liuba, sono sempre ragionevolmente puliti anche se ogni ora che passa l'odore del robusto deodorante russo continua a farsi più nauseante.

Alle 11 del mattino il treno si ferma a Ishim, dove pioviggina, e riparte come al solito senza preavviso, obbligando una folla di passeggeri sbracati a una rincorsa affannosa. Il paesaggio si fa interessante. Come confermano Liuba e Liuba con un cenno militaresco, questa è la steppa, e la Siberia comincia a diventare una faccenda seria. Qui vivono soprattutto i russi, ma ci sono sacche di kazaki, estoni, ucraini, tartari e tedeschi, questi ultimi soldati dell'Armata Rossa che Stalin pensò di trasportare qui dalla zona del Volga, dove gli antenati di costoro si erano insediati su invito di Caterina la Grande. Qui passò Cechov nel 1890, a bordo di un *tarantass* a cavalli, e rimase colpito dalla «terra nera» e dalla «particolare puzza russa». La terra nera la vediamo anche noi, e la puzza russa la fornisce il vagone ristorante di Boris, dove ci tocca andare due volte al giorno e dove un cameriere con l'aspetto di un conte polacco finge di capire gli ordini, e poi porta sempre salame e cetrioli.

Nella steppa di Ishim, finalmente, vediamo bestiame al pascolo. Vacche, soprattutto, che devono aver imparato a sopravvivere al clima di questi posti: neve sul terreno per 150 giorni all'anno, temperatura media invernale di meno venti gradi centigradi e gelate in ogni mese dell'anno, a parte luglio e agosto. Attraversiamo la steppa di Barabinsk, una colossale estensione che va dal 53° al 57° parallelo, e alle 23.25, ora di Mosca, arriviamo a Novosibirsk, detta la Chicago della Siberia, dove sono in effetti le 2.25 del mattino, un orario in cui le stazioni siberiane non offrono molti svaghi.

Provo a fotografare la motrice, ma vengo cortesemente invitato a desistere da Liuba Grande: treni, stazioni e ponti, *nje razreshajetsja*. Ripartiamo. Qualcuno, nel buio, giura di aver visto il fiume Ob.

Terzo giorno

La mattina è piena di sole e il treno si arrampica sulle montagne. Finalmente, nelle curve della ferrovia, riusciamo a vederlo tutto, dalla locomotiva fino all'ultimo vagone. Fa quasi caldo e le bambine russe, con il regolamentare fiocco in testa, aspettano composte nelle stazioni: Bogotol, dove arriviamo alle 7 del mattino; Achinsk, dove il treno si ferma tre minuti, giusto il tempo di ammirare la stazione locale, del tutto simile a un autogrill corazzato. Ogni volta il rituale è identico: ometti in uniforme controllano le ruote ai treni; i passeggeri scendono per sgranchirsi le gambe e corrono avanti e indietro come formiche ubriache; qualcuno cerca di comprare lamponi — un rublo al cartoccio — e rischia di perdere il treno. Dopo Krasnojarsk, che dicono sia molto meglio della sua stazione, il treno attraversa il fiume Enissei, enorme e pieno di chiatte, e riparte dentro la *taiga*, la foresta siberiana che in questa stagione è piena d'insetti, tra cui il *klesh*, che provoca l'encefalite e contro la puntura del quale gli abitanti sono vaccinati. Nel pomeriggio arriviamo a Taishet, da dove parte la Bam (Baikal-Amur magistral), la ferrovia che porta direttamente al Pacifico, voluta da Stalin e costruita da mezzo milione di malcapitati. Anche oggi, purtroppo, si ripete il triste rituale del pasto serale, che Boris il ristoratore continua ad anticipare, sostenendo che lo stomaco segue il sole e il sole non segue l'ora di Mosca segnata dagli orologi delle stazioni. Con molta malinconia, verso le quattro del pomeriggio, torniamo in processione verso il vagone ristorante dove ci aspettano la solita minestra con lo yogurt, il solito salame e cetrioli e un uovo coi piselli: questi ultimi sono comparsi a colazione, e non ci abbandoneranno più. Da bere, succo di mele dolciastro e acqua minerale salata. Nonostante vari tentativi di corrompere il cameriere, niente birra e niente vodka, che pare sia stata abolita sulla Transiberiana dopo alcuni episodi incresciosi avvenuti tempo fa (qualcuno ha avuto il coraggio di sedurre Liuba Grande? ci chiediamo).

Quarto giorno

Alle sei del mattino arriviamo a Irkutsk, capitale della Siberia orientale, città dotta e tollerante, distante 5191 chilometri da Mosca e 3810 da Pechino. Molti russi scendono, trascinando pacchi e bambini, e tra quelli che salgono c'è una professoressa, biondissima e robusta, abbondantemente truccata e in bilico su due tacchi a spillo. Nonostante l'ora del mattino, vuole conversare in inglese e, sebbene nessuno gliel'abbia chiesto, informa che deve raggiungere la scuola a Ulan Ude, oltre il lago Baikal. Il lago compare quando la signora finalmente tace, dopo due tunnel — i primi da Mosca — sorvegliati dai militari. Il treno scende in picchiata, segue la sponda per qualche ora e riparte verso oriente. A Ulan Ude arriva alle 14.42 ora di Mosca, ma è quasi buio perché l'ora locale è 20.42. Avendo dedicato la giornata a un esperimento con i fusi orari — rispettare l'orario di Mosca fino a Irkutsk, poi saltare di colpo all'orario locale — sono vagamente stralunato. Prima di coricarmi devo subire però l'ultimo colpo basso di Liuba e Liuba: per debellare gli odori della toilette, dove varie decine di persone si alternano da quattro giorni, hanno aumentato drasticamente la quantità di deodorante russo. Il cocktail è micidiale: senza lavarmi, sono in cuccetta alle 15.30 ora di Mosca, mentre il treno corre nel buio della Transbaikalia.

Quinto giorno

Dopo il lago Baikal cambia tutto: le montagne diventano colline, le facce nelle stazioni diventano orientali — questa è la terra dei buriati, che parlano un dialetto mongolo — e Ulan Bator è poco distante. Solo gli slogan sui tetti e sui muri sono sempre uguali, qui ancor più commoventi che a Mosca. Poco dopo Cita ci stacchiamo dalla Transiberiana vera e propria, che continua verso Vladivostok e il Pacifico. Il nostro treno scende invece verso la Manciuria, seguendo quella che un tempo era la «Chinese Eastern Railway». Anche se cinque giorni di viaggio hanno domato molti, qualcuno continua dignitosamente a stare in piedi accanto ai finestrini: i buriati passano a cavallo, il terreno è una prateria ondulata, e le case hanno i tetti di lamiera e la legna già pronta per l'inverno, che da queste parti deve essere una cosa seria.

A Olovjannaja arriviamo alle 6.25 ora di Mosca, 12.25 ora locale, accovacciati sui sedili: Liuba e Liuba stanno pulendo lo scompartimento, e non tollerano di dover girare con l'aspirapolvere intorno ai piedi dei passeggeri. Da queste parti, sulle rive del fiume Onon, nac que nel 1162 Gengis Khan, figlio di Bulantsar, capo-tribù mongolo: ottocento anni dopo, i sovietici sono riusciti a farne scempio. Credevo di aver visto la più brutta stazione della Transiberiana ma Daurija, dove mute di cani randagi inseguono i carretti sugli sterrati, è peggio di Olovjannaja, e Zabajkalsk è peggio di Daurija. Zabajkalsk è il posto di confine, e qui i sovietici danno fondo alla loro arte di innervosire il prossimo: tutti fermi per tre ore, controllo di tutti i bagagli, «controllo politico» dei *miei* libri. Quando chiedo perché controllino politicamente all'uscita, invece di controllare logicamente all'entrata, ottengo come risposta uno sguardo annoiato. Quando tento di abbassare i finestrini, un soldatino sbraita di alzarli immediatamente. Quando faccio presente che ho caldo, dice che non importa. Cambiati i rubli che altrove nel mondo non vuole nessuno, cambiate le ruote al treno perché in Cina lo scartamento è ridotto rispetto alla Russia, ripartiamo.

I nordcoreani, che si sentono vicini a casa e sono comprensibilmente depressi, sono rimasti seduti per tre ore dentro una sala d'aspetto talmente orribile da diventare fantastica: stucchi, finestre altissime, poltrone a fiori, odore di muffa, il solito televisore sovietico verde come un acquario e una mostra in bianco e nero sui successi economici della regione. Mosca è distante 6666 chilometri, ma lo spirito è quello.

I cinesi ci aspettano a Manzhouli, e pare si siano messi d'accordo di sorridere tutti insieme. Le formalità doganali sarebbero spicce, senonché due ragazzi americani non hanno il visto d'ingresso cinese, e i russi non li vogliono indietro. I cinesi riflettono per due ore sul da fare e poi, sempre col sorriso sulle labbra, informano gli americani che devono comprarsi due visti seduta stante, a 750 mila lire l'uno. Questi strepitano, ma pagano. Ripartiamo.

Sesto giorno

I cinesi non amano le soste. Attraversiamo la parte settentrionale della Mongolia Interna senza fermarci, attraversiamo il 48° parallelo, scendiamo verso Harbin, attraversiamo la regione del Jilin allagata di fresco. Liuba Grande siede maestosamente nella postazione di fianco al bagno, dove la concentrazione di deodorante rende possibili solo brevi visite in apnea. Liuba Piccola guarda sognante dal finestrino e pensa alla guardia di confine sovietica per cui si era messa in ghingheri. A Pechino arriviamo alle 8.30 del mattino, con solo due ore di ritardo. In stazione lo spettacolo più bello sono dodici francesi con lo zaino in spalla che aspettano eccitati di partire per Mosca. Boris il ristoratore, che non ha ancora finito i piselli, li aspetta al varco.

Guardo mia moglie: sorride ancora.

[1986]

LA LUNGA MARCIA NEGLI UFFICI DELL'EST

BUDAPEST, ODISSEA PER UN LIBRETTO

A un passo dai grandi alberghi di Pest, in una via senza sole chiamata Dorottya Utca, c'è un ufficio con un nome ingleseggiante: *Tradeinform*. Dentro questo *Tradeinform*, c'è un altro ufficio più piccolo, denominato *Invest-Center*. Dentro l'*Invest-Center* ci sono tre signore che si chiamano Kemendy, Ilyes e Chikan. Non so se l'anziana impiegata che ho incontrato fosse la signora Kemendy, la signora Ilyes o la signora Chikan, perché non ho avuto il tempo di chiederlo. Sbucata da un bancone altissimo, dove probabilmente stava nascosta per sorprendere lo straniero di turno, l'impiegata mi ha messo in mano un libretto e mi ha liquidato dicendo: «Quando ha deciso, mi mandi un fax».

Manderei volentieri un fax alla signora Kemendy — e, in fondo, anche alla signora Ilyes o alla signora Chikan — se sapessi cosa scriverci sopra. Purtroppo, ho ancora le idee confuse. Ho deciso infatti di esplorare le nuove burocrazie dell'Europa ritrovata — Ungheria, Cecoslovacchia e Polonia — non alla maniera dei giornalisti, che parlano con i ministri, capiscono poco o niente, scrivono comunque e non rischiano un soldo. Ho deciso di indagare come una persona qualunque. Un italiano che pensa di investire nell'Europa dell'Est, rischia i propri denari e non incontra il ministro, ma la signora Kemendy, che ordina subito di mandarle un fax. Qui a Budapest cercherò di acquistare una piccola azienda, approfittando delle privatizzazioni; a Praga tenterò di comprare un appartamento; a Varsavia, se avrò ancora forza, proverò ad aprire un negozio.

In Ungheria rischia di essere troppo facile. La dittatura era, in fondo, una dittatura bonaria; della rivoluzione non c'è stato bisogno, perché i comunisti hanno provveduto a licenziarsi da soli, organizzando libere elezioni; l'iniziativa privata, da dieci anni, viene tollerata. Ora che la democrazia è affermata, e non esiste un solo parlamentare contrario all'economia di mercato, il meccanismo dovrebbe essere chiaro: lo Stato ungherese vende; l'imprenditore straniero compra.

Gli esordi, in effetti, sono incoraggianti. Su indicazione del nostro Istituto del Commercio Estero (Ice) trovo subito l'ufficio *Tradeinform*, alloggiato in vecchi saloni così eleganti che sembrano pronti per una festa da ballo. Si presenta il signor Radvanyi László, che è avanti con gli anni e parla italiano. Sul biglietto da visita ha scritto *Consigliere*, e perciò consiglia. Consiglia, ad esempio, di non comprare i beni statali privatizzati, ma di fondare una società mista italo-ungherese, come ce ne sono tante. Dico che non voglio società miste perché non voglio soci. Voglio comprare. Allora — risponde severo — ha bisogno di una *permissione* del ministero delle Finanze e di una *permissione* del ministero delle Relazioni Economiche Internazionali, ex-ministero del Commercio Estero. Quando ha tutte le *permissioni* può acquistare. Per sapere cos'è in vendita, si rivolga all'ufficio qui a fianco, dove sta scritto *Invest-Center*.

Nell'*Invest-Center*, come noto, si nascondono a turno la signora Kemendy, la signora Ilyes e la signora Chikan, oppure tutte e tre insieme, ma saltano fuori soltanto una per volta, per divertirsi di più. Nel libretto che consegnano ci sono varie «possibilità d'investimento», ognuna seguita da una sigla. La fabbrica che ogni anno produce 15 milioni di gessetti per la scuola è seguita dalla sigla IE, e quindi se sono interessato all'acquisto dovrò mettermi in contatto con la signora Ilyes; per un albergo termale a Debrecen (sigla CA) occorre rivolgersi alla signora Chikan; per il vecchio cinema di Tatabánya, sull'autostrada per Vienna, la sigla è KU, a indicare che responsabile è la temibile signora Kemendy. Per conoscere le norme che governano gli investimenti stranieri (legge 24 del 1988 e successive modifiche) basta rivolgersi alla signorina Eva che, chiusa dentro un chiosco, ne vende copie con la copertina gialla, ma di privatizzazioni sa poco. Meglio rivolgersi all'Agenzia Statale della Proprietà in piazza Roosevelt, di fronte al Ponte delle Catene.

All'Agenzia Statale della Proprietà il portiere chiama al telefono quattro numeri interni, ma nessuno risponde. Ne compone un quinto, scambia poche parole, dice «sesto piano» e strizza l'occhio. Non amo questo genere di confidenze ma, non sapendo dire in ungherese «Per favore, non mi faccia l'occhiolino» taccio, e mi dirigo verso gli ascensori. Al sesto piano comprendo il motivo di tanto entusiasmo: l'esperta di privatizzazioni ha venticinque anni, è estremamente graziosa, porta la minigonna e si chiama Zsu Zsa, diminutivo di Susanna.

La signorina possiede anche altre qualità. Per esempio, sembra capire quello che dice. Spiega che l'Agenzia è stata creata recentemente per impedire le «privatizzazioni spontanee» promosse dai dirigenti, i quali vendevano le industrie per quattro soldi e in cambio si facevano promettere di restare dirigenti. Oggi, per acquistare un'azienda statale, piccola o grande che sia, occorrono: il benestare dell'Agenzia; il permesso del ministero delle Finanze; il permesso del ministero delle Relazioni Economiche Internazionali; se c'è di mezzo terreno a Budapest, l'autorizzazione del municipio interessato. Al congedo ricevo un libretto molto elegante, con disegni di cavalli in rilievo sulla copertina verde e una riga per la dedica sulla prima pagina. Mi accorgo che è la solita legge 24 del 1988 e successive modifiche, ma faccio finta di nulla. Zsu Zsa, sempre più gentile, suggerisce una visita al ministero dell'Industria, dove forse sapranno dirmi di più.

Diligentemente, vado. Attraverso il Danubio, arrivo a Buda e trovo l'edificio con scritto *Ipari Es Kereskedelmi*, che — mi spiegano — vuol dire «Industria e Commercio». Al terzo piano, stanza 357, scopro che la *Engedelyezesi Csoport* (Sezione Permessi) è gestita dalle signore Rez Erzsebet e Ottrok Gyorgyne, che però lavorano solo dalle 9 alle 14 il lunedì, mercoledì e giovedì. Poiché è giovedì e sono le 15, dovrò aspettare quattro giorni.

Per arrivare al ministero delle Finanze, che sta a Pest, occorre riattraversare il Danubio, che a questo punto appare l'unica cosa rassicurante in città: continua a scendere verso i Carpazi, come ha sempre fatto, e nessuno vuole privatizzarlo. Nel ministero tutti cercano di rendersi utili: prima indicano il quinto piano, poi il terzo, poi il secondo, stanza 16. La Sezione Permessi in effetti è al secondo piano, stanza 46, e per arrivarci bisogna procedere tra fasci di fili elettrici e mobili rovesciati. Nell'ufficio c'è una scrivania, una sedia vuota e un cartello con scritto *Dopo aver fatto la domanda, non fatevi vedere per trenta giorni*. Dietro il cartello una dozzina di persone aspetta. Aspetto anch'io, e l'attesa è piuttosto penosa: il funzionario non compare, e un giovane avvocato ungherese insiste per darmi il suo numero di telefono. Lui «conosce le scorciatoie giuste» per ottenere quel che serve.

Per sfuggire all'avvocato, e capire finalmente cosa devo fare, mi dirigo in piazza Kossuth, di fianco al Parlamento, dove — mi dicono — la Camera di Commercio ha una sezione italiana. Al primo piano è in corso il congresso «Intertechno '90». Bande di ingegneri bulgari si aggirano nervosamente per i corridoi: forse sono impazienti di ascoltare il collega sovietico K.S. Babajan che parla di «Diagnosi delle vibrazioni sul modello 33-243», o forse hanno scoperto che sono terminate tutte le borse omaggio. La sezione italiana è nella stanza 530. Una segretaria che parla solo tedesco informa che il presidente Nyierdy László è in pensione. Anche il consigliere Huszti Denes è in pensione, però domani, dalle 8 alle 12, ci sarà.

Torno il giorno successivo. Gli ingegneri bulgari sono sempre lì, ma c'è anche il consigliere Huszti. È un uomo gioviale oltre i settanta, che dal 1947 al 1949 fu deputato per il partito dei Piccoli Proprietari. Gli chiedo come fare per comprare un'azienda. Mi dice di aspettare, la situazione non è ancora chiara. Gli dico che ha ragione. Mi guarda benevolo. Suggerisce di comprare, a 500 fiorini, un libretto molto utile. Scendo al primo piano e procedo all'acquisto. Mi basta uno sguardo per capire che è la solita legge 24 del 1988 e successive modifiche. Faccio finta di niente. Questa copia, in fondo, è diversa. Ha la copertina color argento, come la luna di notte sul fiume.

PRAGA, L'IMMOBILE IMPOSSIBILE

Sugli stranieri in genere, e sugli italiani in particolare, questa città produce un effetto strano: dopo un'ora di permanenza dicono che è bella, dopo due ore gridano che è magnifica, dopo una giornata vogliono comprare un appartamento. Nessuno, naturalmente, è interessato a un bilocale più servizi nel quartiere popolare di Krc, e non solo perché il nome appare difficile da pronunciare. Tutti sognano mansarde nella città vecchia a trenta milioni, finestre Art Déco sulla Moldava, magari un palazzetto del Seicento a Mala Strana. Molti non si limitano a sognare: convinti che la rivoluzione abbia rivoluzionato tutto, inseguono i portieri negli atrii degli alberghi martoriandoli con una domanda, sempre la stessa: «Voglio comprare casa a Praga. Come si fa?».

Poiché lo scopo di questo viaggio è proprio spiegare «come si fanno le cose» in questa parte d'Europa ora che i comunisti hanno sgomberato il campo, ho voluto tentare l'esperimento. La prima cosa da dire è che i portieri d'albergo hanno le idee un po' confuse: davanti all'hotel Intercontinental, alla domanda «posso acquistare una casa?», uno ha risposto sì, un altro ha risposto no, un terzo mi ha chiamato un taxi, mai immaginando che un italiano, fermo in piena notte di fronte a un albergo, volesse discutere del mercato immobiliare.

Risultati non molto migliori ha dato un'indagine nella sezione *Nemovitosti* (immobili) sul periodico *Annonce*: nessuno dei venditori di *byt* (appartamenti) e *dum* (case) sapeva se fosse legale vendere ad uno straniero, anche se tutti erano concordi nell'accettare solo marchi tedeschi in pagamento. Un appuntamento con il titolare dell'agenzia *Pragoconsult* non è servito a molto, se non a conoscere Miroslav, un cortese ingegnere in pensione che, dopo aver lavorato tutta la vita nel settore dei trasporti, ha scoperto di amare tutto quello che non si muove, ville e palazzi in particolare. A suo giudizio lo straniero non può acquistare; può solo affittare, preferibilmente da un certo suo amico.

Esplorate queste scorciatoie, decido di addentrarmi nella *Byrokracie* cecoslovacca, che — se la storia recente è una guida — dovrebbe essere più insidiosa della *Bürokracia* ungherese, e non meno paludosa della *Biurokracya* polacca. Non importa: Praga è bella, ed è una gioia passare di strada in strada, di piazza in piazza, di ministero in ministero. Spostarsi, come il pellegrino (*putnik*) della letteratura boema, da un ufficio con le piante verdi a un altro dove lo stile dei divani è ancora quello dei giorni dello stalinista Gottwald, così come lo sguardo di certi vecchi uscieri.

Per prepararmi a queste escursioni ministeriali — che per lo studioso della burocrazia, ripeto, sono dense di soddisfazioni, come le scalate per un alpinista — dedico mezza giornata, tramite un'interprete, a qualche esperimento telefonico. Alla «sezione case e appartamenti» del Comitato Nazionale di Praga insistono per passarmi la dottoressa Orlova, «metodologa» (sic) del dipartimento. La signora, molto gentile, sostiene che posso cercare casa in Cecoslovacchia, poiché è in arrivo la legge sulla ri-privatizzazione (*reprivatizacni zakon*); però il governo ha imposto alle autorità locali di sospendere le vendite di immobili agli stranieri. Se tentassi di comprare, quindi, il notaio pubblico (*statni notar*) si rifiuterebbe di registrare l'atto.

Le telefonate successive nei municipi dei vari distretti di Praga rivelano che le cose non sono così semplici. Rivelano anche che, a poche settimane dalle prime libere elezioni amministrative, i funzionari sono pieni di buon umore. Al distretto di Praga 2 dicono «non è possibile», senza spiegare che cosa, e abbassano il telefono. A Praga 6 non lo alzano nemmeno. A Praga 5 si offrono di spedire la domanda per ottenere il permesso, non è ben chiaro quale. A Praga 4, infine, un'illuminazione. Uno straniero può comprare casa, ma solo previa autorizzazione dell'Istituto per le Questioni Immobiliari e Valutarie.

All'Istituto per le Questioni Immobiliari e Valutarie, naturalmente, negano tutto. Fino al 1° gennaio scorso, dicono, eravamo noi l'autorità competente, ora non più. Deve andare al ministero delle Finanze della Repubblica Ceca a Mala Strana. Qui, in un edificio labirintico nella piazzetta all'estremità del ponte Carlo, faccio conoscenza con la statuaria signora Genciova, la quale, mostrando familiarità con la legge n. 169 del 1989 e la modifica n. 109 del 1° maggio 1990, sostiene che la cittadinanza non è essenziale per l'acquisto dell'immobile (quel che conta è la residenza), ma poi arriva a questa sibillina conclusione: la legge permette a uno straniero di acquistare da un cecoslovacco, ma vieta a un cecoslovacco di vendere a uno straniero. Davanti alla mia faccia — la faccia di un italiano che da giorni batte uffici con nomi come *Sprava pro zalezitosti majetkove a devizove* — la Genciova diventa quasi affettuosa. «Vede» spiega «le nostre leggi sono fatte per impedire che il Paese venga svenduto. Con cinque dei vostri salari occidentali potreste comprare un appartamento nella città vecchia.» Le dico che lo so, e proprio per questo sono qui. La signora finge di non sentire, estende il suo sguardo comprensivo alle piante verdi, alle matite sul tavolo, alla fotografia del ministro delle Finanze Vaclav Klaus fissata con le puntine sulla porta. «Sapesse quante telefonate e lettere riceviamo. Centinaia. Tutti vogliono comprare casa, e non sanno che le case private in vendita sono pochissime. A Praga saranno al massimo il 5 per cento del totale. Le altre appartengono allo Stato, che non ha ancora deciso cosa farne. Probabilmente saranno offerte agli inquilini.» Insisto: e per comprare una di quelle cinque case su cento? «Deve avere la residenza permanente.» E per avere la residenza permanente? «Vada al ministero dell'Interno, in Namesti Republiky.»

Il ministero dell'Interno, in effetti, non è in piazza della Repubblica, ma in una traversa, proprio di fianco al vecchio hotel Pariz, uno dei molti luoghi dove il presidente Vaclav Havel venne arrestato nel corso della carriera. Arrivo alle quattro del pomeriggio, e salgo le scale fendendo un'ondata di funzionari che scendono festanti dopo una giornata di lavoro. Vengo indirizzato verso la stanza 68. Una cinquantenne bionda e robusta, con il sorriso sicuro di chi ha messo in riga due generazioni di corteggiatori, prima parla di certe leggi di cui non ricorda il numero, poi suggerisce di andare agli uffici di via Olsanska, quartiere di Zizkov. Laggiù, sulla residenza degli stranieri, sanno tutto.

Stanco, dopo tre giorni di indagini e una trentina di opinioni, non vado in via Olsanka, quartiere di Zizkov. Vado invece in cerca di un telefono, e chiamo un numero che mi è stato dato in Italia da alcuni conoscenti. È quello di una «società» formata da un avvocato e un ragioniere, alloggiati in un appartamento nel distretto di Motol, al di là della Moldava. Gente molto ben inserita nel giro degli immobili, mi è stato assicurato. Gente che sa come muoversi.

Risponde una voce femminile, appartenente a una signorina che chiameremo Milena. Dice di essere la segretaria, e spiega che i titolari sono fuori Praga. Promette di richiamare. Quando richiama, dice che i titolari non sono ancora tornati, ma lei è disponibile ad un incontro.

Arriva all'appuntamento con qualche minuto d'anticipo. È una ragazza bruna, vistosa, non bella. Racconta di aver lavorato per le linee aeree cecoslovacche, e parla un inglese approssimativo. Non capisce tutto, ma capisce abbastanza da intuire che l'italiano di fronte a lei vuole sapere come si acquista una casa a Praga. Sembra sinceramente stupita. Nessuno degli italiani che avevano chiamato finora, assicura, voleva *veramente* parlare di case.

VARSAVIA: IL SOLITO SIGNOR BANDO

Credo di poter affermare che Maciej Bando ed io siamo ormai amici. Niente smancerie, niente confidenze; solo lunga consuetudine e mutuo rispetto. L'ingegner Bando — *Specialista dell'Ufficio Promozione presso l'Agenzia Investimenti Stranieri*, come recita il biglietto da visita — mi ha visto lottare per giornate intere nel tentativo di aprire un negozio di calzature, approfittando dell'economia di mercato appena introdotta in Polonia. Io ho ammirato la sua freddezza, e soprattutto la sua ubiquità. L'ho trovato seduto in un ufficio il mercoledì, in piedi in un ufficio diverso il giovedì, appoggiato alla scrivania d'un terzo ufficio il venerdì. Maciej Bando, specialista dell'ufficio promozione, è dappertutto. Non sa quasi niente, ma è dappertutto.

Ammiro l'ingegner Bando perché riesce a mantenersi calmo davanti a ogni imprevisto, purché accada nell'orario d'ufficio, dalle ore 10 alle ore 14. Vestito con abito marrone e camicia nocciola, lo specialista Bando deve ammansire gli uomini d'affari occidentali quando costoro si accorgono che le regole della nuova burocrazia vengono applicate dagli uomini della vecchia burocrazia. Deve fornir loro l'elenco delle possibilità di investimento, ma anche spiegare perché i telefoni polacchi, invece di funzionare, tossiscono, sbuffano, fischiano e gemono come bambini malati; perché, quando piove, tacciono; perché, anche quando non piove, chiamare un numero all'estero è praticamente impossibile.

Maciej Bando, naturalmente, non riesce a fare tutto questo. Però possiede un sorriso disarmante, e uno sguardo pieno di delicata follia polacca. Sorride quando gli racconto che durante una telefonata di protesta al ministero delle Telecomunicazioni è caduta la linea. Sorride quando gli mostro una pubblicazione governativa a lui ignota (*Come fare affari in Polonia*, luglio 1990), dove si legge: «A chiunque ne faccia domanda, il telefono verrà installato entro 4 anni». Anche quando chiedo «Come potete pensare che un uomo d'affari straniero resista *quattro anni* senza telefono?», lo specialista Bando mi guarda sereno. Non mi occupo di telefoni, dicono gli occhi chiari; mi occupo di investimenti.

Maciej Bando si sposta, come ho detto, attraverso un numero imprecisato di uffici all'interno di un palazzo bianco in via Chopina, dove sono in corso rumorosissimi lavori di ristrutturazione, come nella maggioranza degli uffici pubblici polacchi, cechi e ungheresi. L'edificio ospita anche l'ufficio antimonopoli, e fino a qualche mese fa era sede del ministero degli Esteri. Durante il nostro primo incontro, Bando mi allunga un biglietto da visita e poi si mette in ascolto. Dico di essere un avvocato venuto per conto di clienti italiani, i quali vorrebbero aprire alcuni negozi di calzature in Polonia. Da quando la moneta polacca è convertibile (9500 zloty ogni dollaro), spiego con grande serietà, qui c'è un mercato: trentotto milioni di persone vogliono dire settantasei milioni di piedi desiderosi di scarpe decenti. Trentotto milioni di persone che tengono in casa quindici miliardi di dollari, o almeno così dice il vostro opuscolo a pagina 54. Oggi un paio di scarpe invernali — racconto all'ingegner Bando, il quale mostra grande interesse — in Polonia costa 350.000 zloty, equivalenti a 44mila lire. I miei clienti, a questo prezzo, possono offrire prodotti interessanti: magari non all'ultima moda, ma sempre prodotti italiani. Vorrebbero aprire un negozio qui a Varsavia, e in futuro altri negozi a Danzica, Cracovia e Katowice. Cosa devono fare?

Davanti a questa domanda — la domanda del solito occidentale impaziente, dello straniero che prende troppo sul serio le rivoluzioni — l'ingegner Bando sospira. Poi suggerisce un incontro con Onufry Czeslaw Szpaczynski, il cui biglietto da visita non dice *specialist* ma *exspert*, corretto a penna in *expert*. Davanti al suo ufficio quattro persone attendono di essere ricevute. Sono i nuovi *businessmen* polacchi, spiega l'interprete, veri figli del post-comunismo. Sono riconoscibili per via delle valigette ventiquattrore in finta pelle: le portano sempre, a qualsiasi ora del giorno e della notte, e nessuno sa cosa ci tengano dentro.

Quando arriva il mio turno, vengo fatto accomodare. L'esperto Szpaczynski sembra in pace con il mondo, e lascia capire che nemmeno un venditore di scarpe italiane riuscirà a rovinargli la giornata. «A noi interessano gli investimenti produttivi,» dice «mentre lei propone un'attività commerciale. Deve rivolgersi al ministero delle Relazioni Economiche Internazionali, ma l'avverto subito che per ottenere una licenza il suo investimento dovrà superare i 50mila dollari. Per trovare un partner polacco, se la cosa le interessa, passi all'Ufficio Promozione qui a fianco.» Nell'Ufficio Promozione c'è Maciej Bando. Szpaczynski non lo dice, ma io lo so.

In compagnia dell'interprete, felice di contribuire allo sbarco delle scarpe italiane a Varsavia, lascio l'Agenzia degli Investimenti, ex-ministero degli Esteri, e arrivo al ministero delle Relazioni Economiche Internazionali, ex-ministero del Commercio Estero, passando davanti alla futura borsa valori, ex-sede del partito comunista. Al quarto piano, dipartimento legale, stanza 468, c'è una bacheca con cinque sedie davanti: una piccola folla, intimorita da un cartello (*Non chiedeteci le informazioni qui esposte*), copia diligentemente su quaderni e foglietti. Un inquieto funzionario trentenne in giacca a quadretti mi conduce in un ufficio microscopico a picco sul cortile. Poi spiega: «Per aprire i suoi negozi deve investire almeno un milione di dollari in due anni. La cosa, comunque, non è competenza di quest'ufficio. Deve rivolgersi alla *Agencja Do Spraw (d/s) Inwestycji*, l'Agenzia per gli Investimenti Stranieri, in via Chopina numero 1. Lì troverà il signor Bando». Lo so, dico.

Il grande Bando mi aspetta sereno e impassibile, seduto nella stanza dove ieri riceveva il signor Szpaczynski. Racconto che al ministero del Commercio Estero chiedono un milione di dollari, non cinquantamila, e lui sembra sinceramente stupito. Un milione?, domanda. Un milione, confermo. Strano, dice. Bizzarro, concordo.

Su consiglio del signor Bando, vado in cerca di informazioni nel negozio con l'insegna Benetton sulla via Marszalkowska, all'ombra del micidiale Palazzo della Cultura, dono dei sovietici. La vice-direttrice sembra contenta di incontrarmi: intende infatti lamentarsi con un italiano «perché la Benetton manda qui gli scarti provenienti da tutto il mondo». Quando chiedo aiuto per il mio negozio di calzature, sorride: «Due errori deve evitare. In primo luogo non prenda per oro colato tutto quello che le diranno nei ministeri: esistono ancora tanti vuoti di legge, per fortuna, e un commerciante riesce comunque a lavorare. E si ricordi: *mai* scarpe scamosciate in Polonia».

Prometto di evitare le scarpe scamosciate («Piove sempre» spiega la signora «e per quel tipo di pelle è un disastro»), ignoro i ministeri e torno all'Agenzia Investimenti di via Chopina numero 1. Il signor Bando, nascosto in un altro ufficio, mi attende. Gli chiedo di scegliere nel suo archivio computerizzato un imprenditore polacco del ramo calzature, privato o statale, e di fissarmi un appuntamento. Bando sorride, come se avesse finalmente ascoltato una richiesta ragionevole. Torni domani alle dieci, comanda. Avrà quel che chiede.

Il giorno successivo — dopo aver visitato la *Fundacja Polska* (Fondazione Polacca), dove per assistermi nell'apertura del mio negozio chiedono sette milioni di lire più le spese — torno da Maciej Bando, che stranamente non sorride. Non sono riuscito a fissarle l'appuntamento con il signor Andrzej Konopczynski della società «Damar», sospira: qualcosa non andava nel telefono. Vada lo stesso a dare un'occhiata. Magari trova qualcuno.

Obbediente, parto con interprete e taxi verso il quartiere operaio di Wola, nella periferia occidentale di Varsavia. La ditta «Damar» ha sede lungo una pista di motocross che i locali si ostinano a chiamare via

Okretova, ed è chiusa. È aperta invece la «Krawiectwo Konfekcyjne» che produce «confezioni sartoriali». Le operaie non hanno idea di dove siano i proprietari della «Damar», ma sanno che nel cortile è sempre parcheggiata una vecchia Mercedes, segno che in zona abita un altro «imprenditore». Quando arriva, costui suggerisce di mettersi in affari con suo cugino, visto che la «Damar» è chiusa. Mi farà chiamare in albergo. Rimango a Varsavia ancora tre giorni: il cugino non chiamerà mai, forse per colpa del telefono.

[1990]

DAL BALTICO AL BOSFORO:
IL TRAMONTO DEL COMUNISMO
VISTO DA UN TRENO

LE DELIZIE DEL RAPIDO *REPIN*

L'idea è semplice: salire su un treno a Helsinki e smontare a Istanbul, scendendo lungo le ferrovie del socialismo reale. Un viaggio del genere vuol dire tradurre orari misteriosi, lottare con cuccette che si chiudono nel buio come coltelli a serramanico e, soprattutto, affrontare gli uffici statali del turismo, decisi a convincerti che con l'aereo si fa più presto. Tutto questo cercando di non arrabbiarsi mai, e arrabbiandosi quasi sempre: i treni dell'Est, infatti, non si possono prenotare dall'Ovest, viaggiano stracolmi e hanno vagoni-ristorante da segnalare all'Organizzazione Mondiale della Sanità, oppure non li hanno per niente. Esistono splendide consolazioni, però: conduttori bulgari che cantano nella notte tenendo sveglio il vagone, un *party* di contrabbandieri russi, turisti americani che strofinano per ore il vetro del finestrino prima di accorgersi che lo sporco sta di fuori. Si cercano i treni, insomma, e si trovano i passeggeri. E i passeggeri ne hanno, da queste parti, di cose da raccontare.

Il viaggio inizia nella stazione Rautatieasema di Helsinki, una tra le poche al mondo che vale una visita anche senza un treno da prendere: è una sorta di tempio Art Nouveau disegnato dal celebre architetto Eero Saarinen, davanti al quale quattro colossi di pietra salutano con lo sguardo triste i viaggiatori. Un treno da prendere io l'ho, tuttavia, e sta fermo al binario numero sei, circondato dalla piccola folla presente ogni volta che un aereo o una nave partono per un Paese comunista: gente abbracciata a grandi pacchi, e sul cartone dei pacchi il disegno di registratori o aspirapolvere, da mostrare agli amici in patria come tesori preziosi.

Il rapido numero 23 è diretto a Leningrado, distante 443 chilometri, oltre laghi e confini. È un treno russo, poggiato su larghi binari sovietici da 1524 millimetri, che i finlandesi hanno adottato per evitare complicazioni. Di fianco è pronto l'espresso per Joensuu, con la scritta *Selvää Säätöä*, sei dieresi in due parole, probabilmente un record anche da queste parti. Il mio treno si chiama *Repin*, e prende il nome dal pittore Ilja Efimovič Repin (1844-1930), la cui casa è inclusa nel tour «I luoghi dove Lenin passò», organizzato dall'Intourist di Leningrado. I passeggeri nel vagone numero uno, che ignorano tutto questo, sono invece interessati all'arredamento degli scompartimenti: un tavolo che diventa un lavabo; un armadietto con sei attaccapanni; due letti, anche se si viaggia di giorno. Il treno parte alle 13.12, e subito dal finestrino entra l'aria fresca dell'estate finlandese. Questo fino alle 13.15, perché a quell'ora passa il conduttore russo e con un sorrisetto blocca tutti i finestrini. «Aria condizionata» dice, come si trattasse di un lusso che non meritiamo.

Il rapido *Repin* supera Kouvola, dove un capostazione-giardiniere ha disegnato con i fiori la sigla «Vr» (Valtionrautiet, le ferrovie finlandesi), costeggia a sud la regione dei laghi e arriva a Vainikkala, il posto di confine, alle 16.15. Qui si ferma per venti minuti, e i passeggeri, pensando ai buffet delle stazioni russe che li aspettano, corrono a comprare provviste, facendosi largo tra gente che spinge carrelli e tira valigie. Due pensionati americani del Vermont si avvicinano e chiedono «Stiamo entrando in Russia. Lei non è emozionato?» e si allontanano soddisfatti quando assicuro loro che sono molto emozionato, e se mangio cioccolato Toblerone è per mascherare la tensione. Sul treno rimane soltanto un russo dall'aria corrucciata, forse un diplomatico in servizio in Finlandia, che occupa contemporaneamente gli scompartimenti numero due e cinque. Il figlio di costui passa in continuazione da uno all'altro, dicendo a tutti in inglese *excuse me*, e facendosi odiare. È un undicenne bene in carne, la fotocopia sovietica di un piccolo americano cresciuto a hamburger e *milkshakes*: maglietta dei *Boston Celtics*, jeans e scarpe da ginnastica. I pensionati del Vermont lo guardano e sembrano felici: i bambini, dice la moglie al marito, sono proprio uguali in tutto il mondo.

Il treno riparte e arriva a Luzhaika, posto di frontiera sovietico. Due poliziotti salgono e invitano i passeggeri ad alzarsi, per controllare che nessuno viaggi nel vano sotto i materassi, come se temessero l'invasione di un esercito di contorsionisti. L'Unione Sovietica che si para di fronte al rapido *Repin* sembra un Paese uscito dalla macchina del tempo: vecchie automobili, motocarrozzette, anziane casellanti con lo sguardo spietato, come sempre le donne socialiste quando viene dato loro un distintivo, un cappello o una paletta. Prima di Vyborg, che fino al 1940 era finlandese e si chiamava Viipuri, la ferrovia passa tra i laghetti in cui si sfrangia a oriente il golfo di Finlandia, in un tripudio di biancheria intima: pescatori in mutande, soldati in canottiera e due ragazzine impegnate su un pedalò con le gambe al vento. Solo dopo il passaggio del decimo vagone si accorgono che un treno intero conosce il colore delle loro mutandine, e si coprono gli occhi ridendo.

A Vyborg, informa «l'orario ferroviario europeo» della Thomas Cook, il treno dovrebbe fermarsi venticinque minuti. Per sicurezza estraggo il frasario pubblicato dall'editore Hodder & Stoughton, della serie «Sii tu il tuo maestro». «Skolka vryeminy budyit stojat poyezd?» chiedo. Per quanto tempo il treno si ferma qui? «Venticinque minuti» risponde il conduttore in inglese, mentre appeso ai finestrini controlla che siano chiusi come da regolamento. Non è vero, naturalmente. Quando il rapido *Repin*, dopo dieci minuti, riparte alla volta di Leningrado, faccio parte della piccola folla che insegue imprecando.

Il bambino grasso, mentre il treno procede tra i boschi, continua a passare nel corridoio e i suoi piccoli *excuse me* risuonano con micidiale regolarità. Il padre, rendendosi conto che il figlio sta diventando impopolare, lo trascina con sé nel vagone ristorante, dove poco dopo sono costretto a raggiungerlo. Il menu è ricco, ma come spesso capita da queste parti è soltanto un elenco di buone intenzioni, o forse la lapide commemorativa di tutte le squisite vivande che nel corso degli anni sono passate su questi tavoli. Stasera la scelta è tra minestra, formaggio sul pane, cetrioli. Niente birra, ma acqua che sa di zolfo. Niente vino, ma una cassa di bottiglie vuote di spumante sovietico vendute chissà quando e chissà a chi. Il cameriere sorride solo quando prepara il conto, probabilmente perché si vergogna a chiedere venticinque marchi finlandesi per tre rubli e 57 kopeki. Per provare che il suo conto è esatto, tira fuori di tasca una calcolatrice musicale: ogni cifra una nota, dopo il segno dell'addizione due note, dopo il segno di uguale una breve melodia. Pago i venticinque marchi finlandesi: sono troppi per il pane e formaggio, ma certamente li vale il concerto.

Mentre i pensionati del Vermont sono impegnati a trovare la stazione di Zelenogorsk su una carta del mondo e il bambino sovietico bombarda di *excuse me* anche il cameriere russo, il treno corre tra case di legno e betulle, supera Repino e arriva a Leningrado, stazione Finlandia, nella luce intensa della sera del Nord. La stazione, che dicono sia bella, è stata costruita dagli architetti Achastin, Baranov e Lukin tra il 1955 e il 1960. Di fronte si alza una statua di Lenin, che il 16 aprile 1917 arrivò proprio qui, dopo dieci anni di esilio e sette giorni di viaggio dentro un altro treno, anche quello con i finestrini sigillati, ma probabilmente con un ristorante migliore. Erano altri tempi: Lenin trovò ad accoglierlo i bolscevichi di Pietrogrado, e li arringò dalla torretta di un blindato. Io devo accontentarmi di un taxista che parte verso l'hotel Pribaltijskaja, che sta però dalla parte opposta, ma è un errore da niente: più la strada è lunga più c'è tempo di tirare fuori dal cruscotto orologi, caviale, mazzette di rubli e una maglietta con la scritta *Lenin Rock*. Vladimir Ilič Uljanov avrebbe potuto indossarla, se fosse stato spiritoso, mentre marciava verso il Palazzo d'Inverno.

NOTTI BIANCHE SUL *LENINGRAD EKSPRESS*

Secondo l'Intourist di Leningrado una persona di buon senso non ha motivo di andare in treno fino a Varsavia. Se proprio vuole andare a Varsavia, prenda un aereo. Se insiste per prendere il treno, non è una persona di buon senso. Queste rigide convinzioni si riflettono sulle prenotazioni, che compaiono e scompaiono come i conigli di un prestigiatore: due giorni prima del viaggio, sul *Leningrad Ekspress* c'è posto; un giorno prima, il posto non c'è più; a quattro ore dalla partenza, il posto ricompare. Basta correre alla *Varshavskij Voksal*, la stazione Varsavia, con l'automobile numero 8513, gentilmente offerta dalla stessa Intourist e guidata da un autista che soffre di *spleen*, oppure vuole la mancia.

Di guardia alla stazione sta la solita statua di Lenin che scruta l'orizzonte, opera dello scultore N. Tomskij, che insieme ai colleghi S. Evseiev, M. Kharlamov,

V. Kozlov, A. Krijanovskaja e M. Antikushin ha riempito Leningrado di «monumenti ai capi del proletariato, fondatori del comunismo scientifico». Come spesso accade nelle stazioni russe, per arrivare ai treni non si entra nell'edificio, ma lo si aggira, tra la solita folla carica di pacchi. Molti sono i polacchi venuti ad acquistare elettrodomestici a Leningrado per rivenderli in patria. Un uomo, una donna e un bambino passano trasportando un frigorifero di dimensioni impressionanti. Lo sistemeranno nello scompartimento di fianco al mio, e viaggeranno con lui per ventiquattro ore, come una famiglia in compagnia del caro estinto.

Il *Leningrad Ekspress* parte in orario, alle 16.10, e taglia silenzioso la periferia della città, impegnata a festeggiare i pochi giorni d'estate. Lo aspettano 1156 chilometri: diretto a sud-ovest, correrà nell'*oblast* di Pskov per tutto il pomeriggio; entrerà in Lettonia intorno a mezzanotte; tre ore più tardi sarà in Lituania, la terra che cinquant'anni fa russi e tedeschi si regalarono a vicenda; all'alba giungerà in Bielorussia, e nella pianura polacca intorno a mezzogiorno. L'arrivo a Varsavia è previsto per metà pomeriggio.

Il viaggio si annuncia lungo, quindi, e questa è una buona notizia. Da queste parti infatti il problema dei treni è salirci, e una volta sopra non occorre più preoccuparsi fino al prossimo treno e alla prossima battaglia. Anche lo scompartimento si presenta accogliente, e non più piccolo di una camera d'albergo sovietica: le pareti sono ricoperte di plastica che sembra legno, il tavolo è fatto di legno che sembra plastica. I letti sono comodi e i vicini silenziosi. Il finestrino non rimane abbassato, e richiede solo un piccolo lavoretto di ingegneria: basta appendere una borsa alla maniglia e l'aria russa ha libero accesso. Aveva ragione Robert Louis Stevenson quando descrisse così le attrattive della ferrovia: «Il treno disturba così poco gli scenari attraverso i quali ci porta, che il cuore si riempie di quiete; e mentre il corpo viene trascinato in avanti nella catena volante delle carrozze, i pensieri si accendono, secondo l'umore, passando attraverso stazioni deserte...». È bello correre in una camera da letto semovente, intendeva dire l'autore dell'*Isola del tesoro*, con un documentario che scorre oltre il finestrino.

Qualche inconveniente, a dire il vero, capita, ma è poca cosa. Un controllore parla in russo per dieci minuti, e quando gli dico «Non sono russo» risponde con un ghigno: «Neanch'io: sono estone». Il vagone ristorante è presidiato da coppiette polacche che trangugiano silenziosamente pollo e limonata, uniche voci sul menu. C'è infine Vladimir il *konduktor*, cui è affidata la carrozza: sostiene che il modulo della dichiarazione doganale esiste solo in russo e in polacco, e bisogna arrangiarsi.

Il *Leningrad Ekspress* corre attraverso terra nera di torba, campi di lino e acquitrini. Al tramonto si ferma a sorpresa in alcune stazioni microscopiche, dove nessuno scende e nessuno sale. Queste soste risultano però gradite alla popolazione locale: famiglie intere, con figlioli e merenda, sono venute a vedere il treno, e sedute sugli argini erbosi intrattengono i passeggeri. A Strugi Krasnye marito e moglie gridano che è *beautiful* vedere una testa *italianski* sbucare da un finestrino in una sera d'agosto. A Novoselje il pubblico è formato da giovani coppie che spingono carrozzelle: lui con le scarpe da ginnastica e i pantaloni di tela, lei con la maglietta troppo stretta e i capelli raccolti.

Dopo Pskov, che ha una stazione verde acquamarina come le chiese di Leningrado, compaiono le gru, in bilico su una zampa sopra i pali della luce. Dopo Ostrov, dove la stazione è rosa confetto, compare Vladimir il conduttore, che sembra alticcio e porta tre coperte, tre piumini, tre lenzuola, tre cuscini, tre federe e sei asciugamani, quasi volesse supplire con quell'abbondanza alla scarsità delle vivande sul menu. A Rezekne arriviamo dopo mezzanotte: siamo in Lettonia e Vladimir riappare definitivamente ubriaco, gridando: «*Iditje za mnój!* (Mi segua!). Ho scoperto dove è il *party*». È vero, incredibilmente.

Il *party*, come lo chiama lui, è tre vagoni distante, in uno scompartimento dove viaggiano quattro russi insieme a una quantità imprecisata di lattine di caviale, orologi, dischi di Paul McCartney in edizione sovietica, cioccolato, salame e dentifricio Pepsodent. Tre uomini e una donna: uno dice di chiamarsi Valentin, un altro Nikolaj, la ragazza Violeta, il quarto non dice niente ma beve cognac georgiano come fosse aranciata. Raccontano di essere clienti assidui del *Leningrad Ekspress*: non per diletto, ma per affari. A Varsavia, spiega Valentin, la gente non ha niente e perciò compra tutto: peccato paghi in zloty, una moneta che fa schifo. Gli chiedo se non è stanco di vivere su un treno. Risponde: «È meglio che vivere su una nave, come ho fatto fino all'anno scorso. Ma lo sai che ero comandante in seconda su un mercantile e guadagnavo cinquanta volte meno del mozzo di una nave americana, semplicemente perché lui veniva pagato in dollari?».

Nikolaj offre altro cognac e racconta la vita dura del contrabbandiere. I polacchi non amano noi russi, dice, ma chi se ne importa. Il caviale, se lo vuoi, è cinque dollari e i dischi sovietici di Paul McCartney dieci dollari: in America i collezionisti li pagano duecento. Se mi inviti in Italia, mi fai un piacere; se mi inviti a nome di *Greenpeace*, è ancora meglio. Gorbaciov mi piace, ma non capisce noi contrabbandieri.

Valentin lo ascolta, taglia salame e canticchia. Il conduttore Vladimir ripete per la quinta volta che lui ha soltanto dichiarazioni doganali in russo e in polacco, e sono affari miei se non conosco il russo e il polacco. La bionda Violeta, con gli occhiali e il trucco di una liceale del dopoguerra, tace, fuma sigarette *Moskva* e guarda il suo riflesso nei vetri, finché sono le cinque del mattino, compaiono i neon della città di Vilnius e i lituani, nel buio, cominciano il loro tranquillo assalto al *Leningrad Ekspress*. I volti delle ragazze ricordano quelli di due studentesse che il cameriere del caffè «Literaturnoe» di Leningrado, non avendo altro posto, aveva accompagnato al mio tavolo. Siete russe? avevo chiesto. «Nemmeno per sogno» aveva risposto la più giovane alzando gli occhi chiari dal menu. «Siamo lituane.»

A Grodno — palleggiata nei secoli tra tartari, lituani, polacchi e russi — questi ultimi controllano i passaporti, mentre a Kuznica Bialystoka i vagoni vengono sollevati per mettere ruote più piccole, adatte allo scartamento europeo. Mentre il treno corre nella pianura, i polacchi cominciano a spingere i loro frigoriferi verso le uscite, e imprecano perché i corridoi sono troppo stretti. Il conduttore Vladimir lotta con il mal di testa, in uniforme e ciabatte. Violeta continua, con affascinato disinteresse, a guardare il mondo oltre gli occhiali e il finestrino. Nikolaj racconta di un amico polacco che passa la vita in treno, da Varsavia a Pechino. In ogni stazione della Transiberiana vende qualcosa. Con il ricavato compra una scimmia in Cina, la riporta in Polonia e la cede per molti dollari ai laboratori delle università. Se mi interessa una scimmia, basta farglielo sapere.

ORE 5.55: *EKSPRESOWY BEROLINA*

Le stazioni dell'Europa orientale andrebbero visitate all'alba, quando la gente cammina indaffarata e non ha ancora assunto l'espressione sconfitta che segue le prime umiliazioni della giornata. Anche Warszawa Centralna, a quell'ora, è quasi bella: un mastodonte rassicurante, monumento alle Polskie Koleje Panstwowe, le ferrovie polacche, dove solo i polacchi, apparentemente, si ritrovano. Per tutti gli altri è un dedalo, e le indicazioni non sono indicazioni, ma giochi di prestigio con le consonanti. Così la descrive una guida di viaggio americana: «Warszawa Centralna è costituita da quattro livelli. Al primo, ci sono gli arrivi (*przyiazd*) e le partenze (*objazd*). Al secondo i collegamenti con autobus e taxi. Al terzo livello potete acquistare i biglietti per le partenze della giornata. Gli sportelli da 1 a 11 servono per le prenotazioni per specifiche destinazioni; gli sportelli da 12 a 16 per le prenotazioni per qualsiasi destinazione. Se vi mettete in coda davanti agli sportelli da 1 a 11, controllate la destinazione sopra lo sportello. Se non è elencata, avete sbagliato coda. Scrivete su un biglietto orario del vostro treno, destinazione e classe, e mostratelo all'impiegato. Al quarto livello potete comprare biglietti per viaggi entro due mesi. Un consiglio: non andate alla stazione di Varsavia a comprare i biglietti, ma agli uffici del turismo» (Frommer's, *Eastern Europe*).

Con i biglietti in mano, tuttavia, non è impossibile trovare il proprio treno. L'*Ekspresowy Berolina*, l'espresso per Berlino Est, parte ogni giorno alle 5.55 e tutti sono in grado di indicare il giusto *peron* (binario). Arriva dalla stazione Warszawa Wschodnia, che sta dall'altra parte della Vistola, e si ferma esattamente tredici minuti. Quando il treno riparte, il mio scompartimento offre un buon campionario polacco: un giovane ingegnere che legge alternativamente le poesie di Cesław Milosz e *Trybuna Ludu*, il quotidiano del partito comunista; una signora bionda che non legge, e sorride a tempo pieno; un insegnante con baffi e capelli pettinati e gonfi, quei baffi e quei capelli che capita di vedere soltanto nelle fotografie sulle vetrine dei parrucchieri; infine un ragazzone ventenne che sbadiglia, singhiozza, digerisce, si toglie le scarpe da ginnastica e ne controlla il contenuto. Quando scende a Kutno, dopo due ore di viaggio, i sopravvissuti si scambiano occhiate di sollievo.

Fino a Poznan, che sta a metà strada tra Varsavia e Berlino, nello scompartimento c'è posto soltanto per un vortice di convenevoli in molte lingue: i polacchi, tra di loro, in polacco; l'insegnante, con lo straniero, in francese; l'ingegnere in inglese; una coppia di contadini, saliti a Kutno e diretti a Swiebodzin, spiegano a tutti in tedesco che è stato il controllore a mandarli in prima classe con un biglietto di seconda, perché il loro vagone — numero 36 — non si trovava. Per tutto il viaggio rimarranno con gli occhi sulla porta e i biglietti in mano, in attesa dell'annuncio del ritrovamento del vagone numero 36 e della fine del loro viaggio in prima classe.

Queste sono giornate importanti per la Polonia, che pure alle giornate importanti è abituata. *Solidarnosc* chiede di formare il governo, il generale Jaruzelski è appena diventato presidente, il primo ministro Rakowski segretario del partito. Il mercato dei prodotti agricoli è stato liberalizzato, i prezzi al consumo in qualche caso si sono quintuplicati, e si temono disordini. Ce n'è abbastanza perché il pubblico dell'*Ekspresowy Berolina* sia ansioso di esprimere un'opinione, una cosa che i polacchi fanno sempre volentieri. Insieme ai russi e agli israeliani, infatti, sono il popolo politicamente più loquace del mondo. Per anni la prudenza ha suggerito loro di contenersi, ma ora si sentono quasi liberi, e danno l'impressione di volersi rifare.

Dopo Poznan, l'ingegnere si guarda intorno, e comincia a parlare in inglese. Cosa pensa della Polonia? chiede. Glielo dico. Sorride, poco convinto, e poi spiega perché il suo Paese è allo sfascio. «Io sono laureato, ho trentasette anni, una moglie e due figli. In Polonia sono un dipendente pubblico, e guadagno sessantamila zloty al mese. Poiché un dollaro vale seimila zloty, guadagno dieci dollari al mese, giusto? Se venissi a fare il bracciante in Italia — ricordi, io sono ingegnere — prenderei almeno cinquecento dollari al mese. Guadagnerei insomma cinquanta volte tanto, giusto? Ecco perché i giovani vogliono scappare, caro amico. Perché siamo i mendicanti d'Europa, e le ultime nomine mi fanno ridere: il segretario del partito che diventa presidente, il primo ministro che diventa segretario, il ministro dell'Interno che vuole diventare primo ministro. Sono sempre gli stessi, e non si vergognano. Giusto? No, che non è giusto!» A quel punto si quieta, come se si fosse sfogato. I contadini di Swiebodzin lo guardano felici. Poiché l'ingegnere parlava in inglese, non hanno capito niente, ma sono in prima classe. Nessuno ha ancora trovato il vagone numero 36.

L'*Ekspresowy Berolina* si avvicina al fiume Oder correndo nella pianura, attraverso la regione che chiamano Wielkopolska, «grande Polonia», una terra che ha avuto l'avventura di trovarsi nell'angolo sbagliato d'Europa, e l'ha pagata cara: le invasioni e le battaglie, su questi campi, non si contano. Nel corridoio, a guardare la campagna piatta oltre il finestrino, è arrivata una ragazza bionda in tuta da ginnastica. Ha occhi e forme che su un treno italiano le garantirebbero di restar sola, se va bene, trenta secondi. È una polacca di ventun anni, nata a Poznan, e si chiama Agnieszka. Lavora in un ristorante italiano a Berlino Ovest, e detesta i connazionali. «Sono troppo poveri» dice. «Mi vergogno.» Detesta questo treno polacco, i controllori polacchi e i doganieri polacchi. Detesta i tedeschi dell'Ovest, «perché disprezzano noi polacchi e nel ristorante bevono soltanto *frizzantino*». Detesta i controllori tedeschi dell'Est, che sono alla ricerca degli *Ausreisewillige*, «quelli che vogliono andarsene» all'Ovest senza permesso. Agnieszka domanda se ci sono polacchi in Italia. Rispondo che ce ne sono. «E cosa fanno? Cose orribili, immagino. Non me lo dire. Detesto i polacchi in Italia.»

Il treno arriva a Francoforte sull'Oder, la prima città della Repubblica Democratica Tedesca, e passa tra striscioni rossi che esclamano *Benvenuti Giovani Pionieri!* Il controllore spiega che per andare a Berlino Ovest occorre spostarsi dalla quarta carrozza, dove ci troviamo, alla prima carrozza, perché il resto del treno si ferma alla Hauptbahnhof di Berlino Est. Mentre trasciniamo il bagaglio per i corridoi affollati, doganieri e poliziotti decidono di riprendere i controlli. Prima passano a timbrare i passaporti; poi ritirano la dichiarazione della valuta; infine ispezionano il bagaglio. Ogni volta occorre aprire borse e valigie, tra i lazzi dei tedeschi schiacciati nei corridoi. L'ultimo controllore è un ometto con grandi baffi tristi, e chiede qualcosa in polacco ad Agnieszka. Lei si gira di scatto, e sibila una sola parola. Lui spalanca gli occhi, arrossisce e fugge. «Voleva sapere cosa avevo nella borsa» spiega Agnieszka con un gran sorriso. «*Mutandine*, gli ho risposto.»

Mentre parliamo, il treno entra nella periferia orientale di Berlino. Non c'è tempo di arrivare alla prima carrozza passando per i corridoi, e i passeggeri diretti all'Ovest aspettano la fermata alla stazione, per spostarsi lungo il marciapiede. Scopriranno — scopriremo — che è vietato risalire. Dovremo prendere la metropolitana e la S-Bahn fino alla stazione di Friedrichsstrasse, e metterci in fila per attraversare il confine a piedi, trascinando i bagagli. I controlli sono molto lenti: più di due ore, la metà sotto la pioggia. Agnieszka prima ride, poi impreca, infine tace. Ha un passaporto polacco e il Muro di Berlino da passare. Non si può nascere a Poznan e, di fronte agli occhi di un poliziotto, a un timbro e a un confine, non sentirsi piccola, e non aver paura.

DIGIUNO SULL'*ISTANBUL EXPRESS*

Quando l'*Orient Express*, il 4 ottobre 1883, partì da Parigi per il viaggio inaugurale, prese a bordo alcuni giornalisti, a dimostrazione che la categoria aveva fiuto fin da allora per tutto quanto è lussuoso e gratis. Costoro descrissero, con abbondanza di particolari, le delizie del treno che collegava due mondi, l'Europa e l'Asia. I bagni erano ricoperti di marmo italiano, la carrozza-salotto arredata come un club londinese, i bicchieri erano di cristallo baccarat, gli antipasti a base di ostriche e caviale. È cambiato qualche piccolo dettaglio, possiamo dire centosei anni dopo, sebbene l'itinerario sia più o meno lo stesso: sull'*Istanbul Express* manca la prima classe, manca il vagone ristorante, e il marmo nei bagni è sostituito da una spiegazione (cinquantaquattro punti) in lingua bulgara circa il funzionamento della toilette. Ci sono turchi a centinaia, in compenso, che lanciano sacchetti di immondizia dal finestrino, ma forse perché non riescono a colpire nessuno, ci provano per tutto il viaggio.

Prima di scendere lungo i binari dell'*Orient Express*, sono salito all'alba su un treno di nome *Mitropa*, numero D 303, che parte da Berlino e punta a sud attraverso la Repubblica Democratica Tedesca, corre lungo le grandi fabbriche dedicate a Walter Ulbricht, supera città dai nomi duri come sassi (Lutherstadt-Wittenberg), lascia la grande pianura nordeuropea all'altezza di Lipsia, sale tra le montagne ed entra nella Repubblica Federale. Da Monaco, verso sera, parte l'*Istanbul Express*, treno jugoslavo e bulgaro, e basta aggirarsi tra le carrozze per capire che qualcosa è mutato: il conduttore serbo cucina maiale e cipolle nel suo alloggiamento e non vuole essere disturbato, gli emigrati turchi sono impegnati negli addii, e allampanate coppie scandinave si dividono pane e cioccolato, guardando con più affetto il cioccolato del compagno di viaggio. Non sembra il treno di Graham Greene e Agata Christie, né quello dal quale Lady Diana, eroina di Maurice Dekobra (*La madonna dei vagoni letto*, 1925), annunciava: «Ho un biglietto per Costantinopoli. Ma posso fermarmi a Vienna o a Budapest. Tutto dipende assolutamente dal caso e dal colore degli occhi del mio vicino di scompartimento».

Questo espresso per l'Oriente arriva al confine jugoslavo intorno a mezzanotte, e i doganieri sloveni spalancano le porte degli scompartimenti con la grazia di Tex Willer all'ingresso di un saloon. Li segue il conduttore serbo, che alitando cipolla annuncia: «Croati, sloveni e serbi vanno tutti d'accordo», e dopo dieci minuti rimette dentro la testa e dice: «Non è vero». Per ultimo arriva un poliziotto, ed esordisce: «Voi stranieri siete matti a viaggiare sui nostri treni, con i binari che sono tutto un sobbalzo, e il pericolo che vi rubino i passaporti». Ringrazio dell'incoraggiamento e provo a dormire, cercando di decidere se è *papirni librusi* che in serbocroato significa «salviettine di carta» mentre *pusenije zabranijeno* vuol dire «vietato fumare», o viceversa.

Dopo una notte agitata, durante la quale sloveni, croati e serbi si danno il cambio ad urlare sotto i finestrini nelle stazioni, l'*Istanbul Express* arriva a Belgrado, dove scompaiono alcuni vagoni. Vengo trasferito in una seconda classe bulgara, carrozza 274, che è meglio di quanto lasciasse credere l'umorista americano Robert Benchley negli anni Trenta («Viaggiare con i figli piccoli è come viaggiare in terza classe in Bulgaria»). I vagoni sono ragionevolmente puliti, e il conduttore — che ha l'aria contenta di un salumiere — offre «Balgarsko Pivo», la birra dei Balcani, e passa accanto alle ragazze scandinave durante le gallerie, sperando in un sobbalzo del treno.

Niš, nella Serbia meridionale, fino al 1889 costituiva l'ultimo avamposto per chi viaggiava sulle carrozze dell'*Orient Express*. Qui i passeggeri venivano caricati su diligenze e portati fino alla città bulgara di Tatar Pazardzhik (piccolo mercato dei tatari), 280 chilometri distante, un viaggio che la «Compagnie Internationale des Wagons-Lits» si sforzava di presentare come un'affascinante avventura, ma in effetti si svolgeva sotto gli occhi cupidi di razziatori turchi, serbi, bulgari e macedoni. Cent'anni dopo, i pronipoti di costoro salutano il treno mentre pescano nel fiume Nishava, lo circondano nella stazione di Palanka, lo spiano a Pirot, la romana Turres, famosa per i suoi tappeti e per un albergo, Le Roi de Serbia, dove alla fine del secolo scorso si pagava un franco belga per dormire. Qualsiasi camera assegnassero, era sempre la «camera del re», a ricordo di un monarca di passaggio, mai identificato con precisione.

Superata Tsaribord — oggi Dimitrovgrad, in onore del Lenin bulgaro — il treno entra in Bulgaria e sembra prendere le abitudini indolenti dei Balcani: si ferma senza ragione di fianco ad alberi da frutta, case costruite a metà, treni locali (*putnichki*) che sembrano messi lì per riempire il paesaggio, e invece improvvisamente partono, con il loro carico di donne e bambini dagli occhi spalancati, diretti verso qualche minuscola destinazione con il nome in cirillico. Da queste parti, mezzo secolo fa, re Boris di Bulgaria fermava l'*Orient Express* e, sostenendo che le ferrovie erano sua proprietà personale, prendeva i comandi e sfogava la sua passione per i treni. Ossessionato dai ritardi, spingeva sempre al massimo, mettendo in pericolo le caldaie e le coronarie di guidatori e fuochisti, che quando lo vedevano arrivare lungo i binari con la sua divisa bianca impallidivano. La «Compagnie Internationale des Wagons-Lits», che temeva di inimicarselo, non riuscì mai a fermarlo.

Arriviamo a Sofia mentre il sole basso si infila sotto le tettoie, e soldati armati impediscono di avvicinarsi al treno, per paura di incidenti dopo l'esodo dei bulgari musulmani. I *Gastarbeiter* turchi di Norimberga e Berlino lanciano occhiate ansiose dal finestrino, e si astengono per un'ora dal gettare spazzatura sui binari. Mentre il treno riparte verso Plovdiv e si tuffa nella seconda notte, tra i passeggeri comincia a diffondersi la sensazione di essere ormai residenti — digiuni — dell'*Istanbul Express*: passeggiano, conversano, stendono le lenzuola sulle brandine e guardano il sole scomparire oltre il passo di Vakarel, dove transitarono i crociati di Federico Barbarossa, pieni di sante e cattive intenzioni. A Kostenec la ferrovia attraversa il fiume Marica, e poi scende nella pianura. Lascia indietro le luci di Pazardzhik, che nel 1870 aveva ancora venti moschee ed era il terzo mercato per importanza dell'impero turco; si ferma per dieci minuti a Plovdiv, la Filippopoli di Filippo il Macedone; continua a correre verso il confine, superando strade deserte, periferie, campi di tabacco e una discoteca illuminata, che brilla per un attimo nel buio e poi scompare di nuovo nella notte della Tracia orientale.

A Svilengrad poliziotti bulgari svegliano tutti poco prima delle due di notte, picchiando le torce come mazze sulle porte degli scompartimenti. Alle quattro tocca ai turchi, che a Kapikule costringono i passeggeri a scendere e mettersi in fila davanti a un ufficio della stazione. Il treno riparte soltanto alle sei e trenta del mattino, lasciandosi alle spalle le montagne di masserizie dei profughi bulgari; passa Edirne, l'antica Adrianopoli, e corre tra campi di girasole e polvere. Supera Çerkezköv, dove nel 1891 un gruppo di ribelli agli ordini di tale Anasthatos fece deragliare l'*Orient Express* e prese venti prigionieri. Soltanto verso mezzogiorno arriva in vista del mar di Marmara. Nella stazione Sirkeci di Istanbul, che da Helsinki è separata da 5012 chilometri di socialismo reale, il treno entra con due ore di ritardo. Prima di scendere, c'è tempo per un consiglio: se qualcuno tra i lettori volesse seguire il mio itinerario, ricordi quello che un viaggiatore d'inizio secolo, Harry De Windt, scrisse tornando da una lunga spedizione: «*N'allez pas là! C'est la morale de ce livre*».

[1989]

IN JAKUZIA, A CACCIA
DI SCACCIAPENSIERI

Chi sostiene che la sovietica Aeroflot sia una compagnia aerea antidiluviana, non ha capito niente. La verità è un'altra: volare Aeroflot vuol dire cominciare l'avventura al momento del *check-in*, e non all'arrivo, come invece accade con le Swissair e le Lufthansa di questo mondo. Volare Aeroflot vuol dire studiare l'Urss dell'aria, non meno interessante dell'Urss a terra. La compagnia sovietica dovrebbe far pagare un supplemento per questo, e non vergognarsi delle hostess sovrappeso, delle moquettes strappate e dei bagni, dove sembra sempre che una banda di kirghisi abbia appena finito un festino.

Prendiamo questo volo. Jakutsk è la capitale dell'immensa Jakuzia, terra di diamanti nella Siberia nordorientale, sette ore di volo e sei fusi orari da Mosca. Per il viaggiatore abituato alla banalità degli aeroporti di Zurigo e Francoforte, l'aeroporto moscovita di Domodedovo — che serve l'Estremo Oriente e l'Asia centrale — vale già un viaggio. Buriati, turkmeni, uzbechi e kazachi sono dappertutto, e trascinano figli e mercanzie. I banchi del *check-in* sono miraggi lontani; gli orari di partenza, solo un'opinione. Sembra impossibile che alle 19.45 un vecchio Tupolev lasci questa fantastica confusione per puntare verso le distese della Siberia. Il miracolo, tuttavia, è destinato ad accadere.

Siamo arrivati ai piedi della scaletta trascinando le valigie sulla pista, e questo ha messo tutti di buon umore per due ragioni: innanzitutto perché non sono state consegnate al *check-in*, dove di una nuova Samsonite sarebbero rimaste probabilmente le rotelle. In secondo luogo perché è estate, e l'operazione costa solo un po' di sudore. Alcune fotografie mostrano i passeggeri che compiono la stessa operazione in gennaio, e il loro aspetto è francamente raccapricciante.

Appena arrivati sull'aereo è subito chiaro che l'Aeroflot ha uno stile che le compagnie occidentali non si sognano neppure. Innanzitutto, nella cabina passeggeri viene soffiato ossigeno, che forma una nebbia densa, attraverso la quale ci muoviamo come anime in attesa di imbarcarsi sul traghetto di Caronte. Alcuni hanno un posto assegnato, altri no. I due gruppi si scontrano vorticosamente, gridando *pozhalujsta* e *izvinite*. Le hostess, robuste e di una certa età, osservano senza sorridere, con l'aria di essere state disturbate. Se proprio dovevano andare in Siberia, è chiaro, preferivano andarci da sole.

Mentre l'aereo si muove sulla pista, la situazione sembra normalizzarsi. I passeggeri, raggomitolati sulle poltrone in classe unica, guardano con invidia le tre prime file di posti rimaste libere. Qualcuno chiede spiegazioni, e gli viene risposto che devono restare vuote per questioni di *zentrovka* (equilibrio dell'aereo), e non per eventuali nomenklaturisti dell'ultimo momento. I componenti di un complesso rock moscovita diretti a Jakutsk non ci credono: partono all'arrembaggio e occupano le poltrone. La hostess-capo non si scompone. Se non ve ne andate entro trenta secondi, dichiara con voce calma, vi sbatto giù dall'aereo. Essendo già avvenuto il decollo, i musicisti rock pensano bene di retrocedere.

Dopo qualche ora, mentre sorvoliamo il fiume Ob, arrivano i primo odori di cibo. È un falso allarme: il cibo esiste, ma è per i piloti. Altri odori seguono appena prima del gigantesco fiume Enissei: questa volta sono le hostess, scomparse da tempo, che mangiano e ridono nascoste dietro a una tenda. Solo quando i passeggeri cominciano ad appisolarsi, rassegnati al digiuno, arriva il pasto: una coscia di pollo pallido («Polli dell'allevamento Aeroflot» mormora qualcuno), con acqua e limone. Chiedere una birra è possibile; ottenerla, assolutamente no.

Nelle ore successive, mentre l'aereo attraversa la «notte bianca» sovietica, le hostess pensano bene di non disturbare i passeggeri, e rimangono nei loro misteriosi rifugi. Alla mia richiesta di conoscere la rotta, il pilota, cortese, fa arrivare una cartina scolastica tenuta insieme con il nastro adesivo, dove il viaggio è indicato con un pennarello. Alcuni avventurosi passano il tempo esaminando le fessure tra la moquette e la carlinga, dove nel corso degli anni si sono accumulate interessanti presenze botaniche.

L'arrivo è una festa. Non soltanto perché si annuncia prossimo, ma perché il mattino siberiano è luminoso e splendido, e l'aereo volteggia sul fiume Lena color piombo, la *taiga* verde smeraldo e le case bianche. La hostess-capo, soddisfatta del comportamento dei passeggeri, si lascia andare a un sorriso. Non ve lo siete meritato, dicono i suoi occhi metallici, ma vi abbiamo portato fin qui.

Dopo aver attraversato sei fusi orari, quattro grandi fiumi e seimila chilometri di Siberia, il vecchio Tupolev atterra a Jakutsk. Sulla pista dell'aeroporto, nel sole violento del primo mattino, compare una splendida fanciulla orientale vestita di bianco, che sussurra: «Sono Miss Jakuzia 1991. Signor Severgnini, benvenuto al Congresso Mondiale degli Scacciapensieri».

Per un attimo, penso che la signorina sia uno scherzo dei fusi orari, un prodotto della fantasia, un'apparizione uscita da un sogno siberiano. L'apparizione però continua a sussurrare, ferma sotto l'ala dell'aeroplano. Presto devo ammettere che si tratta di una ragazza in carne ed ossa. Miss Jakuzia 1991 si chiama Nastasja Ivanovna. Il suo lavoro, apparentemente, è passeggiare all'alba sulle piste degli aeroporti per dare il benvenuto al Congresso Mondiale degli Scacciapensieri. Del quale — forse l'avete intuito — il sottoscritto non sa assolutamente nulla.

Ai giornalisti capita con una certa frequenza di occuparsi di questioni che non capiscono del tutto, ma arrivare in Siberia del Nord per partecipare a un congresso di cui si ignora l'esistenza non è cosa di tutti i giorni. Cerco di spiegarlo all'apparizione vestita di bianco, ma lei sorride benevola: devono averle detto che gli occidentali sono personaggi bizzarri, che ogni tanto dimenticano le ragioni per cui attraversano il mondo. Dalla borsetta estrae un lasciapassare (*propusk*) e gorgheggiando me lo appende al collo. Sopra è stampato il mio nome, insieme all'immagine stilizzata di un piccolo, minaccioso scacciapensieri.

Troppo stanco per protestare, mi lascio accompagnare sulla *Mikhail Svetlov*, la nave-albergo ormeggiata sul fiume Lena. Sulla nave non ci sono soltanto immagini di scacciapensieri e programmi del Congresso Mondiale degli Scacciapensieri, ma anche suonatori che si allenano per la grande inaugurazione prevista per la sera. Molti sono jakuti, altri vengono dalla Turkmenia, dalla Kirghisia e dalla Buriazia; altri ancora dalla Francia e dagli Stati Uniti. Spiegano che il piccolo scacciapensieri — un pezzetto di ferro ricurvo al quale è saldata una lamella che vibra — è uno tra gli strumenti musicali più antichi e più diffusi al mondo; in Sicilia lo chiamano *marranzano*, in America *jew's harp*, in Francia *guimbarde*, in Germania *Maultrommel* o *Brummeisen*, in Spagna *birimbao*, in Danimarca *munharp*. Per i russi è il *vargan*, per gli jakuti il *khomus*.

Il presidente del congresso è americano, e pubblica negli Stati Uniti una rivista specializzata chiamata *Vierundzwanzigfeljahrsschrift der Internazionalen Maultrommelvirtuosengenoffenschaft*, che gli abbonati hanno il buon senso di chiamare *V.I.M.* Appena capisce di trovarsi di fronte un italiano comincia a declamare: «... il marranzano tristemente vibra / nella gola del carraio che risale / il colle nitido di luna, lento / tra il murmure d'ulivi saraceni», che assicura essere una poesia di Salvatore Quasimodo. Serve a poco spiegargli che sono arrivato fin qui per vedere la favolosa Jakuzia, terra di foreste e di diamanti, e degli scacciapensieri non m'importa niente. Serve a poco anche perché, appeso al collo, porto l'accredito per il Congresso Mondiale. Il presidente lo guarda, alza gli occhi e sorride.

Dopo essere sfuggito per tutto il giorno a esperti di varia provenienza, ansiosi di spiegare alla stampa le loro teorie e innovazioni (qualcuno sa suonare senza mani, altri sono abilissimi nel riprodurre il suono del vento), cado nell'imboscata della sera. Vengo spinto su un autobus (decorato col simbolo dello scacciapensieri), e portato nel Teatro Municipale di Jakutsk (la cui facciata è coperta da un gigantesco scacciapensieri). È l'apertura ufficiale. Alla stampa internazionale — sette persone — viene riservata la prima fila, e un applauso. Il mio vicino è un ingegnere di Leningrado, grande appassionato e collezionista di scacciapensieri. È contento di conoscere qualcuno che per amore del *vargan* si è sobbarcato sette ore di volo, dice. «Quando un maestro appoggia la sua piccola lira alle labbra» sospira «gente come noi ode il suono della foresta, la canzone del cervo, il grido dell'aquila, il volo della freccia e la voce del cuculo.» Quando confesso che il suono del *vargan* mi sembra sempre uguale (*twang twang*), l'ingegnere ride di gusto. Voi italiani, dice con le lacrime agli occhi, siete proprio spiritosi.

I giorni successivi vedono una lunga battaglia. Da una parte un manipolo di giornalisti, venuto in Siberia per parlare di nazionalismo, di petrolio e di diamanti. Dall'altra i funzionari del Congresso Mondiale, che non vogliono mollare la preda. Tre colleghi vengono rapiti e portati nella lontana regione di Viljuj, e al ritorno raccontano avventure terrificanti: una media di sette concerti al giorno, con spostamenti in elicottero verso *sovkhoz* sperduti, dove piccoli suonatori jakuti si adombravano se i reporter stranieri non prendevano appunti, o mancavano di apprezzare il virtuoso Ivan Alekseev, impegnato a far uscire dal suo strumento la voce del cuculo. Altri quattro giornalisti — compreso chi scrive — vengono caricati su una corriera dall'aspetto messicano, e dopo cinque ore di strade sterrate vengono depositati nel villaggio di Borogonzi, dove i concerti si susseguono. L'ultimo è alle due di notte, sotto un'alba pallida. Mentre i musicanti suonano e rabbrividiscono, William Millinship dell'*Observer* di Londra legge un vecchio numero della rivista *V.I.M.* Qualcuno, disperato, beve. Qualcuno dorme. Rafael Poch-De-Feliu, della *Vanguardia* di Barcellona, è perseguitato da una suonatrice kirghisa la cui teoria è semplice: gli jakuti, di *vargan* (*khomus*, *birimbao*), non capiscono niente.

Il congresso dura una settimana. Al suono dello scacciapensieri, inauguro musei, firmo libri dei visitatori, partecipo a incontri nelle radure della *taiga*. Il *vargan*, come un fantasma, m'insegue: faccio pic-nic al *vargan*; cene al *vargan*; danze al *vargan*; sogni al *vargan*. La sera, dagli oblò della *Mikhail Svetlov* escono gli esercizi di qualche virtuoso; all'alba i suoni strazianti prodotti da qualche collega, che ha comprato uno strumento e non riesce a dormire. Il giorno della partenza sono carico di piccoli *khomus* stampati, incisi e riprodotti ovunque. Non ho ancora capito perché sono venuto, anche se corre voce che il ministero degli Esteri sovietico abbia approfittato di un finanziamento dell'Unesco, organizzatore del congresso, per far bella figura con la stampa straniera, e della stampa straniera per far bella figura con l'Unesco. All'aeroporto discuto con competenza di tonalità, parlo del verso del cervo e imito il canto del cuculo. Miss Jakuzia ricompare — sempre di bianco vestita, come da contratto — e mi s'avvicina. «Perché avevi detto di non saper nulla sugli scacciapensieri?» chiede. Sembra quasi offesa.

[1991]

CINA: UNA PASSEGGIATA, UN VOLO E UN MOTOTAXI

COME GUIDA, UNA «GUARDIA ROSSA»

Lin Yutang, uno scrittore cinese che negli anni Quaranta conobbe un buon successo in Occidente, aveva un sistema originale di classificare le nazioni. Prendeva i vari aspetti del carattere di un popolo e assegnava loro un punteggio, da uno a quattro. I tedeschi avevano quattro punti di idealismo e un punto per il senso dell'umorismo; gli inglesi, viceversa; i russi possedevano notevole sensibilità artistica; gli americani avevano due punti di tutto. I cinesi, dal canto loro, erano in coda alla classifica dell'idealismo, ma possedevano un realismo imbattibile: nessun popolo al mondo — sosteneva Lin Yutang — aveva i piedi più piantati per terra.

Dopo cinquant'anni, una rivoluzione vera, una rivoluzione culturale e una protesta spacciata per controrivoluzione, non è cambiato niente. La grande maggioranza dei cinesi, dopo la notte di Tienanmen, ha fatto i suoi conti. Anche in questi giorni, mentre è in corso il 14° congresso del partito, ascolta la propaganda del regime, capisce che quando i capi parlano di comunismo ormai vogliono dire qualcos'altro, e si adegua. Se guadagnare è diventato legittimo, e protestare pericoloso, è meglio cercare di guadagnare che rischiare di protestare.

Il risultato è stupefacente. La Cina di oggi è un treno che corre — l'economia cresce del *dodici* per cento l'anno — e sul treno sono montati quasi tutti. Anche l'ex-«guardia rossa» che chiameremo Qiao Ling, alla quale ho chiesto di accompagnarmi in una passeggiata attraverso la Pechino dei grandi alberghi, degli ascensori di cristallo, delle bancarelle dove vecchie sdentate contano mazzette di dollari. Qiao Ling ammette senza imbarazzo d'aver attraversato entusiasta tutta la «grande rivoluzione proletaria culturale»: dalle prime adunate del 1966 alla campagna «criticare Confucio» del 1973. Oggi, dopo quattordici anni di riforme, non si è convertita, dicono gli occhi neri. Ha fatto di più: si è adattata.

Mao Tse-tung sosteneva che «le donne cinesi non amano vestirsi meravigliosamente: amano combattere». Qiao Ling, questo pomeriggio, non sembra molto battagliera, ma è ben vestita. Porta i capelli raccolti, occhiali rotondi, una borsa a tracolla. Originaria di Kunming, venne a Pechino bambina. Aveva sedici anni nel 1966, quando portava al braccio la fascia di «guardia rossa» e collezionava le spille con il volto di Mao. Oggi è divorziata, con due figli. Lavora in una casa editrice ma ha anche un secondo lavoro, come tutti: disegna modelli per una fabbrica di confezioni. Con duecento yuan al mese di stipendio (50mila lire), spiega, nell'«economia di mercato socialista» non si va lontano.

Abbiamo appuntamento in un albergo sul viale della Lunga Pace, uno di quelli dove i cinesi confondono lo spazio con il lusso: più l'ingresso è gelido e vuoto, più sembra piacergli. Qiao Ling ordina Coca Cola (i caratteri cinesi suonano *keko-kele*, e voglion dire «sa di buono, sa di felicità»), apre la borsa e estrae una scatola di plastica con due frittelle calde portate da casa. Sembra perfettamente a suo agio. Finita la colazione, entriamo nel grande magazzino a fianco, che nell'89, quando qui di fronte passavano studenti e soldati, aveva l'aspetto povero del socialismo. Oggi tutto appare di buona qualità. Ci sono le biciclette e i giocattoli con cui i cinesi stanno invadendo il mondo, e i prodotti con i nomi improbabili con i quali lo fanno sorridere: la carta igienica Bambino Volante (*Flying Baby Toilet Paper*), la biancheria intima Doppio Toro (*Double Bull Underwear*), le batterie Coniglio Lunare (*Moon Rabbit Batteries*). Manca — è esaurito, dicono — il dentifricio *Darkie*, quello con la testa di moro sulla scatola, quello che la Cina non può più esportare: in inglese *darkie* vuol dire «negrillo, negraccio». Nessuno, pare, se ne era accorto.

Dal supermercato, fendendo ondate di biciclette, arriviamo in Wanfujing, la strada degli acquisti, dove un grande ritratto di Deng Xiaoping ha appena sostituito un grande manifesto di Mao Tse-tung. L'ex-«guardia rossa» Qiao Ling mostra, metà scandalizzata e metà orgogliosa, i negozi di elettronica dove la folla entra a passo di carica, ed esce carica di scatole. Chi non vende e non compra, guarda. Chi non guarda, mangia: in una via laterale, una processione di carretti offre *fast food* alla cinese, ovvero zuppa da consumare in piedi e in silenzio. Chi non vende, non compra, non guarda e non mangia, fa qualcos'altro. I cinesi, si ha l'impressione, fanno sempre qualcosa.

Lo aveva notato anche Malaparte, che venne qui nel 1957, quando Pechino si chiamava Pekino. «Davanti al Tien An Men» scrisse «ho visto un uomo di una quarantina d'anni che lucidava le rotaie del tram. Ho domandato al mio interprete se quello fosse il suo mestiere. Mi ha risposto che non sapeva, né credeva. Interrogato, l'uomo ha risposto che lucidava le rotaie del tram per suo piacere. Gli piaceva che in quel punto le rotaie luccicassero.» Racconto l'episodio a Qiao Ling. Risponde che adesso quell'uomo, per star lì, seduto con lo straccio in mano, vorrebbe almeno venti yuan.

Continuiamo a conversare nel bar del Beijing Hotel, dove i turisti si intrufolano, prendono un ascensore e guardano dall'alto la Città Proibita. Allargato, ripulito e lucidato, l'albergo è quasi irriconoscibile per chi l'ha frequentato in passato, e ha respirato l'aria coloniale, guardato gli arredi pesanti, annusato gli odori di cibo, battagliato con inservienti scortesi. Adesso ascensori di cristallo portano ai piani superiori, e le inservienti sorridono. La resurrezione del Beijing Hotel è arrivata dopo i fatti di Tienanmen: poiché i turisti stranieri erano scomparsi, le autorità hanno deciso di aprire i grandi alberghi ai cinesi, i quali non aspettavano altro.

Seduta tra piante verdi, e servita da giovani cameriere con la gonna aperta fino all'anca, Qiao Ling parla senza imbarazzo di questa Cina teoricamente comunista che spende e ride, di questa città dove gli ultimi *yuppies* al mondo vanno ai bagni Xing Hua Yuan («prospero giardino cinese») e per cinquanta yuan si immergono nel latte, nel caffè, tra le bolle, dentro le erbe. Poi, la sera, si trasferiscono in un *karaoke*, la nuova mania dell'Estremo Oriente. Il cliente sceglie una canzone, e la canta davanti agli altri clienti, seguendo le parole che scorrono sullo schermo, insieme a immagini di fronte alle quali è impossibile rimanere seri: fidanzati che piangono d'amore mentre guidano la motocicletta; giovani donne che passeggiano sulla spiaggia, sempre controvento; un soldato che canta mentre rotola sotto il filo spinato.

Riprendiamo la marcia. Passando tra le case basse della vecchia Pechino arriviamo al mercato di Hongqiao, vicino all'ingresso del Tempio del Cielo. Guarda, dice Qiao Ling, ripetendo la nuova parola d'ordine: anche qui socialismo non vuol dire povertà. In un corridoio scuro, vecchie donne vendono cimeli del maoismo, finito soltanto sedici anni fa, come fossero reperti archeologici. La «guardia rossa» Qiao Ling non si scompone. Finché — di fianco a una sveglia da tavolo sulla quale una ragazzina con le trecce nere sventola il «libretto rosso» — non trova un opuscolo. Lo apre e sbarra gli occhi. «Questo non deve stare qui. Questo dove essere subito ritirato» dice seccamente. Si tratta, riesco a capire, di un vecchio libello contro Deng Xiaoping, uno dei bersagli preferiti della Rivoluzione Culturale. A Qiao Ling non piace averlo tra le mani. Non piacerebbe a nessun cinese: non si attacca, infatti, il capo di turno, chiunque egli sia. Senza un capo arriva il *luan*, il grande disordine, vecchio incubo della Cina.

PECHINO-CANTON, VOLO XO 9113

Prendere un aereo nella nuova Cina social-capitalista è una questione di tenacia, di fiducia, ma soprattutto di immaginazione. Non è facile, ad esempio, capire perché voliamo da Pechino, che sta a nord, a Canton, che sta a sud, con le linee aeree dello Xinjiang, che oltre ad avere un nome preoccupante sta all'estremità ovest del Paese. Ancora più difficile è spiegare perché l'aeroplano delle Xinjiang Airlines porti la scritta *Aeroflot* in cirillico, e abbia un equipaggio russo che vende *matrioske* ai passeggeri.

Ma vediamo di andare con ordine, sebbene «ordine» non sia la parola più adatta nella circostanza. L'ebbrezza del volo, in Cina, comincia ben prima del decollo. Subito, infatti, occorre affrontare tre ostacoli. Primo, non esiste prenotazione: per avere un posto, occorre comprare il biglietto. Secondo, non si può acquistare un andata e ritorno: il ritorno (se c'è) si acquista all'arrivo. Terzo, non si può stabilire un itinerario: se andando da Pechino a Canton ci si volesse fermare un giorno a Suzhou, si rischia di passarci una settimana — un'eventualità, questa, destinata a irritare il viaggiatore frettoloso, sebbene la città sia patria delle più belle fanciulle della Cina.

L'acquisto del biglietto — quando avviene — segna l'inizio di una sottile guerra psicologica tra l'aviazione civile cinese e il passeggero straniero. Innanzitutto, l'assicurazione obbligatoria, al punto 13, riporta l'espressione «ossa rotte a pezzettini». In secondo luogo, la compagnia di bandiera Caac (Civil Aviation Administration of China) — ribattezzata da qualche maligno China Airways Almost Crashes (le linee aeree cinesi per poco non si schiantano) — si è frantumata in una infinità di sigle (China Eastern, China Southwest, China Northwest, Xiamen Airlines, Wuhan Airlines, Xinjiang Airlines eccetera), senza peraltro migliorare la sicurezza dei voli. Oltre agli incidenti — tre negli ultimi mesi — ci sono le leggende, come quella di passeggeri costretti a sbarcare scendendo lungo una scala a pioli e l'altra, citata da un incosciente manuale di viaggio: il pilota e il secondo pilota tentano di chiudere la porta scorrevole che li separa dalla cabina passeggeri. Non riescono dall'interno e allora provano dall'esterno. La porta si chiude di scatto, e si blocca. I due rimangono tagliati fuori, ma non si perdono d'animo: prendono un'ascia e, di fronte ai passeggeri allibiti, si aprono un varco verso la cabina di pilotaggio.

Con il biglietto in mano e queste avventure in mente, aspetto fiducioso il volo XO 9113 davanti all'uscita numero 20. All'annuncio dell'imbarco, i passeggeri cinesi si lanciano nel loro sport preferito: entrare tutti insieme in un varco, sgomitando e spingendo come indemoniati (si allenano ogni giorno sugli autobus, e negli aeroporti si presentano in forma smagliante). Segue un altro annuncio: la turba si volta con un muggito, parte verso l'uscita numero 19 e ricomincia a picchiarsi (l'annuncio è in cinese: a chi gioca in casa occorre pur dare qualche vantaggio).

Una volta a bordo, tutto si quieta. Nessuno sembra minimamente stupito di trovarsi in Cina, su un aereo ex-sovietico, con un equipaggio russo e usbeco, un biglietto in tasca con scritto Xinjiang Airlines, la scatola del cibo marcata China Air e un annuncio a nome delle China Southern Airlines. L'equipaggio, pensando forse che dare spiegazioni in russo a trecento cinesi e un italiano sia una perdita di tempo, mantiene un dignitoso riserbo, evitando anche di indicare le uscite di emergenza.

Durante il volo, i cinesi si agitano sui sedili, si raggomitolano, si stirano, si chiamano a cinque file di distanza e fanno alcune cose stranissime, come cercare di scalare il sedile anteriore senza slacciarsi la cintura di sicurezza. Appena l'aereo atterra all'aeroporto Baiyun di Canton, nessuna forza umana potrebbe trattenerli: mentre il Tupolev caracolla verso il parcheggio saltano in piedi, cadono, aprono i vani portabagagli e si rovesciano addosso il contenuto, partono verso i pullman, si lanciano al galoppo per i corridoi e infine fanno muro intorno al nastro dei bagagli, commentando la forma di tutte le valigie in arrivo. Aveva capito tutto Napoleone Bonaparte, che pure non era mai stato su un aereo da queste parti: «La Cina è un gigante che dorme» disse. «Lasciatelo dormire, perché quando si sveglia squasserà il mondo.»

MOTOYUPPIES ALLA CANTONESE

«Il cielo è alto, e l'imperatore è lontano» dicono i cinesi del Sud per spiegare che fanno quel che vogliono, e a Pechino non possono impedirlo. Il neo-imprenditore Chen Weilan, proprietario di un mototaxi e di due caschi rossi di plastica, ignora questa espressione, ma si comporta come se la conoscesse. Chen ignora molte altre cose, occorre dire: l'uso del clacson, ad esempio, sostituito da un fischio orrendo con il quale avverte il resto della popolazione di Canton che la sua vecchia Honda 125 cc sta piombando su un incrocio. Alla guida c'è lui, Chen Weilan; dietro, un passeggero italiano vagamente preoccupato.

Chen Weilan, con i suoi incisivi d'oro e i suoi caschi-giocattolo, è a suo modo uno *yuppie*: si industria, guadagna, arricchisce, spende. La sua postazione preferita è un angolo nei pressi del mercato di Qingping, dove i cinesi di Canton comprano quel che mangiano, ovvero tutto quanto si muove: cani, pangolini, tartarughe, serpenti e gatti, massacrati con disinvoltura davanti a un pubblico attento. Oggi, il cliente è un «lungo naso» occidentale. Ho infatti noleggiato il mototaxi — mezzo ideale per tagliare il traffico di Canton, questa Napoli sul mare di Cina — per andare alla ricerca delle prove che questa regione, il Guangdong, sarà presto la «quinta tigre dell'Asia», dopo Hong Kong, Taiwan, Corea del Sud e Singapore. Tutti i dati puntano in questa direzione: l'economia crescerà quest'anno di uno strabiliante 25 per cento, un record mondiale; gli investimenti stranieri hanno superato i 3 miliardi di dollari nei primi nove mesi del 1992; i disperati che calano qui dall'interno — *mangliu*, li chiamano, gli «immigranti ciechi» — aumentano ogni giorno.

La Cina, si ha l'impressione, non ha più né freni né marcia indietro. Più o meno come la Honda di Chen Weilan, che guizza attraverso l'isola Shamian, la vecchia *enclave* coloniale, costeggia i canali fetidi, si arrampica sulla sopraelevata, scende verso la Fiera, sfreccia tra sciami di biciclette e arriva davanti all'hotel Cina, dove hanno scritto sopra una porta *Benvenuti agli Amici dei Vari di Tutto il Mondo*. Quando ho chiesto perché avevano lasciato fuori la parola «Paesi», hanno risposto che «non ci stava»: la porta era troppo stretta.

A Canton, di questi tempi, non bisogna stupirsi di nulla. Si ha la sensazione di star seduti su un vulcano: qualcosa di enorme, sotto, brontola e si muove. La cifra ufficiale degli imprenditori privati cinesi — 22 milioni, contro 52 milioni di iscritti al partito comunista — qui sembra aver perduto significato. Non tiene conto infatti di gente come Chen Weilan, del suo mototaxi, della sua grinta e dei suoi traffici. Ignora le ragazze diventate *Avon ladies*, le «signore della Avon» che girano i villaggi per vendere cosmetici. Non include personaggi come il trentenne Pan Hongjie, che ha lasciato un posto sicuro nella Commissione per le Relazioni Economiche Internazionali e s'è messo a fare il rappresentante di scarpe da calcio. Spiega che mi costerebbero soltanto sei dollari al paio «franco dogana al porto di Milano», ed è così entusiasta che non ho cuore di dirgli che a Milano ci sono tante cose. Porti, no.

All'appuntamento, Pan Hongjie si presenta in compagnia di una graziosa ventenne di nome Hu Ping, che l'ha sostituito nel vecchio posto di lavoro. Originaria di Zhejiang, una città sulla sponda meridionale del fiume Yangtse, Hu è venuta a studiare all'Università di Canton, e qui è rimasta, dopo che le è stato assegnato un impiego. Nel ristorante del Silk Hotel spiega come mangiare i granchi che vengono dalla sua provincia, il Jiangsu. Porta i capelli corti e indossa jeans stretti, camicetta di velluto, scarpette da ginnastica marca Feipeng. Racconta che un giorno, forse, daranno anche a lei un telefono cellulare, come quello che i nostri vicini di tavolo hanno posato con noncuranza di fianco al piatto: in cinese si chiama *da ghe da*, che vuol dire «fratello grande», perché fa di te una persona importante. Tra poco nel Guangdong ci saranno tanti cellulari quanti a Hong Kong, dice. La giovane Hu lascia per ultima la notizia più importante, forse perché per lei, ormai, è poco importante: è iscritta al partito comunista.

Prima che comunista, però, Hu Ping è cinese. Condivide perciò la smania di progresso che ha colto questo Paese dopo il «viaggio al sud» di Deng Xiaoping, in gennaio. Una smania evidente in molte piccole cose. Sono cambiate le forme di cortesia, ad esempio. Fino a qualche anno fa la gente s'incontrava e si salutava con una domanda: «Hai fatto colazione?» (oppure: hai pranzato? hai cenato?). Risolto il problema dei pasti, le domande sono diventate «Dove stai andando?» e «Cos'hai intenzione di fare?». Nel Guangdong — che si misura ormai con Hong Kong, e non si cura minimamente di quanto accade nelle remote province dell'interno — sono tornate con prepotenza le classi sociali. I cinesi, per ora, le adorano. Privi dello spirito di gruppo dei coreani e dei giapponesi, utilizzano tutto ciò che riescono a conquistare — un frigorifero, un videoregistratore, un amico occidentale — per competere con vicini e conoscenti. Possibilmente, per lasciarli indietro.

Ecco dunque gli «*yuppies* con caratteristiche cinesi», nati dalle circostanze e giustificati dalla dottrina. Per incontrarli basta il mototaxi di Chen Weilan. Qui a Canton, infatti, sono dovunque: in coda nei *fast food* della catena Timmy's; a zonzo nei supermercati di Foshan, che traboccano di merce e di luci; in bicicletta per le strade larghe di Tian Lie, dove gli appartamenti costano 3000 yuan al metro quadrato (750mila lire, un anno di stipendio medio); allungati dentro automobili di lusso (Mercedes, Lexus, Volvo), forse le stesse che spariscono da Hong Kong al ritmo di tre al giorno.

Alla rappresentante del nostro Istituto per il Commercio Estero, Patrizia Tambosso, chiedo di presentarmi il *superyuppie*, l'equivalente cantonese di Yang Zhenhua, un ventottenne di Dalian che quest'anno venderà vestiti per 35 milioni di yuan, e dice di trovare ispirazione nella biografia di Sir Yue-Kong Pao, un magnate di Hong Kong. Tambosso suggerisce di andare a Panyiu, centro del contrabbando proveniente da

Hong Kong, e incontrare Liao Zhixiang, trentaseienne proprietario dello «Zen Bao Seafood Place», un ristorante che attira ogni giorno comitive di cantonesi abbienti e affamati.

Chen ed io partiamo, con i nostri caschi rossi. Troviamo Liao Zhixiang nel suo ufficio, con un doppiopetto grigio indosso e un telefono cellulare in mano. È circondato da quelli che, in Cina, sono i segni del successo: fotocopiatrice Konica, telefax Canon, cognac Martell. Alle spalle, sul muro, una scritta afferma: *I clienti arrivano come le nuvole.* Liao dice di aver lasciato la Cina nell'estate dell'89, subito dopo la notte di Tienanmen, e racconta di essere stato in «venti diversi Paesi del mondo». Lo trattavano però «come un profugo», si lamenta, e così ha deciso di tornare. Convinto che la Cina sia «un ottimo posto per fare soldi», ha investito 290mila yuan nel ristorante («Soldi suoi?» domando. «Provenienza segreta» risponde). Oggi Liao dà lavoro a centodieci persone, e dice di aver accumulato «dozzine di milioni di yuan». Mentre conversiamo, uno stuolo di piccole cameriere — le faccine compunte, le uniformi non immacolate — ci guarda attraverso i vetri. Se lo «Zen Bao Seafood Place» continua ad andar bene, conclude il proprietario, «fonderò un asilo, affinché prenda il mio nome». Chiedo: non teme di trovarsi nei pasticci, il giorno in cui cambiassero le direttive del partito comunista? Il *superyuppie* Liao Zhixiang alza la testa, e sorride. Vuol dire: il cielo è alto, e l'imperatore lontano.

[1992]

Questa città si può visitare usando Graham Greene come guida turistica. Il fantasma del suo «americano tranquillo» si aggira ancora tra i tavolini e le palme dell'hotel Continental; le ombre dei suoi annoiati funzionari francesi continuano a scendere lente per la rue Catinat; anche oggi, sulla terrazza dell'hotel Rex, si possono incontrare inglesi storditi dal caldo e dagli *ao dai* di seta delle liceali annamite, e di lassù si può assistere alle follie povere del sabato sera. Per ore, migliaia di biciclette, motorini (*Honda ong*) e tricicli (*cyclo*) si inseguono lungo l'anello delle vie centrali, tra due ali di folla. Non si fermano mai, come mosche dentro un bicchiere.

Ai tempi di Graham Greene, che venne e scrisse nei primi anni Cinquanta, gli *Honda ong* non c'erano. Ma le novità — dopo quarant'anni, due guerre e una dittatura — sono più o meno tutte qui. Dal 1975, anno della partenza degli americani, è accaduto questo: più le autorità comuniste tentavano di imporre Ho Chi Minh City, più sbucava Saigon. Più i nuovi capi del Nord cercavano di insegnare la sobrietà comunista, più questa gente del Sud si attaccava al passato: molta Francia e un po' d'America, e la solita eterna Indocina.

Alla lunga, ha vinto Saigon. Dopo la fine dell'Unione Sovietica, il regime di Hanoi ha accettato un po' di mercato e un po' di turismo, e nessuna città più di questa era affascinata dal mercato, e affascinante per i turisti. Oggi i primi uomini d'affari vengono ricevuti con malcelato entusiasmo: in attesa degli americani — ancora trattenuti dall'embargo — arrivano da Singapore, dalla Corea del Sud, da Taiwan. È già arrivata la Francia — con gli uffici, le linee aeree e i consolati — e i francesi stanno seguendo a ruota. Sono arrivati anche i primi italiani, in attesa che arrivi l'Italia. Italiano è il gestore del ristorante dell'hotel Continental. È un veneto che ha servito nella Legione Straniera in Algeria, e ha vissuto a lungo in Africa. È qui da un anno. Non voleva venire, dice. Ma il richiamo di quei due nomi — *Continental, Saigon* — è stato come il canto di una sirena.

L'albergo, per adesso, ospita soprattutto scrittori e giornalisti. In molti fingiamo di non esserlo, e le autorità vietnamite fingono di crederci. Il Continental è un luogo quasi mitico, un albergo dalle quattro vite. La prima vita risale agli anni Venti e Trenta: proprietario era un còrso, Mathieu Franchini, e le dame francesi, il giovedì e la domenica, venivano a prendere il tè sulla terrazza, come Catherine Deneuve nel film *Indocina*. André Malraux, che giunse fin qui inseguendo le sue idee di rivoluzione, ricorda, nelle *Antimemorie*, «l'*ennui* della Cocincina, i caschi coloniali, l'ora verde sulla terrazza del Continental quando la breve sera cadeva sui carrubi e sulle carrozze che incrociavano nel rumore dei loro sonagli».

La seconda vita del Continental coincide con la guerra tra francesi e Viet Minh (1946-1954). Era una vita — racconta Graham Greene — fatta di granate in città, di corse in risciò nei bordelli della «città cinese» di Cholon, di *vermouth cassis* «mentre i dadi rotolano sui tavoli dove i francesi giocano a *Quatre cent vingt-et-un*, e le ragazze nei loro pantaloni di seta bianca scendono in bicicletta lungo rue Catinat». Una nuova vita, la terza, aspetta il Continental negli anni Sessanta, insieme a una nuova guerra, quella americana. L'albergo passò a un altro Franchini, Philippe, e diventò il punto di ritrovo della maggior parte dei corrispondenti stranieri. La rivista *Time* era al primo piano; *Newsweek* al secondo. «Era un bastimento in cui non ti sentivi mai abbandonato a te stesso» scriveva Oriana Fallaci, e confessava di «invidiare pazzamente coloro che ci avevano trovato posto». Tra questi, spesso, c'era Egisto Corradi.

Con la caduta del Vietnam del Sud, nel 1975, il Continental viene nazionalizzato. Qualche tempo dopo, senza più clienti, chiude. Riapre alla fine del 1989, con l'aria condizionata in ogni camera e un nuovo indirizzo: rue Catinat, intitolata a un ammiraglio francese, è diventata Dong Khoi, via dell'Insurrezione Generale. Ma rimangono l'aria da romanzo coloniale, le palme nel giardino interno, i velluti e i ventilatori al soffitto, le sedie bianche di ferro battuto, i divani di legno intarsiato, belli e scomodi.

Come il Continental, anche Saigon è insieme orgogliosa e sfinita dalla sua storia. È una città che non ha scelto di essere esotica e romantica, ma lo è diventata, come corollario — o strana ricompensa — di tragedie e avventure. Anche oggi il suo fascino è un fascino forzato: congelata dai comunisti nel 1975, scongelata dagli stessi comunisti negli ultimi due anni, sembra quasi stupita che il mondo si ricordi di lei.

Agli stranieri si offre a braccia aperte, senza troppi pudori. È ancora, per molti versi, la città cordiale e corrotta degli americani, con le enormi Chevrolet degli anni Sessanta che tagliano le piazze come transatlantici, e i vietnamiti usano come auto nuziali. La città dove, nei ristoranti, i pianisti hanno ripreso con gusto a suonare *Only You* e *Johnny Guitar*: erano canzoni vietate, fino a poco tempo fa, perché «made in Usa». La metropoli dove le ragazzine — occhi neri e guanti al gomito come Marlene Dietrich — ti offrono un passaggio in motorino, senza preoccuparsi di chiedere dove vai.

Saigon è tornata, soprattutto, ad essere la città dei francesi. La città del film *L'Amante*, tratto dal romanzo di Marguerite Duras: la scuola della protagonista adolescente è ancora qui, con i cancelli verdi e i muri gialli, un'attrazione turistica in più. Saigon è di nuovo la capitale degli aperitivi all'anice di fronte al fiume; dei piccoli borsaioli che cercano di venderti il *Figaro* vecchio di una settimana prima d'infilarti una mano in tasca; delle *soirées dansantes* all'hotel Caravelle, dove se parli inglese ti guardan male. Nel ristorante panoramico all'ultimo piano si cena per quattro dollari tra vecchi camerieri cerimoniosi in abito scuro. Il pianista compare ogni volta con una giovane violinista diversa. Dicono siano tutte sue allieve. Così guadagna il doppio: ai denari dell'albergo aggiunge quelli delle lezioni private.

Gli unici a non aver lasciato tracce sono i russi, signori negli ultimi quindici anni. I vietnamiti del Nord, rigidi e conservatori, li sopportavano meglio; qui al Sud, tra questa gente pratica e fin troppo disinvolta, la loro impopolarità è leggendaria. La mia guida — durante una corsa in *cyclo* tra bancarelle, cappelli a cono e piccoli busti di Ho Chi Minh incartati nel cellophane come tuberi in un supermercato — racconta che alla gente di Saigon non importava, in fondo, che i russi fossero i padroni. Detestavano però che fossero *padroni poveri*, e non lasciassero mance, e al mercato tirassero sul prezzo per ore. L'ostilità è rimasta. A me è accaduto, come a molti stranieri bianchi, di essere inseguito da uno stuolo di bambini che gridava *Lien Xo!* Unione Sovietica, vuol dire, e non è un complimento.

Mi accorgo di pensare: da qualche parte degli Stati Uniti vive una signora Hout. Una madre, una moglie o una sorella che non immagina come su questo banco di vetro, sotto la scritta *War Time Souvenir Shop*, sia in vendita per due dollari, o ventiduemila dong vietnamiti, uno strano portachiavi: la targhetta metallica di riconoscimento di Larry E. Hout, numero di matricola RA 68121690, OPOS 347406815, cattolico. Un morto americano, naturalmente. Uno dei sessantamila di una lunga guerra perduta.

È un *business*, questo della «guerra americana», che i vietnamiti conducono con grande determinazione, mostrando più incoscienza che malizia. Da quando il Vietnam è rimasto orfano dell'Unione Sovietica, il regime comunista di Hanoi ha timidamente aperto all'economia di mercato, e l'antico gioco dell'Asia è ricominciato: ognuno — governo in testa — cerca di guadagnare più che può, vendendo quello che ha. Poiché i pochi turisti che arrivano fin qui vogliono conoscere, toccare, vedere e acquistare la guerra, i vietnamiti non ci hanno pensato un attimo: l'hanno messa in vendita.

Qui a Ho Chi Minh City — che nessuno chiama Ho Chi Minh City, ma tutti, di nuovo, Saigon — non esiste un cartello *Guerra Vendesi*, ma è come se fosse ovunque: nelle strade larghe lasciate dai francesi, sotto i ventilatori nelle camere d'albergo, sulle terrazze dei ristoranti dove la sera dell'Indocina piomba senza preavviso, dopo un pomeriggio umido di sole. In città, i musei militari sono almeno cinque, ognuno con i suoi cannoni, i suoi relitti e le sue fotografie. Ognuno con il suo banco di gadget e souvenir: le bombe a mano trasformate in lampade a petrolio (quattro dollari), i bossoli di mitragliatori russi diventati accendini (due dollari), i cappelli da vietcong (un dollaro e cinquanta), le decorazioni con la stella che Hanoi distribuì dopo la vittoria nel 1975 (un dollaro). Nel «Museo sui crimini della guerra d'aggressione», alloggiato nella vecchia sede dell'«United States Information Service» all'angolo tra la via Le Qui Don e la via Vo Van Tan, vendono le targhette-portachiavi. Sono raccolte in un grande anello di corda, e si possono scegliere. Ci sono morti cattolici, battisti, protestanti e atei. Hanno tutti lo stesso prezzo: due dollari.

La «guerra per turisti» continua nel grande palazzo presidenziale dove i leader del Vietnam del Sud un tempo comandavano, cenavano, giocavano a *chemin de fer*, ballavano nel salone al quarto piano con vista sulla città. Adesso l'edificio si chiama Hoi Truong Thong Nhat, «palazzo della riunificazione». Il regime comunista l'ha lasciato come l'ha trovato, per mostrare alla gente lo sfarzo in cui vivevano i vecchi governanti amici degli americani. Se l'obiettivo era quello di provocare l'indignazione popolare, però, è stato mancato. L'impressione è che i vietnamiti — coppie, famiglie, delegazioni, comitive di «pionieri» con il fazzoletto rosso al collo — nel vecchio palazzo presidenziale si divertano moltissimo. Quegli eccessi anni Sessanta, quelle vetrate interminabili, quelle poltrone squadrate e démodé, il cinema privato e l'eliporto sul tetto rappresentano l'unico lusso visibile, in un Paese povero e isolato dal mondo. La gente l'adora.

Ragazzine brune vestite di seta bianca guidano i gruppi: dicono poco, non sanno nulla e parlano soltanto vietnamita. Mostrano con gesti annoiati le fontane, i modellini di navi, la stanza chiamata «Testa del Dragone», dove la sedia del presidente è un po' più alta delle altre. Nei tre piani sotterranei sta il centro di comando militare: le stanze, le brande e le cucine; la mappe e le carte geografiche; i telex e i telefoni dai quali il presidente Van Thieu poté seguire giorno per giorno la sua disfatta, prima di cedere il potere, il 21 aprile 1975. Il suo successore, il vice-presidente Tran Van Huong, restò in carica sette giorni. Il successore del suo successore, generale Duong Van Minh, quaranta-tré ore. C'era lui, dietro le finestre, quando un carro armato comunista sfondò il cancello in fondo al parco, la mattina del 30 aprile. Chiedo alla guida vestita di bianco dove sono finiti, gli inquilini sconfitti del palazzo. Risponde che uno di loro, non ricorda quale, vende generi alcolici in America.

Non ci sono né guide né biglietti d'ingresso, all'ambasciata degli Stati Uniti. L'edificio, all'angolo tra Le Duan Boulevard e via Mac Dinh Chi, è chiuso da diciassette anni, e ha assunto un'aria sinistra. La gente di Saigon lo guarda con un misto di nostalgia e timore superstizioso, e le scolaresche vengono portate qui in visita ma tenute a distanza, come dalla casa del diavolo. Dietro le grate di cemento, messe lì per proteggere dalle esplosioni, non si vede una luce. Nel cortile che i vietcong occuparono brevemente nel 1968 durante l'offensiva del Tet, sotto l'occhio delle telecamere americane, crescono erbacce. Il cancello è sprangato; davanti, una vecchia vende sigarette marca *Souvenir*.

Anche così però, chiusa e spettrale, l'ambasciata rimane un'attrazione. Lo sanno i guidatori dei *cyclo*, i bici-taxi di Saigon. Se ricordano una frase in inglese, è: *American Embassy? You want to see?* Quasi sempre i visitatori rispondono che sì, vogliono vederlo, quel luogo tragico che un filmato televisivo ha reso leggendario. Era il 30 aprile 1975, un mercoledì: dopo una giornata di evacuazione caotica, con i vietcong ormai in città e migliaia di sudvietnamiti abbarbicati ai cancelli che imploravano d'essere portati via, l'ultimo elicottero si staccava dal tetto. A bordo c'era l'ambasciatore, e teneva tra le braccia la bandiera, piegata come un sudario.

Molti «turisti di guerra» sono americani. Sebbene scoraggiati dal compiere il viaggio — gli Stati Uniti non hanno relazioni con il Vietnam, e l'embargo (*Trading with the Enemy Act*) è ancora in vigore — vengono, guardano, fotografano, comprano. Quasi sempre si spingono fino a Cu Chi, un distretto a trentacinque chilometri da Saigon dove negli anni Sessanta i vietcong scavarono duecento chilometri di gallerie: di notte uscivano, colpivano — perfino all'interno delle basi americane — e sparivano nuovamente sottoterra. Per stanarli, gli americani le provarono tutte: batterono il terreno palmo a palmo, ma raramente trovarono gli imbocchi dei tunnel; quando riuscivano a scendere sottoterra, spesso non tornavano. Tentarono allora con i cani alsaziani, ma i vietcong presero a indossare le uniformi degli avversari e a lavarsi con sapone americano: gli animali vennero tratti in inganno, e si lasciarono docilmente scannare. Infine, vennero i bombardamenti a tappeto: secondo due autori americani, Tom Mangold e John Pennycate, «Cu Chi è stata la zona più bombardata, mitragliata, cannoneggiata, gasata e defoliata nella storia della guerra.»

Oggi non è Disneyland, ma quasi. I visitatori possono scendere nei tunnel — o meglio, in una versione allargata, ripulita e illuminata di un piccolo tunnel. Possono assistere a una spiegazione in inglese, condotta su un pannello illuminato, durante la quale si mostrano gli eroismi vietnamiti, senza insister troppo sulla perfidia americana, anche perché americani sono quasi tutti coloro che pagano il biglietto (tre dollari). Ragazzoni della Virginia e del Vermont scendono a vedere le brandine degli ufficiali e la speciale cucina da campo che non produceva fumo. Posano per la foto ricordo seduti alla scrivania male illuminata del comandante. Guardano la finta trappola con i finti bambù acuminati. Uscendo, il cartello *Go and Shoot the Gun* li invita a un'ultima esperienza: tra crateri di vere bombe e immagini dipinte della giungla, possono sparare contro un bersaglio con un mitragliatore AK 47 di fabbricazione sovietica. Prezzo, un dollaro a pallottola. Soldati con la divisa verde dell'esercito vietnamita offrono premurosa assistenza agli americani in jeans e scarpe da ginnastica, mostrando come imbracciare l'arma e mirare. Unica limitazione: per via dell'embargo, i ragazzi della Virginia e del Vermont non possono pagare con la carta di credito *American Express*. La guerra, per ora, si acquista in contanti.

[1992]

ISRAELE DA UNA «UNO»

In *Gerusalemme andata e ritorno*, resoconto di un viaggio in Israele, lo scrittore americano Saul Bellow narra di alcune preoccupazioni alla vigilia della partenza. Si chiede, ad esempio, se gli israeliani vorranno parlare con lui dei loro guai. Un amico lo viene a sapere: «Vai a Gerusalemme e ti domandi se la gente parlerà liberamente con te? Ma ti va di scherzare. Ti intontiranno di chiacchiere, altroché!». Dopo cinque settimane in Israele e quattromila chilometri a bordo di una Fiat Uno lungo le sue strade — che non sono molte: questo Paese è grande come l'Emilia Romagna, i Territori Occupati come la provincia di Catanzaro — forse lo posso dire: l'amico di Saul Bellow aveva ragione.

Sede Boqer — Gli israeliani non si sono mai rassegnati al fatto che il Neghev sia semplicemente un deserto. A nord sono riusciti a renderlo fertile, e molti turisti, aggirandosi per un aranceto, si rifiutano di credere che lì, fino a quarant'anni fa, non crescesse un filo d'erba. Attraversandolo in automobile, lungo l'unica strada che scende da nord a sud e si congiunge con la statale diretta ad Eilat sul Mar Rosso, è possibile vedere i segni di una esemplare testardaggine: accampamenti militari, coltivazioni, insediamenti come Mitzpé Ramon, che potrebbe ben qualificarsi in un concorso per la cittadina più anonima dell'emisfero. Cinquanta chilometri a sud di Beer Sheva sta il kibbutz di Sede Boqer, che in ebraico significa «il campo del vaccaro», e produce albicocche, pesche, pistacchi, olive e nastro adesivo. Venne fondato il 15 maggio 1952, quarto anniversario dell'indipendenza, da un gruppo di soldati che avevano combattuto nel Neghev. Qui si ritirò il pensionato Ben Gurion «per fare quello che veramente contava», ossia conquistare il deserto. Che l'impresa fosse disperata, non era cosa da preoccuparlo. «In Israele» sosteneva «per essere realisti bisogna credere ai miracoli.»

Il suo alloggio — una casetta poco più grande di quella degli altri *kibbutznikim* — è affollato di studenti in gita, più interessati alle compagne di classe che alle reliquie del padre della patria. Tutto, all'interno, è rimasto fermo al 1973, l'anno della morte: le pantofole sono di fianco al letto, i libri ammonticchiati sui tavoli (*Gli inossidabili ebrei*, *Gli anni bui degli ebrei sovietici*, *Yoga per americani*). Qui ha un minuscolo ufficio — una scrivania e una segretaria che non gli dà retta — David Baniel, un polacco settantenne che lavorò con Ben Gurion, ed ora ha il compito di raccontare ai visitatori l'uomo e le sue molte ossessioni. Baniel, bianco di capelli e debole di voce, lavora circondato da ritratti del suo eroe: Ben Gurion a New York, Ben Gurion con Gandhi, Ben Gurion che scrive e offre all'obbiettivo solo il cranio lucido e due ciuffi di capelli ai lati. Racconta: «*Lui* lavorava mezza giornata con le pecore, e poi si dedicava ai suoi studi. Era diventato fanatico di biologia e botanica, e poteva parlare ininterrottamente, in nove lingue, dei problemi dell'agricoltura nel deserto. Quando gli dissero che un gruppo di esperti aveva concluso che il Neghev rappresentava un problema troppo grosso, rimase un po' a pensare e poi disse: Benissimo. Portatemi altri esperti».

Beer Sheva — La capitale del Distretto del Sud ricorda una città della Sardegna alle due del pomeriggio: poca gente, sole a picco, tavolini dei caffè che portano a lungo i segni del cliente appena partito. Quando gli israeliani rimpiazzarono gli egiziani nel 1948, qui vivevano 2mila persone. Oggi gli abitanti sono 120mila, buona parte dei quali sefarditi, ebrei di origine asiatica e nordafricana. Da queste parti nascono settecento bambini al mese: la radio — notiziario delle ore tredici — invita le partorienti a scegliere l'ospedale di Asqelon, sulla costa, perché qui non bastano le ostetriche. Un gruppo di beduini parla, beve limonata e ride di gusto, leggendo un giornale del pomeriggio in ebraico. Il più giovane porta un fucile mitragliatore a tracolla, tenuto con uno spago. Una ragazza rossa di capelli, truccata come un clown e magra come un chiodo, entra in un bar senza sedie, sceglie un dolce al formaggio, sfida le occhiate dei beduini e se ne va ondeggiando sui tacchi. Nella vetrina di un locale semibuio un cartello avverte: *Qui si serve tè all'inglese.*

Un barbiere sefardita, con la papalina in testa, mette i clienti in fila e lava loro i capelli, li taglia e li asciuga in tre minuti e trenta secondi. Si accorge che lo guardo e, in francese, dice di venire dal Marocco, di conoscere quattro mestieri e parlare cinque lingue. Può fare anche più in fretta, se solo voglio concedergli la mia testa *goy* (non ebraica). Non so resistere. Il lavaggio è una specie di lotta tra il barbiere sefardita e i rubinetti, una lotta che sento ma non vedo perché la mia testa viene tenuta sul fondo del lavandino, dove riposano vari fondi di caffè. Il taglio non è meno avventuroso, e l'asciugatura è inutile, perché fuori ci sono trentadue gradi all'ombra. Il prezzo, rispetto agli altri clienti, è doppio. Offro la metà e il barbiere, improvvisamente serio, biascica: *Je me suis trompé*, mi sono sbagliato, e accetta il denaro. Poi scruta la fila dei clienti in attesa, per vedere se ci sono altri *goym* da punire.

Arad — La città di Arad, fondata nel 1961, assomiglia a un labirinto costruito con il Lego nel deserto: ha un'entrata e un'uscita, palazzi uguali, incroci identici, stormi di ragazzine che si rincorrono sotto un sole implacabile e sembrano in grado di distinguere una strada dall'altra. Gli alberghi sono riuniti in periferia e prosperano sull'industria dell'asma. Chi soffre di disturbi respiratori, in Israele, corre da queste parti per vedere se il clima del deserto giova. Vicino agli alberghi abita Amos Oz, certamente il più grande scrittore israeliano vivente, se consideriamo il talento, e probabilmente il più piccolo, se parliamo di statura: ha manine tozze, corti piedi aggraziati e minuscoli occhi azzurri che ama piantare in volto all'interlocutore dopo una domanda, muovendo il capo a destra e a sinistra come una danzatrice tailandese, un vezzo che rende più probabile l'ipnosi che una risposta.

Amos Oz ha cinquantuno anni. Una volta scrisse di essere nato in una famiglia che «sognava in yiddish, conversava in russo e in polacco, leggeva libri in tedesco e in inglese ma gli insegnò una lingua sola: l'ebraico». Ha combattuto in due guerre, nel 1967 e nel 1973, e ha tre figli. Tra le sue opere più conosciute ci sono *Michael mio* e *Nella terra d'Israele*, uno straordinario reportage condotto attraverso il Paese dopo la guerra del Libano nel 1982. Amos Oz, oggi, passa per un convertito: un uomo di sinistra che, di fronte alla sollevazione (*intifada*) degli ultimi tempi, ha raffreddato i propri entusiasmi filo-arabi.

Cominciamo a parlare di palestinesi nel seminterrato della casa, alle nove del mattino, circondati da muraglie di libri. I palestinesi sono un argomento che Amos Oz conosce bene: negli anni Settanta, lo racconta lui stesso, era impegnato in continui dibattiti per conto del movimento «Pace Adesso». Lui era l'israeliano di sinistra, incaricato di andar d'accordo con l'arabo moderato. Oggi racconta: «Vede, è facile persuadere gli arabi che questo Paese è una straordinaria macchina da guerra. È quasi impossibile convincerli che qui esistono disoccupazione, droga, prostituzione e problemi ambientali. Il responsabile della sezione letteraria del quotidiano arabo *Al-Fajar* mi ha raccontato di quando, nel 1968, andò a visitare i parenti sulla costa di Israele, a San Giovanni d'Acri (Akko), e rimase turbato nel vedere vecchi ebrei seduti al sole sulle panchine, bambini che giocavano e uomini che spingevano carretti. Diceva "Non è possibile. I sionisti dovrebbero essere tutti soldati. Sono nemici brutali. Non hanno il diritto di assomigliare ai nostri vecchi di Nablus"».

Taba — Per questi settecento metri di spiaggia affacciati sul golfo di Aqaba, egiziani e israeliani stanno litigando da anni. I primi sostengono che andava restituita insieme al Sinai, i secondi rispondono che non era inclusa nel trattato di Camp David. In sostanza, si tratta di stabilire la proprietà di un albergo, l'hotel Sonesta, costruito dopo il 1967. Lo affollano pensionati di buoni mezzi, malinconici playboy di Tel Aviv con la camicia aperta sul petto e turisti stranieri che di Israele conosceranno solo questo albergo. Una signora israeliana di una certa età, nuotando, mi si avvicina, guarda la costa e sospira: «Abbiamo dato agli egiziani tutto quello che volevano, e ora pretendono anche questa spiaggia. Se arrivano, stia tranquillo, ne faranno scempio, come hanno fatto scempio dei nuovi insediamenti che avevamo costruito nel Sinai. Gli egiziani, senza quel Sadat, sono come tutti gli altri arabi: non conoscono la manutenzione». Detto questo, se ne va senza muovere l'acqua, e la cuffia verde rimane visibile a lungo, mentre si allontana nel minuscolo tratto di Mar Rosso dove una signora israeliana può ancora protestare nuotando a rana.

Hebron — Ho incontrato Mustafa Natsche, ex-sindaco di Hebron, il giorno prima che gli bruciassero l'automobile sotto casa; Ibrahim Kara'een, che ha le labbra carnose alla Arafat e dice di amare i giornalisti «perché sono dei bastardi», il giorno dopo la chiusura dell'agenzia di stampa palestinese; Hanna Siniora del quotidiano *Al-Fajar* poco prima che gli arrestassero un terzo della redazione. Parlare con i leader palestinesi in momenti drammatici non è difficile: si trovano sempre in momenti drammatici. Procurarsi un incontro è semplice: i palestinesi sanno che il successo della loro rivoluzione artigianale dipende dall'interesse del mondo. Capire le loro parole è altrettanto facile, perché parlano inglese. Più difficile è comprendere quello che vogliono dire. Sulla spontaneità della rivolta, tutti sono disposti a giurare (e probabilmente dicono il vero). Sul fatto che l'Olp di Yasser Arafat rappresenti i rivoltosi, le assicurazioni sono altrettanto decise (e qui è legittimo qualche dubbio). Sulla volontà di vivere in pace con Israele in futuro, i dubbi sono anche di più: nessuno dei miei interlocutori, alla domanda «Una volta ottenuto il vostro Stato smetterete di pretendere Jaffa e Haifa?», ha risposto: «Sì, smetteremo». Tutti hanno divagato, e probabilmente non potevano far altro. I palestinesi in rivolta, molti dei quali non conoscono altro che il campo profughi dove sono nati, si sono ormai creati una *geographia sacra*: non c'è famiglia che non sia convinta di aver posseduto case sul mare e frutteti, prima del 1948. Lo storico Meron Benvenisti, uno dei maggiori studiosi della Cisgiordania, racconta che molti abitanti dei Territori, per non rovinare il sogno, sono arrivati a questo punto: negli ultimi vent'anni, non hanno più messo piede in Israele.

Doròt — È una signora sui quarant'anni, nera di occhi e di capelli. Si chiama Tova. Cercava un passaggio sulla strada che viene da Gaza e porta a Ruhama, dove vivono molti italiani. Vive a Doròt, un kibbutz come tanti altri in Israele: il cibo è onesto e scadente, i giovani tendono ad andarsene, le volontarie scandinave passeggiano poco vestite, i bambini giocano con i rottami delle macchine agricole ridipinti apposta per loro, e riescono a non farsi male. Tova è sposata con un irlandese dell'Ulster, che si è convertito alla religione ebraica ed ora disegna valvole nella fabbrica del kibbutz. Nel soggiorno di casa, Tova racconta degli arabi che arrivano da Gaza, distante solo 15 chilometri in linea d'aria, per lavorare come muratori. «Da quando è cominciata la rivolta» si lamenta «ci guardano con aria di sfida. Qualche volontaria — sa com'è, girano mezze nude — è stata molestata. Abbiamo chiesto al capomastro di tenerli sotto controllo, perché non ci sentiamo sicuri.» Chiedo: «Perché non fate a meno dei muratori arabi, qui nel kibbutz Doròt?». Risponde: «Bravo. E poi chi le costruisce le case?».

Gaza — Le forze armate israeliane, a richiesta, conducono i giornalisti stranieri in servizio di pattuglia. Nessuno sa quanto volentieri, ma lo fanno. Ho trovato a ricevermi, sotto una tenda all'ingresso della striscia di Gaza, il sottotenente Richard Brecher, figlio di un avvocato, dotato di una divisa impeccabile — cosa rara tra i militari israeliani — e di un inglese ancora più impeccabile della divisa. Sostiene che Gaza è ormai molto quieta, e i giornalisti devono decidersi a scriverlo. Lo ripete mentre la jeep corre lungo la spiaggia, tra dune di sabbia bianca e il Mediterraneo azzurro. Gli dico che qui senza dubbio è tutto quieto, anche perché ci sono arbusti e gabbiani invece di palestinesi. L'escursione finisce con caffè, cioccolato e Coca Cola nella tenda del comandante. Sono presenti cinque ufficiali. Tutti sembrano decisi ad essere educati con l'ospite, ma sono vagamente imbarazzati: come si fa ad essere gentili con un italiano sotto una tenda nella striscia di Gaza? Guardandoli bere Coca Cola in silenzio, dopo aver condotto l'ospite lungo il mare per dimostrare che tutto va bene, ho capito che, oltre alle qualità note, i soldati israeliani ne hanno un'altra: sono così negati alle pubbliche relazioni da provocare tenerezza. Mai avrei immaginato di pensare questo di Zahal, la macchina da guerra, l'esercito che combatte da quarant'anni.

Kefar Sava — Lo scrittore Amos Oz sostiene che una delle colpe di questo Paese è pretendere troppo da se stesso, nutrendosi di ossessioni: «Resurrezione del regno di Davide e Salomone», «Nazione che sarà luce tra le nazioni», «Realizzazione del sogno dei profeti». Amos Oz suggerisce di prendere come modello Ashdod, porto sul Mediterraneo, pieno di sole e di pensionati: «Una città graziosa e, per me, una buona città».

Forse ha ragione. Forse Israele dovrebbe pensare soltanto a tenere a bada i nemici e la sabbia, come ha sempre fatto, ed accontentarsi. La nuova battaglia dovrebbe avere come scopo la conquista della qualifica di Paese normale, decente e discreto. Israele lo è già, qua e là: lungo via Dizengoff a Tel Aviv, le coppie siedono nelle birrerie all'aperto, e guardano il passeggio. Poco più a nord, a Kefar Sava, vado a trovare un soldato conosciuto discutendo a un posto di blocco. Ha sposato un'italiana di Cesena, Aurelia. Il soldato si chiama Yosef Segal e vende computer. Abita in un appartamento del centro, dove arrivo la sera della festa dell'Indipendenza, tagliando una folla di adolescenti che balla il rock 'n roll per la strada. Il padrone di casa e i suoi ospiti ritengono che i Territori vadano restituiti, almeno in parte: «Ridiamogliele, quelle terre, e vediamo cosa sapranno farsene. Siamo disposti a difendere la nostra patria sul confine peggiore». Yosef Segal e i suoi amici votano per un partito che perderà, il giorno delle prossime elezioni.

Gerusalemme — L'idea del governo italiano di affidare alla Comunità Europea l'«amministrazione fiduciaria» della striscia di Gaza e della Cisgiordania non ha provocato, qui in Israele, i turbamenti che qualcuno immagina. Molti, anzi, ne hanno affermato la genialità: affidare alla Comunità Europea l'amministrazione dei Territori significa introdurre la burocrazia in Medio Oriente, cioè offrire a israeliani e arabi qualcosa contro cui lottare insieme. Gli uni e gli altri, tuttavia, finiranno col soccombere: da queste parti la gente sa come comportarsi davanti a un carro armato, ma scoprirà di essere assolutamente impotente di fronte a un formulario piantonato da un burocrate tedesco.

Proviamo a immaginare che cosa accadrà quando gli eurocrati di Bruxelles sbarcheranno in Terra Santa. La prima iniziativa della nuova amministrazione sarà quella di annunciare pubblicamente che tutti gli atti avranno forma di regolamenti, direttive, decisioni, raccomandazioni e pareri, come stabilisce l'articolo 189 del Trattato di Roma. Così i guerriglieri palestinesi che sconfinano dalla Giordania non si troveranno di fronte pattuglie di Zahal, l'esercito israeliano, ma un funzionario fiammingo seduto a una scrivania nel deserto, come in un quadro di Salvador Dalí. Costui chiederà al *commando* di compilare un modulo in cui devono essere indicati: a) persona/e che desidera incontrare b) motivo della visita c) orario di probabile uscita dal territorio.

Un'altra iniziativa della nuova amministrazione sarà l'imposizione di tetti di produzione per le eccedenze agricole. Quando la popolazione della Samaria farà presente che per avere le eccedenze agricole occorre prima avere un'agricoltura, gli euroamministratori insisteranno: hanno trascorso decenni felici lottando gagliardamente contro la sovraproduzione di latte e cereali, e il solo fatto di essere in Medio Oriente non gli farà cambiare abitudini.

Non è tutto. I funzionari preposti all'amministrazione fiduciaria, poiché nessun Paese della Comunità riconosce Gerusalemme come legittima capitale dello Stato d'Israele, insisteranno nel recarsi quotidiamente a Tel Aviv, dove ci sono ottimi alberghi in riva al mare, ma non c'è il governo. Con i palestinesi la questione potrebbe essere ancora più complessa: non potendo trattare con l'Organizzazione per la Liberazione della Palestina (non è riconosciuta), né con i sindaci delle città arabe (sono stati deposti), né con gli organizzatori della rivolta (si nascondono dietro anonimi comunicati), né con i rivoltosi (hanno un'età media di undici anni), gli eurofunzionari cominceranno a parlare da soli nel deserto. Nessuno si stupirà: da queste parti è un'abitudine da circa tremila anni.

[1988]

SUD AFRICA: TAXI, VESCOVI E PROFETI

SOTTO LA BUCCIA D'ORANGE

Per arrivare alla scrivania del pastore Hendrik Verwoerd, partendo da Johannesburg, bisogna attraversare duecento chilometri di Transvaal. Questa è certamente una buona cosa, a parte il costo del taxi: per capire come a qualcuno possa venire in mente di lanciare il «progetto Orange», secondo cui i bianchi devono ritagliarsi uno Stato all'interno del Sud Africa, occorre venirci, da queste parti. Occorre vederlo, questo mondo piatto, tagliato da strade diritte dove passano i *bakkies*, i furgoni degli agricoltori: il bianco davanti, sguardo sull'asfalto; i neri sul cassone posteriore, occhi al cielo. Occorre passare nella cittadina di Bethal all'ora dell'uscita da scuola, e vedere sciami di bambine biondissime in uniforme — le figlie degli *afrikaner* — correre sui prati rasati, sotto il sole, come in un giorno qualunque di un'estate olandese. Occorre entrare al «Country Grill», dove i bianchi mangiano sotto gli stemmi con i nomi delle famiglie boere (Viljoen, Malan, Van Zyl) mentre i neri bevono all'esterno, seduti sotto il portico del *bottle store*. Non c'è ostilità nell'aria: solo la sensazione che le cose sono sempre state così, e così rimarranno sempre.

Forse per questo Hendrik Verwoerd, pastore della Chiesa Riformata Olandese, non ha nulla del profeta esaltato. Sembra piuttosto un abbronzato assicuratore di Rotterdam, che per motivi suoi ha deciso di lasciarsi crescere la barba alla Abramo Lincoln. Parla *afrikaans* con le segretarie, inglese con l'ospite, e sembra vagamente imbarazzato nel ricevere gente in un ufficio-mausoleo pieno di busti del padre, Hendrik Frensch Verwoerd, primo ministro assassinato nel 1966, soprannominato «l'ingegnere dell'apartheid»: altri la architettarono; lui la costruì, pezzo per pezzo. Non intendeva essere soltanto una politica repressiva. Era piuttosto il frutto della convinzione che occorresse tener divisi coloro che Dio aveva creato diversi. Verwoerd padre fondò i *bantustan*, le «patrie indipendenti» per i neri. Verwoerd figlio sogna un *bantustan* per bianchi.

Le aperture del presidente F.W. De Klerk — liberazione di Nelson Mandela, promessa di smantellare l'apartheid — lo hanno convinto che occorre fare in fretta. Il «progetto Orange», vecchio di cinque anni, è entrato così nella fase pratica: la creazione del nucleo dello Stato futuro. Il luogo prescelto è questo: Morgenzon, una cittadina sperduta nell'immensità del *veld*. Sono invitati a farne parte tutti i bianchi che ci vogliono stare. Il motto è *Hulle wat die Land bewrk besit die Land*, che in *afrikaans* vuol dire «chi lavora la terra, possiede la terra». Verwoerd spiega tutto con molta flemma, circondato da stendardi e libri (*Mandela: il piano di resistenza*, *È già cominciata la terza guerra boera*). Ascoltarlo non è spiacevole. La cosa più fastidiosa durante la conversazione è un concerto di campanelli ogni volta che qualcuno entra dalla porta. Poiché qualcuno entra ogni trenta secondi, e il concerto di campanelli dura venti secondi, bisogna rassegnarsi a porre rapidamente le domande nei dieci secondi che restano. Hendrik Verwoerd non ci fa caso, e si limita ad alzare la voce quando serve.

Il profeta, non c'è dubbio, parla con convinzione. Dice di aver cominciato a capire negli anni Settanta: «Bastava entrare in un negozio, o camminare per strada, per comprendere che in Sud Africa non c'era più posto per noi bianchi. Noi *afrikaner* abbiamo i nostri valori, vogliamo vivere a modo nostro. Non ce l'abbiamo con i neri in quanto neri. Potrebbero essere giapponesi. Il fatto è che non riusciamo a sentirci liberi nel nostro Paese, se l'ottanta per cento della popolazione è *straniero*». La soluzione, secondo Verwoerd, è semplice. *Die volk*, la tribù bianca, deve ritagliarsi un piccolo Stato. Il luogo ideale, dice guardando una grande mappa sul muro, con l'occhio acuto del capo scout, sono le ex-repubbliche boere indipendenti, fondate alla metà del secolo scorso al termine del Grande Trek, e finite nel 1910 nell'Unione Sudafricana («una trappola dell'imperialismo britannico»). Più esattamente, il Transvaal Orientale e la parte settentrionale dell'Orange Free State. Faccio notare che il nuovo Stato non avrebbe sbocco al mare. «Potremmo usare Maputo in Mozambico» risponde, come se fosse la cosa più naturale al mondo.

Hendrik Verwoerd ammette che il «Progetto Orange» incontra difficoltà. Innanzitutto, dice, «i bianchi del Sud Africa credono di poter ancora controllare tutto il Paese, ma si devono rendere conto che è un'illusione». In secondo luogo «non sono disposti a rinunciare alla mano d'opera nera. Questo punto è fondamentale: finché chiederemo ai neri di lavorare per noi, dipenderemo da loro. Dobbiamo invece adottare un sistema economico che ci permetta di essere autosufficienti. Molti ragazzi, nauseati dalla vita nelle grandi città multirazziali, vengono qui, e accettano qualsiasi lavoro». Chiedo quanti sono questi volenterosi, ma Verwoerd, profeta tranquillo, non risponde. Dice: «Sono parecchi, ma sono poveri. Abbiamo bisogno invece di persone che vogliono investire, ma quelle si fanno desiderare».

Per adesso, nelle case in stile olandese di Morgenzon vivono circa mille bianchi. A zonzo per le strade, o al lavoro nei loro giardini, stanno quattromila neri.

Approfittando di una pausa nel concerto dei campanelli, domando a Verwoerd come questi neri giudicano gli *Oranjewerkers*, gli avanguardisti del «progetto Orange». Pensano che siete matti? Il pastore ha un attimo di esitazione, poi sorride: «La maggioranza non è interessata. Alcuni sono allarmati perché sanno che non li vogliamo. Altri capiscono che anche noi bianchi, come loro neri, abbiamo legittime aspirazioni. Il guaio è che non possiamo realizzarle insieme. Ci spiace, per loro e per De Klerk».

Dell'attuale presidente, che ha cambiato la storia del Sud Africa, il pastore non ha grande stima. De Klerk viene accusato di «prendere in considerazione solo gli interessi dei neri», e di non capire che «se il potere passa alla maggioranza di colore, sarà la guerra civile». La grande colpa del partito nazionale al potere, spiega Verwoerd con l'aria paziente di un maestro alle prese con un allievo nuovo, è «non aver capito che il sogno di un Sud Africa unitario è svanito: è necessario che le singole etnie prendano casa nelle diverse zone del Paese, e lì vivano tranquille: gli zulu nel Natal, gli indiani intorno a Durban, i meticci nella provincia del Capo, i neri nei loro *bantustan*. In fondo anche mio padre la pensava così. Ereditò uno Stato unitario, ma il suo obiettivo era arrivare a Stati separati».

E perché il sogno di suo padre — l'idea dell'apartheid — non ha funzionato? Verwoerd non ha dubbi: «La colpa è dei bianchi che volevano mano d'opera nera, per arricchirsi. Il mondo, da questo punto di vista, ha ragione. I bianchi in Sud Africa hanno sempre voluto comandare. E se adesso non corrono qui da noi nel Transvaal è perché si illudono ancora di poter mantenere il controllo del Paese. Ma io lo dico e lo ripeto: volete conservare tutto? Perderete tutto. Proprio come in Rhodesia. Meglio accontentarsi. Certo, nel nuovo Stato saremo più poveri, ma almeno avremo il controllo sulle nostre vite. Parleremo *afrikaans* e useremo i nostri messali». E lei crede davvero, pastore Verwoerd, che i padroni delle miniere d'oro di Johannesburg e delle ville del Capo lasceranno tutto per venire qui a coltivare i campi insieme a lei? Il profeta non sente. Sta spiegando che il nuovo Stato si chiamerà *Terra d'Orange*, oppure *Afrikana*. «Sarà più grande dell'Inghilterra, forse grande come la Francia» dice, parlando non più a me, ma all'Africa verde sul muro, come se l'Africa potesse rispondere, come se potesse sentirlo sopra il frastuono dei campanelli.

I CALZINI DELL'ARCIVESCOVO

Ci sono personaggi di cui si capisce tutto soltanto guardando una fotografia. Quando ce li si trova di fronte, è come rivedere una vecchia conoscenza. Altri risultano più piccoli, oppure più vivaci, oppure più insolenti. Desmond Tutu è *più* tutto: più piccolo, più vivace, più insolente, se l'aggettivo è lecito per un arcivescovo. La sua residenza — a Bishopcourt, nei dintorni di Città del Capo — è più elegante di quanto immaginassi. La sua camicia, più viola. Le calze, più viola della camicia. Meglio, ciclamino. Posso dirlo con certezza perché Desmond Tutu le ha lasciate in bella mostra durante tutta la conversazione, alte su una sedia, dicendo che a metà pomeriggio il mondo è bello senza scarpe. Forse tutti gli arcivescovi portano calze color ciclamino, e quindi sto dicendo qualcosa di molto ovvio: i pochi che ho incontrato, però, avevano sempre le scarpe, e quindi la sorpresa a Bishopcourt era genuina.

L'incontro è stato rocambolesco, come è rocambolesco tutto quello che riguarda Desmond Tutu. Prima negato, poi annunciato, quindi promesso, infine cancellato. La telefonata per dire che, in fondo, un'intervista era possibile, è arrivata alle tre del pomeriggio; l'appuntamento era alle 3.30. Poiché Bishopcourt dista mezz'ora di automobile, si è trattato di precipitarsi in strada, fermare un taxi e chiedergli di fare in fretta, prima che Sua Eccellenza cambiasse idea. Il taxista meticcio ha preso a correre come un rapinatore e non si è scomposto: era la seconda volta che portava ospiti da Desmond Tutu, e sempre in quel modo.

La residenza dell'arcivescovo sembra una *country house* inglese, poggiata tra i saliscendi del Devon. Grandi porte-finestre laccate di bianco, moquettes, biblioteca, vecchi tavoli a cancello. Le segretarie dicono di aspettare qualche minuto. *Lui* sta per arrivare. Quando arriva, Desmond Tutu si versa il tè, saluta, chiede a che ora è il volo per Johannesburg. Poi fa segno di seguirlo nello studio. Si siede e sfodera le calze color ciclamino. Dice: «Possiamo cominciare», e subito esplode in una risata. Sconvolgente, brevissima e insidiosa. Quando, non sapendo che fare, mi unisco a lui, Tutu ha già finito, e mi fissa severo.

Per tutta la vita quest'uomo ha suscitato polemiche: quando è diventato primo vescovo nero di Johannesburg, quando ha ricevuto il premio Nobel per la pace (1984), quando è stato promosso arcivescovo anglicano di Città del Capo (1986). Ogni volta che apre bocca, quattro quinti dei sudafricani applaudono, e un quinto impreca. C'è chi lo odia con tutto il cuore: poche ore fa si è saputo che qualcuno aveva pensato di legare il feto di un babbuino al cancello, per dire all'inquilino di Bishopcourt che assomigliava ad una scimmia. L'interessato non si scompone. Preferisce ripetere che il suo nome — Tutu — potrebbe indurre qualcuno a credere che l'arcivescovo sia una ballerina.

Poi parte, come una locomotiva che acquista velocità. «La Chiesa in Sud Africa» dice «non avrà più l'alto profilo del passato, perché ora i movimenti di liberazione sono finalmente legali. Noi parlavamo per i senza voce, per gli oppressi e i deboli. Ci siamo fatti avanti perché c'era un vuoto. D'ora in poi saremo meno necessari. Saremo la coscienza della nazione, anche se l'a-partheid se ne andasse domani.» Chiedo se ha fiducia nel presidente F.W. De Klerk, l'uomo che ha liberato Mandela. Ci pensa un attimo. «Devo basarmi su due cose. Una è la mia esperienza. Quando sono stato a vederlo, ho detto "Ecco, qui abbiamo qualcuno di completamente diverso, e migliore, del suo predecessore". Be', uno potrebbe dire che *qualunque* cosa sia meglio di P.W. Botha. In secondo luogo, mi fido di Mandela. Se lui dice "Mister De Klerk è un uomo integro", io devo credergli. Vede, io ero a cena con Nelson due domeniche fa. Eravamo soli. Non era obbligato a ripetere le cose che aveva detto in pubblico. Invece le ha ripetute. Mettiamola così: voglio considerare tutti santi, finché non è provato che sono furfanti.»

Monsignore, e la lotta armata? «Noi eravamo contrari, ma dicevamo di capire le ragioni per cui i movimenti di liberazione, in assenza d'altri mezzi, ricorrevano alla violenza. Ora quei movimenti sono legali, e quindi abbiamo chiesto loro una *sospensione*. Non rinuncia. Sospensione.» Dalla lotta armata, Desmond Tutu passa alle nazionalizzazioni: «La gente tende a sfuggire certe parole. In Sud Africa l'energia elettrica, i trasporti, gli ospedali sono nazionalizzati. Così in molti altri Paesi. Il mercato da solo non sa decidere. Non dice "guarda là, c'è gente che ha bisogno della casa". Il mercato, mi sembra, tende a favorire i forti. Quello che la gente dice è: ci deve essere una ristrutturazione radicale dell'economia e della società. Non è possibile che i neri, l'ottanta per cento della popolazione, posseggano solo il tredici per cento della terra. Avremo una redistribuzione molto seria. E questo non accadrà perché alcune persone simpatiche e gentili diranno "Bene, adesso regaliamo un pezzo della nostra azienda agricola". È il governo che deve decidere. Non vogliamo usare il termine *nazionalizzazioni*? Diciamo "maggiore equità". A me sembra che in questo Paese la libera economia di mercato sia libera soltanto per modo di dire».

Tutu fa una pausa e si guarda intorno, come per controllare che l'acquario con i pesci tropicali, il manifesto di danza americana e la sua foto col Papa siano ancora al loro posto. Gli chiedo se non ci ha mai odiati, noi bianchi. Ride di gusto, come se si aspettasse una domanda del genere per mostrare il suo virtuosismo. «No. Però mi arrabbio. Qualche volta mi arrabbio molto.» Monsignore, esponenti del governo sostengono che le recenti aperture sono state fatte perché giuste e opportune, non sotto la pressione delle sanzioni imposte dall'Europa e dall'America. Tutu di nuovo ride, e sbatte i piedi chiusi dentro i calzini ciclamino: «Che lo vadano a raccontare ai loro amici. Quando il presidente De Klerk ha mostrato di voler fare sul serio, gli ho telefonato per congratularmi, e gli ho detto che stavo per partire per gli Stati Uniti. Mi ha chiesto subito: ''Dirà di levare le sanzioni?''. Dia retta, caro italiano: ciò che ha fatto ragionare quella gente sono le sanzioni. Per questo mi hanno umiliato, molestato, tolto il passaporto. Perché chiedevo le sanzioni».

L'arcivescovo sembra aver preso gusto. Continua a parlare, sempre più appassionato. Ammette che tutti, quando si tratta di Desmond Tutu, non hanno mezze misure: o lo amano, o non lo possono sopportare. Questo argomento sembra piacergli particolarmente: la risata sale ancora più in alto, gli occhi piccoli brillano di soddisfazione. «Stia attento. In Sud Africa, nella comunità nera, mi sostengono al cento per cento. Diciamo che divido i bianchi. *Well, you know...* succede. Ha letto il vangelo di Giovanni? Il figlio di Dio, bravo ragazzo, viene per salvarci. Però Giovanni, in ogni capitolo, dice come Gesù Cristo costringa gli uomini a schierarsi. O sono *pro*, o sono *contro*. Lei capisce, io vorrei tanto essere amato. Ma non a patto di tacere o mentire. Vede, quando c'è l'ingiustizia, non esiste la neutralità. *Thank you, thank you, thank you. Thank you very much.*» L'arcivescovo alza le braccia come un arbitro di pallacanestro, per far capire che l'incontro è finito. Desmond Tutu — premio Nobel, eroe, furbo o ballerina — deve alzarsi, deve andare, deve partire. Deve portare nel mondo le sue calze color ciclamino.

[1990]

TRA GLI AMERICANI

Los Angeles (California) — Non si fermano nemmeno davanti alle fauci di King Kong, alle sparatorie di *Miami Vice* e ai gemiti di E.T., che vuole sempre tornare a casa e apparentemente non c'è ancora riuscito. Anche negli *Universal Studios* di Hollywood, dove turisti di tutto il mondo vengono spinti qua e là come caprette indisciplinate, gli americani si distinguono. Nessuno mangia come loro. Nessun altro popolo al mondo mostra la stessa ingordigia annoiata, metodica, implacabile. Nessuna nazione, salvo l'America, sa passeggiare e allo stesso tempo masticare, assaggiare, piluccare, affondare i denti in *hot dogs* formato gigante, patatine in confezione *extralarge, hamburgers, cheeseburgers, fishburgers*, scampi fritti, *apple pies*, sfoglie con lo sciroppo. Molte di queste persone sono in dieta, o almeno così è lecito supporre, dal momento che bevono *Diet Pepsi*. Ma anche di *Diet Pepsi* ingurgitano bicchieri che sembrano secchielli, con gli occhi innocenti di bambini in vacanza.

Quando si parla di americani e di cibo, in sostanza, l'avverbio-chiave non è tanto «come», ma «quanto». Il motto da aggiungere sulla bandiera, di fianco alle stelle e alle strisce, è composto di tre parole: *large, extralarge* e *king size*. Per capirlo, non occorre sfidare King Kong dentro i tunnel degli *Universal Studios*. Basta passeggiare in un supermercato di Long Beach e vedere che i sacchetti di patatine sono alti come bambini di cinque anni, oppure entrare in uno dei cinema di Hollywood, bassi tra le palme e i neon. Al pubblico, si ha l'impressione, non importa molto del film. Anche perché lo intravede soltanto, nascosto dietro impressionanti confezioni di· popcorn.

Nemmeno in questi tempi difficili — che gli americani stiano uscendo da una recessione economica, o se lo siano soltanto messi in testa, è secondario — la situazione è cambiata: l'America è pronta a fare a meno di tanti piccoli lussi, ma non intende ridurre le porzioni. È pronta ad esaminare le giustificazioni morali della panna artificiale, ma non rinuncia ai dolci. Il professor William Rathje, massimo studioso statunitense di rifiuti (da sedici anni rovista nella spazzatura), sostiene di trovare regolarmente nelle discariche, insieme al cellophane che avvolge il pane integrale, biscotti al cioccolato e avanzi di torte alla crema. Segno che gli americani mentono, come si sospettava.

Se peccano nell'intimità delle loro cucine, però, in pubblico mostrano grande virtù. Tutti — dal governatore della California alle attrici filiformi che guardano con sospetto perfino i *croissant* innocui dell'albergo Chateau Marmont — sembrano ipnotizzati dall'argomento «cibo». Con una passione pari solo all'incompetenza, la nazione discute di cucina, guarda in televisione ometti dagli accenti strani che parlano di un soufflé, acquista libri che descrivono piatti stranieri che pochi hanno visto, e nessuno sa pronunciare. L'ultimo uscito s'intitola *The American Gourmet*, ed è opera dei coniugi Jane e Michael Stern: racconta la storia della gastronomia nazionale a partire dagli anni Cinquanta, quando la gente metteva insieme tre prodotti in scatola per sentirsi creativa, e in nome del *flambé* dava fuoco a qualsiasi cosa capitasse a tiro.

Se consumassero tutto il cibo di cui discutono, gli americani non sarebbero soltanto grassi, e qualche volta obesi: esploderebbero. Parlare, invece, non ingrassa. La California, che impone agli Stati Uniti le mode che gli Stati Uniti imporranno al mondo, è particolarmente appassionata in questo gioco. Tra le ultime manie c'è il ripudio della cucina francese, dopo un amore durato oltre cent'anni («Non si può negare che i francesi superino ogni altra nazione per l'eccellenza della loro cucina» scriveva l'influente gastronoma Fannie Farmer nel 1896 — perché poi aggiungesse *ketchup* alla sua salsa *vinaigrette*, è un segreto che si è portata nella tomba). Oggi negli Stati Uniti mangiare come a Parigi viene considerato disastroso per la linea, pericoloso per il cuore e insidioso per il portafoglio, toccato duro dalla recessione. Quest'umore antifrancese sta facendo le prime vittime: qui a Los Angeles hanno chiuso i ristoranti L'Ermitage e La Serre, mentre la reputazione dell'Orangerie si sta rapidamente deteriorando. La cucina in voga, oggi, è un misto di italiano, americano e giapponese: italiano perché è buono, americano perché è di casa e giapponese perché giapponesi sono i proprietari dei locali.

Chi non è impegnato a boicottare ristoranti, si diverte a leggere i giornali, che da tempo hanno capito tutto il potere della parola *food*, cibo. Le rubriche in cui viene decantata la bontà del formaggio di capra o viene pianto il declino della *quiche lorraine* non si contano più. Il *Los Angeles Times* pubblica regolarmente la hit-parade delle ricette (dove compaiono nomi preoccupanti come *khachapuri*, grano al caramello e minestra *albondingas*). Tempo fa, lo stesso quotidiano aveva suggerito di inserire tra i propositi per il nuovo anno questo comandamento: «Pensa alla salute, pensa ai tuoi amici, guarda quello che mangi». Suggerimento inutile perché, come abbiamo visto, gli americani non fanno altro. Il problema è che, dopo aver guardato quello che mangiano, se lo cacciano in bocca.

Consapevoli di tutto questo, i professionisti del cibo si stanno dando da fare. McDonald's, senza rinnegare il *fast food*, ha introdotto l'hamburger McLean (McMagro), dove il sapore viene dato da un'alga marina. Paul Fussel, autore di *The Dumbing of America* (Il rimbecillimento dell'America), si scaglia contro le belle donne che mangiano patatine fritte («Vorrei correre verso di loro e gridare *please, madam, stop it!*»). L'«American Dietetic Association» offre alle casalinghe consigli come questo: «Impeditevi di assaggiare: prima di entrare in cucina mettete sulla bocca una mascherina chirurgica». È servito a poco: tra Natale e l'Anno Nuovo, è stato calcolato, l'americano medio mette su tre chili. Il professor Robert Bellah dell'Università di Berkeley, a questo proposito, riporta l'affascinante risultato di un sondaggio d'opinione. Alla domanda «Qual è l'oggetto nella vostra vita di cui non potreste più fare a meno?», la maggioranza degli intervistati ha risposto: «Il mio forno a micro-onde».

L'ossessione americana per il cibo è tale che un terzo dei prodotti alimentari posti in commercio porta ormai qualche promessa legata alla salute. Parole come *lite* (leggero) e espressioni del tipo *20 percent less fat* («venti per cento in meno di grassi») sono ormai ritenute obbligatorie dai produttori, ma hanno perso completamente significato: non è chiaro, ad esempio, di cosa sia più leggera una margarina leggera, e da dove si debba partire per calcolare il venti per cento in meno di grassi in una hamburger. Anche il governo federale ha dovuto ammettere che la situazione si andava facendo grottesca (oppure, per usare le parole del ministro della Sanità, che «i supermarket sono diventati torri di Babele»), e ha deciso di intervenire. Così, la Food and Drug Administration ha stabilito che espressioni come «con pochi grassi» o «leggero» in futuro vorranno dire una cosa sola, e tutti i prodotti porteranno un'etichetta, se saranno grandi abbastanza da potercela incollare. L'etichetta indicherà il totale delle calorie; le calorie derivate dai grassi e i grassi complessivi; i grassi saturi; il colesterolo; i carboidrati complessivi; gli zuccheri; le fibre dietetiche; le proteine; il sodio; le vitamine; il calcio e il ferro. Queste indicazioni verranno date «per porzione». E qui, non c'è dubbio, si scatenerà la bagarre, perché occorrerà stabilire quanto grandi dovranno essere le porzioni (*serving sizes*). Sarà un giorno importante, nella storia d'America. Qualcuno, infatti, dovrà rendersi conto che la Coca Cola può essere servita anche in bicchieri inferiori al mezzo litro, e la lingua inglese dispone di altri aggettivi oltre *large*, *extralarge* e *king size*.

NIENTE NUBI SU LAS VEGAS

Las Vegas (Nevada) — Questa città inizia duecento chilometri lontano, davanti a «Jenny Rose», un ristorante sormontato da un cuore giallo al neon, dove le cameriere in pantaloni hanno sessant'anni, chiamano tutti *dolcezza* e credono che l'Italia si divida in *vecchia* e *nuova*: gli italiani che vivono in America vengono dall'Italia vecchia; chi passa con un'automobile a noleggio e una mappa del Nevada in mano, arriva dall'Italia nuova. Coppie di pensionati californiani parcheggiano le Cadillac nel sole, siedono al banco e ritagliano i buoni-sconto dalla rivista *Las Vegas Visitor*, discutendo quale sia l'offerta migliore. Poi ordinano la stessa hamburger che hanno ordinato per trent'anni, e lo stesso bicchiere di ghiaccio spruzzato di Coca Cola. Anche le cameriere sembrano le stesse di trent'anni fa. Anche allora, probabilmente, chiamavano tutti *dolcezza*.

Le luci di Las Vegas appaiono dopo due ore di strada uguale. Cambiano solo i cartelloni pubblicitari, dai quali i grandi casinò promettono prezzi sempre più bassi e attrazioni sempre più sorprendenti: tigri bianche nel deserto, fontane infuocate in una città assetata, foreste tropicali nello Stato della siccità. Altre proposte arrivano dalla radio, 98.1 in modulazione di frequenza, che indirizza gli automobilisti verso alberghi da diecimila lire a notte, ripetendo ogni mezz'ora le condizioni del tempo e del traffico — e non si capisce perché, dal momento che non cambiano mai: cielo azzurro, niente nuvole, strada libera.

In questi giorni Las Vegas ospita la fiera dei prodotti elettronici di largo consumo, e brulica di rappresentanti e venditori. Settantaduemila, per l'esattezza. Espongono televisori sempre più grandi e videocamere sempre più piccole. Una ditta presenta *Transition 2000*, «il telefono che ti cambia la voce al punto che neanche tua madre la riconosce» (da maschio a femmina, da femmina a maschio, da adulto a bambino, da bambino ad adulto). Nei finti tropici dell'hotel Mirage, mi fermo a parlare con i rappresentanti della «StereoStone», che produce altoparlanti camuffati da pietre. Assicurano che sono impermeabili, possono essere trasformati in fontane e si vendono bene, nonostante la difficile situazione economica negli Usa. Non mi mostro stupito. Di molte cose si può fare a meno, lascio intendere; non di una roccia in giardino che canta con la voce di Frank Sinatra.

Fiere e congressi, lo scorso anno, hanno portato a Las Vegas due milioni di visitatori. Altri venti milioni sono arrivati per il gioco, le donne, i matrimoni e i divorzi, le quattro branche dell'industria locale, tutte concepite pensando alla natura umana, notoriamente a prova di recessione. Il declino, quando è arrivato, è arrivato per altre cause: l'Aids ha reso meno popolari le ragazze di una notte; altri Stati, ormai, hanno leggi liberali in materia di divorzi. Sono lontani i tempi in cui i legislatori del Nevada, mostrando genio giuridico pari allo spirito imprenditoriale, stabilirono di accordare il divorzio per «crudeltà mentale» anche alla moglie il cui marito leggesse il giornale a tavola, o al marito la cui moglie entrasse nel letto con i piedi freddi.

Il gioco d'azzardo, invece, non tramonta. Il cliente americano non è più quello che qui chiamano *high roller*, il personaggio che spende molto, rischia tutto, e lascia dietro di sé debiti e leggende. Oggi il giocatore medio è un ragioniere attento, e le autorità locali lo hanno studiato come fosse un insetto: quarantasette anni, bianco, maschio, sposato, con un reddito tra i 20mila e i 40mila dollari all'anno (30 e 60 milioni di lire). È venuto a Las Vegas in passato, e ha programmato il viaggio con un mese di anticipo. Rimane due o tre notti: spende 135 dollari per l'alloggio; 221 per ristoranti, bevande e spettacoli; al gioco dedica cinque ore e mezzo al giorno, e mette in bilancio 533 dollari. Qualche volta si cimenta con il *videopoker* o il *blackjack*. Di solito, però, rimane appollaiato dietro una *slot-machines*, con un secchiello pieno di monete in grembo e una birra di fianco al posacenere.

Trovare questo «americano medio» non è difficile, e spiarlo è delizioso. Per questo sono rimasto due giorni nel nuovo hotel-casinò Excalibur, il secondo più grande albergo del mondo, costruito a forma di castello medioevale, con torri, guglie e ponti levatoi. Ho pedinato rappresentanti di commercio del New Jersey che pagavano venti dollari per farsi fotografare vestiti da Re Artù, e coppie del Texas che compravano un elmo di plastica e lo mettevano in testa al figlio in carrozzella. Ho pranzato al Buffet della Tavola Rotonda (tre dollari e mezzo «tutto quello che potete mangiare»). Sono rimasto per mezz'ora davanti al «lancio della strega»: picchiando violentemente con un martello su una leva, la strega di stracci schizza in alto, e deve ricadere in una pentola. Il rischio è vincere: enormi draghi turchesi di peluche sorridono insolenti, aspettando il campione di turno. Alla fine, ho chiesto al responsabile delle pubbliche relazioni se l'insieme non era grottesco. Ha sorriso indulgente: «Vede, noi non cerchiamo l'accuratezza storica. Noi vogliamo soltanto che la gente si diverta. E poi, dia retta: nessuno in America ha idea di com'è fatto un castello medioevale.»

Dev'esser vero. I clienti non scoppiano a ridere davanti ai camerieri vestiti da giullari, e non si chiedono perché il Villaggio Medioevale (primo piano) ospiti sia il Caffè della Foresta di Sherwood sia l'Oktoberfest Beer Garden. Non protestano mentre gli altoparlanti ripetono: «Sua Maestà il Re intende ricordarvi lo show del Mago Merlino. Per informazioni, chiamate il sette-sei-zero-zero». Non si vergognano di commissionare una ricerca araldica. Prima di partire, provano con la massima serietà ad estrarre la spada dalla roccia. Due tentativi sono gratuiti; i premi vanno da un portachiavi di plastica a un'automobile giapponese.

Parlo con alcuni di questi ospiti, fingendo di ignorare che hanno un pugnale di plastica infilato nella cintura. La recessione, assicurano, esiste. Ma a casa, lontano. In Texas, in California, nel New Jersey. Non qui a Las Vegas, dove si viene per non pensare. Bugsy Siegel, il gangster ebreo interpretato sullo schermo da Warren Beatty, l'aveva intuito, quando nel 1946 decise di costruire il primo casinò — il Flamingo — in mezzo al deserto del Nevada. C'è ancora, il Flamingo. Offrono *steak and lobster* per sei dollari e ottanta. Aragosta e bistecca, insieme. Agli americani, è noto, piace così.

QUELLA BUGIARDA PARIGI

Paris (Texas) — Arrivo in questa Parigi del Texas verso sera, su un'automobile piena di mappe e di popcorn, con in testa una delle idee malsane di cui i giornalisti vanno fieri: scegliere una piccola città d'America — una qualunque — per capire cosa s'aspetta da un presidente che ha studiato a Oxford, e suona il sassofono. Paris sembrava una buona scelta. Minuscola al punto giusto, lontana da quasi tutto, è nota soltanto per il nome, che il regista tedesco Wim Wenders ha scelto come titolo d'un film diventato celebre. Riparto dopo quarantott'ore forte di una convinzione: mai ricordare *Paris, Texas* a Paris Texas. Lo detestano. Soprattutto, mai nominare Wim Wenders. Lo odiano.

Non è questione d'ingratitudine. A questa gente importa poco che il film sia stato scritto da Sam Shepard, interpretato da Nastassja Kinski e Harry Dean Stanton, e abbia vinto la Palma d'Oro al Festival di Cannes per voto unanime della giuria. Wim Wenders — ragionano qui — ha *imbrogliato*. Ha reso celebre Paris Texas per le ragioni sbagliate. L'ha rappresentata come un angolo di deserto, e qui deserto non ce n'è; in città ha girato soltanto una scena in un parcheggio vuoto; ha legato il nome di Paris a storie losche, quartieri a luci rosse e prostituzione, mentre questa è una *dry town* nella *Bible Belt* (una «città asciutta» nella «fascia della Bibbia»), dove è vietato toccare una birra, e le scollature di Nastassja Kinski provocherebbero un'insurrezione.

In effetti, Paris Texas non ha la stoffa per un film drammatico. È una cittadina di ventiquattromila abitanti rincantucciata nell'angolo nord-orientale dello Stato, nel punto dove gli alberi incontrano la prateria. Fondata nel 1839 su un'altura presso il Red River, bruciata tre volte, non ha subìto i grandi mutamenti economici e sociali legati alla scoperta del petrolio, vero re del Texas. *Paris never hit oil*, «Parigi non ha mai trovato il petrolio» dicono qui. Per cent'anni è vissuta sul cotone; poi, durante la Seconda Guerra Mondiale, ha ospitato un grande campo militare, Camp Maxey; oggi prospera grazie ad alcune grandi industrie che, in seguito a pressioni politiche e incentivi, hanno scelto la contea per impiantare i propri stabilimenti. Sono arrivate la Kimberly-Clark (pannolini), la Philips (lampadine), la Babcock & Wilcox (boiler) e la Campbell

Soup Company, che produce minestre in scatola e sughi pronti, tra cui la *Prego Spaghetti Sauce*.

Nessuno sa dirmi di dove venga il nome «Paris», che affiancato a «Texas» forma un gradevole ossimoro. L'ipotesi più probabile è che sia nato da una conversazione tra i clienti del negozio che tale George Wright aprì centosessant'anni fa su una curva della strada, oppure dalla proposta di un commesso d'origine francese. Nessuno, d'altro canto, sembra molto interessato a sfruttare i vantaggi offerti dal gemellaggio. Di sapore francese, a Paris Texas, c'è soltanto una corsa ciclistica denominata *Tour de Paris* e un negozietto d'abbigliamento chiamato *Paris Vogue*. C'era anche una piccola Torre Eiffel eretta nei giardini pubblici, ma un tornado se l'è portata via.

A Paris — una delle sette città d'America con questo nome — la gente è interessata ad altre cose. Nella contea il 35 per cento della popolazione è impiegato nell'industria, il 22 per cento nei servizi, il 14 per cento nell'amministrazione pubblica. Il resto sono *farmers*, agricoltori e allevatori, che la sera entrano col cappello in testa dentro il ristorante «Fish Fry» — specialità, pesce gatto — e ne escono con uno stuzzicadenti in bocca. Nome a parte, le attrazioni turistiche sono poche: c'è la piazza con la fontana, che negli anni Venti guadagnò a Paris l'appellativo di *prettiest town in Texas*, la città più carina del Texas; la vecchia dimora della famiglia Gibbs — ricchi interratori — sopravvissuta agli incendi; la tomba di Willet Babcock, sormontata da una statua di Gesù Cristo con gli stivali da cowboy.

Non è il posto dove impazziscono per il nuovo cinema tedesco, senza dubbio. Alla Camera di Commercio di Clarksville Street non sanno capacitarsi di avere di fronte un italiano che ha attraversato il mondo per via di *quel* film. Superato lo choc, offrono pubblicazioni, pieghevoli e opuscoli dove la città elenca orgogliosamente le sue glorie più minuscole (corse di *dragster*, festival folk, vino di more, monumento ai veterani della Confederazione); dell'ispirazione data a Sam Shepard e Wim Wenders, non una parola. L'unico disposto ad ammettere d'aver visto il film («Non tutto» tiene a precisare) è il decano del Paris Junior College, Dwight Chaney. Grande amante dell'Europa, e forse per questo autorizzato a mantenere un ufficio caotico, Chaney racconta di aver assistito alla «prima» organizzata qui a Paris, di fronte a una città allibita. Ricorda anche di essere stato in Europa, quell'anno: «Ogni volta che vedevo un manifesto con la scritta *Paris, Texas* mi veniva voglia di gridare "Non credeteci! Non è così! *Io* sono di Paris Texas!"».

Anche al college, tuttavia, preferiscono parlare della nuova America piuttosto che di un vecchio film, di Bill Clinton piuttosto che di Wim Wenders. «Questa terra» spiega l'ex-presidente Louis Booth Williams, cinquantatré anni di militanza nel locale Rotary Club «è terra di "conservatori democratici", nella migliore tradizione del Sud. Siamo noi che abbiamo fatto eleggere Ronald Reagan, e siamo noi che ci siamo stancati di George Bush. Vuole sapere come Paris, Texas ha trascorso gli ultimi anni di recessione economica? B ne, direi. Le nostre due industrie più grandi, come sa rà, producono minestre e pannolini. E gli americani recessione o no, continueranno a consumare mine tre. I bambini — scusi il particolare — continueranno a riempire i pannolini. Clinton? Cosa vuole che le dica. Diamogli tempo. Di sicuro, la sua giovane età non ci preoccupa. Anzi: a quarant'anni si hanno più energie e più entusiasmo.»

Louis B. Williams («B. sta per Booth. Booth: come l'assassino di Lincoln») propone un'ispezione del college, prima di andare a colazione in compagnia della moglie Mary Lou nel ristorante Texas Belle, dove offrono tè ghiacciato e zuppa di *tortillas* tra tappeti rosa e tovaglie gialle. Mi vengono mostrate aule immense, biblioteche vaste come aeroporti, una copia del David di Michelangelo, un busto del senatore texano A.M. Aiken opera dello scultore italiano Gualberto Rocchi, che quando arrivò da queste parti volle cucinare spaghetti per tutti, e mise in subbuglio l'intera città alla ricerca dei chiodi di garofano. In ogni strada, in ogni stanza, in ogni incontro, ritrovo l'orgoglio egocentrico della provincia americana, convinta che dal mondo possano arrivare ottime decorazioni; mai nulla d'indispensabile. Wim Wenders, intellettuale sofisticato, da queste parti è un marziano. Soltanto per un attimo, nel laboratorio di «tecnica della gioielleria» (orgoglio del Paris Junior College), penso di aver trovato una tifosa del regista tedesco. È un'insegnante che, saputo il motivo per cui mi sono spinto fin qui, si entusiasma. *Paris, Texas*, dice sognante, è un film poetico, evocativo, fondamentale. Strabiliato, le chiedo il nome. Ulla Raus, risponde. Cittadina tedesca.

SULLE TRACCE DI BABY CLINTON

Hope (Arkansas) — Era dal giorno del ritrovamento del cocomero campione del mondo (270 libbre, 122 chili) che da queste parti non festeggiavano con tanto entusiasmo: per la seconda volta in questo secolo, grazie all'elezione del concittadino Bill Blythe Clinton, i 10.290 abitanti di Hope, Arkansas hanno l'impressione di vivere al centro del mondo. Ci voleva un presidente, non c'è dubbio, per riuscire nell'impresa: Hope è un luogo genuinamente scialbo, pervaso soltanto da quella speciale malinconia americana che ha ispirato pittori come Edward Hopper e scrittori come Dashiell Hammett, e convinto milioni di americani che non conoscono Hopper e Hammett a passare le vacanze altrove.

Eppure la sorte ha voluto che il 42° presidente degli Stati Uniti nascesse proprio qui, per la gioia dell'azienda di soggiorno. I turisti sono ancora pochi — 669 presenze accertate dal 3 novembre, giorno dell'elezione — ma il *business* è avviato. In città tutti sembrano aver conosciuto il futuro presidente, vissuto qui fino all'età di otto anni, e molti gli attribuiscono abitudini preoccupanti. Baby Clinton, secondo le testimonianze, all'età di cinque anni leggeva due quotidiani, portava blue-jeans quattro misure troppo grandi e seduceva le bambine portandole dietro gli alberi del giardino della scuola materna. Un'abitudine, questa, sulla quale mi riprometto di tornare più avanti.

Arrivando a Hope — non distante dal confine del Texas e da una cittadina chiamata Washington, altro inequivocabile segno del destino — è difficile non accorgersi che la popolazione è in preda a un profondo turbamento. Sull'autostrada Interstate 30 e sulle altre strade d'accesso sono stati innalzati cartelloni con la scritta *Hope, Arkansas. Home of the 42nd President*. Entrati in città, si incontrano frecce, bandiere, insegne e tabelloni colorati sui quali il presidente viene ritratto con una certa approssimazione, e finisce con l'assomigliare a un personaggio minore nei fumetti di *Tex Willer*. I forestieri in visita sono immediatamente riconoscibili: i locali, infatti, non si sognerebbero mai di fotografare la casa d'infanzia del futuro presidente rimanendo in piedi in mezzo a una strada di grande circolazione.

Lo sfruttamento di Bill Clinton — spiega Hazel Watson, che gestisce un negozio di libri usati, *Hazel's Book Nook*, e si lamenta perché i clienti preferiscono Harold Robbins a Truman Capote — avviene per ora su scala artigianale. In pratica, ciascuno fa quello che gli salta in mente. Un banale lotto di terreno affacciato su un cavalcavia, ad esempio, viene messo in vendita con questo cartello: «Splendida area fabbricabile — La più vicina alla prima casa di Bill Clinton». I responsabili della Camera di Commercio, dopo un'iniziale incertezza se puntare sui cocomeri o sul presidente, hanno deciso di combinare le due uniche ricchezze della zona, e hanno messo fianco a fianco sugli scaffali quanto segue. Articoli da tre dollari: Libro sul Cocomero Campione del Mondo, Fotografie di Clinton alle Elementari, Semi di Cocomero (dodici). Articoli da cinque dollari: Berretti alla Clinton, Tazze da Caffè con Volto di Clinton (o con Cocomero), T-Shirts presidenziali. Articoli da dieci dollari: Libro di Ricette Clinton, Ombrello-Cocomero. Davanti alle mie proteste circa i prezzi, la direttrice Wanda Hays lascia intendere garbatamente che bisogna approfittarne: è improbabile che a Hope nasca un altro presidente degli Stati Uniti.

L'unico articolo che la Camera di Commercio distribuisce gratuitamente — sorrisi a parte — è un pieghevole che porta in prima pagina la frase pronunciata da Clinton nella notte delle elezioni (*I still believe in a place called Hope*, Credo ancora in un posto chiamato Speranza), e conduce il visitatore attraverso i «sei luoghi del Presidente». Questi sono, nell'ordine: 1. Casa della famiglia Blythe Clinton al numero 117 di South Harvey (piuttosto malconcia), dove il piccolo Bill andò ad abitare con i nonni e la madre vedova. 2. Casa d'infanzia al numero 321 di East 13th Street, dove il futuro presidente si trasferì all'età di quattro anni (modesta ma accogliente). 3. Miss Mary Perkins' School for Little Folks, ovvero l'asilo in cui Bill Clinton, tra le altre cose, si ruppe una gamba cercando di stabilire un record di velocità nel salto della corda. 4. Julia Chester Hospital, dove il presidente è nato il 19 agosto 1946. 6. Tributo a Bill Clinton, vale a dire un bassorilievo colorato, ideale sfondo per le fotografie.

Il visitatore può anche richiedere la lista degli *intervistabili*, ovvero di quei personaggi che la Camera di Commercio propone ai giornalisti in visita, come piatti di un menu. Per il reporter politico c'è George Fraser, il compagno delle prime battaglie con il partito democratico. Per chi vuole approfondire il carattere di Baby Clinton c'è l'amico del cuore, George Wright, oggi direttore amministrativo nell'ospedale locale. C'è il temutissimo signor Grisham, che conosceva bene il presidente-bambino ma è difficile di carattere, al contrario della figlia Felba, in grado di riferire le memorie del padre. Ci sono la vicina Margaret Polk, settantadue anni, specializzata nel descrivere Clinton vestito da cowboy, e il settantottenne cugino Dale Drake, specializzato nel fare il cugino e depositario del celebre ricordo: «Mi sembra ieri che i bambini dicevano: ''Andiamo a casa di Bill per guardarlo mentre pensa''». C'è, infine, Donna Wingfield, la bambina che Bill Clinton trascinò dietro un albero e baciò con trasporto, quando l'ombra di Hillary era ancora lontana. Ovviamente, ho scelto quest'ultima. Con un po' d'ansia, però: come dire a una signora di ricordare il primo bacio davanti a un estraneo, quarantadue anni dopo?

Oggi Donna Wingfield abita a Prescott, una cittadina a venti chilometri da Hope, in direzione di Little Rock. Lavora in un motel della catena Comfort Inn, dotato di un ristorante aperto 24 ore su 24 e titolare dello slogan *Benvenuti nella nostra ospitalità del Sud*. Quando, imbarazzato, le spiego che non ho bisogno di una camera e vorrei invece sapere cosa ricorda dell'amichetto Clinton, la signora non si scompone. Si china, ed estrae da sotto il bancone un voluminoso dossier che contiene, tra l'altro, una fotografia. Sulla fotografia, la piccola Donna compare mano nella mano con il piccolo Bill, insieme con una ricetta chiamata *The Forgotten Kiss Cookie*, Il Biscotto del Bacio Dimenticato. A metà di questo viaggio americano, e come augurio per il nuovo presidente, eccola: *Sbattete tre bianchi d'uovo con mezzo cucchiaino di lievito per dolci. Mescolate bene. Aggiungete, poco alla volta, una tazza di zucchero. Mescolate l'impasto fino a renderlo denso e liscio. Aggiungete un poco di vani-*

glia, cioccolato e nocciole. Portate il forno a 130 gradi, e poi
spegnetelo. Mettete il composto su un piano di carta utilizzan-
do un cucchiaino da tè, e lasciate in forno per otto ore.

DAI COCOMERI ALLE NOCCIOLINE

Plains (Georgia) — Alcuni personaggi sono perseguitati
da un dettaglio. Per Winston Churchill era il sigaro,
per Margaret Thatcher la borsetta, per Stalin i baffi,
per De Gaulle il cappello. Per Jimmy Carter, non c'è
dubbio, sono le noccioline. Il 39° presidente americano non ha forse lasciato dietro di sé tracce indelebili,
ma ha portato nella storia americana un profumo di
arachidi che non si è dissipato nemmeno ora che è stato eletto Bill Clinton: un altro democratico, un altro
figlio della provincia profonda, un altro uomo del Sud.
   È perciò con poco stupore che, entrando a Plains,
paese natale del 39° presidente, dopo un viaggio in automobile tra case basse e terra rossa, mi imbatto in una
nocciolina alta tre metri che sorride (proviene dall'In-
diana, dove nel 1976 venne usata durante una manifestazione elettorale); quindi in un cartello con la scritta
Plains, adagiata tra due noccioline; poi nel Museo della Nocciolina (*Peanuts Museum*); infine nel negozio Semplici Noccioline (*Plain Peanuts*), dove il proprietario Bob-
by Salter consegna ai clienti una vaschetta di arachidi
salate e un biglietto da visita da cui risulta che può spedire in ogni angolo del mondo noccioline fritte, noccioline arrostite, noccioline crude, noccioline caramel-
late, burro alle noccioline e dolci alle noccioline.
   Plains — settecento abitanti, due ore d'automobile da Atlanta — è oggi un *National Historic Site*, ovvero
uno dei luoghi dove è passata la breve storia americana. Jimmy Earl Carter Jr è nato qui, il primo giorno
d'ottobre del 1924: qui andava a scuola, qui aiutava
il padre agricoltore, qui conobbe la moglie Rosalynn.

Il quartier generale della campagna che lo condusse alla presidenza — lo sconosciuto Carter, a quei tempi, veniva soprannominato *Jimmy Who?*, Jimmy Chi? — era alloggiato in un magazzino ferroviario all'incrocio tra Main e Hudson Street. Ora il magazzino è il «centro visitatori». I turisti arrivano, comprano per un dollaro l'opuscolo per il «tour auto-guidato», e poi partono in pellegrinaggio: la scuola di Jimmy Carter, la chiesa di famiglia, la fattoria del padre Earl, la stazione di servizio del turbolento fratello Billy, la villetta della mamma Lillian, la «casa stregata» che Jimmy e Rosalynn affittarono nel 1955, e oggi è occupata da un veterano del Vietnam, il quale assicura che i fantasmi ci sono, ma sono tutti di buon carattere, proprio come l'ex-presidente.

Stamattina, nonostante sia sabato, i visitatori sono pochi. Dodici firme sul registro dei visitatori, e i signori Grady e Charlotte Parker in arrivo dalla Pennsylvania a bordo di un enorme caravan che traina un'automobile Lincoln come fosse un giocattolo. Ai turisti, Plains non offre soltanto la tortura delle noccioline e la visita ai luoghi della famiglia Carter. Sono anche in vendita, secondo la migliore tradizione americana, i souvenir e i gadget che un giorno potranno confermare, nelle periferie del Kansas o dell'Illinois, che il padrone di casa è stato qui, a vedere la terra rossa su cui giocava un bambino che sarebbe diventato presidente. Nel negozio di Hugh Carter, cugino di Jimmy, sotto la scritta *Antiques* vendono spille, portapillole e orologi a forma di nocciolina; vecchi cartelli dei bagni pubblici con l'indicazione *Whites Only* (Solo Bianchi); una paletta schiacciamosche con scritto *Plains, Georgia — Home of the 39th President*; un cartello di metallo dove Marilyn Monroe assicura *Yes, I Use Lustre Creme Shampoo*; la birra speciale *Billie*, prodotta da Billy Carter, che di alcolici se ne intendeva.

Sto esaminando queste meraviglie, indeciso se acquistare lo schiacciamosche o l'arachide-portapillole, quando oltre le vetrine compare un volto molto simile ai mille ritratti presenti nel negozio: quello di Jimmy Carter. Il 39° presidente, l'uomo che ha consegnato Plains alla storia, arriva in bicicletta, con una giacca impermeabile blu e un cappello amaranto in testa. Smonta lentamente, appoggia la bicicletta a un palo, entra nel negozio. Si appoggia alla cassa e chiede notizie sulla salute di un'anziana parente. Hugh Carter — autore del libro *Cousin Beedie and Cousin Hot*, onnipresente sugli scaffali con la scritta *Autografato dal vero cugino del presidente* — risponde. Una coppia di turisti si avvicina con la mano tesa. Carter risponde al saluto, e firma una fotografia dedicandola «a Nick e Lora», mai visti fino a un attimo prima. I due se ne vanno soddisfatti: la democrazia americana, stamattina, sembra semplice e alla buona, proprio come quella che insegnano ai loro figli a scuola.

Mi avvicino con una copia di *Turning Point*, il nuovo libro in cui Jimmy Carter racconta la sua prima battaglia politica, quella che nel 1962 gli valse un seggio nel Senato della Georgia, a quei tempi molto restia a rinunciare alla segregazione razziale. Mi presento, e dico al presidente di averlo ammirato la sera prima in televisione, mentre spiegava il suo progetto per costruire nuove case destinate ai poveri di Atlanta, e mostrava come piantare un lungo chiodo nel legno con due sole martellate. I politici italiani, gli dico, non sanno fare di queste cose. Carter chiede cosa sanno fare i politici italiani. Rispondo: è un sabato mattina di sole, signor presidente, perché vogliamo rovinarcelo?

Jimmy Carter ha i capelli candidi, e parla con la voce lenta del Sud. Ha l'aspetto e i modi di un uomo più anziano dei suoi sessantotto anni. Chiedo: presidente, dove sono i turisti? Non saranno tutti a Hope, Arkansas, per caso? Carter sorride incerto, sotto il suo cappellino amaranto: «Plains è una comunità speciale, come può vedere con i suoi occhi» risponde. «È un rifugio per mia moglie e per me. Le nostre famiglie erano già qui nel Settecento. I nostri amici, le nostre tradizioni e il nostro spirito sono qui. Quando sono stato sconfitto e non sono stato rieletto, siamo tornati a Plains, da dove seguiamo i progetti cui teniamo, rifiutando quelli che non ci vanno. Mi creda: finché continuerà l'interesse per l'istituto della presidenza, gli americani continueranno a venire qui, per capire come sia possibile che un ragazzo cresciuto in un villaggio tanto minuscolo, un coltivatore di noccioline figlio di coltivatori di noccioline, abbia potuto diventare presidente degli Stati Uniti. Sarà sempre una questione interessante. Per i visitatori e» dice sorridendo «per i giornalisti.»

Chiedo se considera Bill Clinton un degno successore, il Jimmy Carter anni Novanta. Mentre il cugino grida a un cliente lontano il prezzo di un accendisigari, l'ex-presidente risponde: «Guardi, credo che molte cose mi avvicinino a Bill Clinton. Il mio *background*, per cominciare, è molto simile al suo: siamo tutt'e due del Sud, tutt'e due ex-governatori, tutt'e due battisti. È vero che lui, prima di diventare presidente, è stato in politica più a lungo di me. Lui è andato a Oxford, io all'accademia navale di Annapolis. Ma quello che conta è questo: ambedue ci battiamo per le stesse cose. La condizione dei poveri, un argomento che Clinton conosce bene, perché la sua famiglia era molto povera. Buone relazioni razziali. I diritti civili in patria. I diritti umani all'estero. Sì, credo che molte cose rendano Bill Clinton simile a me». Ringrazio per la conversazione, non del tutto rassicurato. Ma questo non si può gridare a un ex-presidente, mentre si allontana in bicicletta.

Detroit (Michigan) — Quando vivevo a Londra ero convinto che, se fossero state istituite le Olimpiadi della buona educazione, l'Inghilterra le avrebbe stravinte. Nessuna nazione al mondo, pensavo, è più cortese. Solo in Inghilterra, ad esempio, non esistono persone basse; anche chi non arriva al metro e cinquanta viene promosso d'ufficio alla categoria dei «non molto alti» (*not very tall*). Così, nessuno è antipatico: ci sono soltanto persone *not very nice*. Solo gli inglesi — riflettevo ammirato — per far capire a un italiano che ha detto una stupidaggine, mormorano *I agree up to a point*, sono d'accordo fino a un certo punto. Soltanto loro, per aggiungere che la stupidaggine è stata pronunciata in un inglese spaventoso, sussurrano *Your English is somewhat unusual*, il tuo inglese è in qualche modo insolito.

Ero affascinato da queste delicatezze. Nel resto d'Europa, se abbiamo la possibilità di dire a qualcuno che è basso, antipatico e dice stupidaggini, non ce la lasciamo sfuggire facilmente. Mentre l'Inghilterra, ad ogni ora del giorno e della notte, è attraversata da raffiche di *thank you*, in Italia nessuno ringrazia nessuno. Quando siamo riconoscenti, ci limitiamo a non protestare.

Poi, qui in America, ho capito che gli inglesi sono, in fondo, dei dilettanti. In America ti ringraziano se entri in un negozio, se ordini una birra, se getti un'occhiata al menu di un ristorante. Se chiedi al centralino di telefonare in Italia, non soltanto ti collegano in dieci secondi, ma ti dicono «grazie» per non aver scelto la concorrenza. In America ti ringraziano di aver volato con una certa compagnia, di aver ordinato la colazione in camera, di essere stato scortese («Grazie per essere così franco, sir»). In America ti ringraziano di esistere. Tutto questo rende impegnativa la vita a noi italiani. Non perché la cortesia americana sia fasulla

— questo sarebbe l'aspetto sano e normale della questione. Il dramma è un altro: spesso questa cortesia è genuina.

Negli Stati Uniti, la buona educazione è un'industria. Non c'è rifugio dall'invadente gentilezza americana. A Milwaukee, Wisconsin, ho visto camerieri che si aggiravano portando sul petto un distintivo con la scritta *People Pleaser* (Sono qui per compiacere il prossimo); a Washington sono stato tramortito di sorrisi ai banchi di ricevimento degli alberghi; dovunque, dalla Louisiana al Massachusetts, sono stato perseguitato da ristoratori che domandavano *Is everything all right?* (tutto bene?) quando avevo la bocca piena, e non potevo rispondere. A San Francisco, l'impiegata dell'ufficio Delta Airlines in Union Square, richiesta di cambiare un biglietto per la terza volta in due giorni, sorrideva come se avesse ricevuto un regalo. Non si rendeva conto di risultare imbarazzante, per un povero italiano che alle gentilezze non è abituato.

A New York, nella libreria Brentano's, ho acquistato un libriccino che è arrivato al primo posto nella classifica dei best sellers del *New York Times*. Il titolo è *Life's Little Instructions Book*, Piccolo libro di istruzioni sulla vita. Contiene, rigorosamente numerati, consigli come i seguenti: fai un complimento ad almeno tre persone ogni giorno (n. 1); sii più gentile del necessario (n. 173); sorridi spesso: non costa niente ed è senza prezzo (n. 107); prendi come abitudine quella di fare cose carine per gente che non lo verrà mai a sapere (n. 94). E, davvero terrificanti: metti una moneta nel parchimetro scaduto di uno sconosciuto (n. 198); rendi qualcuno felice pagando il pedaggio per l'automobile in coda dietro di te al casello (n. 488).

Perduti in un'orgia di cortesia, gli americani sono diventati incontrollabili. Ormai sono talmente gentili che, in un certo senso, hanno smesso di essere gentili. Entrate in un qualunque negozio e vi aggrediranno con

How are you today? — che vuol dire *veramente* «Oggi come stai?», e pretende una risposta. L'America non è la Gran Bretagna, dove ci si accontenta di un *Very well, thank you* nel novantanove per cento dei casi, e di un *Not too bad* se chi risponde è in punto di morte. Non è la Francia, dove quasi tutti sanno rispondere con due monosillabi e un sorriso tirato. E certamente non è l'Italia, dove troppi, alla domanda «Come stai?», rispondono fornendo i dettagli della propria vita gastrointestinale.

Questo vale anche per il leggendario *Have a nice day*, «che tu possa avere una buona giornata». Gli americani lo pronunciano almeno dieci volte l'ora, e danno l'impressione di credere a quello che dicono. Dopo qualche settimana, al suono di *Have a nice day*, molti stranieri sentono prudere le mani. Deve averlo capito anche il capo della polizia di Brunswick, una cittadina nello Stato del Maine: recentemente ha ordinato ai suoi quaranta uomini di eliminare «quell'insulto assurdo e superficiale» dal vocabolario di servizio, per non indispettire ulteriormente gli automobilisti vittime di una contravvenzione.

La gentilezza, in mano agli americani, è un'arma. Con il sorriso sulle labbra riescono a farci fare quello che vogliono. Noi italiani in particolare, abituati ad essere maltrattati, davanti a una voce cortese siamo assolutamente indifesi. Basta pensare a quello che accade davanti a un telefono pubblico: quando la centralinista (*operator*) chiede con voce suadente «inserisca settanta centesimi», noi inseriamo settanta centesimi. Se alla fine la telefonata è costata ottanta centesimi, il telefono squilla, in mezzo a un bosco o a un deserto, e l'*operator* sospira: «Metta ancora dieci centesimi». In Italia, forse, ci allontaneremmo alla chetichella. In America non lo facciamo, perché ce lo chiedono in maniera educata. Cerchiamo ansiosamente nelle tasche, e inseriamo ancora un *dime*.

Talvolta la cortesia americana è ancora più insidiosa. Talvolta noi stranieri abbiamo la sensazione che la gente, negli Stati Uniti, ci dica cosa fare. Impartisca ordini, mascherati da auguri e complimenti. Lo stesso *Have a nice day*, pensandoci bene, è un comando: l'obbligo è quello di «passare una buona giornata», anche se per caso volessimo trascorrerne una pessima, per lamentarci poi tutta la settimana. Anche questa cameriera robusta di Detroit, che mi ha visto scrivere per due ore di fianco ad una tazza di caffè, invece di un semplice *Good bye* sta dicendo *Now you go and have some fun*, «adesso vai e divertiti». Perché lo fa? Perché vuole intimidirmi, naturalmente. E infatti mi sento intimidito. Quindi, ci proverò. Andrò e mi divertirò. Come riuscirò a farlo nel centro di Detroit, però, resta un mistero.

[1993]

3

UN ITALIANO IN ITALIA

«Ho viaggiato tra uomini sconosciuti...»
William Wordsworth, *I Travelled Among Unknown Men*

Muggia (Trieste) — Non potevano scegliere meglio, gli oscuri disegnatori di confini: l'Italia, in questo angolo di Adriatico, inizia con una magnifica vegetazione e due cartelli scrostati. Sono i simboli della Repubblica sul mare, benedetta da Dio e manomessa dagli uomini. Non definitivamente rovinata, non irreparabilmente compromessa: semplicemente trascurata nei dettagli, da un popolo simpatico che si compiace del proprio pressapochismo. Leo Longanesi, secondo cui «gli italiani preferiscono l'inaugurazione alla manutenzione», sarebbe soddisfatto davanti a questa frontiera: il pannello che annuncia le regole stradali della Repubblica è montato sopra sei pali arrugginiti; il cartello sottostante (divieto di svolta a sinistra) è scolorito e malconcio. «Il guardrail dell'autostrada che scende dal Brennero è peggio» spiega un pensionato di Udine che osserva i miei studi sulla ruggine. «E lassù la cosa è più grave: tedeschi e austriaci si accorgono subito di queste trasandatezze; gli jugoslavi, poveretti, hanno ben altro cui pensare.»

Prima di procedere dirò come mai, in un mattino radioso di luglio, un giornalista che vive occupandosi di politica estera si trova a parlare di ruggine con un pensionato di Udine uscito da un campeggio. Il motivo è questo: convinto che l'Italia sia un luogo misterioso dove accadono cose irragionevoli, cose splendide e cose semplicemente esilaranti, ho deciso di percorrerne l'intero perimetro. Non è mia intenzione condurre un'inchiesta approfondita: né sui cartelli di Muggia, né sui campeggiatori di Udine, né su quant'altro mi aspetta sulle sponde della penisola. L'intenzione è un'altra: vedere cosa trovo per strada, e raccontarlo.

Molti hanno provato in passato, anche se non tutti sono partiti da Muggia. Una folta schiera di scrittori stranieri, ognuno dei quali ha lasciato almeno una frase storica: Montaigne, Montesquieu, Goethe, John Ruskin, Stendhal e Samuel Johnson, quel matto di Shelley e Robert Browning, il quale si divertì tanto da volersi suicidare («Squarciate il mio cuore» disse «e dentro vedrete scritto *Italy*»). Tra gli scrittori italiani, Guido Piovene, Guido Ceronetti e Saverio Vertone, ognuno dei quali ha tratto dal viaggio una serie di sconsolate conclusioni. Tra i giornalisti, infine, la palma del più ardito va a Michele Serra, il quale nell'agosto 1985 perse quattro chili viaggiando da Ventimiglia a Trieste con una Panda offerta dalla Fiat, e ha poi raccolto in un libro intitolato *Tutti al mare* gli articoli usciti su *l'Unità*. Per evidenti motivi ideologici, viaggiando per conto di *il Giornale*, non posso che intraprendere il giro inverso: partenza da Trieste; arrivo, se tutto va bene, a Ventimiglia.

A Trieste sono giunto dalla Jugoslavia, dove mi sono spinto per due motivi. Innanzitutto, per guardare l'Italia da Capodistria. Vista all'orizzonte, verde tra cielo e mare, sembra un posto delizioso e semplice, e occorre partire con questi sentimenti per affrontare un mese di ingorghi, deviazioni e «limiti di velocità trenta chilometri orari» dimenticati sul posto dopo lavori stradali finiti nell'86. L'altro motivo è ancora più importante: far benzina. La benzina slovena, infatti, costa soltanto 830 lire al litro, molto meno della nostra. E a noi italiani, è cosa nota, i risparmi che implicano una dose di evasione fiscale (dalla benzina oltre confine ai *duty-free shops*) piacciono immensamente, in quanto ci confortano nella nostra convinzione d'esser furbi. Ecco perché, da bravo italiano, prima del «viaggio in Italia» vado a riempire il serbatoio a Capodistria. Da laggiù vedo l'Italia spuntare oltre il mare, oltre canotti e petroliere, oltre le bandiere jugoslave che sventolano sull'Autopark Jadranka. Con il pieno di benzina, dopo un respiro profondo, giro l'automobile e parto.

Del confine, ho già detto. Dopo i pali arrugginiti, e due finanzieri con la camicia aperta che parlano di calcio, ci sono due campeggi. Dopo i campeggi, la strada che porta a Trieste segue il mare: azzurro, incantevole, appena increspato. Viaggio con il finestrino aperto e Radio Capodistria accesa: un presentatore, per riempire i lunghi minuti in cui le dediche non arrivano, ripete che il programma è sponsorizzato da una cooperativa agricola di Nova Gorica. Sugli scogli centinaia di persone, invece di telefonare a Radio Capodistria, prendono il sole. Altrettante sono sdraiate sul muricciolo al lato della strada, sebbene ci siano ancora scogli liberi. Anche questo è un mistero italiano, a pensarci bene: la forza misteriosa che attira i bagnanti a un metro dall'asfalto è la stessa che in montagna spinge intere famiglie a consumare il pic-nic a un passo dai tubi di scappamento delle automobili, quando ci sono intere vallate a disposizione.

Si procede incolonnati, mentre dalla radio esce una curiosa lambada in croato: per ogni auto italiana ne passano quattro jugoslave, piene di famiglie che vanno a far compere a Trieste. I triestini chiamano questa gente *sciavi* (volontaria corruzione di «slavi»), oppure *jugo* (uno jugo, una juga; due jughi, due jughe). Jughi e jughe occupano i parcheggi sul lungomare fin dalle cinque del mattino, e hanno l'abitudine di spogliarsi in pubblico, si lamenta una graziosa fanciulla triestina che durante l'anno vive negli Stati Uniti, e in vacanza chiede l'autostop. Mai saputo di questa mania slava per lo *strip-tease*, obbietto. Lei sbuffa: «Si spogliano perché si mettono addosso i vestiti che hanno appena comprato, anche due o tre per volta, per portarli di là. I vestiti vecchi li lasciano qui, accidenti a loro». Dentro l'Harris Grill di piazza Unità d'Italia, il direttore — fiorentino — è più magnanimo: «I triestini non li capisco. Con gli slavi hanno fatto i soldi, e si lamentano. Lo stesso quelli dell'Elba: prima volevano i turisti, adesso protestano per l'invasione. Mai contento nessuno, in Italia». Non è vero: gli jugoslavi stasera sono felici. Seduti per terra, guardano le luci della *Crown Princess*, appena consegnata dalla Fincantieri alla britannica P&O e destinata a diventare il nuovo set per i telefilm della serie *Love Boat*. Grandi occhi scuri per una grande nave bianca. Piacerebbero a Fellini, se capitasse su questo mare di confine.

Lido di Jesolo — «Rotary's Vip Club Demonia». Qualche volta mi dispiace per Hemingway e Rilke, che battevano questi posti, ma non potevano imbattersi in questi nomi. Chiamare un locale notturno Rotary's Vip Club Demonia vuol dire aver capito tutto degli italiani: amanti dei club, soprattutto di quelli dove non riescono a entrare (*Rotary*); innamorati — ultimi al mondo, insieme a qualche tribù dell'Africa nera — della categoria *vip*, una delle più ridicole al mondo; vagamente peccaminosi (*Demonia*), nelle intenzioni se non nei fatti.

Non ho potuto visitare il Rotary's Vip Club Demonia e neppure conoscere il grand'uomo che lo ha battezzato così. Dirò subito dove si trova, tuttavia, in modo che tutti possano controllare: il Rotary's Vip Club Demonia (non è una ripetizione, è che mi piace scriverne il nome) sta all'ingresso di Grado Pineta: sulla sinistra, venendo da Monfalcone. Un cameriere del vicino ristorante Ai Pioppi (che si lamenta della mancanza dei turisti tedeschi, ma va in vacanza in Jugoslavia) spiega che il locale apre alle dieci di sera e chiude alle quattro del mattino, quando i *vip*, più stanchi che indemoniati, si ritirano nelle villette di Grado, oppure tornano a Trieste.

Questa abilità di inventare nomi è certamente una caratteristica italiana, e affascina gli stranieri. Gli inglesi, ad esempio, rimangono allibiti: vengono da un Paese dove la metà dei pub si chiama Coach and Horses e arrivano al Lido di Jesolo dove sembra che i proprietari abbiano preso un atlante e fatto una gara: vince chi trova il posto più strano. Così, lungo la seconda spiaggia d'Italia per dimensioni, si allineano gli alberghi Tampico, Suez, Viña del Mar, Paraguay, Halifax e Atlanta. Alcuni nomi sembrano essere stati scelti per curare la nostalgia dei sunnominati inglesi (Cambridge, Galles, Britannia, York); altri per dimostrare ai tedeschi che gli vogliamo bene (Hannover, Oder, Reno e Germania). Chi non l'ha buttata sulla geografia e ha preferito la letteratura si è trovato invece in difficoltà: la proprietaria dell'hotel Byron Bellavista racconta che il nome, in origine, era solo hotel Byron, come il poeta (il quale, peraltro, a Jesolo non risulta essersi mai fermato, ed è forse l'unico posto in Italia). Ma i vigili urbani lo chiamavano *Hotel Biro*. Allora è stato aggiunto Bellavista.

Poiché sono arrivato a Jesolo in un giorno di pioggia battente — quei giorni in cui il mare è color del piombo e i bambini tedeschi si annoiano e giocano con gli ascensori — non mi sono limitato a studiare i nomi. Ho potuto anche indagare il dramma dell'Adriatico. Accade questo, in poche parole: gli stranieri latitano, gli italiani scarseggiano e le aziende di soggiorno piangono. La cosa straziante è che nelle pensioni e nelle birrerie affacciate su via Bafile, i gestori sono più gentili che mai. Al Byron Bellavista i camerieri, invece di riempire di sberle i bambini biondi di Hannover che giocano con gli ascensori, li addomesticano in perfetto tedesco, e aggiustano i giocattoli come zii pazienti.

Il motivo per cui le presenze sull'Adriatico scendono, per noi padani, è ovvio: la mucillagine. A Jesolo non sono d'accordo: la mucillagine è romagnola, dicono, come la piadina. Qui, assicurano, l'estate scorsa ci sono state soltanto «cinque *mezze* giornate di mare sporco». Se il fantasma della recessione aleggia su 15 chilometri di spiaggia, 700 cabine, 30mila ombrelloni, 65 mila sedie a sdraio, 6500 pattini a noleggio, 11 farmacie, 20 discoteche, 380 ristoranti e 650 bar e gelaterie la colpa è di una sola categoria: i giornalisti.

Sono loro — anzi, siamo noi — i calunniatori, e abbiamo di certo in mente un piano preciso. Il signor Giampaolo Martin, consigliere delegato dell'azienda di promozione turistica in piazza Brescia, è profondamente convinto di questo. Prima che io riesca ad aprir bocca, comincia a infilare cassette nel videoregistratore. «Lo vede? Questo è un programma della televisione tedesca. Fanno vedere prima Jesolo, poi le porcilaie della Lombardia, infine le alghe della Romagna. Poi ci credo che i tedeschi non vengono. Guardi, guardi qui. Lo vede questo furbo? È un *verde*. È lui che porta quelli delle tivù straniere a filmare tutte le schifezze: rifiuti industriali sotto sequestro giudiziario, roba che non c'entra proprio niente né con Jesolo né con il mare. E guardi questo. Questo è il *Travel Show*, un programma della Bbc inglese. Lei capisce l'inglese, no? Anche loro ce l'hanno con noi: anche loro confondono Jesolo con l'arrogante Rimini, che vuole parlare per tutti. Questa è invece la *Süddeutsche Zeitung*, quotidiano tedesco. Fanno l'elenco delle spiagge pulite. Perché hanno messo Lignano Sabbiadoro e non noi? Me lo dica. Perché Lignano e non Jesolo?»

Con la testa bassa, confesso al signor Giampaolo Martin di non sapere come mai la *Süddeutsche Zeitung* ha parlato bene di Lignano e non di Jesolo: forse l'autore dell'articolo ha una zia che sverna a Lignano, forse quando è venuto a Jesolo ha scoperto che la sua pensione *Direkt am Meer* guardava il fianco di un condominio. Ma il signor Martin non è punto interessato alle mie spiegazioni. Non vuole ascoltare le teorie di un lombardo che viene qui a dire «forse la mucillagine è stata solo la goccia che ha fatto traboccare il vaso, forse la gente di Padova, Dortmund e Salisburgo oggi preferisce andare, con gli stessi soldi, in Turchia o in Jugoslavia». Il signor Giampaolo Martin non sente. Pensa solo al calo di tedeschi che s'annuncia, e alle pensioni familiari che rischiano di chiudere. Pensa ai cechi e agli slovacchi, che dovrebbero smetterla di andare a intasare Venezia e venire qui: invece; pensione completa 20mila lire, «15 chilometri di spiaggia con sabbia finissima e in dolce pendenza». Pensa a un'altra troupe della BBC che arriva stasera, e sicuramente andrà in cerca di stagni puzzolenti.

Pensa agli ospiti inglesi, l'ultima speranza. L'anno scorso sono stati più numerosi dei tedeschi: 599mila presenze contro 514mila. Sia chiaro: non sono i nipotini di Samuel Johnson, non arrivano perché «chi non è mai stato in Italia sarà sempre consapevole della propria inferiorità». Gli inglesi di Jesolo credono che Samuel Johnson sia il nome del nuovo terzino dell'Aston Villa; per loro, l'Italia è meno importante dei generi alcolici che ci trovano. Sono arrivati perché stanchi di Blackpool, dove l'acqua è gelida e color tabacco, e non si spaventano per qualche alga. La sera vanno al Black Cat Pub dove mangiano le stesse patate fritte che mangiano in Inghilterra, bevono la stessa birra, dicono le stesse frasi. Sono i papà e le mamme degli *hooligans*, l'ultimo proletariato d'Europa. Jesolo, se tutto va male, potrebbe diventarne il museo.

Riccione — Ho trovato un'alga. Un'alga piccola, verde pallido, di nessuna pretesa. Un'alga assolutamente inoffensiva, di quelle che si incollano timidamente alla pelle, tristi come un'insalata condita da giorni. Con la mia alga sulla spalla, esco dall'acqua per discutere del ritrovamento con i clienti dei bagni Mario, proprio dietro all'hotel Fedora, dove occupo una singola all'ultimo piano, con vista sulla ventola delle cucine dell'albergo di fronte. Gli esperti dei bagni Mario — professoresse d'inglese, medici, militari d'alto grado — mi tranquillizzano: la mia alga non è di quelle che fanno scappare i turisti. La mia alga è un'alga simpatica: basta spostarla con la mano, e continuare a nuotare.

Ci sono alghe come la mia a Riccione, quest'anno. Alghette quasi commestibili, cui non ci si è nemmeno degnati di dare un nome. Galleggiano svagate in un mare pulito, dove però fanno il bagno in pochi. Giornalisti in ispezione, vecchi clienti, qualche novellino che urla di sorpresa perché scopre che stando nell'acqua riesce a vedersi i piedi. Non c'è, per ora, traccia di mucillagine, ma molta gente non è nemmeno venuta a controllare: il calo delle presenze è intorno al 30 per cento, e gli stranieri sono la metà dell'anno scorso. La *Gazzetta di Rimini*, con encomiabile dedizione alla causa, continua a pubblicare dati da cui risulta che l'acqua della Riviera è migliore di tante altre: niente streptococchi, coliformi, olii minerali, tensioattivi anionici. Gente che fino a un anno fa, se qualcuno avesse pronunciato la parola *coliforme*, poteva scatenare una rissa, adesso ripete i risultati dei rilevamenti dell'organizzazione ambientalista *Kronos 1991*, giudicata competente da quando ha concluso che l'acqua di Riccione è pulita, mentre quella di Stintino in Sardegna è uno schifo.

Stabilito che qui si *possono* fare i bagni, bisogna vedere se si vogliono fare. Molti dei clienti abituali della Romagna sembrano infatti considerare il mare un *optional*, come l'alzacristalli elettrico sulle automobili. Tra i clienti di Riccione c'è infatti di tutto: ragazzi che cercano ragazze, ragazze che fingono di scappare, famiglie con bambini, bulli con la *spider*, bulli senza *spider* e alcuni dei più brutti ceffi che sia dato d'incontrare in Europa. Tutti, verso sera, si ritrovano in viale Ceccarini, che qualche incosciente ha trasformato, grazie a una nuova pavimentazione, in una brutta copia di un *mall* americano, quelli dove i *teenagers* passano i pomeriggi con l'espressione dei condannati a morte.

Quando non sono in viale Ceccarini, i villeggianti di Riccione sanno come occupare il tempo. Vanno a sentire l'orchestrina della *Motonave Vittoria* stando sul molo, e risparmiano così il prezzo della consumazione. Prendono il gelato in posti deliziosi dove hanno ancora il bicchiere per le mance sul banco, con il limone che galleggia. Comprano a diecimila lire camicie che non metteranno, giocattoli che i nipoti disdegneranno, libri con lo sconto che pochi leggeranno. Sembra lontano il giorno in cui la Riviera romagnola diventerà «la meta del turismo intelligente e intellettuale degli anni Novanta», come si augurava lo scrittore Pier Vittorio Tondelli. Per fortuna: di *mete del turismo intelligente*, infatti, ce n'è a bizzeffe. Di Riccione ne esiste una sola, e speriamo si salvi dagli scrittori e dai giornalisti.

Pericoli, per il momento, non ne corre. La cosa più intellettuale che ho visto fare ai turisti è scendere dagli scivoli di *Aquafan*, un «parco giochi acquatico» costruito in collina. La maggioranza dei frequentatori non ha grandi ambizioni culturali, anche perché ha undici anni. Gli adulti sono riconoscibili in quanto hanno la pancia, e hanno paura. I bambini si lanciano senza battere ciglio da scivoli vertiginosi con nomi preoccupanti come *Kamikaze!* Il papà sale, guarda la pendenza, e accampa scuse. In mia presenza, uno di loro si è coperto la ritirata con una trovata magnifica: poiché era troppo grosso di fianchi, diceva, rischiava di incastrarsi a metà dello scivolo, bloccando l'impianto. Guardandolo da dietro, poteva anche essere vero. Guardandolo di fronte, il terrore brillava negli occhi.

Anche il giornalista in viaggio per l'Italia, naturalmente, ha voluto condurre i suoi esperimenti. Mi sono lanciato su uno scivolo a bordo di un ciambellone; ho litigato con i bambini per le code; sono stato sgridato dai sorveglianti, ognuno dei quali ha una radio portatile. Ad *Aquafan*, devo ammettere, mi sono divertito e sono stato fortunato: non soltanto hanno chiuso l'allucinante *Kamikaze!* nel momento in cui avevo trovato il coraggio di salirci; mi sono anche imbattuto nella registrazione di una puntata di *Bellezze al Bagno* per Canale 5. La cosa più entusiasmante, a parte guardare le ragazze, è stato finire nella tifoseria della squadra francese di Andernos, dove però erano tutti abruzzesi. Quando hanno visto che non sventolavo la bandierina colorata mi hanno guardato male. Avevano ragione: nessun giornalista ha il diritto di sostenere che cento abruzzesi non possano diventare francesi per una sera. Nessuno ha il diritto di venire a Riccione e fare l'intellettuale.

Numana (Ancona) — Un viaggio lungo l'Italia affacciata sul mare è molto più complicato di un'inchiesta in Cina: là le cose bisogna scoprirle; qui bisogna evitarle. Le coste italiane, da metà luglio a metà agosto, pullulano infatti di *avvenimenti*. Non c'è amministrazione comunale, associazione culturale, fondazione o ente morale che se ne stia buono: tutti devono organizzare qualcosa. Fuggito da Cervia, dove era in programma *Autovip Personaggi in Rally* (non chiedetemi cosa sia: lo ignoro, ma il termine *vip* è sufficiente a mettermi le ali ai piedi), ho cominciato uno slalom assai impegnativo. Posso dire, con una certa soddisfazione, di aver dribblato un concerto d'organo di Dorothy De Rooij a Cesenatico, le Escursioni Forliverdi in partenza da

Gatteo a Mare, la *Swinger Big Band* di Cattolica in concerto nella piazza di Misano, Serena Grandi madrina di una mostra sul reggiseno a Gabicce, le selezioni del Festival della Fortuna (132 iscritti) e le *Lezioni di umorismo* di Renato Nicolini a Fano, una *Fiesta Scout* a Senigallia e le manifestazioni di *Falconara Estate '90* dove il motto è *Apri la porta delle Marche e bevi sorsi d'estate*, da me subito trasformato in «apri la porta dell'auto e scappa dalle Marche d'estate».

È un peccato che l'Italia disponga di tanti organizzatori, perché sarebbe un luogo incantevole. La riviera adriatica, ad esempio, dispone di spiagge maestose, prezzi bassi, personale gentile e una certa aria anni Settanta che resiste agli attacchi del *turismo intelligente*. A Milano Marittima una piadina prosciutto e formaggio costa 2500 lire, e per quella cifra in Sardegna non forniscono nemmeno il tovagliolo di carta per tenerla in mano. A Cervia ho trovato una foto del bagnino Antonio Mazzanti (Scuola di nuoto Delphinus), al quale non si chiudono gli ultimi quattro bottoni della camicia per la mole dei pettorali. A Cattolica, scomparse le tedesche con le schiene ustionate (questo avrebbe dovuto essere il tema del *Mystfest*: chi le ha rapite?), sono ricomparse le romagnole, ragazze generose e robuste, che non si fanno spaventare da quattro alghe.

Un viaggio sulle coste italiane, lontani dalle autostrade, pone un altro problema: le soste. In teoria, soprattutto qui sull'Adriatico, uno si ferma dove vuole, va al bar della spiaggia, beve una birra guardando le ragazze che vengono a scegliere i gelati, e riparte. Di fatto, tutto è più complicato. Innanzitutto, i parcheggi all'ombra sono pieni per tutta la stagione, da giugno a settembre. Ci sono poi gli attacchi dei venditori ambulanti, che però si possono scoraggiare: basta cercare di rivendergli uno dei loro orologi, e si allontanano nauseati. Molto più insidiosi sono i ragazzotti che giocano a *beach volley*, o «pallavolo da spiaggia». Quelli non se ne vanno mai, e sono dispiaciuti se te ne vai tu. Amano infatti esibirsi davanti a un pubblico, e hanno sempre bisogno di un raccattapalle.

Sulla mania del *beach volley* vorrei spendere, se consentito, ancora qualche parola, perché il fenomeno è diventato imponente. I bagni Onda Marina d'Italia — fino a qualche tempo fa luoghi deliziosi, dove la gente passava ore intere studiando le evoluzioni di una coccinella nella sabbia — sono diventati palestre, arene, stadi, gironi infernali dove ragazzoni sudati tirano cannonate con un pallone. Essi *fingono* di giocare a pallavolo. Il loro scopo è invece quello di impressionare le ragazze che stanno a guardare e, in subordine, colpire i giornalisti di passaggio.

È perciò con gioia e riconoscenza che ho salutato l'arrivo sul monte Conero, dove la civiltà degli abitanti e la conformazione della costa rendono impossibile il *beach volley*. Il promontorio è infatti impervio e minaccioso: durante la mia permanenza un pezzo di monte è piombato sul tratto di arenile davanti al Trave, dove termina la spiaggia di Mezzavalle. Il Conero è un luogo imponente, verde e magnifico, che sbuca dalla costa dopo centinaia di chilometri di spiaggia piatta e prima di centinaia di chilometri di spiaggia altrettanto piatta. Sembra che la natura abbia voluto fare le prove generali prima di esibirsi nel Gargano, per la gioia di nudisti, ragazzi con la chitarra e famiglie emiliane con bambini.

Anche quest'angolo d'Italia, da qualche tempo, ha però i suoi guai. Scampato, grazie alle correnti, all'inquinamento del porto di Ancona — che è dietro l'angolo — è stato aggredito l'anno scorso dalla mucillagine, come il resto del mare Adriatico. Quest'anno non si è ancora vista, ma i nudisti della spiaggia dei Sassi Neri, i ragazzi con la chitarra di Sirolo e i padri di famiglia di Marcelli non si sentono tranquilli. Sulla piazza del municipio il signor Alberto Banducci, classe 1919,

è convinto che tutto andrà bene. Suo figlio fa il som-
mozzatore, dice, e di mucillagine non ne ha vista. Ha
visto invece molti *pauri* (Si mangiano? «Senza meno!
E valgon soldi!»), prova che il mare è pulito (È sicuro?
«Senza meno! Mai visto un mare pulito così!»). Una
cosa che il signor Balducci non capisce è il motivo per
cui hanno vietato di mangiare le cozze. Il figlio, dice,
gliene porta a sacchi. E lei ovviamente le butta, gli dico. «Senza meno! Tutte me le mangio. E sto benone.
Ne vuole, signor giornalista?»

Vieste (Gargano) — È facile annunciare «Seguirò la costa da Trieste a Ventimiglia per vedere cosa combina-
no gli italiani davanti al mare». Difficile è farlo davvero. L'espressione «strada litoranea», infatti, è presente solo nei vocabolari. In realtà non esiste. Non c'è praticamente comune affacciato sull'Adriatico che abbia
mancato di utilizzare la strada che segue il mare per
zone verdi, isole pedonali, divieti di transito, concerti,
mostre di fiori e caffè all'aperto.

In Romagna e nelle Marche, l'intrappolamento del
turista di passaggio è stato elevato a forma d'arte. Accade questo: improvvisamente la litoranea è bloccata
da un cartello di divieto e da una freccia a destra con
il nome della località successiva; il turista gira, e si trova
a vagare in strade microscopiche dove gente in mutande
lava l'automobile; lì rimane almeno un quarto d'ora,
in cerca di una via d'uscita. In Abruzzo non sono da
meno: la costiera, a Silvi Marina, si chiama viale Reno e finisce in un campo di girasoli; a Foro, dopo Francavilla a Mare, la strada finisce contro un deposito di
acque gasate vicino al bar Le Gemelle.

C'è un altro motivo per cui il *viaggio in Italia* è complicato: gli italiani salutano l'arrivo di un giornalista
con la stessa allegria con cui saluterebbero un'ispezione fiscale, immaginando chissà quali insidie. Entrare

in un bar di Francavilla a Mare e chiedere «Come vanno le cose a Francavilla a Mare?», vuol dire gettare l'intero esercizio nel panico. Nessuno pensa che l'intruso abbia soltanto voglia di fare quattro chiacchiere. I vecchi avventori sospettano che stia tramando qualcosa. I ragazzi vicino al flipper credono che sia matto. Il gestore del bar pensa agli scontrini fiscali che non ha dato. Tutti sorridono sollevati quando il matto se ne va.

Più si scende a sud, più il fenomeno è evidente. Quello che segue, ad esempio, è il resoconto di una conversazione con il signor Pasquale nell'azienda autonoma di soggiorno di Vieste, sul Gargano, alloggiata in un bell'ufficio a pochi passi da Marina Piccola. Chiedo se qualcuno mi può spiegare cosa ne è stato del parco naturale del Gargano, di cui si sente parlare da anni. Risposta: silenzio. Dico di aver letto un articolo sulla *Gazzetta del Mezzogiorno*, secondo cui l'88 per cento degli abitanti vogliono il parco, ma «ristretti gruppi di interesse» si oppongono. Risposta: «Lei è un ambientalista?». Rispondo che non sono un ambientalista, ma un giornalista. Risposta del signor Pasquale: «Se fosse stato un ambientalista avrei parlato con lei. Avrei potuto sondarla un po'». Dico: «Veramente sono io che dovrei sondare». Signor Pasquale: «Non dico niente. I giornalisti sono tutti prezzolati». Lo scambio — culturalmente profondo, umanamente stimolante — si ripete tre volte, con lievi variazioni. Alla fine prendo il solito chilogrammo di materiale illustrativo — da cui risulta che Vieste dista 1780 chilometri da Anversa (Belgio) e 110 da Cerignola (Foggia) — ed esco. Alle mie spalle, un'impiegata dice: «L'avevo detto, io, che quello aveva la faccia da giornalista».

Nonostante le migliaia di signor Pasquale sparsi per la penisola e le trappole predisposte da centinaia di assessori alla viabilità, scendere lungo le coste della Repubblica sul mare riserva ancora piccole gioie. Il tratto da Ancona al Gargano, ad esempio, è affascinante:

l'Italia cambia a vista d'occhio, tra striscioni di feste popolari e manifesti di cantanti ingrassati che hanno trovato una scrittura estiva a Montesilvano. Nelle radio libere mutano i modi e gli accenti: intorno a Termoli compare *Radio Sole*, dove vengono lette con grande serietà dediche come questa: «Da Tonino alla nonna: smettila di rompere o ti spacco la faccia».

Il confine tra Nord e Sud — il *mio* confine; Michele Serra ne aveva un altro — è Pineto negli Abruzzi. Un posto di mare vagamente malinconico, né bello né brutto, dove i ragazzi giocano a calcetto di fianco alla ferrovia, tra i pini marittimi e gli ombrelloni del bar Saint-Tropez, e quando sbagliano un gol imitano gli isterismi dei calciatori visti in televisione. È un'Italia con gli infissi in metallo, dove le automobili hanno quasi sempre un'ammaccatura. Un'Italia dove, domani, potrebbero filmare uno sceneggiato sulle vacanze negli anni Sessanta. È l'Italia di quand'ero bambino, piena di negozi che vendono biglie e canotti.

Tutto cambia — panorama, curve e clientela — dopo i laghi pugliesi di Lesina e Varano. Il bernoccolo del Gargano offre una successione di vedute spettacolari: spiagge, faraglioni e i faggeti della Foresta Umbra, relitto dei boschi cantati da Orazio, che veniva da queste parti duemila anni fa, e insidiava le cameriere nelle locande. È un peccato che anche qui, in tempi recenti, siano state compiute solenni schifezze. Intorno a Pugnochiuso, disposte a semicerchio nella valle, sono in costruzione schiere di edifici che andrebbero bene se dovessero alloggiare una divisione corazzata. Poiché sono destinate agli italiani in vacanza, sembrano decisamente fuori luogo.

Il turismo del Gargano è più avventuroso di quello che si incontra sul resto dell'Adriatico. In maggioranza si tratta di famiglie dirette verso un campeggio: automobili cariche di bambini che si sentono male ogni venti curve; caravans e roulottes irte di mountain bikes; motociclette da cui scendono ragazze con il volto stravolto e il vestito sbagliato, prova inequivocabile che quel viaggio l'hanno fatto per amore. Questi turisti badano a quanto spendono, a giudicare dalle trattorie semivuote che si vedono passando sul lungomare.

Non guidano motociclette, e non sembrano avere problemi di contante, gli ospiti dell'hotel Pizzomunno, dove mi sono rinchiuso a scrivere sotto i pini. Nemmeno loro, però, hanno l'aria di contribuire molto all'economia locale. Escono poco, anche perché l'albergo fornisce tutto l'indispensabile: mare, tennis, ristoranti, nonché un animatore che la sera si butta incatenato in piscina, riemerge e propone una gita alle Tremiti. È una Puglia vagamente sterilizzata, e ragionevolmente efficiente. Per far sentire a casa i clienti settentrionali è stato assunto il grand'ufficiale Celant Guido, nativo di Pordenone, che negli anni Sessanta faceva il portiere al Continental di via Manzoni a Milano. Celant veste sempre in frac grigio, porta le chiavi d'oro incrociate all'occhiello, e regala a tutti un *dottore* e un sorriso. È straordinario, come un inglese in India.

Santa Maria di Leuca — I grandi viaggiatori stranieri, durante i loro soggiorni italiani, fecero, bisogna dire, molte cose strane: Lord Byron nuotava tra i fetori del Canal Grande; Montesquieu insultava i veneziani, Flaubert i torinesi, Lawrence i milanesi e Ruskin i fiorentini; Richard Atkins voleva convertire il Papa di Roma al protestantesimo e il grande Heinrich Heine, assaggiata la frutta italiana, disse di non voler più mangiare le mele cotte tedesche. Nessuno, però, è stato mai così sconsiderato da trascorrere una domenica d'estate in questo modo: iniziarla intrappolato dai leccesi che lasciano la città diretti verso l'Adriatico; passarla dentro un ingorgo in compagnia dei brindisini; chiuderla incolonnato tra i tarantini che abbandonano le spiagge dello Ionio e tornano verso casa.

Ebbene: io sto per fare tutto questo. Lascio Lecce e le sue chiese una domenica mattina, e riprendo la strada della costa. Dopo dodici chilometri arrivo a San Cataldo, dove i leccesi-bene hanno piccole case e motoscafi; i *mazzari* (cafoni) vanno invece al mare dove capita, con bambini, canotti e colazioni al sacco. «I *mazzari*» mi spiega un ragazzo di Leuca «saremmo noi: quelli del Capo, quelli che vivono nella parte meridionale del Salento. Veniamo snobbati perché, dicono i leccesi, l'Italia finisce a Lecce.» Trovo l'affermazione straordinaria, e glielo dico: i baresi mi avevano infatti assicurato che l'Italia finiva a Bari, e i foggiani a Foggia. So che per i romani finisce a Roma, e per i lombardi al fiume Po, così come l'Europa per i tedeschi termina alle Alpi e il mondo per gli inglesi finisce sulla Manica. Dico al ragazzo di Leuca: «Vedi? Siamo tutti i meridionali di qualcun altro». Lui risponde: «D'accordo. Ma noi con chi ce la prendiamo?».

Queste sottili disquisizioni mi tornano alla mente scendendo la statale numero 611, che segue giudiziosamente l'ultimo scampolo di costa adriatica in direzione di Otranto. Una bella strada, nonostante la poca vegetazione e i molti ingorghi. Un paio di segnali di curva pericolosa portano la scritta *Luana*, che forse è la stessa fanciulla cui sono dedicati i graffiti sulle grandi ancore sotto il «monumento al marinaio», nel porto di Brindisi.

Alcuni centri abitati offrono esempi gagliardi di abusivismo edilizio. Segnalo, agli amanti della materia, Rocca Vecchia e Torre dell'Orso. È un abusivismo allegro, non tetro come quello calabro. Vedo una villetta con maioliche alla portoghese, patio messicano, cancellata classica, finestre ingleseggianti e tetto all'araba. Penso al coraggio del proprietario e al genio del suo geometra: il primo dovrà pure guardare in alto, mentre rientra nelle viscere del mostro, la sera. Il secondo avrà, se non una coscienza, almeno un'anima. Non può non sapere cosa lo aspetta nel giorno del Giudizio dei Geometri.

Dopo Otranto, il centro abitato più orientale d'Italia, e Santa Cesarea Terme — bella e dolcemente démodé, come tutte le città di terme — la vicinanza del capo Santa Maria di Leuca viene segnalata dalle inevitabili pensioni Due Mari. L'Italia finisce proprio come sulla carta del Touring Club, con una grande curva a destra. Al di là, sorprendentemente, è tutto uguale: il primo incontro è con una pattuglia della polizia stradale impegnata a discutere con una banda di ragazzetti in motorino; il secondo incontro, con un pallone che sbuca da un giardino e atterra mollemente sul parabrezza.

Leuca, mi sorprendo a pensare, è fortunata. Se fosse stata altrove, non sarebbe tanto famosa. Ruffano, Ugento o Presicce, ad esempio, vivono nell'assoluto anonimato. Leuca, invece, è costantemente citata, ricordata, sbattuta sui giornali: l'Italia del Brennero, ci chiediamo noi giornalisti senza fantasia, è la stessa di Santa Maria di Leuca? La risposta di solito è «no», ma arrivando qui comincio ad avere qualche dubbio. La cittadina è percorsa da piccoli «fuoristrada» e brulica di Foto Kodak, Paninoteca, Sala Giochi SuperBullet, Caffè Mokambo, Totocalcio e Rosticceria Lo Spuntino. Il paesaggio italiano — più viaggio, più me ne convinco — è questo. A Leuca non è stato sufficiente essere sulla punta estrema: se voleva essere diversa, doveva staccarsi e galleggiare sdegnata verso l'Albania.

Proseguo. Il Salento — bianco di rocce carsiche e brulicante di teste nere — continua ad alternare luoghi incantevoli e volenterose manomissioni. A Torre San Giovanni i costruttori l'hanno buttata sulla geometria. C'è assolutamente di tutto: tetti trapezoidali, condomini a forma di parallelepipedo, cilindrici, cubici. Una casa porta sul tetto, per motivi noti probabilmente solo al confessore del proprietario, una serie di triangoli capovolti. A Capilungo, pochi chilometri più avanti, c'è un *igloo* di cemento armato. Un museo dell'anarchia edilizia, in questo angolo della penisola, non starebbe male: sarebbe la dimostrazione che l'italiano, quando ha deciso di combinare disastri, si ferma soltanto davanti al mare, quando si ferma.

A Gallipoli, ad esempio, si è arrestato pochi metri prima: sulla spiaggia. Le famiglie che trascorrono la domenica sul mare si possono contare perché ognuna lascia dietro di sé un sacchetto di rifiuti: poiché i cestini sono pieni o divelti, dalla *riviera* — la strada panoramica ricavata dalle mura antiche — si scorgono monticelli bianchi di cellophane. Su una spiaggia della provincia di Taranto, che inizia appena dopo Punta Prosciutto, vedo di peggio: una mamma sgrida il suo bambino perché butta i rifiuti sulla sabbia. «Non fare così» dice paziente, mentre il cronista di passaggio silenziosamente si compiace. Poi la signora mostra come fare: due giri per aria, un colpo di polso e il sacchetto di immondizia atterra dentro un cespuglio distante cinque metri.

Il turismo domenicale si è accanito con particolare ferocia su questo tratto di costa, pensando forse che era lungo, e se ne poteva massacrare un po'. In una località chiamata Marina Piccola — vicino al Lido Silvana, a una ventina di chilometri da Taranto — sembra addirittura che la folla si sia informata su tutto ciò che è proibito, per poi farlo, senza trascurare nulla. La gente pianta tende, abbandona roulottes, costruisce baracche, lava i cani. Qualcuno ha installato una linea elettrica artigianale. Mancando i servizi igienici, tutti fanno tutto in mare, che diventa toilette, lavello e pattumiera. Perfino la *Gazzetta del Mezzogiorno* si è scoraggiata: «Davanti a queste scene» ha scritto «i nomadi slavi meriterebbero l'Oscar del turismo internazionale».

Intorno alle sette di sera l'esercito della domenica
— i *gentlemen* di Marina Piccola e tutti gli altri, disse-
minati lungo chilometri di spiaggia bassa — riprende
la via di casa, tra imprecazioni per le automobili in-
sabbiate e scenette di vita familiare (mamme che inseguono bambini, bambini che fuggono dalle mamme,
padri che osservano bambini e mamme, impassibili come bonzi). Avvicinandosi a Taranto il caos aumenta.
Le strade cominciano ad intasarsi; anziane donne in
nero portano sadicamente le sedie sui marciapiedi per
assistere agli ingorghi; chi ha un'automobile di grossa
cilindrata — dalla Lancia Dedra in su — si ritiene in
diritto di guidare al centro della strada, e lampeggia-
re. Al Lido Gandoli le colonne che tornano in città si
incontrano con quelle che arrivano dalla città per trascorrere la serata sul mare. Il risultato è un ingorgo
sinistro, mentre la luce cala, i clacson strillano e si accendono i neon (Paninoteca, Sala Giochi, Caffè Mokambo) di un'altra bella sera italiana.

Metaponto — Tutto appare bello venendo da Taranto.
Anche Metaponto, moderna stazione balneare tra il
Bradano e il Basento. Per chi ignora dove stia il Bradano e non sa cosa sia il Basento, diciamo che sono due
fiumi che sfociano appaiati nell'inguine d'Italia, nel
punto dove la Lucania scende piatta al mare e divide
Puglia e Calabria, come un arbitro impegnato a tenere distanti due contendenti. L'antica Metaponto venne colonizzata dai greci nel settimo secolo avanti Cristo, assicurano le guide turistiche, e l'aria immobile,
il caldo secco, le strade vuote ricordano in effetti certi
luoghi del Peloponneso e della Turchia. Poi si arriva
davanti al mare e la vigilessa, sorridente, dice: «Vada
pure tranquillo senza cinture. Tanto qui non le dicono niente». Certo, a questo punto, di essere ancora in
Italia, posso cominciare a guardarmi intorno.

Metaponto Lido è lunga, assolata e vagamente artificiale. L'automobile si parcheggia nell'abitato, sotto file di vezzosi oleandri, dove di solito ha già parcheggiato qualcun altro. Oppure si porta vicino alla spiaggia: qui il posteggio è custodito, ma non sarebbe necessario, perché a quaranta gradi anche i topi d'auto danno forfait. Le automobili portano molte delle targhe d'Italia ma — assicura il proprietario di una tavola calda sotto gli eucalipti — ripartono quasi tutte prima di sera. Al Lido di Metaponto rimangono quelle targate Matera, e nemmeno molte: si tratta di gente che ha un appartamento, e si guarda bene dallo spender soldi nelle tavole calde sotto gli eucalipti.

La spiaggia è bassa, larga e affollata. Sembra che tutta la popolazione della Basilicata si sia data appuntamento qui, per fare quello che tutte le famiglie italiane fanno di questi tempi: inseguire bambini che si picchiano con le palette e chiedono la pista per le biglie, sulla quale il resto del mondo non deve passare. Chi non crede che l'Italia sia un'unica nazione dovrebbe trascorrere una mattina sulla spiaggia di Metaponto con gli occhi chiusi, e si convincerebbe: qui, come a Jesolo o a Pineto negli Abruzzi, i discorsi sono gli stessi. Al Sud, forse, gridano un po' di più. Per il resto, stessi timori, stesse arrabbiature, stesse urla verso bambini del tutto simili, che rifiutano di fare il bagno quando devono, vogliono farlo quando non devono e, in un caso e nell'altro, piangono e protestano.

Per saperne di più su Metaponto — dopo le solite indagini presso posteggiatori, baristi, vigili e vicini di asciugamano — vado alla ricerca di un «ufficio informazioni». Lo trovo, e trovo Geltrude Orsola Del Castello. La signorina — piccola di statura, corvina di capelli, una di quelle italiane che gli stranieri fotografano di nascosto per mostrare agli amici in patria quali scherzi gioca la latitudine — è di Bernalda, il comune dell'interno da cui Metaponto dipende. Se ho capito bene, Geltrude Orsola Del Castello ha concluso un accordo con l'amministrazione: lei fornisce informazioni ai turisti e, già che c'è, vende oggetti di artigianato, opuscoli fotocopiati e un suo libro di poesie intitolato *Per le strade del mio quartiere*, al quale muovo soltanto un appunto: l'introduzione non doveva esordire con «L'amministrazione locale di Bernalda, in occasione della X edizione del Tiro alla Papera, ha curato la pubblicazione di questa raccolta di poesie». Per lo meno, doveva evitare le maiuscole.

Geltrude Orsola Del Castello ha pubblicato anche uno studio sulla Magna Grecia *a livello di fotocopia*, e offre un certo numero di opinioni sensate. La cosa che più la fa arrabbiare, sostiene, è la mancanza di informazioni. Non esistono guide che accompagnino i turisti attraverso il parco archeologico, ad esempio, e così la maggioranza dei visitatori se ne va convinta che le Tavole Palatine siano una cosa noiosa chiusa in un museo, quando invece sono i resti di un tempio dorico dell'undicesimo secolo avanti Cristo dedicato a Hera, la dea della fertilità.

Altri problemi sono la siccità, e il fatto che i visitatori chiedano sempre opuscoli sul Lido di Metaponto (che naturalmente non ci sono) «senza capire che noi siamo qui per spingere il turismo all'interno della Basilicata». La dimostrazione di quest'ultimo concetto arriva immediatamente: una signora di Bergamo entra e vuole «materiale illustrativo» sulla spiaggia. Il *match* con Geltrude Orsola Del Castello, che intende rifilarle opuscoli sulle attrattive di Grottole, Ferrandina e Rotondella, è breve e violento. Alla fine la bergamasca cede, prende tutto e compra un libro di poesie.

La signorina Geltrude è meno informata, o parla meno volentieri, degli strani manufatti in cemento che, arrivando, si vedono dalla statale: *Lavori di costruzione della viabilità dei nuclei turistici — Primo intervento*, sta scritto su un cartello. «È uno stadio» spiega «ma non è finito.» Perché non è finito? chiedo. «Perché sono finiti i soldi. Quando non ci sono più soldi, i lavori si fermano.» Perché uno stadio in questo posto sperduto? Geltrude Orsola Del Castello, questo, non lo sa: le sue specialità sono altre. Per esempio, l'etimologia dei termini *Lucania* e *Basilicata*. Interessa?

Lasciando Metaponto, i suoi eucalipti, i suoi bambini e le sue poetesse, si incontrano subito altre prove che in questo angolo d'Italia sono numerosi gli amanti del cemento. Il Basento, che si butta nello Ionio a poche centinaia di metri dal lido, è sotto sequestro giudiziario: sessanta chilometri di fiume, probabilmente un record mondiale. Pare che il procuratore della Repubblica di Matera voglia veder chiaro nei «lavori di sistemazione idraulica», finanziati con duecento miliardi di fondi Cee e destinati a incanalare con argini di cemento il corso d'acqua. Il giornalista di passaggio non può e non vuole approfondire. Sa però che nessuno, sul pianeta, consuma più cemento degli italiani: ottocento chili a testa ogni anno, il doppio dell'Unione Sovietica e il triplo degli Stati Uniti d'America. Sa anche che, andando da Trieste a Ventimiglia, dopo i lidi della Basilicata viene la costa ionica della Calabria, dove di cemento e betoniere sarà costretto a fare indigestione.

Locri (Reggio Calabria) — Se un turista, sotto gli ombrelloni bianchi e rossi dei bagni La Playa, dicesse ad alta voce d'essere venuto apposta da Verona o Vercelli per passare un paio di settimane in questa ridente «località balneare della Calabria, nei pressi dell'antica città greca di *Locri Epizefiri*» (Guida Rapida del Touring, volume 5, pagina 158), diventerebbe subito popolare. Solo per lui avrebbero occhi le ragazze scure come madonne bizantine, l'energumeno che passeggia portando un ombrellone con la scritta *Bigliardi Cedro*, i ragazzi che fanno sci nautico tra le teste degli amici.

Tutti vorrebbero festeggiare l'ospite intrepido che è venuto a trascorrere le vacanze nel capoluogo della Locride, terra di sequestri.

Purtroppo per Locri, non c'è nessun ospite da festeggiare. I ragazzi possono continuare a fare sci d'acqua fra le teste degli amici, e l'energumeno può passeggiare con l'ombrellone. Di turisti, qui, non se ne vedono. Le automobili sono targate rigorosamente Reggio Calabria e l'albergo Demaco, trentatré camere con bagno, non rischia il tutto esaurito. Eppure Locri non appare più brutta di altre località della Calabria jonica: il mare è azzurro e profondo, la spiaggia pulita, le ragazze brune, sorridenti e abbronzate. Il municipio, nascosto tra le piante, ricorda certe costruzioni dell'Est europeo: da lontano è quasi bello; avvicinandosi, sembra soffrire di invecchiamento precoce.

Locri, con i suoi negozi dagli improbabili nomi francesi (*Sans Souci*, *Envie de Charme*), non è il simbolo della Calabria ionica. Ci sono posti con una fama migliore, e posti con un aspetto peggiore. La costa, scendendo dalla Basilicata, è certamente più triste. Meglio: lascia senza fiato. Le costruzioni abusive, le case non intonacate e i condomini senza infissi non parlano solo di indisciplina e furbizia, come in altre parti d'Italia. Parlano di incoscienza assoluta. Tre edifici su quattro non sono terminati: qualcuno già arrugginisce nel vento. Corrado Alvaro, quando scrisse che in questa regione «la stessa natura prende atteggiamenti d'architettura, e l'opera dell'uomo fa tutt'uno con essa», non poteva immaginare queste opere, e forse pensava a uomini diversi.

A Sibari, a Cirò Marina e a Capo Colonna di turisti se ne vedono pochi: il Censis ha stabilito che quest'anno il 3 per cento degli italiani diserteranno le spiagge nazionali, ma qui si parla di ben altre percentuali. Anche Capo Rizzuto, un nome che qualche anno fa era di moda come quelli delle spiagge sarde, sembra poco frequentato: sulla piazzuola del promontorio ci sono una Opel con targa tedesca, due ragazzini in motorino e i vetri di un finestrino rotto, segno di un'autoradio che ha cambiato padrone. Pare che i turisti siano arrivati, ma stiano tutti nei villaggi turistici: il Club Hotel a Le Castella, un Valtur a Simeri-Crichi, un albergo a Copanello. È una situazione da Far West: questi villaggi sono tanti Fort Apache — chiusi, difesi e autosufficienti — e tutt'intorno c'è il deserto. Nelle pensioni con i muri senza intonaco, infatti, gli italiani non vogliono più andare. Nei campeggi con l'erba bruciata, cinquemila lire al giorno, nemmeno.

I proprietari degli alberghi parlano malvolentieri dei propri affari. Accennano a storie di malavita e invidie: «Qui la gente detesta il successo altrui» dice uno di loro «e non fa nulla per conquistare il successo proprio». A Copanello, il proprietario dell'hotel Guglielmo è riuscito a costruire un giardino magnifico, un dedalo di bouganvillee e limoni. L'albergo dà lavoro a oltre cento persone per tutto l'anno. Gli parlo di una lambada notturna che mi insegue come un fantasma in questa estate sul mare, e gli chiedo se gli italiani stanno disertando la Calabria. Ammette di ricordare periodi migliori. Per quanto riguarda la lambada, si scusa: è stata richiesta da un gruppo di turisti milanesi insonni.

Copanello è una piccola oasi, fiorita e affollata. Subito dopo, ricomincia il deserto. Proseguendo verso sud passo per Riace, dove un cartello ricorda che il mare nascondeva i bronzi, ed entro a Siderno, dove un negozio si chiama *Rockefeller Calzature* e un automobilista usa le cinture di sicurezza (commosso, segno il numero di targa: RC398002, una Fiat Duna color carta da zucchero). Superata Locri, subito dopo il bivio per San Luca, c'è il camping Costa dei Gelsomini. Una tenda — una sola — prende sole tra l'erba gialla.

Avvicinandosi a Reggio Calabria — dopo Capo

Spartivento, dove l'Aspromonte precipita nel mare — cambia il paesaggio. Sopra un ponte qualcuno ha scritto *Dio c'è-Vota Dc*, e le automobili continuano a essere targate soltanto Reggio Calabria. A Melito di Porto Salvo i cartelli dicono *Welcome*, *Wilkommen* e *Bienvenus*, non si sa bene a chi: circola solo gente del posto, tra buche nelle strade e bar deserti. A Lazzaro il lungomare è quasi bello, arredato con un parapetto di piccole colonne e grandi lampioni *liberty*. Non è finito, però, e dà l'impressione di un luogo abbandonato dopo un cataclisma. Nel ristorante Il Faro sono sedute famiglie con molti bambini: le mogli giovani e accaldate; i mariti in pantaloncini e zoccoli. L'albergo è costruito direttamente sulla spiaggia, ed è grande come una cattedrale; dispone di un'immensa sala per i banchetti, ma oggi le sedie sono rovesciate sui tavoli. Questa è la punta della punta dello stivale: poi la strada statale 106 piega a nord, verso Reggio e lo Stretto di Messina. Qui i turisti non vengono. A Lazzaro il mare è azzurro e brillante, forse perché l'Italia è un posto lontano.

Tropea — Ai principi tedeschi, di solito, importa poco delle fogne italiane. Quando però le fogne italiane sporcano il mare, e davanti al mare sta un albergo, e quell'albergo è il *loro* albergo, allora i principi tedeschi si preoccupano. È accaduto a Tropea: il principe Hermann von Sachsen, proprietario dell'hotel Rocca Nettuno, ha messo mano al libretto degli assegni per aggiustare il depuratore comunale che non funzionava. L'acqua del mare, dicono, da quel giorno è migliorata. L'umore del nobiluomo, anche.

Al Rocca Nettuno raccontano volentieri la storia del depuratore, anche perché il proprietario tedesco ne esce bene, a differenza della pubblica amministrazione italiana. Ammettono anche che l'acqua di Tropea, seppure balneabile, non è più quella di qualche anno fa: una ragazza romana, impiegata al ricevimento, ricorda che, negli anni Settanta, «quasi si poteva bere». La signorina, che ha l'occhio battagliero di chi deve domare i tedeschi in vacanza, spiega che Tropea non è in gran salute, e i sintomi del malessere sono dappertutto: le tre discoteche Casablanca, Rebus e Blue Inn il 20 luglio non erano ancora aperte; i treni diretti da Roma e Milano sono stati aboliti, tranne uno: chi arriva deve cambiare a Lamezia e montare sull'accelerato locale, che se la prende comoda.

La grande trasformazione di Tropea è avvenuta una quindicina di anni fa. «La cittadina appollaiata su una roccia perpendicolare al di sopra delle nostre teste» (per citare un viaggiatore francese del Settecento) diventò la mecca del popolo con il sacco a pelo, con immensa rabbia dei commercianti locali. «Mangiavano per terra, dormivano all'addiaccio; si baciavano, si spogliavano e si drogavano» ricordano oggi, con l'angoscia di chi descrive un flagello divino. In una libreria del corso principale, il proprietario racconta disgustato: «Non si poteva più nemmeno andare all'*affaccio* sul mare: c'erano *loro* sdraiati per terra».

La soluzione del problema è arrivata in seguito alla decisione di trasformare i molti campeggi in altrettanti villaggi-vacanze. Senza alloggio, malvisti e malridotti, i ragazzi del sacco a pelo hanno cominciato a disertare. Altri, addomesticati da mogli severe e ferie corte, hanno ripiegato sulla Romagna. Al loro posto sono giunte tranquille famiglie di impiegati, che cenano nei ristoranti all'aperto senza rubare le forchette, insieme con bambini che piagnucolano perché vogliono le balene gonfiabili e gli zoccoletti nuovi. Quando hanno visto questi nuovi arrivi, i ristoratori e i negozianti di Tropea hanno capito che era fatta, e si sono abbracciati commossi.

La trasformazione, fortunatamente, si è limitata alla clientela. La cittadina, adagiata su un ripiano di arenaria alto sul mare, non è stata assassinata dai costruttori come buona parte delle località marine della Calabria. I guai di Tropea, in fondo, sono guai minori: in ogni porta c'è un negozio; in ogni cortile, un ristorante; in ogni via, un ingorgo, anche perché le vie sono più strette delle automobili. Le spiagge sotto l'abitato hanno sofferto a causa del depuratore in avaria, ma quelle più distanti rimangono deliziose, e la ricchezza della vegetazione permette a un milanese di riconoscere almeno sette specie di piante: agavi, eucalipti, fichi d'India, pini, palme, oleandri e bouganvillee. Nella baia di Riace — dove sono riusciti perfino a costruire due stabilimenti balneari e due parcheggi senza combinare disastri — è possibile far colazione in un ristorante semivuoto guardando il mare verdeazzurro che sbuca tra le foglie, come in una vecchia cartolina.

Tropea è rimasta un bel posto, in altre parole, e lo rimarrà, soprattutto se gli amministratori locali capiranno che i depuratori vanno aggiustati senza aspettare l'arrivo dei principi, come nelle favole. Delle virtù di questa località sono convinti in molti: si va, come al solito, dagli innamorati ai fanatici. Alla prima categoria appartiene Francesco Stefanelli, che ha scritto una guida turistica della zona, e quando la estrae da un cassetto la guarda innamorato, come se guardasse una figlia che va in sposa. Stefanelli è pugliese, ma vive in Calabria da vent'anni. Fino all'anno scorso era appuntato dei carabinieri e pattugliava la zona, che dice di conoscere «metro per metro, scoglio per scoglio».

Stefanelli ama la sua guida, e ama Tropea, con la passione dello scrittore e la dedizione del carabiniere. Il cocktail è affascinante: gli chiedo come è cambiato il turismo e risponde sognante che Giuseppe Berto si ritirava a scrivere a Capo Vaticano. Domando chi ha cacciato gli hippies, e mi spiega la differenza tra le secche e le dragare: sul fondo delle secche c'è sabbia, e ci stanno le cernie; sul fondo delle dragare ci sono alghe e scogli, e vivono saraghi e cefali. Decido di chiedere spiegazioni sul nome di qualche scoglio, per vedere se in questo modo riusciamo a parlare del deputato. L'autore sorride: di grotte e scogli sa assolutamente tutto. Sulla sua guida ne vengono descritti centododici, con traduzione in inglese e tedesco («Scoglio 'a mitraglia»: *In zweiten Weltkrieg war hier ein Militärposten stationiert*; «'A grutta dell'ammore»: *Popular with young couples for its secluded position*).

Un'altra attività che è possibile compiere intorno a Tropea, con l'aiuto dell'opera di Stefanelli, sono le visite storiche. Interessante, ad esempio, è scoprire i posti dove Giuseppe Garibaldi *non* è stato. L'eroe dei due mondi, a giudicare dalle lapidi, è infatti sbucato da ogni balcone, ha dormito in ogni letto, varcato ogni portone. Qui vicino, a Nicotera, viene ricordato come «fulmine di guerra — sereno baldo sicuro del trionfo — della sua eroica e leggendaria impresa — in mezzo all'entusiasmo del popolo — lanciò la parola incitatrice — alla liberazione della nostra patria — dalla esosa tirannide borbonica». Arrivasse adesso, l'«eroe dei due mondi» sarebbe meno popolare: essendo barbuto, un po' sbracato e in compagnia di mille giovanotti che non cambiano mai camicia, piacerebbe poco all'Associazione Commercianti.

Positano — Salire dalla Calabria alla Campania è impegnativo. Non soltanto perché buona parte delle curve d'Italia sono concentrate fra Praia a Mare e Agropoli, ma anche perché le cose da vedere sono tali e tante che ci si vorrebbe fermare ogni momento: in Calabria c'è Pizzo, dove fucilarono il famoso Murat, che fu re di Napoli e non fondatore di una casa di sigarette; nel breve tratto di Basilicata tirrenica si affaccia l'incantevole Maratea; a Sapri un obelisco ricorda lo sbarco di

Pisacane; a Palinuro sono in corso le prove generali degli ingorghi di Ferragosto.

Dopo Acciaroli, superata una pizzeria Corallo Rosso dall'aspetto preoccupante, il paesaggio offre nuovi motivi d'interesse. Il viaggiatore, ad esempio, può contare le specie di piante lungo la strada, oppure i posti dove i motociclisti del Cilento sistemano il casco, pur di non calzarlo in testa: sul freno, sulla frizione, appeso allo specchietto retrovisore, legato al portapacchi. Intorno a Salerno il forestiero può dedicarsi invece al gioco delle bandiere: vince chi trova più variazioni del tricolore italiano. Molti sono capovolti (il rosso a sinistra invece del verde); altri sono orizzontali come la bandiera dell'Ungheria; altri ancora ricordano la bandiera dell'Iran, oppure, quando il rosso è scolorito, quella dell'Irlanda.

Sulla costiera amalfitana, affrontata all'ora della pennichella, non c'è traffico, e una comitiva di turisti tedeschi sembra genuinamente stupita di questo fatto, al punto da trascurare il panorama. Perfino a Positano ci si muove con ragionevole agio. Una volta sistemato su un lettino accanto a un portarifiuti rosso a forma di leone (cortesia del *capitano* dei bagni L'Incanto), il viaggiatore può finalmente rilassarsi: quando l'Italia ricca si mette in mutande, infatti, non ci si può annoiare.

Intorno a me c'è di tutto. Ci sono ragazzotti napoletani che si preparano per una serata al Mito (ex Fregata), la più vecchia discoteca di Positano che, assicura *Il Mattino*, «conserva un'aria giovanissima e molto *post*». Ci sono i loro papà carichi di braccili d'oro, quelli che il *capitano* chiama impietosamente «i soliti scafandri». Ci sono mamme che trascinano figlie adolescenti dall'aria infelice, infagottate nello «stile Positano». Manca invece — e questo probabilmente ha assicurato a questo posto l'eterna giovinezza profetizzata dallo scrittore John Steinbeck — il cafone motorizzato, che ha dovuto arrendersi di fronte a scale e gradini. C'è soltanto, per la gioia del cronista, qualche buon esemplare di gitante occasionale, quello che segue le mode con disperato candore: quando era di moda il jogging, lui correva; quando andava il registratore *walkman*, lui ascoltava musica tutto il giorno; ora che furoreggia la cinepresa, lui riprende. Nessuno sa bene cosa, ma riprende.

L'immutabilità di Positano — la grande notizia di quest'anno è che la Buca di Bacco ha installato un nuovo ascensore — costituisce insieme la forza e il limite di questo posto. Dopo un paio di giorni trascorsi a guardare «i soliti scafandri», le solite ragazze e i soliti negozi, non si sa bene come passare il tempo. Se il visitatore è un giornalista, e ama farsi insultare, può andare all'azienda di soggiorno, dove un'impiegata ammonisce «dottore, se fa un articolo, *buono* lo deve fare!», e poi ordina di andare all'hotel Marincanti «dove il direttore, se avrà tempo, la riceverà». Un'altra possibilità è montare in automobile, attraversare Napoli e arrivare a Castel Volturno, che somiglia a Positano come una rapa somiglia a un'azalea.

Castel Volturno, per dirla in due parole, è un disastro. Un disastro così gigantesco da diventare interessante. Il mare non è soltanto inquinato, ad esempio. Potrebbe rappresentare l'Italia nelle Olimpiadi dell'Inquinamento, e sperare di piazzarsi bene: una processione di barche-laboratorio, golette, ecologisti ed esperti vari ha stabilito che i coliformi, in queste acque, sono grassi e felici come omini della Michelin. Gli abusi edilizi non sono fantasiosi come in Puglia o metodici come in Calabria: sono così perversi e diffusi che un povero costruttore abusivo, per studiare qualcosa di originale, dovrebbe riflettere a lungo. Un medico napoletano racconta che il posto era decente, prima del terremoto del 1980. Poi le «seconde case» sono state requisite, e i nuovi inquilini hanno cominciato a manomettere cancelli e balconi.

Il colpo definitivo alla «riviera» di Castel Volturno lo hanno dato gli immigrati di colore, arrivati anni fa per la raccolta dei pomodori, e rimasti in numero imprecisato. Ci sono tratti di strada in cui si ha la sensazione di non essere in Italia, ma in Sud Africa: i bianchi passano in automobile; i neri vanno a piedi, oppure si fermano a gruppi, e fumano appoggiati ai muri. Vicino al Lido Oasi, dove le spiagge sono protette da reti e un cartello annuncia «Si usano solo le sdraio del Capitano», qualcuno ha cambiato il nome di una via con un cartello scritto a mano: *Viale dello zio Tom*, si legge. Al tramonto, sul bordo della spiaggia, famiglie con le auto targate Caserta si preparano a tornare verso casa. I bambini gridano contenti. A Positano, non c'è dubbio, non si sarebbero divertiti tanto: laggiù papà non poteva insabbiarsi con l'automobile, e non ci sono neppure i chiodi e i vetri da cercare nella sabbia.

Lido di Ostia — I centoquattordici chilometri di strada costiera che dividono Terracina da Ostia, in una domenica d'estate, contengono più bambini, più parafanghi, più materassini, più schiene rosse e pance ballonzolanti, più sospiri e più sudore di qualsiasi altra striscia d'Italia. Eppure sono centoquattordici chilometri estremamente interessanti. Innanzitutto perché dimostrano che gli italiani sono un popolo ragionevole: quando trovano un parcheggio, parcheggiano, come si vede lungo le spiagge di fronte a Sabaudia (se non lo trovano, parcheggiano comunque). Quando scoprono un cestino dei rifiuti, qualche volta, lo usano. Quando finiscono in un ingorgo — come ho potuto sperimentare nei micidiali attraversamenti di Nettuno, Lavinio e Tor Vaianica — si mettono in coda e, per ingannare il tempo, suonano il clacson e guardano con odio le automobili con i finestrini chiusi, che evidentemente hanno l'aria condizionata. Tutto molto ragionevole, tutto molto civile.

È a Ostia Lido che un lombardo s'aspetta il peggio. I lombardi, infatti, Ostia l'hanno sentita soltanto nominare, ma non ci sono mai andati, perché ne hanno un terrore folle: lo considerano un posto dove i romani alzano ulteriormente la voce, si spogliano in pubblico e si rubano le autoradio a vicenda. Una sorta di Bronx in riva al mare, dove automobili di province signorili come Mantova o Pavia verrebbero inseguite da turbe urlanti, desiderose di portarsi a casa la targa per ricordo.

Ebbene, posso assicurarlo: niente di tutto questo. L'esperimento che segue è stato condotto di domenica, dalle ore 12 alle ore 16, quando il sole dardeggia nel cielo e Radio Ostia propone corsi estivi di recupero e grigliate miste: il momento più drammatico dell'anno, quando dalla custode accaldata di uno stabilimento balneare non è lecito aspettarsi il self-control di una baronessa tedesca. L'idea — un po' provocatoria — è questa: controllare se viene rispettata una recente ordinanza della capitaneria di porto secondo cui l'accesso al mare è libero a tutti, *anche attraverso i cancelli degli stabilimenti balneari*, pubblici e privati. Corre voce, invece, che i proprietari dei bagni pretendano sempre e comunque il pagamento del biglietto e, appena sentono nominare l'ordinanza della capitaneria di porto, pensano subito di avere a che fare con un provocatore, uno stupido o un giornalista, oppure — peggio ancora — con un giornalista stupido e provocatore. In questo caso, si arrabbiano molto.

Dico subito che l'unico rifiuto netto è venuto dai bagni Vecchia Pineta, dopo che una cassiera con il volto di Biancaneve, alla quale avevo chiesto di entrare gratis, ha sussurrato: «Non posso prendermi questa responsabilità». Il proprietario è intervenuto: «Vuole entrare senza pagare? Vada alla spiaggia libera». Molto più interessante la tattica dei bagni Cral Comune di Roma, dove hanno cercato di convincermi che io ero un dipendente del Comune di Roma, ma davanti alle mie decise smentite hanno dovuto cacciarmi. Un particolare interessante relativo ai bagni Cral Comune di Roma: stanno davanti a un cartello con la scritta *SPQR-Divieto di balneazione*.

Ai bagni Plinius mi hanno lasciato passare, cosa che ho subito fatto, ispezionando — primo cremasco da sempre, sono certo — le cabine dove famiglie intere prendono l'ombra. Alla biglietteria dei bagni Delphinus hanno detto che potevo arrivare fino al mare, ma dovevo promettere di non spogliarmi e non fare la doccia. Poi mi hanno spiegato cosa sono i *periodi* per l'affitto di lettini e ombrelloni, una cosa che — mi è stato fatto capire — ero l'unico in tutta Ostia a non sapere. I *periodi*, in alta stagione, sono tre: dalle 9 alle 13, dalle 13 alle 16, e dalle 16 alle 19. Se uno rimane sdraiato sul lettino dalle 9 alle 19, ad esempio, non solo si alza anchilosato, ma paga tre *periodi*. Ho condotto l'esperimento soltanto in altri tre bagni, prima che si diffondesse la voce di un matto che voleva entrare dappertutto e, appena gli dicevano «Prego, si accomodi», se ne andava. Nel primo bagno, di cui non ricordo il nome, hanno risposto «Legga bene l'ordinanza. Lei può transitare, ma non passare». L'hanno detto in maniera così dolce, tuttavia, che non ho avuto cuore di far notare che, come risposta, era un'idiozia. Ai bagni Maresole la vista di un colosso truce e abbronzato mi ha convinto a trasformare la domanda «Si può entrare gratis?» in «Quanto costa l'ingresso?». Ai bagni Tibidabo, infine, sono stato umiliato dalla cortesia della proprietaria che non solo mi ha sorriso e mi ha lasciato entrare, ma mi ha aperto il cancello perché — ha spiegato — l'automobile carica di bagagli, lasciata sulla strada, sarebbe stata in pericolo.

Ho amato molto, perciò, i bagni Tibidabo che, come qualsiasi *connaisseur* di Ostia Lido può dirvi, si dividono in Tibidabo Ponente e Tibidabo Levante. Ai bagni Tibidabo c'era tutto quello che un uomo può volere in una domenica di luglio: camerieri cortesi, birra fresca, docce tiepide e un bar dove hanno i gelati col biscotto. Un cartello annunciava un torneo di «Pinnacolo Super» ma nessuno, apparentemente, sapeva di cosa si trattasse. Un altro cartello consigliava il «menu *guidato*». Di nuovo, nessuno sapeva dirmi cosa fosse. Anche quella — ho proclamato allora — era una prova dell'eccellenza dei bagni Tibidabo e della civiltà di Ostia. Perché annoiare l'ospite con un menu guarnito dai soliti aggettivi (economico, di mare, turistico, consigliato, alla carta)? Meglio un menu *guidato*, rassicurante e misterioso al tempo stesso. Il pasto sarebbe stato certamente favoloso: bastava non mettessero in tavola i pesci che avevano pescato lì di fronte.

Viareggio — Passare dalle coste del Lazio (Nettuno, Ostia, Fregene) a quelle della Toscana è come passare dalla mazurka al valzer lento. Il ballerino, soprattutto se reduce da tremilacinquecento chilometri di litoranea come il sottoscritto, viene pervaso da un senso di pace, e guarda tutto con occhio benevolo: ad Ansedonia le rovine della Cosa, che non è l'ectoplasma post-comunista ma una colonia romana del 273 a.C.; a Castiglione della Pescaia la maremma, il borgo antico e i tedeschi, che stanno comprando questo e quella; a Punta Ala alberghi che si chiamano maliziosamente Piccolo Hotel, e dove una camera costa mezzo milione a notte.

Da Punta Ala arrivo a Follonica, uno dei rifugi del turismo familiare in Toscana. La città, nonostante alcune tendenze pericolose (le mostre in programma sono «Strumenti di morte e di tortura nei secoli» e «I serpenti più velenosi del mondo»), è gradevole, e dispone di una passeggiata dove è possibile osservare le ultime tendenze dei giovani senesi e fiorentini. Ragazzine di tredici anni procedono inguainate come ciclisti e immusonite come la cantante Madonna, e fanno grandi sforzi per non rispondere agli «Ehi voi!» dei ragazzi appollaiati sui muretti. Si tratta di un rito del corteggiamento che chiunque abbia più di trent'anni non può capire, così come chi non è ornitologo, o non è un uccello, non può capire i riti di corteggiamento tra le quaglie.

Follonica, dicevo, offre alla famiglia italiana con finanze limitate e bambini irrequieti una dignitosa soluzione per le vacanze. Il mare è ragionevolmente pulito e talmente poco profondo che anche il famoso squalo del Tirreno, se arrivasse da queste parti, si insabbierebbe; Pisa, Siena e l'isola d'Elba sembrano messe lì apposta per le gite, quando il tempo è cattivo; le pensioni sul mare, infine, sono accoglienti e a buon mercato. Io sono finito all'albergo Parrini, dove non hanno fatto quello che in tutti gli alberghi del mondo fanno con il viaggiatore di passaggio — dargli una camera affacciata sul retro delle cucine — ma mi hanno sistemato in una stanza con un piccolo balcone rivolto a mare. Mentre scrivo posso guardare il golfo da Punta Ala a Piombino, e osservare i riti della spiaggia. Il mio grazie, dunque, vada agli sconosciuti proprietari dell'albergo Parrini. Come diceva non so più chi, questa non è pubblicità, ma dovere d'informazione.

Dopo Follonica, l'Aurelia si concede qualche onesto rettilineo e supera San Vincenzo, dove tutti finiscono incolonnati, e arriva a San Guido, dove tutti quelli che erano incolonnati a San Vincenzo, vedendo le file di cipressi, ripetono la strofa del Carducci; poi supera Castiglioncello, Livorno, si allontana dal mare per rispetto al parco naturale di San Rossore, e arriva finalmente a Viareggio.

La capitale della Versilia, per il viaggiatore, è un

posto affascinante, non solo per via delle pinete, degli stabilimenti balneari in stile liberty e della mondanità. La vera attrazione di Viareggio sono i viareggini, che hanno una caratteristica rara: mentre in tutta Italia gli indigeni parlano bene della propria città, perché la amano, qui ne parlano malissimo, anche se la amano allo stesso modo.

Durante una cena a «La barca», ristorante al Forte dei Marmi, tocca al lombardo di passaggio dire che, in fondo, Viareggio sembra benedetta da Dio, perché ha tutto: mare, lago, montagna e un lungomare degno di questo nome. I viareggini presenti, scocciati, dicono che le mie osservazioni sembrano quelle di tal parrucchiere Angelo, campione del «viareggismo», e sono stucchevoli e fuori luogo. Il proprietario del locale, Piero Petrucci, fa notare che il turismo non è più quello di una volta: adesso la gente rimane pochi giorni, e copia goffamente i ricchi; Graziella Pasquinucci, proprietaria della *Galleria del Libro* sulla passeggiata, annuncia di voler vendere ai giapponesi; il pittore Beppe Biagi dice che l'amministrazione locale è un disastro, e delle vecchie ville vien fatto pessimo uso; sua moglie Monica ricorda che «nemmeno i giochi per i bimbi nella pineta di Ponente hanno saputo far bene»: mancano le ringhiere, racconta, e i genitori devono star lì con le braccia in alto per raccogliere i figlioli che cadono di sotto come pere. L'unico ad avere parole buone per Viareggio è Lino Mannocci, pittore anche lui. Gli altri protestano: tu taci, gli dicono con la perfidia dei vecchi amici. Durante l'anno vivi a Londra e d'estate te ne stai appollaiato in collina a Montigiano.

Più la cena va avanti, più mi sento solo. Il proprietario non mi parla, anche perché gli ho chiesto un vino con le bollicine. Gli altri ignorano perfino i totanetti pur di dire che ho torto. La libraia accusa i giovani, i suoi figli compresi, di «viareggite», la sindrome che spinge a perder tempo sulla passeggiata. Il pittore Biagi ce l'ha con la stagione pucciniana a Torre del Lago: dice che hanno preso la peggior orchestra d'Italia; che l'umidità è micidiale, e nel secondo atto non c'è più un violino accordato; e, mentre Madama Butterfly piange il suo amore lontano, il vento porta le risate e gli schiamazzi del campeggio vicino.

Con Lino Mannocci, l'indomani, parto per un giro d'esplorazione. A un pittore che viaggia con l'adesivo *I love Versilia Squash Club* sull'automobile bisogna credere e non credere, ma occorre dire che la sua Viareggio sembra un posto piuttosto civile. «Vie dritte come a New York, luci come a Las Vegas e parchi come a Londra» gli dico, per vedere che faccia fa. Mannocci sospira, e guida fino alla casa di Giacomo Puccini (chiusa), intorno alla pineta di Ponente (divieto di accesso) e lungo la passeggiata dove al mattino i viareggini regnano incontrastati: i forestieri, a quest'ora, dormono. Più tardi andiamo ai bagni King a Marina di Pietrasanta. Come molti stabilimenti balneari in Versilia, hanno un'aria tranquilla. Nessuna minaccia di *beach volley* come in Romagna, nessuna radiolina come ad Ostia, niente battaglie per una sdraio come a Positano. I bagni King hanno un parcheggio capace, sabbia morbida, tavoli bianchi e chinotto nel frigorifero. Siamo onesti: un viaggiatore può accontentarsi.

Rapallo — Ci sono molti modi di sentirsi stupidi, ma quello che scelgo per festeggiare l'ingresso in Liguria, ultima regione del mio viaggio lungo il mare, mi sembra particolarmente ingegnoso. Arrivato a Bocca di Magra non vado a parlare di vermi con i pescatori, come farebbe qualsiasi persona normale, ma cerco di scoprire se esiste una piazza intitolata a Elio Vittorini, che per anni venne da queste parti. Due ragazzi incontrati nel caffè annidato sulla lingua di terra alla foce del fiume si consultano velocemente, e decidono che non lo sanno. Si offrono tuttavia di accompagnarmi da certi loro amici nella vicina sala giochi. L'idea, naturalmente, è pessima, ma io ci casco. Credo che nella storia della letteratura italiana nessuno abbia mai avuto notizie di uno scrittore da tre energumeni che giocano a *Fire!*, *Cyclone* e *Maxi-Game*. Nemmeno io. I giovani energumeni, infatti, si rivelano estremamente deludenti. Non solo ignorano chi sia Vittorini, ma fanno un punteggio veramente basso.

Fuori dalla sala giochi, Bocca di Magra ha un aspetto più umano, ma non è più quella che piaceva, oltre a Vittorini, a Quasimodo, Giulio Einaudi, Soldati e Bassani, Mary McCarthy e Marguerite Duras. Quando costoro venivano qui, Bocca di Magra era una sorta di villeggiatura alternativa, un'Arcadia di sinistra e a buon mercato. Adesso ci sono centinaia di barche, ormeggiate in attesa dei marinai di Lombardia; c'è la sala giochi con *Cyclone* e *Maxi-Game*; ci sono supermarket e parcheggi a pagamento. Sopravvissuta dai tempi di Vittorini è soltanto l'anziana venditrice di totani e raganelle. Quando si accorge che chiedo e tocco ma non ho intenzione di comprare, mi guarda diffidente. Lo riconosco: è lo stesso sguardo dei ragazzi della sala giochi.

Stanco di passare per matto, lascio Bocca di Magra e imbrogliando un po' — avevo promesso di seguire tutte le coste — salto Lerici, Portovenere e le Cinque Terre (troppo belle, e troppe curve) e comincio ad esplorare la Riviera di Levante, dove, da qualche tempo, si lamentano di tutto: case troppo care a Santa Margherita, troppi turisti «giornalieri» a Portofino, troppa noia a Rapallo, troppe risse a Recco.

Decido di iniziare con la noia di Rapallo, che mi sembra un argomento più riposante rispetto alle risse di Recco, e appena arrivato in città corro a consultarmi con un esperto, ossia con un cameriere del bar sulla passeggiata. Nessuno, infatti, ha visto più gente annoiata di un cameriere di un bar sulla passeggiata di Rapallo: questi personaggi sono vere autorità in materia. In effetti, il personale del bar «Biancaneve» non delude. Quando chiedo se la Riviera di Levante è in crisi (il termine è volontariamente vago: si va dall'inquinamento a un bisticcio tra assessori), la risposta arriva pronta. «Certo che è in crisi. Mai vista così poca gente in luglio come quest'anno. I giovani arrivano, stanno due giorni per salutare i nonni, e ripartono: Grecia, Sardegna, Turchia. E fanno benissimo: adesso che il mare è sporco, cosa c'è da fare qui a Rapallo? Stare seduti al bar, alzarsi e fare due passi, sedersi di nuovo al bar. E poi? Quando ero giovane almeno c'erano le orchestrine nei caffè. Adesso, niente orchestrine. Da anni parlano di fare le piscine tra la passeggiata e il mare, come a Cannes. Sarò morto prima che le facciano davvero.»

Neanche un'ordinazione sontuosa (focaccia farcita, assaggio di focaccia liscia, birra e caffè) riesce a calmare i bollenti spiriti del mio esperto. Saluto, quindi, e vado a controllare di persona. Sono le tre del pomeriggio e negli altri caffè (Gran Caffè Rapallo, Arnold's Bar, Nettuno) ci sono venti persone in tutto. Persone anziane, in gran parte, che controllano minuziosamente i prezzi delle coppe gelato sui menu plastificati. Intorno alle sei aumenta il traffico: le persone anziane si spostano sulle panchine della passeggiata, in attesa di qualcuno che passeggi. Una ragazza alla quale faccio i miei complimenti per aver scelto un posto di villeggiatura dove non organizzano sagre notturne e corse coi sacchi, storce il naso. Almeno ce ne fossero, dice: qui la sera ci si annoia. Perfino la piscina chiude alle otto. Il suo minifidanzato spiega, con la pazienza di chi si rivolge a un alunno non troppo furbo: «Funziona così. Noi di Rapallo andiamo a Santa Margherita. Quelli di Santa vanno a Paraggi. Quelli di Paraggi vanno a Portofino. Quelli di Portofino stanno chiusi in casa. Fine».

Non ho il coraggio di ricordare al giovanotto che se Ezra Pound restò qui vent'anni, lui può restarci venti giorni, e faccio subito quello che farà lui stasera: vado a Santa Margherita, dove un'amica milanese, annidata in una bella casa in collina, protesta per un fulmine che le è appena entrato in salotto, e spiega: «Rapallo non si può paragonare a Santa Margherita, che è molto più elegante: sarebbe come paragonare la Riviera di Ponente a quella di Levante. Però anche da queste parti la vita sta diventando complicata. A Pasqua non ti puoi muovere: Milano si trasferisce qui. D'estate spariscono tutti: vanno in Sardegna, o in barca. Quando viene mio marito andiamo a Paraggi con le bambine, e sdraio e ombrellone ci costano 80mila lire. Al sabato non ci spostiamo perché non vogliamo trascorrere la serata in un ingorgo. Si finisce per stare in casa, pensando che una volta era meglio».

Anche lontano dalle facciate rosse e gialle di Santa Margherita hanno voglia di lamentarsi. Ogni sosta lungo l'Aurelia diventa un'occasione per ascoltare qualcuno che protesta: a Varazze, Celle e Albisola non vogliono più «fachiri», turisti della domenica che intasano le strade e spendono poco; a Diano Marina piangono per l'acqua che non c'è, ma si arrabbiano quando i giornalisti lo scrivono (la proprietaria di un bar sulla spiagga apre furiosamente rubinetti, docce, pompe e sifoni per mostrarmi l'abbondanza; se nei prossimi giorni mancherà l'acqua, è colpa sua). A Imperia l'acqua c'è, ma il sindaco ha ordinato di non berla; a Sanremo, quando sentono parlare di *Goletta Verde* diventano dello stesso colore, perché la barca-laboratorio della Lega Ambiente ha stabilito che in mare ci sono le salmonelle; a Ventimiglia, in mancanza di meglio, hanno deciso di allarmarsi per un'alga tropicale (*Caulerpa Taxifolia*) fuggita dal museo oceanografico di Montecarlo, che starebbe coprendo i fondali. L'alga, però, sembra essersi fermata al largo di Nizza. Non vuole venire in Italia. Come darle torto.

Ventimiglia — Nel suo libro *Numeri*, Federico Bini rivela che la permanenza media di un giapponese in bagno è 32 secondi, e quella di un europeo 128 secondi. Sono in grado di aggiungere che alcuni dipendenti Enit (Ente nazionale italiano turismo) arrivano a 1440 secondi, il tempo che ho atteso davanti a un ufficio presso la frontiera di Ponte San Lodovico, chiuso senza spiegazioni — senza avvisi, senza «torno subito» — dalle ore 16 alle ore 16.24. Quando finalmente compare, il funzionario non vuole sentire lamentele: è noto infatti che in Italia chi sta dietro uno sportello lo fa per cortesia, per dedizione, per altruismo. Mai perché deve. Risponde seccato: «Ero al gabinetto. Perché, è proibito?», e poi butta lì due opuscoli dicendo «Sono vecchi». Alla domanda «Non avete quelli nuovi?» pensa a un'altra provocazione da parte del sadico che vuol togliere ai dipendenti pubblici il diritto alla *privacy*. Risposta: «È tutto quello che ho».

Mi dispiace dover chiudere il viaggio in Italia con questo esempio di singolare scortesia, ma forse è un segno del destino. Un funzionario sorridente, una frontiera linda e una serie di gallerie illuminate potevano indurmi a pensare d'aver passato la frontiera senza accorgermi. E invece no, sono a casa: il funzionario è scorbutico, le gallerie sono scure come l'antro di Circe, piccole prove d'incuria sono disseminate ovunque con noncuranza (coni spartitraffico malconci, cartacce, lattine arrugginite sugli scogli). Niente di grave, sia chiaro: solo i segni di una feroce determinazione nazionale a non farne mai una giusta fino in fondo.

Prendiamo il giardino botanico Hanbury, tra Ventimiglia e il confine, in località La Mortola. Un luogo splendido, un giardino di acclimatazione che scende a terrazze fino al mare, creato da una famiglia inglese alla fine del secolo scorso. Dal 1960 è proprietà dello Stato italiano, che lo affidò nel 1964 all'Istituto Internazionale di Studi Liguri di Bordighera, la cui gestione — lo ammette anche l'opuscolo di presentazione con una serie di perifrasi — deve essere stata poco meno di un disastro: non c'erano i soldi per pagare giardinieri e custodi, e il giardino degli inglesi (5800 specie di piante) diventò il cortile degli italiani. Per otto anni, dal 1979 al 1987, è stato abbandonato a se stesso. Soltanto tre anni fa è passato all'Università di Genova.

All'ingresso chiedono 8500 lire, un prezzo equo per un posto bello e curato. Ma il posto non è tanto bello, né particolarmente ben curato: molte piante non portano targhette di identificazione, intere parti del giardino sono chiuse, il palazzo affacciato sul mare è inaccessibile. Il «percorso consigliato» è segnalato con triangolini gialli, ma solo una spedizione formata da un geografo, un topografo e un esploratore potrebbe arrivare in fondo. Domando spiegazioni al ragazzo del bar. È ovvio, risponde: qualcuno si diverte a girare le indicazioni e le frecce. «Come è *ovvio*?» chiedo con l'angoscia di chi pensava di aver visto tutto, nell'Italia sul mare. «Voglio dire: è ovvio che spostino i cartelli, perché hanno fatto di peggio. Hanno strappato le piante per portarsele a casa. Hanno rubato i leoni di pietra: i carabinieri li hanno trovati a Roma qualche mese fa. Hanno anche fregato gli aironi. Vivi. Quelli non li abbiamo più ritrovati.» Risalgo, con il mare alle spalle e gli eucalipti mossi dal vento sopra la testa. Sulle foglie maestose delle agavi messicane Carolina, Salvatore, Claudia e Massimiliano hanno inciso i loro nomi a grandi lettere. Forse sono stati loro a rubare gli aironi. Forse gli imbecilli firmano sempre.

Dopo Hanbury e l'ufficio dell'Enit, viene la frontiera. Non ci sono code, si passa velocemente. Mentone offre subito parcheggi, gallerie illuminate, strade pulite, case dipinte, uffici del turismo aperti. Assomiglia all'Italia, come un mobile restaurato assomiglia a un mobile da restaurare. Giro l'automobile, attraverso nuovamente la frontiera, rientro nella Repubblica sul mare. Evito scrupolosamente l'ufficio dell'Enit, e salgo in collina, località Castel d'Appio, dove c'è un albergo dal quale si vede la costa: Costa Azzurra da una parte, Riviera dei Fiori dall'altra. In fondo a sinistra, oltre l'orizzonte, le sponde della penisola: quelle che ho seguito per quattromila chilometri, come un bambino segue il contorno di un disegno. Come arrivò a concludere anche il mio predecessore Michele Serra — dopo essere smontato dalla sua Panda a Muggia, al termine del giro inverso — cambiando letto tutte le notti non si capisce gran che. Si arriva in fondo soltanto con qualche ricordo, qualche mistero, qualche sospetto.

Il sospetto che l'Italia sia ormai diventata «un posto di vacanza», come diceva il titolo di una poesia di Vittorio Sereni: un luogo dove tutti si vogliono divertire, e guai a chi si oppone. Un posto bellissimo e manomesso, dove troppa gente ha fatto troppi soldi troppo in fretta. Una bella automobile costretta a correre con il freno a mano innestato: il freno sono i servizi pubblici, e le prove sono disseminate dal Veneto alla Calabria. Un'Italia che — ci piaccia o no — è un'unica nazione: il Sud è la caricatura del Nord, ma la gente più o meno è quella.

Poi ci sono i misteri. Misteri minori, misteri di viaggio. Perché gli italiani firmano *sui* timbri, invece che sotto o sopra? Perché, per indicare il giorno 9 luglio, scrivono zero nove zero sette (ho studiato una collezione di ricevute senza capirlo)? Perché acquistano automobili colore dell'asfalto? Perché a venti chilometri da Grosseto, dove l'Aurelia sembra una pista d'atterraggio a quattro corsie, c'è un cartello che indica «limite di velocità quaranta chilometri l'ora»?

Ricordi, infine. Troppi oleandri, viste mare, grigliate miste. Troppi Kodak Foto, Bevete Coca Cola, Paninoteche, Sale Giochi, Caffè Mokambo e Rosticcerie Lo Spuntino. Centinaia di disc-jockeys sgrammaticati nelle radio libere, per i quali nutro ormai un odio feroce. La pensione Anna vicino a Terracina (ristorante, bar, tabacchi e cucina marinara) dove — siano benedetti — mi hanno trovato un letto alle undici di sera, e dove c'erano «bombe», cappuccini e giornali freschi alle otto del mattino. Qualche posto bello che mi è spiaciuto lasciare: Trieste, Cervia ferma al 1975, un ristorante sulla spiaggia a Tropea, Maratea e il mare tra gli alberi, Viareggio, la Riviera di Levante. I molti posti che ho lasciato cantando: le spiagge del *beach volley*, quelle dove c'era il rischio di incontrare un calciatore in vacanza, quelle affacciate su mari fetidi. I posti dove mi sono divertito: molti, compresa Savona, dove avevano organizzato una mia chiacchierata in piazza e contemporaneamente una serata jazz; abbiamo gareggiato a chi gridava più forte, e forse ho vinto io. I luoghi dove ho creduto che l'Italia fosse più complicata della Cina: tutti. È stato bello, però, viaggiare per settimane tenendo il mare a sinistra, pensando sempre: cosa non si fa per riempire le pagine di un libro.

[estate 1990]

VIAGGIO IN PROVINCIA

1. VIRGILIO CERCASI

Lodi

Quando ho chiesto ai lettori del mio giornale se erano disposti a guidarmi attraverso la provincia italiana, non immaginavo cosa sarebbe accaduto. Sapevo, è vero, che l'Italia può essere alternativamente un inferno e un paradiso, ma non pensavo ci fossero tanti Virgilio in circolazione, molti dotati di fax.

La prima guida cui ho deciso di affidarmi non vive lontano. Si chiama Andrea Maietti, classe 1941. Da venticinque anni è professore d'inglese presso il liceo scientifico «Gandini» di Lodi. Ha gli occhiali, una moglie, due figli, un cane lupo. Abita in una casa lungo la ferrovia, dove passano ululando i treni grigi che salgono da Roma a Milano, e va in vacanza a Noli, provincia di Savona. Ama il calcio, e segue la squadra del Fanfulla. Collabora a vari fogli locali, con articoli ben scritti, che cominciano con: «Mezzanotte di sabato. Figli non ancora rientrati. Correggo compiti in classe». Una volta si è lamentato per iscritto che, nel suo liceo, ci fosse un unico bagno per sessanta insegnanti: «Il problema è angosciante. Non è escluso che si contraggano, a lungo andare, vere e proprie malattie professionali da eccesso di ritenzione».

Il professore, per assumere il ruolo di Virgilio, ha

credenziali impeccabili. Grande ammiratore di Gianni Brera, possiede una conoscenza enciclopedica di Lodi, e soprattutto della campagna intorno a Lodi: di ogni albero, conosce le foglie; di ogni roggia, la destinazione; di ogni famiglia, le *scurmagne* (i soprannomi), molti dei quali sono troppo efficaci per poter essere pubblicati qui.

Per spiegare al visitatore l'Italia vista da Lodi, Maietti usa una serie di accorgimenti cui Virgilio, quello originale, non avrebbe mai pensato. Per le cifre, che non ama, consulta una pubblicazione della camera di commercio, da cui risulta che il lodigiano ha lo stesso numero di abitanti di quarant'anni fa (190.000), e una popolazione occupata prevalentemente nell'industria (46%) e nel terziario (45%). Quell'8,5% che ancora lavora nell'agricoltura è comunque più alto sia della media lombarda (1,6%), che di quella italiana (3,8%).

Per il resto, Maietti crede più agli esempi, ai personaggi e al potere di persuasione della Lombardia in una giornata di sole. Come quel viaggiatore inglese dell'Ottocento che, esagerando un po', disse «nessun paesaggio in Europa è più splendido di questo», Maietti si entusiasma di fronte allo spettacolo della campagna d'autunno, «alla vastità del cielo che si inarca, all'immobilità della pianura, alla massa delle montagne che si ergono come bastioni contro lo sfondo del nord».

Gli chiedo, svegliandolo dal sogno, e ricordandogli i suoi doveri: professore, perché quest'Italia dovrebbe salvarsi? Anche qui, tra i campi circondati di roggie, sulle piazze perfette e nelle vie strette di Lodi, avete avuto le vostre ruberie e i vostri drammi; a Lodi è avvenuto il primo sucidio di Tangentopoli. Aspetti, dice lui. Non è Lodi che volevo mostrarle. Lodi è una città. La porto al mio paese, sull'Adda.

L'Arcadia privata del professore compare dopo una curva. Cavenago d'Adda, 1.900 abitanti, è un avamposto della nuova provincia di Lodi verso la vecchia provincia di Cremona. I Maietti vivono qui da quattro generazioni. Il fratello del professore, Claudio, ha aperto un negozio di abbigliamento e gli ha dato un nome straniero, *Chez Claude*, forse per dimostrare che anche Cavenago è in Italia. L'amico Valerio Sartorio, un ex-bancario mansueto e sottile, passa il tempo a far fotografie: con la Lancia Delta metallizzata, va a riprendere le piene dell'Adda. Ragazzi di vent'anni conducono le aziende agricole, e la sera, dopo la doccia, portano la fidanzata negli stessi ristoranti tra i campi dove la domenica arrivano trafelati i milanesi, con il loro appetito robusto e il loro entusiasmo un po' infantile.

Se l'Italia fosse una grande Cavenago, sostiene Maietti, avrebbe buone probabilità di salvarsi. Il paese è tutt'altro che immune dai soliti guai, ma la gente ha capito da tempo quello che anche gli altri italiani, volenti e nolenti, dovranno capire. Ovvero: occorre arrangiarsi, senza contare sullo Stato, se non per le scuole e i carabinieri. Lo Stato, meno fa, meglio è.

Arrangiarsi non vuol dire fare i furbi, da queste parti. Vuol dire far da soli. Far da soli come don Vittorio Soldati, parroco vulcanico di Abbadia Cerreto, che veglia sulla chiesa abbaziale di san Pietro, un monumento perfetto e lindo, con un prato inglese davanti e un ordine tedesco tutto intorno. Don Vittorio sostiene che, se rispettasse tutte le regole, aspettasse qualsiasi aiuto e chiedesse ogni permesso, la sua chiesa andrebbe alla malora. Allora evita di aspettare, di rispettare e di chiedere. E la chiesa di Abbadia Cerreto, costruita tra il XII e il XV secolo, si avvia, in forma smagliante, verso il XXI.

Lo stesso spirito, secondo Maietti, è alloggiato dentro l'involucro robusto di Paolino Boselli, conosciuto come *Lino el cacìn*, guardaboschi figlio di guardacaccia, che nelle scorse settimane è rimasto dentro la sua cascina sul fiume Adda — con i fucili e le galline, ma senza la moglie — durante la più spaventosa piena del dopoguerra. *El cacìn* accettava volentieri le provviste e la legna che i compaesani gli portavano sotto casa con la barca, ma non voleva sapere di andarsene. «Se anche mi porta giù il fiume, fa niente», diceva. «Tanto, tutto va verso il Po». Gli seccava soltanto aver pagato per anni la quota dell'associazione degli iscritti per la cremazione (*el club dei scarbuntidi*, «il club dei bruciacchiati», lo chiama). Se l'Adda l'avesse portato via, sarebbero stati soldi buttati.

Maietti sostiene che Boselli Lino, magari senza saperlo, è un campione perfetto di questo individualismo padano, che non ha nulla a che fare con l'individualismo meridionale: uno è più solido, l'altro più scaltro. Il primo è fatto di fiducia nella propria auto-sufficienza; il secondo di intraprendenza, condita di diffidenza e scandita di rimostranze. Anche il fittavolo lombardo che ancora abita nelle cascine in mezzo a questi campi — «lavoratore, mangiatore, di corpo massiccio e di opinioni categoriche», scriveva Guido Piovene — ha qualcosa da insegnare agli italiani, dice il professore. Essere meno isterici, e tirare avanti.

In quest'angolo di Italia, sostiene Maietti, c'è una lezione anche per le ultime generazioni. Per fare della gran pianura lombarda la terra più verde d'Italia, e forse del mondo, c'è voluta fatica e pazienza. Un po' di fatica e un po' di pazienza occorrono anche oggi, per sopportare le cattive notizie. Quando sembra che il momento sia davvero brutto, è sufficiente pensare che di qui sono passate le piene dei fiumi, i Visigoti, la peste e la spagnola. Passeranno anche certi personaggi lugubri della politica, che parlavano senza pensare, decidevano senza sapere, rubavano senza capire, e quasi sempre venivano da lontano.

Non si tratta di «consolarsi di essere italiani per il fatto di essere lombardi», come sosteneva Gianni Brera. Si tratta — sembra di capire — di trovare un luogo dove riposarsi dalla fatica di essere italiani, che è un'altra cosa. Il professor Maietti, Virgilio per una giornata, ritiene di aver trovato questo posto. Per lui, è Cavenago d'Adda. Perciò ha prenotato, insieme a dieci amici cinquantenni, un'ala intera della casa di riposo di prossima costruzione. L'idea è quella di invecchiare tutti insieme, con vista sul fiume e sugli alberi. «Del gruppo fanno parte anche un muratore, un idraulico, un falegname, un geometra, un medico e un interratore. Una volta insediati, saremo pronti per qualsiasi evenienza».

2. LA BORSA DEI CAMPIONI

Chioggia

Al telefono, questo Virgilio veneto aveva detto: non faticherà a riconoscermi. Quando scende dal treno a Mestre, vedrà un tipo con un impermeabile normale, una faccia normale, due baffi normali, una borsa appena più grossa del normale. Quello sono io, l'italiano medio. Credo di essere l'ultimo. Gli altri, mi sembra, sono tutti speciali.

Giovanni Della Mora, la mia guida per un giorno, è puntuale. Con i suoi baffi e il suo impermeabile («Visto? Come quelli delle spie nei telefilm»), aspetta sotto una pensilina. Nella lettera aveva illustrato la sua professione: «Sono un rappresentante di medicinali, uno di quelli che girano da un medico all'altro con la borsa gonfia di campioni. Le offro di accompagnarmi durante una giornata di lavoro: farmacie, reparti di ospedale, medici di famiglia, sale di aspetto dove si affolla un'umanità dedita all'invettiva e specializzata in luoghi comuni. Le assicuro che è un buon posto per capire qualcosa del mondo della sanità».

Partiamo a bordo di una Fiat Tipo, e in mezz'ora

arriviamo a Chioggia, dove lo scirocco porta l'odore forte del mare. La città — l'antica Clodium, la «piccola Venezia» — mostra i suoi alberghi chiusi, le strade bagnate, il Corso del Popolo (*lo stradon*) illuminato dai neon dei negozi, fino all'imbarco del vaporetto.

Della Mora ha organizzato la giornata scrupolosamente. Visiteremo cinque ambulatori e due reparti d'ospedale. Qualche volta, spiega, la presenterò. Altre volte è meglio che stia zitto, «come i cori delle commedie di Aristofane». Gli chiedo se questa l'ha imparata ai corsi di aggiornamento. «Sono laureato in lettere, risponde, con una tesi su "Il personaggio del siniscalco malvagio nella letteratura d'oc e d'oïl". Poi, siccome *carmina non dant panem*, sono diventato uno dei quindicimila "informatori scientifici del farmaco" alle dipendenze di una delle trecento case farmaceutiche italiane. Una volta ci chiamavano *propagandisti*».

Di questi tempi, spiega, lavorare per una casa farmaceutica non procura molte simpatie. «Eppure "informatore scientifico" non è un eufemismo, come "operatore ecologico" per dire spazzino. Il mio lavoro non è vendere; è aggiornare circa i prodotti della mia ditta i cinquecento medici che lavorano nella mia zona. Ogni giorno ne vedo dieci. Se oggi mi fermo a sette, domani saranno tredici. Viaggio con il portabagagli pieno di campioni gratuiti e di gadget: taccuini, penne biro, portachiavi, calendari, calcolatori con la biro, biro che diventano termometri. I medici sorridono, fingono di snobbarli, ma li accettano».

E quelli che si lasciano convincere solo dai videoregistratori? «Questo si chiama *comparaggio*, e non si può fare. È un'infrazione deontologica. Però, è innegabile: in Italia, in assenza di brevetti, sul medico viene esercitata una grossa pressione, dovuta al fatto che ogni preparato è in vendita sotto diversi nomi commerciali. Ogni informatore spera che il medico prescriva il proprio prodotto, e non quello della concorrenza».

Della Mora, perché si è offerto come Virgilio? «Perché quando ho letto che il giornale voleva descrivere l'"Italia che si salva", ho visto scorrere davanti agli occhi articoli su imprenditori geniali, capaci professionisti, giudici coraggiosi. Allora ho pensato: perché non uno che si alza alle sette del mattino a Chirignago, conosce tutti i parcheggi e le trattorie del Veneto, e ascolta dieci volte al giorno *Onda Verde Viaggiare Informati* dall'autoradio? Se l'Italia si salva, perdoni la superbia, è anche perché c'è gente che fa una vita così».

Conversando, con la borsa dei saggi-omaggio al seguito, passiamo per calli e campielli, saliamo dai ponti e scendiamo per i vicoli. Le sale d'attesa degli ambulatori sono decorate con gli stessi manifesti sul corpo umano, gli stessi consigli contro il colesterolo, gli stessi avvisi. Fuori piove, e i pazienti ci guardano con ostilità, temendo che gli passiamo davanti («È la borsa. Ci riconoscono per la borsa»). Tutti sono armati delle carte inutili che coprono, come neve, l'universo della sanità italiana; molti lanciano occhiate; qualcuno protesta e borbotta con la cantilena di queste parti, dove la lingua è mescolata con un dialetto ligure. Chiedo a Della Mora se questa ostilità non lo mette a disagio. «Ci si fa l'abitudine. E poi, a Chioggia, giacca e cravatta incutono ancora rispetto. A Marghera, zona industriale, no. Là, quando entro negli ambulatori, mi chiamano ancora "servo delle multinazionali". Un paio di volte mi hanno messo le mani addosso».

Oggi, invece, è tutto tranquillo. Niente zuffe. Neppure una di quelle «baruffe chiozzotte» che piacevano a Carlo Goldoni. All'ospedale, ci sediamo con i pazienti in vestaglia, in attesa di una visita. Tutti conoscono Giovanni Della Mora, l'uomo con la valigia. I colleghi informatori lo salutano senza entusiasmo, i medici con più simpatia. «Vado d'accordo con i medici», dice. «Quelli ospedalieri e quelli di base: per uno che detesta il lavoro, ma non sa rinunciare a cinque milioni netti al mese, cinquanta cercano di fare il meglio possibile. Vorrei soltanto che avessero più rispetto di se stessi. Perché non arredano la sala d'aspetto come lo studio di un avvocato o di un ingegnere, per esempio? Non l'ho mai capito».

Riprendiamo il giro degli ambulatori. I pazienti — i Boscolo, i Todaro e i Casson che popolano questo angolo d'Italia — discutono di ticket, di tassa sul medico di famiglia e di scandali, distribuendo equamente il loro odio. Alcuni medici, pochi, ricevono gli informatori su appuntamento. Altri usano la regola del tre: tre pazienti, un informatore. Appena il terzo paziente viene ammesso, Della Mora si piazza di fronte alla porta chiusa. «Mai distrarsi», dice. «Se ti distrai, in questo lavoro, sei finito. Qui hai a che fare con dei professionisti. Quelli che non vanno dal medico per essere curati, ma per essere rassicurati. Il loro sogno è una garanzia scritta d'immortalità, possibilmente esente da ticket».

Basta uno sguardo per riconoscere noi informatori scientifici, dice questo Virgilio carico di gadget e campioni gratuiti: abbiamo tutti le stesse giacche stazzonate dai sedili dell'automobile, gli stessi cappotti sul braccio, le stesse occhiaie. «Questa professione, ovviamente, non presuppone una vocazione. Se un bambino dicesse "da grande voglio fare l'informatore scientifico", consiglierei di portarlo dal neurologo. Il mio, anche in questi tempi di Poggiolini, è soltanto un mestiere. Per questo, ripeto, le ho chiesto di venire. Perché capisca cosa vuol dire incontrare dieci medici al giorno, ognuno per dieci minuti perché fuori i pazienti scalpitano. Se lo ricorda Alberto Sordi in *Un Americano a Roma*, quando diceva a tutti "aho, oggi sarei nel Kansas City, ma m'ha fermato 'a malattia". Bene: in Italia troppa gente è stata "fermata dalla malattia", troppi hanno l'aria di credere che, non fosse stato per la cattiva sorte, avrebbero fatto chissà cosa. Io no. Se non ho fatto carriera, vuol dire che non ero bravo abbastanza e, la fortuna, uno se la crea. Cerco però di fare con dignità il mio lavoro, anche se si tratta di aprire la borsa e dire per la centesima volta "Dottore guardi qui, questo è un antibiotico da battaglia, perfetto per il mese di novembre, per fortuna che le bronchiti son tornate, eh, dottore?" Dica una cosa, lei: veramente scriverà un articolo su uno come me?».

3. JEAN GABIN DEL MANOMETRO

Borgomanero (Novara)

Borgomanero funziona. Funzionano le scuole, funzionano i negozi, funzionano i caffè sulla piazza (lo Svizzero e l'Americano), funzionano le gelaterie dove ragazzi miti portano ragazze belle a sedersi su sedie scomode. Funzionano le strade, dritte come fusi, tracciate sul terreno con i picchetti ottocento anni fa. Funziona il mercato del venerdì, dove dal '400 la gente tratta, discute e compra. Quando, nel 1989, il mercato cadde nel giorno dell'Immacolata, il canonico della Colleggiata di San Bartolomeo inveì contro «i profanatori» spinti dall'«esecrabile fame di denaro». Oggi, per fortuna, i profanatori sono ancora lì, sotto la pioggia battente, con le loro guance rosse e la loro onestissima fame, quella che continua a far girare il mondo.

Sono due i lettori che hanno scritto offrendosi come guide intorno a Borgomanero. Due Virgilio con lo stesso nome: Savoini. Franco — ingegnere civile, classe 1933, socio del Lions Club — ha lo studio sulla piazza, in una vecchia casa con i soffitti affrescati: uno studio accogliente e piacevolmente demodé, senza il marmo, l'acciaio e gli specchi che entusiasmano i *parvenu* delle professioni. Franco Savoini, qualche anno fa, ha trasformato un vecchio deposito di corriere in un cinema multisala da mille posti, che oggi richiama più pubblico dei cinema di Novara, distante trenta chilometri. «Ma ormai gli ingegneri italiani disegnano nei ritagli di tempo», sospira. «Il nostro lavoro, oggi, è riempire moduli».

L'altro Savoini si chiama Osvaldo, classe 1921, prigioniero di guerra degli inglesi in Africa, ex-panettiere diventato titolare della Autal, un'impresa con un solo addetto: lui. Savoini spedisce fax in tutto il mondo in un meraviglioso inglese inventato per metà, e ha già venduto ottocento macchine di sua invenzione che producono panini, grissini e taralli («Le ho vendute anche in Israele. Taralli e *bagels*, ci ho spiegato, sono la stessa cosa»). Il suo orgoglio è una macchina chiamata «*Da-Jö*», che in dialetto piemontese vuol dire «schiaccia, dai giù» («Ma sembra giapponese, così la vendo meglio all'estero»). Savoini Osvaldo, Virgilio panificatore, non è mai andato in ferie: ha portato la moglie a Sanremo soltanto per il trentesimo anniversario di matrimonio, e anche in quell'occasione è riuscito a vendere due macchine ai panettieri locali.

Franco e Osvaldo Savoini hanno scritto all'insaputa uno dell'altro. Due lettere convincenti. Stringata e ordinata — da ingegnere — quella di Franco: «Oggetto: articolo *Alla ricerca dell'Italia che si salva*. Raccolgo l'invito espresso nell'articolo in oggetto. Mi metto a disposizione per illustrare un'oasi (quasi) felice della nostra Italia». Geniale e caotica — da inventore — quella di Savoini Osvaldo: «Se avessimo costretto i migliori imprenditori del mondo a operare qui nelle nostre imprese, con il fiato dei nostri governi sul collo, in breve tempo li avremmo trovati tutti collassati, o impazziti, o suicidi. Avanti, si faccia coraggio e venga a vedere: esistono ancora, in Italia, persone capaci e intraprendenti. Gli italiani non sono cambiati. Sono soltanto *legati*».

Sotto i soffitti affrescati dello studio Savoini, tra il tecnigrafo e il telefono, stendiamo i piani di battaglia. All'ingegnere la scelta dei luoghi da visitare. A Savoini Osvaldo il compito di fare commenti, strada facendo, sul tema che gli è caro: sleghiamo le mani a chi vuole lavorare.

Se, come si legge, il Piemonte sta diventando un'area depressa e perde terreno in favore di Veneto e Friuli, qui non si vede. Savoini & Savoini, a bordo di una vecchia Mercedes, mi guidano attraverso il Cusio, che parte da Borgomanero e termina sulla sponda meridionale del Lago d'Orta. Fino all'ultima guerra questa era terra di filande, ma soprattutto di falegnami, ombrellai, pittori, muratori e camerieri che partivano in primavera per la Francia e la Svizzera, e tornavano a casa soltanto all'inizio dell'inverno, per mettere in cantiere i figli che sarebbero nati in settembre. Dopo la guerra, sono arrivati i rubinetti, oggi ubiqui. Rubinetti industriali («il giallo») e rubinetti cromati, rubinetti spartani e rubinetti colorati, rubinetti economici e rubinetti che sembrano opere d'arte moderna. In tutto — tra Borgomanero, San Maurizio d'Opaglio, Gozzano — quattrocento imprese con quattromila dipendenti, una fetta d'Italia statisticamente perfetta: l'88% delle imprese, nel nostro paese, ha meno di dieci addetti, soltanto l'1% ha più di cento dipendenti.

Se la Brianza veniva chiamata il Giappone d'Italia, questa è una piccola Germania, dove la gente lavora molto, spende poco e parla ancora meno. Quando parla, dice sempre le stesse cose, che si riassumono nel comandamento di Osvaldo Savoini, di professione panificatore: governi della Repubblica, volete rimettere in carreggiata questo Paese mortificato dagli scandali? Non fate niente. Semplicemente, slegate le mani agli italiani. Faranno tutto loro.

È un concetto che ripetono tutti, dovunque si vada, chiunque si incontri. Antonio Olivari, uno dei titolari della più vecchia industria italiana di maniglie (per cui l'architetto Piacentini disegnò i modelli *Iusti-tia* e *Libertas*, destinati al palazzo di giustizia di Milano), se la prende con l'imprevedibilità della legislazione, e con lo Stato, «che ormai si piglia metà degli utili, ti tiene sotto la spada di Damocle dei controlli, e non capisce le esigenze di un'azienda». Maria Lia Poldi Pironi della Nuova Sampa — materiale plastico, dalle valvole per i servofreni ai parafanghi della Vespa — sostiene che «gli adempimenti burocratici sono tali e tanti che non s'ha più tempo di lavorare». Mario Zucchetti, presidente della maggiore azienda italiani di rubinetti per bagno e cucina, dichiara che «un anticipo del 97% sulle imposte è un'incongruenza», mostrando d'intedersi d'eufemismi almeno quanto s'intende di rubinetti, che adornano, come futuristici trofei di caccia, la sala di ricevimento.

Savoini Franco, il Virgilio ingegnere, propone di chiudere la giornata visitando «il Jean Gabin del manometro», al secolo Vincenzo Zaveri, titolare della Nuova Fima, un'azienda con duecento dipendenti, che vende il 70% dei suoi strumenti all'estero, in particolare in Germania e a Taiwan («Creda: è come vendere ghiaccio agli eschimesi»). Quest'anno il fatturato crescerà del 10%, e le assunzioni continuano: sette persone negli ultimi due mesi. Il contitolare Carlo Barbaglia, un piemontese alto e gentile, mostra un calendario da tavolo dove Invorio, paese di residenza della Nuova Fima, viene indicato a un passo dalla Svizzera, e vicino alla Francia. «Se sanno che stiamo quassù, i nostri clienti stranieri si sentono più tranquilli», dice con aria serafica.

Domando: anche voi ritenete che per salvare l'Italia sia necessario slegare le mani agli imprenditori? Federico Zaveri, figlio del titolare, mi guarda con un sorriso paziente. «Ma lo sa, lei, che ogni anno spendiamo più di dieci milioni per comprare nuovi programmi per il computer? E sa perché? Perché le varie voci, sui moduli che l'ufficio personale deve compilare, vengono spostate prima tre righe su, poi tre righe giù, poi ancora tre righe su. E le "certificazioni antimafia"? Poiché ne occorrono sette-otto al giorno, ho dovuto assumere un impiegato che passa le giornate andando avanti e indietro dagli uffici del comune». Savoini & Savoini annuiscono soddisfatti, mentre la pioggia batte sui capannoni illuminati dove stanno lavorando in duecento, per fare manometri, termometri, pressostati, trasduttori di pressione, separatori di fluido. Come sanno farli gli italiani, meglio dei cinesi e dei tedeschi.

4. CENTO, BUONI MOTIVI

Cento (Ferrara)

Uno dei pochi inconvenienti legati all'esplorazione della provincia italiana è che si torna carichi di libri di fotografie, cataloghi di mostre, storie dell'industria locale, raccolte di poesie dialettali, monografie su chiese e campanili. Banche, assessorati e camere di commercio sono infatti editori instancabili, molto attenti alla qualità dell'opera, e poco preoccupati dal numero di lettori. Tanto, prima o poi, un forestiero arriva.

Trattandosi di Cento — piccola città dall'aria bolognese finita per sbaglio in provincia di Ferrara — questo inconveniente si dimentica presto, e volentieri. A Cento, infatti, le fotografie fermano l'immagine di una Italia fertile e sana («Un mare di pioppi svettanti, nel cui mezzo si vedono delle piccole masserie, ognuna circondata dalla sua campagna», scriveva Goethe, capitato da queste parti nell'ottobre 1786); le opere in mostra sono quelle del pittore Guercino; davanti all'industria locale (passata in vent'anni dalla lavorazione della canapa ai trattori della Lamborghini) non si può che levarsi il cappello. Perfino i libri di cucina, da queste parti, sono eccellenti: per i centesi — che, come tutti gli emiliani, mangiano con il gusto con cui i veneti bevono e i toscani protestano — il cibo non è cosa da prendere sottogamba.

Il lettore che si è offerto di far da Virgilio in questo angolo d'Italia si chiama Eugenio Gilli. Settantun anni portati con baldanza, una laurea in legge e due figli, è stato direttore amministrativo dell'ospedale locale dal '48 all'81 e poi, per sette anni, presidente della Cassa di Risparmio di Cento («Carica alla quale sono arrivato in quanto socialdemocratico», ammette con sincerità ammirevole). La sua tesi, espressa prima per lettera e poi a voce, è questa: la forza e il fascino dell'Italia sono riassunti nella città emiliana e romagnola, dove la gente non soltanto lavora sodo, ma sa godersi la vita. Le varie classifiche per la produzione e il reddito dimostrano il primo punto; l'esplorazione sul campo, il secondo.

Cento, secondo Gilli, è una di queste cittadine. Ha 20.000 abitanti (30.000 con le frazioni), buone industrie, case comode, lunghi portici, una piazza incantevole, un magnifico teatro comunale da 420 posti (il Borgatti), con un palcoscenico grande abbastanza da poterci rappresentare l'Aida. La terra ricca, strappata alle paludi (c'è ancora un gambero, sullo stemma, a ricordare quei tempi), nel XII secolo venne distribuita tra la popolazione dal vescovo di Bologna. Nacque così l'istituto della «partecipanza agraria», tuttora vivo e vegeto. Ogni vent'anni, spiega il segretario Alessandro Tassinari, il terreno viene ridistribuito tra i discendenti maschi delle novanta famiglie che costituirono il nucleo iniziale della comunità centese, a una condizione: che vivano ancora nella zona. L'appezzamento è conosciuto come «capo»; l'avente diritto è il «capista». Eugenio Gilli, Virgilio per un giorno, è un «capista».

A Cento, nel 1591, nacque il pittore Giovan Francesco Barbieri, detto il Guercino per via di un potente strabismo. Due anni fa, in occasione del quarto centenario della nascita, gli è stata dedicata una grande mostra. Gilli, che era nel comitato organizzatore, dice che è stato entusiasmante, ma massacrante: «Non si trattava soltanto di cercare i soldi, ottenere i quadri in prestito dai musei di tutto il mondo, organizzare le spedizioni. Dovevo anche tener dietro a sir Denis Mahon, il massimo esperto sul Guercino, un inglese ottantatreenne dalle conoscenze enciclopediche e dall'appetito formidabile». Per cena — ricorda Gilli, con un misto di ammirazione e orrore — gramigna con salsiccia, stinco di maiale con contorno di peperonata, panna cotta.

Smontata la mostra del Guercino, l'adorazione è rimasta. In città non ci sono soltanto piazza Guercino, corso del Guercino e una pinacoteca civica con opere del Guercino e della bottega («Lo scriva: aperta tutti i fine settimana, anche se ci costa un occhio della testa», dice il direttore Fausto Gozzi). Ci sono anche, a poca distanza, il Bar Guercino, la Guercino Viaggi, la Libreria del Guercino. C'è perfino l'Ottica Guercino, a dimostrazione che i commercianti italiani, quando si tratta di dare i nomi ai negozi, sanno essere ironici, o incoscienti.

Sostiene Virgilio-Gilli, che in un ospedale e in una banca deve aver imparato a vedere i limiti dell'uomo: «Cento, ormai l'avrà capito, fa parte senza dubbio dell'Italia che si salva. Questo non toglie, tuttavia, che sia in Italia, con tutto quello che segue». Qualche esempio? «Se il tessuto industriale è sano — come sostiene il mio amico Vilmo Ferioli della VM Motori, quella che fa i turbodiesel per le Alfa Romeo, le Chrysler e le Land Rover — non si può negare che ci siano problemi: nell'ultimo anno, in zona, c'è stato un ricorso diffuso alla cassa integrazione, e uno dei gruppi più importanti, la Plant, ha chiesto il concordato preventivo.

La differenza è questa: a Cento, provincia di Ferrara, settecento posti di lavoro a rischio arrivano a malapena sulle pagine della cronaca regionale; per Crotone, si sono mobilitati i vertici dello Stato».

Altre prove che Cento sta in Italia non sono difficili da trovare. Come in ogni cittadina italiana, l'amore per il campanile rischia di diventare un'ossessione. Cento e Pieve di Cento, divise dai capricci del fiume Reno, si considerano distanti come Marte e la Luna, e competono su tutto, perfino sul numero di stelle assegnate ai rispettivi migliori alberghi. Come in ogni cittadina italiana, c'è una banca che funge da «grande mamma»: la Cassa di Risparmio di Cento, vecchia di 135 anni, con 2.000 miliardi di raccolta controlla il 60% del mercato locale, e segue, finanzia, sostiene, appoggia e promuove praticamente tutto, dalle mostre ai premi letterari, dalla musica ai restauri, dallo sport al teatro (i cui ricavi arrivano a coprire soltanto metà dei costi, pari a 450 milioni l'anno).

Emiliana — ultra italiana, perciò — è la passione per la politica. Eugenio Gilli dice che Cento è sempre stata più bianco-rosa che rossa: la «partecipanza agraria», che da secoli trasforma ogni «centese doc» (e maschio) in un micro-possidente, non si concilia bene con il comunismo delle cooperative. «Me la ricordo, la campagna elettorale del '48. I cattolici stavano in chiesa. A tener testa ai rossi nelle piazze c'eravamo soltanto noi, i socialisti democratici. Bei tempi, grandi litigate, altri socialdemocratici. I comunisti ci disprezzavano, ma non ci hanno mai torto un capello. Anche in questo Cento era speciale: a pochi chilometri di qui, c'erano i morti ammazzati, e le fosse. Qui, mai volato uno schiaffo. Siamo gente tollerante. Lo diceva anche il cardinale Lambertini, Benedetto XIV, che nel 1754 ci concesse il rango di città: *chi vol fer i so comed, vaga a Zent*. Chi vuol fare i suoi comodi, vada a Cento».

Oggi, a guardar bene, Cento potrebbe aver aver inventato qualcosa di nuovo: la tele-politica. Sindaco, dal giugno scorso, è infatti Paolo Fava, un ragazzo di venticinque anni laureato in Bocconi. Dopo essere rimasto per tre mesi campione nella trasmissione «Partita Doppia» di Pippo Baudo, ha raccolto un po' di amici in una lista d'ispirazione laica, e ha sconfitto al ballottaggio il candidato del PDS. Quando andiamo a trovarlo in municipio, Fava sta litigando vigorosamente con i sindacati che vogliono boicottare un'iniziativa chiamata «Suggerire, prego!»: i cittadini vengono invitati a riempire un formulario e dire cosa non funziona in municipio («L'idea è di un assessore. L'ha presa dagli alberghi in Giappone»). Si sentono esclamazioni, voci concitate, accuse. Virgilio-Gilli sorride, poi azzarda: be', dottore, anche questa mi sembra una storia italiana.

5. RUBANO, CHE MERAVIGLIA

Rubano (Padova)

Virgilio ha un giubbotto nero, i blue-jeans, gli occhiali rotondi, ascolta i Beatles e i Guns 'n' Roses. Niente di strano, dal momento che ha quindici anni, e si chiama Eva. La lettera che ha scritto — quella dove si offriva come guida — inizia così: «Ironie toponimiche: a Rubano, 13.000 anime a 7 chilometri da Padova, in materia di ladroneria siamo rimasti al furto con scasso. Compiango segretamente mio padre: lui, che adora inzuppare politica e proteste nel caffelatte, doveva capitare proprio in questo angolo della Padania uscito illeso dal crollo del palazzo Italia?».

Vincendo una certa apprensione — da una quindicenne che usa l'aggettivo «toponimico» ci si può aspettare di tutto — sono arrivato fin qui, a conoscere la giovanissima residente d'un paese che ha preso il nome da un colono romano, tale Rubius, e oggi si ritrova addosso un'etichetta difficile: abitare a *Rubano* può essere imbarazzante, in questi tempi di grandi furti. L'accento, è vero, cade sulla penultima sillaba — Rubàno, quindi, non Rùbano. Sui cartelli e sulle carte stradali, tuttavia, l'accento non si vede.

L'esplorazione in compagnia di Eva De Agostini, Virgilio minorenne, inizia dopo aver ottenuto un regolare nulla-osta dai genitori, che abitano a Sarmeola, una frazione più grande del comune stesso. I De Agostini sono quattro. Il papà è fornitore di apparecchiature elettriche industriali, e nel tempo libero allena il Campodoro, una squadra di calcio di seconda categoria; la mamma lavora in casa, ed è impegnata nel volontariato; Eva studia al liceo scientifico, ed è nota in paese per essersi piazzata seconda in un concorso di poesia con 107 partecipanti; Chiara, detta Brillantina, ha nove anni, è un'ottima nuotatrice, e mostra la stessa imbarazzante perspicacia della sorella. Quando ha visto il primo titolo di giornale su Tangentopoli, ha detto: «Tangentopoli? Mi ricorda la caduta dell'Impero romano».

La famiglia De Agostini abita a un passo dalla strada statale numero 11 (la Mestrina), in un quartiere di casette linde e piccoli giardini, dove le vie sono intitolate alle regioni d'Italia. Per arrivare al primo appuntamento, con l'assessore alla cultura, si percorre via Veneto; in un prato all'angolo con via Sardegna ci sono gnomi colorati; all'incrocio con via Puglie, sotto un albero, la statua di un acquaiolo affronta l'autunno, aspettando pazientemente di diventare antica.

Eva De Agostini deve aver riflettuto a lungo su quegli gnomi e quelle statue. Nella lettera (battuta sul computer di casa all'insaputa dei genitori) ha scritto: «È davvero tutto come prima, dunque, in questo angolo d'Italia? Difficile a dirsi. Ma il cambiamento, se c'è stato, è impalpabile. Sembra di vivere in un Eden apolitico. Tanto per cominciare, i grafitomani notturni si limitano ad "Alice ti amo": niente rivendicazioni murali, niente simboli equivoci. Mesi fa c'è stato un articoletto in materia di scandali su un foglio locale: una riflessione moraleggiante completa del solito richiamo al dovere. Si è svolta, infine, una serie di incontri-dibattiti aperta a tutti, nella biblioteca: atmosfera da rimpatriata tra amici, voci soffici, ampio sfoggio di manate sulle spalle».

L'esplorazione conferma che Eva ha occhi buoni, dietro gli occhiali rotondi. Il comune di Rubano, esteso su 14,5 chilometri quadrati (pari a 3.766 campi padovani, informa il vademecum destinato ai nuovi residenti), ha 12.900 abitanti (il doppio del 1970) e comprende tre frazioni (Sarmeola, Bosco e Villaguattera), che rivaleggiano amabilmente tra loro secondo la migliore tradizione nazionale (i sarmeolesi considerano quelli di Bosco «campagnoli»). Nel territorio del comune lavora lo stesso numero di imprese agricole, industriali e commerciali: circa trecento per categoria. Mentre le cascine diminuiscono, tuttavia, i supermercati, alimentati dal traffico della statale, si moltiplicano.

Rubano non appartiene all'Italia spettacolare destinata a finire sulle cartoline illustrate. Appartiene invece a un'Italia linda e lavoratrice, arrivata al benessere negli anni Sessanta, e ben decisa a conservarlo. Un'Italia ammirevole, fatta di villette, auto davanti al garage, neon e parcheggi sulla statale, campi sportivi, nuovi bar scintillanti di vetro e specchi, dove i pensionati sembrano pesci fuor d'acqua, abituati com'erano ai vecchi caffè del Totocalcio e del biliardo, quelli con la scritta *Bevete Coca Cola* sulla porta e il giornale sopra il frigorifero dei gelati. Non è un'Italia impeccabile, forse. Ma è un'Italia dignitosa, del tutto simile al resto d'Europa. «Quando i nostri amici tedeschi arrivano dalla Baviera — racconta papà De Agostini — notano soltanto un po' di anarchia cromatica nell'intonaco delle case. Per il resto, devono ammettere che reggiamo il confronto».

A Rubano, cuore del Veneto bianco, comandano da sempre i democristiani. Sebbene la Liga stia acquistando forza anche qui, da dodici anni c'è lo stesso sindaco, e gode di una buona reputazione: Leonildo Bettio, che arrossisce quando gli chiedo perché non è andato a Roma a fare il deputato, e poi risponde: «La sera, mi piace tornare a casa». Davanti alla sua porta, al primo piano del municipio, la gente aspetta di essere ricevuta, ma il primo cittadino Leonildo insiste per mostrarmi lo statúto, che Rubano è stato uno dei primi comuni d'Italia a pubblicare, e la sala del consiglio: un piccolo anfiteatro con le poltrone di velluto rosso, del quale va orgoglioso.

Quando usciamo, il sindaco saluta Eva: «Così hai scritto a un giornale di Milano parlando bene di Rubano. Mi congratulo. Brava cittadina». Lei, Virgilio con i blue-jeans, fa finta di niente e riparte spedita: deve continuare a mostrare all'ospite che Rubano — il suo mondo, mezz'ora dal centro di Padova con l'autobus numero 10 — è un mondo che funziona. Così visitiamo le ex-cave di Bosco, promosse «parco naturale»; la nuova biblioteca con 8.000 libri, le videocassette e i compact-disc; la via dei negozi, dove a Natale appendono le illuminazioni; i campi sportivi; piazza Moro e i giardinetti di viale Po, dove si riuniscono i ragazzi ribelli; il monumentale «patronato» (oratorio) di Sarmeola, dove si ritrovano tutti gli altri.

All'ingresso incontriamo don Oscar, un gigantesco «cappellano» (curato) che conversa tenendo un tavolo sulle spalle. Il parrocco, un veneto gioviale con una sana diffidenza verso i milanesi, si chiama don Giancarlo. Eva lo guarda silenziosa, aspettando da lui la prova definitiva che Rubano è un'isola tranquilla nell'Italia in tempesta. Don Oscar non si fa pregare. Racconta che il paese è giovane (l'anno scorso, 95 battesimi e solo 38 funerali), e possiede una certa personalità. I problemi — qualche teppista notturno, l'occasionale drogato — derivano soprattutto dalla vicinanza di Padova. Ma i giovani, per la stragrande maggioranza, sono sani, conclude. Se possibile, quanto è accaduto in Italia negli ultimi venti mesi (Tangentopoli e tutto il resto), li ha cambiati in meglio. Sentono infatti una sorta di responsabilità, capiscono che questa è per loro una grande occasione e una sfida: riusciranno a far meglio dei genitori?

Don Giancarlo ha idee precise anche su quel nome, Rubano, che in alcuni compaesani desta preoccupazione: negli ultimi mesi c'è chi ha scritto in municipio chiedendo che l'accento sulla seconda sillaba venga indicato in tutti i documenti ufficiali. Don Giancarlo, veneto pragmatico, ha invece una soluzione migliore per salvaguardare la reputazione del paese, e l'ha esposta in una canzoncina di sua composizione.

> *Sbajate co' Rubàno,*
> *Prova a ciamarlo Rùbano.*
> *Te vedi che pà un acento*
> *Te riva 'na sciopetà.*

Eva, Virgilio diligente, l'ha copiata su un foglio di quaderno, e la diffonde tra gli infedeli.

6. IL PARTITO DELLE MUCCHE

Zanengo (Cremona)

Esistono posti, in Italia, dove «la Veloce» non è un'automobile sportiva, bensì la vacca che produce più latte; dove ragazzi di buona famiglia sognano l'ultimo modello di Fent, «la Mercedes dei trattori»; dove Aràlvico Anna di Alessandria non è una ragazza formosa, ma un'altra mucca, vincitrice del Confronto Europeo della Razza Frisona, appena concluso a Barcellona.

Non è la campagna sognata dalla città, il luogo dove i possessori di giacconi Barbour immaginano di correre tra i fiori, come attori nella pubblicità di uno shampo. Nella campagna vera si lavora, ci si sporca e ci si stanca. E, essendo in Italia, si lotta contro una marea di carte, moduli e formulari. Eppure, non c'è dubbio: acquattato tra le cascine e i campi, c'è un paese sano e orgoglioso. Un luogo dove esistono persone disposte a guidare l'ospite attraverso un mondo che raramente esce dalle pagine della rivista *Terra e Vita* — e lo meriterebbe, invece, se non altro perché non lo chiede gridando.

Virgilio è giovane — classe 1959 — e di buona famiglia. Si chiama Ernesto Folli, ha una moglie bionda e graziosa e vive in una vecchia casa, di proprietà della famiglia da dodici generazioni. In azienda ci sono 180 vacche, 150 animali più giovani, 250 scrofe. La superficie è 190 ettari. Si tratta di un'azienda grande, perciò: la media, nell'Italia del nord, è 9,5 ettari.

Ernesto Folli è arrivato qui dieci anni fa, dopo aver preso la laurea in agraria presso l'Università Cattolica di Piacenza. Ha sette dipendenti. Il nonno, che si chiamava Emanuele, dava lavoro a 54 persone, e l'azienda allora era due terzi della superficie attuale. Zanengo è un paesino di 180 abitanti, decoroso ma non bello — nulla a che fare con i paesi impeccabili delle Langhe e della Toscana, cari agli stranieri. Sta nella campagna cremonese, una sorta di *mid-west* italiano: strade diritte e cascine, campi e paesi dove la Lombardia perde quell'aria affaccendata e un po' nevrotica, e iniziano spazi e accenti più lunghi.

Qui intorno — in un'area che corre dalla provincia di Alessandria a quella di Verona, e scende dalla linea ferroviaria Torino-Venezia fino al Po — ci sono le aziende agricole più grandi d'Italia, la zootecnia più avanzata d'Europa, una parte notevole della produzione nazionale di latte: nel 1992, ne sono stati prodotti nove milioni di quintali nella provincia di Cremona, dieci milioni in quella di Brescia, sette in quella di Mantova e altrettanti in quella di Milano. Qui stanno i professionisti dell'agricoltura. Ernesto Folli fa parte della categoria, e ne va orgoglioso.

È un Virgilio di poche parole, quello che mi accompagna per le corti dell'azienda, tra le macchine agricole e i lunghi «salami» plastificati che contengono i foraggi necessari a preparare l'*unifeed*, il «piatto unico» che ha sostituito l'erba come alimento per il bestiame. Il triticale e il trinciato di mais formano muraglie alte quattro metri e larghe dieci. «16.000 quintali di foraggio — spiega Folli — sembrano una quantità enorme, ma faccia conto che una vacca, dopo il parto, ne consuma cinquanta chili al giorno».

Sono in parecchi come lui, da queste parti. Ragazzi con la laurea in agraria o scienze della produzione animale, più tecnici che romantici, che tengono un toro in stalla per accontentare i parenti in visita da Milano, ma conoscono gli esoterismi della fecondazione artificiale. Ragazzi con automobili sempre sporche di fango, e case troppo grandi da riscaldare, e mogli sottratte alle città, che poi s'abituano al silenzio e alla nebbia.

Virgilio, in questa provincia dagli odori forti, ha questo da dire: l'Italia dei campi si salverà. Ma dev'essere lasciata lavorare in pace. La nuova politica agricola comunitaria incoraggia il *set aside*, una parola inglese che significa «accantonamento», e nelle campagne d'Europa — dal Peloponneso alla Normandia — è diventata di uso comune, come «pane» o «latte». *Set aside* vuol dire questo: la Comunità, al fine di evitare eccedenze agricole, paga gli agricoltori per mettere a riposo una parte dei terreni. Non più un sostegno ai prezzi, come accadeva in passato, ma un sostegno al reddito.

Si prendono bei soldi, dice Folli. Ma è un sistema fondamentalmente sbagliato, perché rischia di trasformarci in pensionati di lusso. Mentre passiamo tra maialini timidi che fuggono all'apertura di una porta, aggiunge: «L'intero sistema è bloccato. Le nostre decisioni non sono più quelle di imprenditori che si regolano in base alla legge della domanda e dell'offerta. Inevitabilmente, molte decisioni vengono prese con la mente rivolta agli aiuti comunitari.»

Davanti a quest'italiano insolito, che chiede più mercato e meno assistenza, rimango perplesso. Ma Folli insiste: i piccoli proprietari vanno aiutati in altro modo. Il *set aside* provoca invece due conseguenze: alcune aziende rimangono in vita artificialmente; e gli affitti diventano troppo cari. Accade così che gli imprenditori agricoli, quelli veri, non possano raggiungere le dimensioni necessarie all'autosufficienza. Chi punta sul latte, infatti, deve allevare bestiame, e per allevare il bestiame deve avere foraggio, e per avere il foraggio deve coltivare terreni, e per coltivare i terreni deve acquistare macchine agricole che costano centinaia di milioni.

Seduto alla scrivania in una stanza fredda che dà sul giardino, aggiunge: «Lo stesso vale per le "quote latte". Anche qui, dovremmo lasciare che il mercato decida: libera produzione, prezzo libero. Invece dobbiamo mordere il freno: l'Italia viene multata perché produce più di quanto dovrebbe, che però è meno di quel che consuma. Ogni azienda dovrà ridurre la produzione. Questo, mentre l'industria lattiero-casearia ci corteggia, desiderosa di acquistare latte italiano.»

Riassumo, dice Folli, cui non sembra vero che un giornalista voglia imparare, invece di spiegare. L'agricoltura è fondamentalmente sana, e appartiene di diritto all'Italia che si salva. Ma l'agricoltore viene visto dal pubblico in tre modi, tutti sbagliati: come un inquinatore, il che è assurdo, quando Milano, tuttora senza depuratore, scarica nel Lambro; come un pensionato di lusso, che paga poche tasse e vive di sussidi; oppure come un eroe ecologico, il personaggio oleografico che oggi va di moda in televisione, a uso e consumo degli italiani di città. L'agricoltore è invece un imprenditore che ama la campagna, vuole viverci e lavorarci; ma intende guadagnarci, se può. È il primo anello della catena dell'industria agro-alimentare, il co-produttore del latte e dei biscotti che troviamo sul tavolo la mattina. Non mi sembra un concetto molto difficile da afferrare, dice Ernesto Folli, Virgilio per dovere.

7. LIVERPOOL SUL TIRRENO

Livorno

Qualche tempo fa, quotidiani e telegiornali annunciarono che la città di Livorno metteva a disposizione del pubblico cinque automobili Panda con il motore elettrico. In effetti, cinque Panda bianche sono parcheggiate a pettine di fronte al municipio, a un passo dal discutibile Palazzo Grande, quello che i livornesi chiamano «nobile interrompimento» e Guido Piovene paragonò alle costruzioni nei cartoni animati di Walt Disney, «le cui finestre possono dilatarsi e ballare a suon di musica».

Le Panda, invece, non si muovono. Nessuno le ha mai viste uscire dal parcheggio. In municipio (sportello «rapporti con i cittadini») spiegano perché: l'iniziativa non è *promossa*, ma soltanto *patrocinata* dal comune. Per poter guidare una Panda elettrica, occorre rivolgersi alla concessionaria Fiat di viale Petrarca, distante qualche chilometro. Non oggi, però: forse lunedì prossimo. Oggi, aperta e funzionante, c'è soltanto la mostra «Gli strumenti di tortura medioevali» alla Fortezza Nuova.

La lettrice che mi ha invitato a Livorno — Francesca Ramacciotti, una giovane signora bionda, con una laurea in legge, un marito ingegnere e una bambina — appare imbarazzata da quest'esordio. La consolo: Leo Longanesi sosteneva che gli italiani preferiscono l'inaugurazione alla manutenzione, e Livorno, fino a prova contraria, è in Italia. Lo dimostrano le Panda elettriche che si muovono soltanto in occasione dei telegiornali. Lo confermano gli scatti d'umore di una città che sta attraversando momenti difficili.

Livorno appartiene a una Toscana insolita, meno carica d'arte e meno antica. La città venne fondata nel XVI secolo dai Medici, che la popolarono di immigrati e avventurieri, e ne fecero il porto più importante del loro Stato. Dicono gli altri toscani — sempre felici di sparlare in famiglia — che questi padri fondatori hanno lasciato tracce nel carattere locale. La fama dei «livornesi di scoglio» (quelli veri, quelli che dalla città non si staccano) è di essere attaccabrighe, gente geniale ma superficiale, insofferente verso qualsiasi forma d'autorità, benevolmente «becera», un po' spendacciona: Livorno, dicono le statistiche, detiene il record nazionale dei televisori a colori ed è sempre ben piazzata nella classifica delle cambiali.

Fin qui i difetti — se di difetti si tratta — dei quali i livornesi vanno fieri, come di medaglie appuntate sul petto. Le qualità sono altrettanto indiscutibili e, dice Francesca, Virgilio patriottica, servono da salvagente in questi tempi incerti. I livornesi, per esempio, non si danno mai per vinti. Si sono risollevati dopo i bombardamenti dell'ultima guerra e si risolleveranno anche oggi, quando i guai non arrivano dal cielo, ma dalla terra e dal mare: il porto arranca, la grande industria licenzia, la piccola industria non c'è. Sui collegamenti stradali — in particolare la celeberrima A 12, che a Livorno scompare come un fiume carsico — si potrebbe scrivere un romanzo. Perfino lo sport è lontano dalle glorie di un tempo.

Livorno ricorda Liverpool. Le accomunano la vecchia gloria marinara, i guai recenti, le amministrazioni di sinistra, lo spirito caustico della gente: sul mare d'Irlanda graffia l'umorismo *scouse*; sul Tirreno le battute salaci lette sulla rivista *Vernacoliere*, ed esercitate in uno dei tanti bar, intorno a un *ponce* caldo, amatissimo intruglio di caffè, rum e limone. La differenza tra Liverpool e Livorno — e il motivo per cui quest'ultima si salverà prima e più in fretta — è questa: i liverpuliani sono inglesi, incassatori metodici, che amano centellinare le proprie sofferenze. I livornesi sono italiani: vanno a terra spesso, ma non ci restano a lungo.

Per questo, sostiene Francesca Ramacciotti, Livorno fa parte dell'Italia che si salva: perché reagisce. Anche quando non è facile, come oggi. L'industria pubblica (acciaierie, cantieri, chimica) in dieci anni ha perduto un terzo degli addetti. Il porto, che fino al 1990 era il maggior scalo per *containers* del Mediterraneo, è stato superato da Marsiglia, Barcellona, La Spezia. Mario Ruocco, da trentun anni funzionario della camera di commercio, ha scritto una lunga relazione per spiegare cos'è successo. Sostanzialmente, questo: la qualità dei servizi viene giudicata mediocre o insufficiente dagli imprenditori; e le tariffe sono ancora troppo alte rispetto ad altri porti italiani ed europei.

L'artigianato, che altrove in Toscana serve da ammortizzatore, a Livorno rappresenta soltanto un quarto del totale delle imprese (sono la metà in provincia di Arezzo). Così le esportazioni: Livorno nel 1992 ha venduto all'estero sette volte meno di Lucca, e un quinto di Pisa e Pistoia. I turisti, per lo più, passano e vanno: ogni anno, un milione di passeggeri si imbarca per le isole dell'arcipelago toscano, per la Corsica e per la Sardegna. Il reddito pro capite, che negli anni Settanta era tra i primi dieci-dodici in Italia, è scivolato in cinquantaquattresima posizione. Livorno, in altre parole, non è più la città «nelle cui grandi arterie scorre abbondantemente il sangue monetato», come scriveva Collodi a metà dell'Ottocento. È invece una delle tante periferie d'Europa.

Verso la sua città malata Francesca Ramacciotti cerca di essere severa, ma non ci riesce. «Livorno ha distrutto i suoi teatri per farci uffici o piscine; da un decennio tiene chiuso per lavori il Goldoni, dove nel 1921 nacque il partito comunista; ha abbandonato al degrado la terrazza Mascagni; relega le prove d'orchestra nelle soffitte del mercato centrale». Ma, aggiunge, Livorno è anche la città delle riviste letterarie e delle mostre fatte con poche lire; la città degli entusiasmi ingenui, dove in 70.000 spediscono al *Tirreno* i tagliandi per scegliere Lady Commercio, la commessa più simpatica della città.

E poi c'è la cucina, dice la mia guida per un giorno, mentre seguiamo il mare verso Ardenza, a bordo della Ford Escort del marito ingegnere. «Il livornese, se non mangia, non si muove. Ormai lo sanno anche gli amministratori locali, che non si azzardano a organizzare iniziative culturali senza abbinarvi l'immancabile *caciuccata*». L'ultima, in ordine di tempo, è la manifestazione Musica in Tavola, celebrata a rotazione nelle trattorie della città. L'assessore, per l'occasione, ha coniato il termine «cultura conviviale», che ha incontrato immediato successo. Commenta Francesca, Virgilio di mare: «Ormai noi livornesi non andiamo più a cena fuori. Partecipano a *convivi culturali*. Lo suggerisca ai suoi amici di Liverpool. I Beatles invece di Mascagni, e un convivio col *fish and chips*».

8. LA TETRA-CASALINGA

Sarzana (La Spezia)

La lettera stava tutta su un foglio. Il foglio era piegato a metà, in modo da ottenere quattro facciate più piccole. Un testo fitto, scritto a mano con un pennarello nero, in un italiano senza superlativi, senza i *chiarissimo* e gli *stimatissimo* con cui molti, ancora, cercano benevolenza presso il destinatario. La lettera della signora Cristina Lanfranchi, candidata Virgilio, iniziava così: «Sono una tetra casalinga. Non perché io sia particolarmente depressa, ma proprio perché sono *tetra* — ovvero "quattro volte". Casalinga in casa mia, e casalinga a pagamento in altre tre case, dove la mia mansione è ufficialmente chiamata colf».

Se è vero che i giochi di parole col greco antico non sono particolarmente diffusi tra le collaboratrici domestiche, è anche vero che in Italia non bisogna mai stupirsi di nulla. Così, sono venuto a conoscere questa lettrice che ha una madre francese, scherza col greco e ragiona da americana. A suo giudizio, nella repubblica fondata sul lavoro, è inutile inseguire posti che non ci sono, sognare assunzioni impossibili, affollare concorsi. «Bisogna guardare la legge della domanda e dell'offerta. Il mercato, insomma. Se tante donne lavorano fuori casa e hanno bisogno di collaboratrici domestiche, mi sono detta, perché non fare la domestica? Soltanto perché ho il diploma scientifico, o il marito laureato?». Qualsiasi lavoro onesto è dignitoso, sostiene la signora Cristina. Se tutti se ne rendessero conto, allora, forse, l'Italia si salverebbe davvero.

Questa donna garbata, giunta alle stesse conclusioni di Adam Smith pulendo bagni e fornelli, è sposata da vent'anni, ha una figlia di diciassette e abita a Sarzana, centro della Lunigiana. La città crebbe sulle sfortune dell'antico borgo di Luni, decaduto insieme all'Impero romano, a causa dell'insabbiamento del porto e dell'impaludamento della costa. Nel 1204, il vescovo di Luni trasferì a Sarzana l'episcopato, e la città acquistò il definitivo predominio su una regione il cui centro è il bacino del fiume Magra, ma si estende, per lingua e per cultura, dalle province di La Spezia e di Massa Carrara fino all'alta Garfagnana e all'alta Val di Taro. Un po' di Liguria, un po' di Toscana e un po' di Emilia, quindi, riunite in un centro la cui sagoma, vista dall'alto, ricorda quella di un maialino, disegnato dalla linea delle mura e dei fossati.

Sarzana ha 20.000 abitanti, di cui 3.000 nel centro storico, ed è la classica cittadina destinata a rimanere per molti un nome su un cartello lungo un'autostrada. È, in qualche modo, un'ingiustizia. Chiusa tra le colline e il mare, Sarzana è un esempio di provincia accogliente, ragionevolmente ricca, decisamente soddisfatta. Mentre passeggiamo, la signora Lanfranchi, presa dal ruolo di Virgilio, mostra i luoghi intorno ai quali ruota la vita locale: piazza Matteotti, il palazzo comunale, il teatro Impavidi, la stazione delle corriere, con gli studenti e gli operai diretti verso le scuole e l'Arsenale di La Spezia. Al vecchio bar Gremmi, dove finiamo sempre per ritornare, preparano la «spungata» (due dischi di sfoglia con la marmellata in mezzo). Il proprietario ottantenne sta alla cassa, in un incavo del tutto simile a un confessionale, e guarda la città passargli davanti con il borsellino aperto.

Nelle vie strette intorno alla Cittadella, sventolano come bandiere i panni stesi ad asciugare. Tra Porta Roma e Porta Parma passano i personaggi che la provincia offre sempre generosa. C'è il pittore maledetto, l'anarchico figlio di anarchico (dev'esser l'aria: Carrara è vicina), la salumaia Valeria che vende il famoso «pane di vinca», e tiene appese allo specchio dietro al banco le fotografie dei clienti importanti: l'attore, il giornalista, il ministro, come santi sorridenti su un altare.

Cristina Lanfranchi indica, spiega, commenta. Appare ben più informata della «casalinga di Voghera» inventata negli anni Cinquanta da Alberto Arbasino. La casalinga di Sarzana è interessata alle vicende dell'economia nazionale, in particolare quando si riflettono sul suo conto in banca. Tre anni fa, dopo uno sfratto, ha acquistato insieme col marito un appartamento di settanta metri quadri in un'antica casa di ringhiera («Le vede, le volte nel ripostiglio? Sono del Settecento»). Ora sta pagando il mutuo. Anche sugli ultimi guai italiani appare bene informata. Li trova, tuttavia, «più ridicoli che drammatici». «Ho letto di quel Poggiolini, che nascondeva dieci miliardi in contanti dentro un puf. Io mi chiedo: ma che razza di puf hanno, in quella casa? Come sono riusciti a farli entrare dalla porta?».

Per quanto riguarda il lavoro, la filosofia della *tetra*-casalinga è semplice. Spiega: «Ho cominciato cinque anni fa, in seguito allo sfratto e alla necessità di comprare casa. Diploma scientifico, università non finita, prima ho dato qualche lezione di francese, poi per due anni ho condotto sondaggi per la Doxa e la Demoscopea. Non bastava, così ho deciso di fare come la Luisa della pubblicità: comincio presto, finisco quando ho finito, e pulisco anche il water. I soldi che guadagno se li pappa la banca per pagare il mutuo, ma va bene così».

«Mi segua, è interessante. Sveglia ore 6.30. Ore 7: pulizia in casa, avvio pranzo se non è già pronto dalla sera prima. Uscita alle 8.30, ordino il pane che passo a riprendere alle 12. Ore 9: arrivo — in bici, se non diluvia — sul primo posto di lavoro. La padrona di casa è una dermatologa, simpatica. Pulizie, letti, preparare da mangiare — tutto quello che ho già fatto a casa mia. Ore 12: rientro a casa: finisco le pulizie di casa, finisco di cucinare. Arrivano marito e figlia liceale; brava, pulita, senza troppo grilli per la testa e anche simpatica, ma solo quando vuole. Si mangia insieme. Ore 14: esco di nuovo. Altre due case, a giorni alterni: di nuovo pulisco aspiro lavo e lucido. Ore 17.30: rientro. Doccia. Stiro, finisco di cucinare, ascolto la radio. Si cena, si chiacchiera, si perde un po' di tempo a tavola, un film in televisione. Poi a nanna, per ricominciare il giorno dopo».

«Noioso? A volte da matti, a volte devo stringere i denti per andare avanti, perché le mie tre signore dicano: "Cristina, la moglie del dottor Lanfranchi? Cristina è la più brava, se ci lascia siamo perdute". E allora mi sento come quelle bimbe brave con le trecce (le bimbe brave ai miei tempi avevano sempre le trecce) che fanno il proprio dovere. Forse è ridicolo, ma è meglio, comunque, che ripetere le belle parole con la maiuscola che riempiono la bocca a tanta gente, di questi tempi. Togliersi le ragnatele dalla testa e darsi da fare, anche se sei la moglie del *dott.* o dell'*ing.* Semplicemente darsi da fare, senza aspettare la manna dal cielo».

9. VIRGILIO IN TURBODIESEL

Thiesi (Sassari)

Thiesi è benestante. Bella, no. All'ingresso del paese, due carcasse d'automobile attendono, issate su pile di mattoni, che il tempo faccia il suo dovere, dal momento che l'amministrazione comunale trascura il proprio, non portandole via. Abbondano le case nuove non terminate, le case vecchie con le facciate sfinite dal vento, gli edifici pubblici abbandonati al destino incerto che segue una programmazione avventurosa. La circonvallazione, terminata da un paio d'anni, è già piena di erbacce, senza segnaletica orizzontale, e mostra segni d'invecchiamento fulminante. Oltre un dosso, dopo un rettilineo, c'è una curva secca a sinistra. La gente del posto ormai lo sa; ai forestieri, buona fortuna.

È un giorno festivo. Virgilio aspetta dentro un'autoscuola chiusa, di fianco a un calorifero elettrico, con il cappotto indosso e due quotidiani davanti. L'autoscuola serve anche come sede sociale della locale squadra di pallavolo. Di fronte, sta l'ingresso dell'ospedale, dove qualcuno ha scritto su un muro *Jim Morrison è vivo*. Il vetro bianco con la scritta rossa *Ospedale* è rotto, forse una sassata.

«Non si faccia impressionare», dice il padrone di casa. «Thiesi è meglio di quello che sembra. Qui badiamo alla sostanza, piuttosto che all'aspetto estetico. Il paese non sarà bello, ma è un posto di gente che lavora. Per questo io le dico: non preoccupatevi per noi, in continente — non che l'abbiate mai fatto, sia chiaro. Abbiamo visto di peggio, noi sardi, di questa crisi. A proposito: benvenuto in Sardegna, signor giornalista. Oggi la porto in giro con me. Spero che lei capisca qualcosa in più di certi suoi colleghi "del regno del Piemonte", che ci procurano sempre motivi per ridere di cuore».

Partiamo a bordo della Uno Turbodiesel dell'autoscuola, con i doppi comandi e una fiancata segnata da un'allieva che ha sfidato il guard-rail della strada statale numero 131, conosciuta come Carlofelice. La mia guida, Virgilio per un giorno, si chiama Gianni Efisio Pinna. Ha trentacinque anni, una moglie, un figlio, e gli occhi scrutatori dei sardi. Nel 1983, con un socio, ha rilevato la scuola-guida di Thiesi, un paese di 3.500 abitanti nella regione del Mejlogu, a 43 chilometri da Sassari.

La sarda Thiesi, da cinquant'anni, è la capitale italiana del pecorino «romano». Scherzi della geografia, per la gioia delle banche: i sei caseifici locali (cinque privati e una cooperativa) ne producono circa 70.000 quintali all'anno, lavorando 60 milioni di litri di latte raccolto tra 4.000 allevatori. Buona parte del formaggio prodotto in paese viene esportato negli Stati

Uniti d'America, dove l'emigrazione italiana l'ha reso popolare. Ogni volta che il dollaro sale, perciò, nel Mejlogu è festa.

La lettera d'invito proveniente da questa piccola capitale del formaggio era ben argomentata. Gianni Pinna sosteneva questo: «A Thiesi, come in altri paesi della provincia e della regione, la gente conosce il senso della misura. Qui non ci siamo fatti manipolare il cervello dal consumismo. Noi sardi — dice Pinna — siamo testardi. Decidiamo noi cos'è *una società moderna*. Il credito, da queste parti, è guardato con sospetto. La gente non intende spendere soldi che non ci sono, ma ci saranno se l'investimento andrà a buon fine. Se una persona ha 5.000 lire, spende al massimo per 5.000 lire».

Sono parole non sorprendenti, venendo da Thiesi. I thiesini hanno fama di essere gli scozzesi di Sardegna: attenti ai denari, parsimoniosi all'inverosimile. E lavoratori: secondo Pinna, disoccupazione vera, in paese, non ce n'è. Lui, per esempio, non riesce a trovare un ragazzo che voglia diventare istruttore di scuolaguida. Anche in questi tempi difficili, tutti si industriano, e nessuno si rassegna. La leggenda che vuole gli italiani pigri — sentenzia la mia guida, con l'aria di chi non ammette obiezioni — è un'idiozia.

A questa micro-economia spumeggiante, Gianni Pinna guarda con il ciglio asciutto. Thiesi, a suo giudizio, è «un paese di formiche», una società di mutuo soccorso che si basa sul reciproco interesse, non su un'imprecisata «solidarietà». Ci sono i pensionati che, un po' per passare il tempo, un po' per integrare la pensione, comprano qualche pecora e vendono il latte ai caseifici; c'è chi ammazza il maiale; chi tiene un piccolo orto; chi, la domenica, va ad aiutare l'amico che deve costruire la casa, sapendo che un giorno quello restituirà il favore. Ci sono i ragazzi che tengono aperto il nuraghe Sant'Antine e accompagnano a pagamento i turisti. Ci sono le associazioni di speleologi, di pallavolisti e di pittori.

E lo Stato?, chiedo. Cosa fa, quella pubblica amministrazione che per anni il meridione d'Italia ha invocato, atteso e, non occasionalmente, imbrogliato? Gianni Pinna non risponde; guida. Oltre i finestrini impolverati della Uno passa il «centro polifunzionale» in comune di Torralba (in costruzione da sei anni, fermo da due); il palazzetto dello sport (in costruzione da cinque anni, bloccato a più riprese per i più svariati motivi); un asilo nido rotondo come una *plaza de toros*, che non ha mai visto un bambino ed è abbandonato alle sassate dei vandali («Verde Attrezzato» indica un cartello, senza ironia). «Questi — dice Pinna, Virgilio sarcastico — sono tutti soldi dello Stato».

La tappa successiva è una visita da Paolo Fadda, uno dei titolari del caseificio Fadda Manca, vicepresidente dei giovani industriali di Sassari. Chiedo: Thiesi è benestante, piena di gente che lavora. Perché non la curate un po' di più? Il giovane Fadda sorride: «Lei ha ragione. Thiesi è trascurata, e non fa una bella impressione. Ma non dimentichi una cosa: questo paese vive per lavorare. Qui la gente pensa soltanto al formaggio che finisce in America, ai pellami che finiscono a Napoli, alla carne che finisce nelle macellerie locali — a proposito, ha notato quante ce ne sono? Prenda me. Abito fuori paese. Per lavorare, vengo a Thiesi; per tutto il resto, vado a Sassari».

Gianni Pinna non parla, ma si capisce che è d'accordo. La sua Thiesi è una formica, che lavora e accumula. Non è ordinata come la vicina Bessude, con le villette linde e colorate; non è elegante come Siligo, il paese dello scrittore Gavino Ledda, della cantante Maria Carta e della famiglia Cossiga. Ma è un paese solido di gente che non si perde in chiacchiere e, al momento di costruire la casa nuova (magari con un piano in più, per la figlia che un giorno si sposerà), non bada all'accostamento dei colori, ma al numero delle stanze. Pinna, Virgilio in Turbodiesel, non giudica quale sia la scelta migliore. Si limita a guidare tra le querce e i pini marittimi, scendendo al tramonto verso la «valle dei carciofi», Ittiri e il mare, mentre il sole, più basso delle nuvole, illumina il paesaggio, come una lampada accesa sotto una coperta.

10. SALVATE L'ARTIGIANO

San Felice del Molise

Vasto Sud: che nome impeccabile, per la stazione d'uscita dell'autostrada adriatica che immette in quel Mezzogiorno, vasto davvero, di cui gli italiani parlano molto, conoscendolo poco. Usciti dalla A14, occorre seguire la strada sul fondovalle e le indicazioni per Isernia. San Felice del Molise compare all'improvviso, alto su una collina, come la fortezza nel *Deserto dei Tartari*. A pochi chilometri c'è Montenero di Bisaccia, paese natale del giudice Antonio Di Pietro, non per questo risparmiato nell'eterna guerra dei campanili: «Montenero di Bisaccia, negadebiti e voltafaccia», dicono gli abitanti delle località vicine, ricordando così quando Montenero era luogo di mercati e traffici.

San Felice vanta una storia interessante. Piccola colonia fondata del XV secolo da un gruppo di croati che attraversarono l'Adriatico per sfuggire ai turchi, ha mantenuto un dialetto slavo di tipo dalmatico. Insieme ai comuni vicini di Montemitro e Acquaviva Collecroce, San Felice costituisce oggi la più piccola comunità alloglotta dello Stato italiano, il quale si è divertito a cambiarle nome. Fino al 1928, il paese si chiamava San Felice Slavo; dal 1928, quando la regione del Molise era «la ruralissima», San Felice Littorio.

Nel 1944, passati di moda slavi e fasci, San Felice del Molise.

A San Felice abita il commendator Romeo Zara, un lettore che si è detto disposto a mostrarmi un'Italia che si salva, se non altro perché ci prova. Zara, classe 1915, è stato ufficiale di complemento nell'ultima guerra, ed è medaglia di bronzo al valor militare, avvocato in pensione e storico, in via ufficiosa, del paese. La sua lettera indicava non soltanto il numero degli abitanti (900, la metà rispetto al 1950) e quello delle nascite (4) e dei decessi (26) nei primi dieci mesi del '93, ma anche il numero degli studenti universitari (6), dei donatori di sangue (190), l'esborso mensile dell'ufficio postale per le pensioni (170 milioni) e la percentuale investita in «libretti, buoni fruttiferi e a lunga scadenza».

Il commendatore, come il tenente Drogo nel romanzo di Buzzati, vive nel suo paese-fortezza sulla collina, aspettando di veder comparire all'orizzonte l'Italia nuova. Poiché quest'ultima ancora non si vede, Zara si tiene informato sulla solita Italia. Ogni giorno guarda un telegiornale, e compra l'unica copia del *Giornale* nell'alimentari-giocattoli del signor Manso, presidente della locale sezione dell'Avis. Anche gli altri quotidiani nazionali vendono una copia: il *Corriere della Sera* va al maestro, l'*Avvenire* al segretario comunale, l'*Unità* al sindaco, l'*Indipendente* a un ragazzo che ha lavorato a Milano.

L'avvocato Zara — tra tutti i Virgilio, il più metodico — ha preparato una breve relazione scritta a macchina, suddivisa in tre parti: Risorse, Problemi, Opinioni. Queste ultime, piuttosto nette: «La gente di San Felice — sostiene l'avvocato — è convinta che i governanti siano ladri, i parlamentari lontani e affaristi, le opere pubbliche malfatte. Il tutto secondo la vecchia massima: chi comanda, fa legge».

Per illustrare Risorse e Problemi, è prevista una visita guidata del paese. Il commendatore deve aver ordinato all'intera popolazione di rendersi disponibile, perché troviamo tutti al proprio posto, con l'eccezione del parroco: il proprietario del frantoio al lavoro tra le olive; l'autista della corriera di fianco alla sua corriera; il sindaco (che è anche professore alla scuola media) in municipio (che sta sopra la scuola media); il tabaccaio nel bar-tabaccheria dove vende due cartoline di produzione artigianale. In una di queste, memorabile, il paese è schierato sotto la torre dell'acquedotto (che non funziona).

L'impressione complessiva è consolante. San Felice non fa parte del meridione piagnucoloso, ma appartiene a un'Italia dignitosa, che in quarant'anni ha fatto grandi passi avanti. La gente lavora e — tiene a sottolineare il commendatore — non ci sono poveri: le case hanno tutti i servizi, e riscaldamento a metano, oltre che a legna fornita dall'uso civico del bosco comunale. Anche l'aspetto del paese è gradevole, senza essere bello. La chiesa parrocchiale, in parte duecentesca, è ben restaurata; la casa di riposo per anziani, dove regnano le signore Jolanda e Michelina, pulita e accogliente; il monumento al finanziere Antonio Zara — il compaesano ucciso vent'anni fa all'aeroporto di Fiumicino, quando tentò di reagire ai terroristi palestinesi — è semplice e commovente. Perfino i mattoni color arancio che deturpano la facciate delle case antiche non denunciano l'incoscienza di oggi, ma la povertà di ieri.

L'industria di San Felice, per molti anni, è stata l'emigrazione. Negli anni Cinquanta, quando ancora la gente del contado veniva a raccogliere i tozzi della focaccia a San Giuseppe, le destinazioni erano l'Australia, l'Argentina, gli Stati Uniti, il Belgio, la Svizzera, ma anche le fabbriche di Torino e i piastrellifici di Sassuolo. Quando lo incontriamo nel municipio — un appartamento di quattro stanze affacciato sulla vallata — il sindaco-professore spiega che nel 1950 la prima elementare aveva sessanta alunni; nel 1955, cinquanta; nel 1970, trenta. Oggi nelle cinque classi delle elementari ci sono, in tutto, trentacinque bambini. La prima ne ha otto. La terza, tre. Se chiude la scuola, dice il sindaco, chiude il paese.

Sebbene una corriera blu porti ancora qualche operaio verso lo stabilimentio Fiat di Ponte Trigno, le occupazioni principali sono l'agricoltura e l'artigianato. L'avvocato Zara le conosce bene, poiché da lì venivano i suoi clienti. Sull'argomento ha scritto lettere appassionate al *Corriere del Molise*, firmandole talvolta con lo pseudonimo di *Viator*, il viandante, cercando di spiegare che le due attività soffrono dello stesso male: cattive leggi e burocrazia.

L'agricoltura, spiega Zara, è modesta, ma in discreta salute: grano duro, uva, molto olio, barbabietole, girasole e foraggio. Il problema non è tanto la cronica mancanza d'acqua e di trattori (ci vorrebbero piccoli cingolati, data la natura del terreno), e neppure la mentalità di una regione dove fino a poco tempo fa resistevano sacche di feudalesimo, quanto l'impossibilità di trovare mano d'opera. *«Ab immemorabili* — dice l'avvocato, soddisfatto del suo latino — quando si arava con i buoi, il bovaro aiutava il vicino, il quale ricambiava con le sue prestazioni bracciantili». Le recenti norme sul collocamento, tuttavia, ignorano tutto questo, e dispongono la tenuta di un registro da parte del datore di lavoro, nel quale annotare i nominativi dei prestatori d'opera, da richiedersi almeno quindici giorni prima all'ufficio collocamento, ubicato cinquanta chilometri lontano, al quale occorre presentarsi di persona per firmare la domanda. Sanzione: un milione di multa per ogni lavoratore sorpreso senza la necessaria documentazione. «E poi si calunniano i Borboni», bofonchia l'avvocato.

La sorte dell'artigianato lo inquieta allo stesso modo. «Sa perché le botteghe chiudono? Perché non ci sono più apprendisti. E sa perché non ci sono più apprendisti? Perché le norme sull'apprendistato rendono obbligatorie le assicurazioni Inps e Inail, che sono una indubbia conquista sociale, ma comportano difficoltà per i vecchi artigiani. Non tanto per il salario, quanto per la tenuta dei registri e il versamento dei contributi. Io mi chiedo: perché la regione Molise, così diligente nell'utilizzare i fondi Cee per la formazione professionale teorica, non finanzia anche una formazione professionale *pratica*, dove il giovane impara il mestiere stando in bottega? Anche oggi l'artigianato mi sembra un lavoro sicuro, onesto e intelligente», borbotta il commendator Virgilio, inquieto sui destini del suo privato purgatorio italiano.

11. LE OCCASIONI BAROCCHE

Lecce

Lecce fa rabbia. Questa città non dovrebbe far parte dell'«Italia che si salva». Dovrebbe appartenere all'Italia che trionfa, l'Italia che attira carovane di nordeuropei con le facce pallide e il portafoglio spalancato, assetati di sole in dicembre, affamati di buona cucina, ipnotizzati dai capricci barocchi delle chiese e dagli occhi dei ragazzi bruni. Invece no. Lecce e il Salento non trionfano. Si salvano soltanto — e probabilmente occorre accontentarsi, visto come vanno le cose nel meridione.

La mia guida, Virgilio *ad honorem*, è d'accordo. Si chiama Lorenzo Capone, ha cinquantun anni, e possiede una piccola casa editrice specializzata in cartografia e storia locale. Nel suo passato c'è la fondazione di una rivista sui mass media, la direzione di una televisione locale e un periodo di militanza nel movimento sociale — un particolare, questo, che aumenta la varietà di questa serie d'articoli. Le undici guide utilizzate finora, se ho capito bene, votano per nove partiti diversi, a dimostrazione che, quando si tratta di politica, gli italiani sono disciplinati come un branco di gatti, e chiunque tenterà di metterli insieme avrà il suo daffare.

Oggi, tuttavia, Virgilio non deve, e non vuole, parlare di politica. Vuol parlare di Lecce. In piedi nel suo ufficio basso, bianco, con grandi porte-finestre sui fichi d'india e i mandarini — questa è la California degli italiani, se ce n'è una — inizia la descrizione: Lecce ha 100.000 abitanti, e la provincia 700.000; l'artigianato (cartapesta) è fiorente; la piccola industria, intraprendente (scarpe, calze, jeans, cravatte, spesso per conto terzi); la grande industria, inesistente (c'è soltanto la Fiat Allis, macchine per movimento terra, da tempo in difficoltà).

Lecce, nel complesso, resta la città incantevole che da trecent'anni lascia di stucco i viaggiatori, i quali invariabilmente la paragonano alle città nobili del Nord: Parma, Pavia, Vicenza. I capolavari esuberanti del barocco, finalmente liberi dalle impalcature, costituiscono motivo d'orgoglio per ogni leccese. In una delle guide turistiche Capone la città viene definita «sonnolenta, intrigante, spregiudicata, provocatrice, contraddittoria, onusta di prestigio, carica di umiltà, gentilizia e artigiana, sacra e pagana, falsa e cortese, austera e friabile come la sua pietra».

Tutto vero, probabilmente. A Lecce, gli artisti del Seicento sono stati troppo bravi perché gli uomini del Novecento riuscissero a far troppo danno. Ci hanno provato, naturalmente. Non manca nulla, qui, delle vergogne d'Italia. Palazzinari spregiudicati, case che s'alzano d'un piano in una notte, illuminazioni gagliarde e abusive, una malavita organizzata sempre più attiva. Non mancano le minuscole tangentopoli. Gli scandali riguardano le solite strade, i trasporti su autobus, la propaganda elettorale televisiva pagata generosamente (e irregolarmente) dalle industrie ai candidati locali.

Un'altra cosa che non va — e sarebbe fondamentale che andasse — è l'industria turistica. Lorenzo Capone sostiene che Lecce e il Salento, se corteggiassero un turismo più sofisticato (arte, cultura, cucina), potrebbero attirare visitatori tutto l'anno, e diventare il giardino d'Europa.

Non accade, purtroppo. La costa, invece che il giardino degli europei, per lunghi tratti sembra il cortile degli italiani. Anche se i leccesi non amano sentirlo ripetere, San Cataldo, Porto Cesareo, Torre dell'Orso o Roca Vecchia non costituiscono un bello spettacolo. Luoghi attraenti sembrano nascosti a bella posta (Marina Serra di Tricase: nessun ristorante, pochissime indicazioni). Porti turistici non ce ne sono. I prezzi sono troppo alti per competere con la Grecia. «Una volta — dice Michele Giordano, proprietario dell'agenzia di pubblicità *Spot* — con lo stesso prezzo con cui a Milano si pranzava in due, a Lecce si pranzava in quattro. Adesso, non c'è differenza». Il risultato è che la stagione turistica del Salento dura due mesi (dall'inizio di luglio alla festa di Sant'Oronzo), quando va bene. L'estate scorsa, purtroppo, è andata male.

I giornali citano «la mancata programmazione del territorio e delle risorse economiche». Capone preferisce parlare di occasioni sprecate. «La stessa università, vanto di Lecce, non costituisce il traino sperato. C'è una nuova facoltà di scienze economiche e bancarie, e ci si batte per giurisprudenza. Eppure manca una facoltà di architettura che sembrerebbe d'obbligo, nella città che pretende di essere la "Firenze del Sud". Le faccio un esempio: quest'anno c'è stata una mostra sulle ville del Salento. Sa chi l'ha organizzata? Il comune di Lecce. Con l'università di Pescara».

Capone ha organizzato una serie di appuntamenti, ai quali mi sono recato docilmente, come vuole la regola di questo gioco. A Corsano, 10 chilometri da Santa Maria di Leuca, ho visitato il cravattificio di Luigi Tagliaferro, che dà lavoro a sessantadue dipendenti, ed è orgoglioso d'aver vinto la diffidenza dei clienti di Como per quello che viene dal Sud. La Puglia, a suo giudizio, dovrebbe puntare su prodotti di qualità medio-alta. «Le mie cravatte con i disegni *cachemirini* e *classicini* — sostiene — cinesi e indiani non riusciranno a imitarle mai».

Tornato in città, ho incontrato Giuseppe Ferro, direttore dell'Aprol (Associazione tra produttori olivicoli della provincia di Lecce). La Puglia — dice — produce un decimo dell'olio d'oliva del mondo. Nella sola provincia di Lecce operano 53.000 aziende. «Ma i politici sapevano che dalle olive c'era poco da spremere — perdoni il gioco di parole. Così si è finito per trascurare lo straordinario monopolio naturale costituito dall'olio, dal vino, dalla cucina e dal clima». Non ha torto, probabilmente. Gli americani scoprono solo oggi la dieta mediterranea. Virgilio, quello vero, già duemila anni fa elogiava il suolo d'Italia: *Hoc pinguem et placitam paci nutritor olivam,* «perciò nutri l'olivo ricco di frutti, e caro alla pace».

Lo dicono in molti, con la stessa foga e diversa rassegnazione: Lecce fa parte dell'«Italia che si salva», ma dovrebbe, e potrebbe, puntare più in alto. Lo ripetono l'editore, il professionista, l'industriale, la ragazza inglese che da qui non se ne vuol più andare, gli ex-combattenti che si riuniscono tra i ritratti di Oberdan e Garibaldi nel cinquecentesco Sedile. Fintanto che sono benedetti da Dio e non del tutto manomessi dagli uomini, Lecce e il Salento dovrebbero vender cara la propria bellezza. Se i visitatori trovassero condizioni pari a quelle della Grecia (organizzazione, cortesia, prezzi buoni), volerebbero qui come mosche al miele. Chissà che non accada, ora che sono finiti i soldi facili, e sarà necessario lavorare d'ingegno.

Senigallia (Ancona)

Non è un caso se questo giro guidato d'Italia finisce sulle sponde dell'Adriatico. Senigallia è la perfetta *ville moyenne*, se è lecito rubare un nome francese per definire una città italiana. Sta, più o meno, in centro all'Italia; è media per numero d'abitanti; media per reddito, livello d'istruzione, scelte elettorali, criminalità, risparmio. Ha avuto negli ultimi trent'anni uno sviluppo classico, e oggi ha i classici problemi legati a quello sviluppo. Attira un turista medio, ed è mediamente preoccupata di perderlo. Mostra le consuete velleità italiane, compreso un nuovo teatro e un progetto dell'architetto Portoghesi. Senigallia è forse un po' troppo bella, ma questo glielo possiamo perdonare.

L'ultimo Virgilio di questo lungo viaggio, l'architetto Giovanni Sergi, lavora come ricercatore presso il nuovo «Istituto di disegno, architettura e urbanistica» nella facoltà di ingegneria dell'università di Ancona. Dei guai e dei sogni delle città, in altre parole, se ne intende. Per dimostrarlo, ha preparato per il giornalista in visita un dossier formidabile, in duplice copia. Ci trovo di tutto: uno studio svedese sulle *medium-sized cities*, e il numero di stanze adibite a uso cucina nel comune di Senigallia (12.888); la storia dell'Adriatico dal XIV al XIX secolo, gli avvisi di garanzia recapitati nella provincia di Ancona (52) e una ricerca sulle aree linguistiche marchigiane.

Giovanni Sergi, nella lettera d'invito, aveva spiegato il motivo per cui proponeva Senigallia come esempio dell'«Italia che si salva». Perché rappresenta la «via italiana alla città media», e la città media è quanto di meglio l'Italia sia riuscita a inventare. Una località come questa – 41.000 abitanti, 1.150 imprese artigiane, 350 piccole e medie imprese, undici banche, spiaggia, portici, rocca, clima di mare e duemila anni di storia – all'estero viene studiata, invidiata e imitata, di solito senza molto successo.

Nel biglietto recapitato in albergo, sul quale veniva annunciato il programma della giornata (un *tour de force* di dodici ore, perché i Virgilio sanno essere spietati), l'architetto Sergi esordiva con «Egregio dottore, benvenuto nella città ideale!». Poi, nel corso degli incontri (il sindaco e l'ambientalista, l'industriale e il professore, il banchiere e il fattore), venivano fuori le proteste e i guai. Ma erano guai modesti, sebbene non si potesse dirlo agli interessati. Gli italiani infatti non amano essere interrotti, quando si lamentano; così come non amano essere raffreddati, quando si entusiasmano.

Ricapitolando. Ho lasciato Senigallia come ultima tappa di questo viaggio perché è una mini-Italia, fascinosa e imperfetta, l'emblema di un Paese che ha fatto molte cose buone e alcune cose sciocche, e adesso deve decidere se proseguire con le prime, o specializzarsi nelle seconde. La città rappresenta il Sud del Nord, l'ultima propaggine delle Marche roveresche, protette nei secoli dalla barriera appenninica contro l'influenza romana. «In questa terra di mezzo Adriatico, le dolcezze un po' levantine si accoppiano a un senso prussiano del lavoro», racconta Sergio Anselmi, professore di Storia dell'economia presso l'università di Ancona. «Lo diceva anche lo storico Fernand Braudel, uno che amava questi posti».

Senigallia, insieme con le Marche (e con l'Italia), si è trasformata a partire dagli anni Sessanta. La popolazione abbandonò le campagne e si rovesciò sulla costa e nelle valli che portano al mare. Il modello mezzadrile venne trasferito al turismo, sulle orme della vicina Romagna: tutta la famiglia al lavoro nella pensione o nel ristorante, senza guardare alla fatica e all'orologio. L'industria delle calzature, dell'abbigliamento e della lavorazione del legno iniziarono in quegli anni la loro crescita impetuosa. Un dato, per capire le dimensioni dell'esodo: la percentuale della popolazione che viveva in case sparse, dal '51 al '91, è scesa dal 66 al 7%.

Le Marche e Senigallia, dice Anselmi, hanno ormai superato la fase critica: quella legata all'arricchimento. Il problema, adesso, è cosa fare di questa ricchezza. Tutti i personaggi che ho incontrato (il sindaco Mariani, l'ambientalista Mazzufferi, gli industriali Fiorini e Montesi, il fattore Biagetti) sostengono che la città è a un bivio. Deve scegliere tra quantità e qualità, in ogni campo: nel turismo e nello sviluppo urbanistico; nell'economia e nella cultura; nella selezione del personale politico. Qualcuno dice che il problema della piccola, deliziosa Senigallia si può riassumere in poche parole: come avviare l'opera di *de-cafonizzazione*?

Prendiamo il turismo. Senigallia, con 50.000 posti letto, è oggi il maggior centro di villeggiatura delle Marche; ma si sta chiedendo se ne valga la pena. Quattro anni fa le alghe nell'Adriatico, come un flagello biblico, hanno spazzato via l'illusione di inseguire Rimini e Riccione. Rimane uno splendido cuore antico — con la Rocca, la piazza del Duca, il Palazzo Mastai dove nacque Pio IX — circondato da un corpaccione moderno, fatto di caseggiati anonimi e discutibili condomini (sono 3.000 gli appartamenti stagionali). Lo storico Anselmi definisce «urbanoide» lo sviluppo lungo la costa. «Condomini, pensioni, chioschi e baracche ormai soffocano la spiaggia e il mare, che dovrebbero costituire le attrazioni e la fonte di reddito. Anche qui, il turismo ha finito col divorare se stesso».

Senigallia, onesta città media, deve affrontare altri dilemmi assai italiani. Troppi mezzi pesanti sulla statale adriatica. Il teatro La Fenice, distrutto da un terremoto sessantatre anni fa, è sempre in procinto d'essere ricostruito (ma costa sempre di più). L'edilizia è quasi ferma, e con essa centinaia di imprese collegate.

La piccola e media industria si sente incompresa dalle pubbliche autorità (il sindaco pidiessino, Graziano Mariani, dice che non è vero; il presidente della Confapi regionale, Riccardo Montesi, risponde che è verissimo, e scrive lettere di fuoco ai giornali). Occorre liberarsi delle vecchie industrie, ingombranti e goffe. Per l'area dell'ex-stabilimento Sacelit (di proprietà dell'Italcementi, lavorava l'amianto) è stato appena presentato un progetto dell'architetto Paolo Portoghesi, subito battezzato «il Transatlantico». Un piano grandioso, di quelli che in Francia entusiasmano e in Italia preoccupano: una piazza, negozi, banche, alberghi, parcheggi, una sala congressi. Il tutto sul lungomare meno nobile, quello di ponente, quello che i senigalliesi chiamano «la spiaggia dei barbari», perché la domenica ci vanno le famiglie di Jesi e dell'Umbria con la colazione al sacco.

Alla fine della giornata, l'architetto Sergi, Virgilio stakanovista, appare soddisfatto. Ha dimostrato, documenti e testimoni alla mano, che Senigallia è una «città media» in bilico, nel mezzo di una «nazione media», in bilico anch'essa. Dal cancello della sua villa in collina, lo sguardo corre lungo la costa, che s'illumina fino ad Ancona e poi si piega, mentre le luci delle automobili si muovono tra le case e il mare, senza rumore. Da quassù, in questa sera di dicembre, l'Italia appare serena, ricca e fortunata. Fa rabbia pensare che, con un po' di sforzo, potrebbe esserlo davvero.

[autunno 1993]

4

UN ITALIANO IN CITTÀ

«Andare sui posti di persona è estremamente importante. Certe volte mi viene chiesto chi sia il protagonista dei miei libri. Di solito rispondo: "Io. Infatti si parla di una persona che viaggia, si guarda intorno, legge, riflette e poi su tutto questo scrive".»

Ryszard Kapuscinski, *Lapidarium II*

LE STRADE VERSO DANZICA
1982

Nell'estate del 1982 avevo una motocicletta e non avevo la ragazza. Non era mia intenzione usare la prima per trovare la seconda; né tanto meno proporre un baratto, come suggeriva una vecchia canzone di Lucio Battisti. Volevo invece andare lontano, e il posto più lontano dove un venticinquenne italiano potesse arrivare, senza prendere un aereo o una nave, era l'Europa orientale. La distanza chilometrica era ragguardevole, quella psicologica immensa: se l'America era il Nuovo Mondo, Danzica era la luna.

Guardavo le fotografie che venivano dalla Polonia in quei mesi – scioperanti barbuti, poliziotti grintosi, militari con occhiali scuri come pop-star – e capivo il dramma di quanti vivevano lassù. Ma non potevo nascondere la mia attrazione. Mi affascinava, quell'Europa in bianco e nero. Mi colpiva la serietà delle facce, e la sottile claustrofobia dei confini. Mi stupiva la gigantesca impalcatura di bugie con cui si puntellavano i regimi. Il fatto che alcuni, in Italia, li indicassero come modelli politici era pazzesco, ma ne aumentava il fascino: i posti che piacciono ai matti sono spesso interessanti.

Siamo partiti in tre, con due motociclette. Le avevamo preparate accuratamente, consapevoli che in Ungheria, Cecoslovacchia e Polonia avrebbero riparato più facilmente una stazione orbitale sovietica che una moto italiana. Avevamo con noi pezzi di ricambio che mai avremmo saputo montare, olio sufficiente per compiere il giro del mondo e bombolette per riparare all'istante una gomma bucata (quando il momento è arrivato, alla periferia di Danzica, abbiamo saputo produrre solo una nuvola di panna montata, per il divertimento della popolazione locale). Portavamo caschi integrali, tute impermeabili, guanti impermeabili, ghette impermeabili, bagaglio impermeabile, e aspettavamo ansiosi la pioggia. Quando è arrivata, ci siamo accorti che s'appannavano gli occhiali.

Avevamo un'insana passione per i visti d'ingresso, le cui dimensioni erano inversamente proporzionali alla solidità del regime. Erano il certificato di autenticità della nostra avventura: un souvenir che non si poteva comprare, un'eccitante combinazione tra burocrazia inutile e indispensabile mistero. Tra tutti, il più grottesco era il visto polacco, che veniva applicato sul passaporto con un timbro largo come una bistecca, e lasciava un'impronta sanguinolenta. Era la prova documentale che la luna orientale era bizzarra, e noi eravamo diretti proprio là.

In Polonia siamo arrivati dopo due settimane di viaggio, durante le quali abbiamo conosciuto doganieri sloveni, miliziani croati, soldati ungheresi, gendarmi slovacchi e guardie di confine boeme: tutti ci hanno trattenuti a lungo con la scusa di controllare i documenti. In effetti, volevano guardare le motociclette. Davanti a una discoteca di Orzinuovi (Brescia), i nostri mezzi non destavano sensazione; ma al posto di frontiera di Kudowa costituivano un'attrazione. Le guardie polacche erano così affabili, nelle loro perquisizioni, che non abbiamo compreso subito il significato del loro saluto: «Attenzione, c'è lo stato di guerra». Sono bastati pochi chilometri, tuttavia, per renderci conto d'essere finiti in un posto molto strano.

Per cominciare, si voltavano tutti. Al passaggio delle motociclette, cavalcate da tre marziani impermeabili, interi villaggi salutavano con la mano. A ogni sosta si formava un crocchio di ragazzini desiderosi di provare il casco e spiare la velocità sul contachilometri; noi lasciavamo fare, e intanto guardavamo gli occhi chiari delle sorelle maggiori. Se il generale Jaruzelski – l'uomo che pochi mesi prima aveva messo fuori legge il sindacato Solidarnosc e imposto la legge marziale – fosse apparso travestito da Elton John, non avrebbe provocato la stessa sensazione.

Quell'attenzione non ci dispiaceva, anche perché ci consentiva di rimandare la risposta alle seguenti domande: dove avremmo mangiato, visto che c'era poco o nulla da mangiare? Dove avremmo dormito, dal momento che tra le miniere della Slesia non si vedevano né turisti, né campeggi? E, soprattutto: cosa ci facevamo, lì?

A questi interrogativi ha risposto un ragazzo di nome Jacek, che ci ha visti, ci ha salutati e ci ha sequestrati. Era fermo sul ciglio della strada, nella città di Zabrze. Gli abbiamo chiesto un'indicazione e da quel momento non ci ha più mollati per alcuni anni – il tempo necessario per imparare a pronunciare il suo cognome farcito di consonanti. Jacek, figlio di un medico, apparteneva a quella borghesia polacca che ha sempre mantenuto la propria dignità, anche quando le cose andavano male.

Nell'estate dell'82, andavano malissimo. Il regime, sorpreso dalla forza del sindacato – appena nato a Danzica e già diffuso in tutto il Paese – lo aveva dichiarato illegale. Molti dirigenti di Solidarnosc erano in carcere; altri erano ridotti al silenzio. Ma la gente, a tacere, non ci pensava nemmeno. Forti dell'appoggio della Chiesa, e da sempre insofferenti del comunismo d'importazione sovietica, i polacchi parlavano volentieri dei loro guai. Era l'unica consolazione, poiché il Paese era in ginocchio. Cibo, benzina, sapone e alcolici erano razionati. Nei ristoranti si andava alle dieci del mattino o alle quattro del pomeriggio, sperando di trovare da mangiare.

Tutto questo lo avevamo letto sui giornali, ma trovarcisi in mezzo – anzi: in vacanza – era un'altra cosa. Le differenze, rispetto alla Versilia, erano evidenti. Le strade verso Danzica mi sembravano bombardate di fresco, e le città avevano un colore bruno che mancava nelle confezioni di pastelli italiani. Agli incroci stavano, malinconici, i chioschi Ruch, dove si vendevano sigarette sfuse, penne biro e spille con Lenin e i cosmonauti russi, che noi compravamo in quantità industriale e nascondevamo negli anfratti delle motociclette, insieme a oggetti meno ufficiali (caricature del generale Jaruzelski, distintivi biancorossi di Solidarnosc). Erano i souvenir dalla luna, e non volevamo ci venissero portati via.

Jacek, il nostro impeccabile sequestratore, aveva una fidanzata bruna, Eva, e due amici in procinto di sposarsi, Jarek e Malgozata, un nome impossibile che avevamo semplificato in un muggito. Jacek ed Eva studiavano medicina; Malgozata lavorava come contabile in una miniera, dentro la quale scendeva Jarek. Loro parlavano un po' d'inglese, e amavano tutto ciò che era americano; noi apprezzavamo il kitsch comunista, e sventolavamo un libretto dal titolo ambizioso, *Parlo polacco*. Ma non serviva: per attraversare la luna, le parole non erano necessarie. Bastavano i buoni-benzina e i cartelli stradali.

Siamo così arrivati prima a Cracovia, poi a Varsavia e infine a Danzica, dove la Polonia somigliava in modo preoccupante alle fotografie. C'era una malinconia umida di mare, sul selciato del centro, che ci commuoveva (e rischiava di farci scivolare). Un pomeriggio gli *zomo*, i poliziotti antisommossa, rincorrendo i manifestanti hanno travolto le nostre motociclette. Il giorno dopo, rabboniti, ci hanno chiesto un passaggio.

Ci piaceva esplorare quella luna orientale, e far provvista di ricordi. Ci piaceva ascoltare il sibilo delle gomme sulle strade bagnate. Ci piaceva osservare i pensionati con gli ombrelli che costruivano croci di fiori sulle piazze, e le suore giovani che vendevano fotografie di Lech Walesa nelle chiese. Ci piaceva essere cittadini di un Paese che aveva appena vinto i mondiali di calcio, e vicini di casa del papa polacco. Ci piacevano il molo della vicina Sopot, e le ragazze vestite sulle spiagge del Baltico. Ci piaceva l'illegalità obbligatoria del cambio nero, che produceva montagne di zloty con cui pagare il ristorante per tutti. Ci piaceva vedere telefilm romeni coi nostri amici polacchi che ululavano di disapprovazione.

Non potevamo immaginare come quell'insofferenza fosse la miccia accesa sotto il comunismo sovietico, che sarebbe esploso dopo pochi anni. Intuivamo però di trovarci di fronte a un anacronismo. Se l'America ci aveva mostrato come avremmo vissuto domani, la Polonia ci rimetteva davanti agli occhi quello che avevamo visto da bambini, e dimenticato: elettrodomestici spigolosi, automobili scomode, sigarette senza filtro e donne senza trucco.

Ci rendevamo conto che la nostra gioiosa meraviglia era crudele. Ma gli amici polacchi, con la saggezza di chi non ha fortuna, non sembravano farcene una colpa. Ecco perché sorridiamo sempre, nelle fotografie di Danzica.

«Mi sembra ieri che c'erano i *cazzottatori*. Di professione facevano quasi tutti i *cane cutters*, tagliavano la canna da zucchero. Bravi ragazzi, friulani e bergamaschi, con due braccia grosse come tronchi. Dopo l'ultima guerra, gli italiani che emigravano qui in Australia venivano trattati a pesci in faccia. *Wogs*, ci chiamavano. In un pub, quando un italiano chiedeva una birra, magari si rifiutavano di servirgliela. E se provava a protestare, botte.

«Allora toccava ai *cazzottatori*. Arrivavano, e sfasciavano il locale. Vedesse com'erano organizzati. Si mettevano in fila, a due metri, uno dall'altro, il più grosso di tutti, il *cannoniere*, si metteva sulla porta e scaraventava la gente in strada. Ogni tanto finivano in prigione, e allora noi padri cappuccini li andavamo a trovare. Ma rimanevano dentro per poco. In Australia, allora, bastava che uno picchiasse a mani nude ed era a posto. Io glielo dicevo sempre: niente coltelli e bastoni, ragazzi, se no vi mettete nei pasticci per davvero.»

Padre Silvio Spighi ha settant'anni, e quaranta li ha passati in Australia. È romagnolo di San Pietro in Bagno, ma ha studiato a Siena e parla con un bizzarro accento toscano. Sugli italiani di quaggiù sa tutto. Inviato in India come missionario nel 1934, chiuso in campo di concentramento a Prennagar dagli inglesi nel 1940, di fronte all'alternativa «tornare in Italia o andare in Australia» nel 1945 scelse l'Australia. Prima Sydney, poi il Queensland, tra i *cane cutters* italiani che avevano sostituito i *canacas* del Pacifico. «Anni di miseria nera» dice oggi padre Silvio. «Costruivamo le case sulle palafitte, altrimenti le piogge tropicali ci portavano via. Ad Halifax, dov'ero parroco, c'era una strada abitata solo da emigrati siciliani. "Via dei falliti", la chiamavamo.»

Oggi padre Silvio Spighi è il cappellano dell'Electric Power Transmission, una ditta italiana che installa linee elettriche, e sta a Marayong, trenta chilometri dal centro di Sydney. Vive in una strana casa: per passare dallo studio alla cucina bisogna attraversare la chiesa. Mentre parla con me va avanti e indietro, e ogni volta si genuflette davanti all'altare. Finalmente si ferma, si versa tre dita di whisky (Johnny Walker, ma lui lo chiama «Giovanni Cammina») e continua: «Ho seguito gli italiani dappertutto. Conosco ogni angolo di questo Paese, dai tropici al deserto dell'Ovest. E conosco gli italiani. Sono brava gente, anche se continuano a piangere miseria. Dagli australiani li distinguono due cose: non bevono e non giocano. Solo qualche volta, al club italiano, danno qualche colpo con le *manette* (*slot-machines*). Ma non hanno il vizio. I ragazzi australiani vanno a una festa, pensano a bere, piantano le ragazze in un angolo. I figli degli italiani, no. Anche perché alle ragazze italiane una cosa del genere la fai una volta, e poi più».

Gli italiani cominciarono ad arrivare in Australia alla fine dell'Ottocento. I primi venivano dalle Eolie. Anche i veneti erano molti. Poi vennero i «cooperatori», prigionieri di guerra disposti a collaborare con gli inglesi. Molti finirono nelle *stations* (i ranch australiani), dove lavoravano, mangiavano e dormivano con la famiglia, che era responsabile di loro. «Non se la passavano male» dice padre Silvio. «Qualcuno sposò la figlia del padrone e iniziò a fare il signore.» Il picco dell'emigrazione italiana risale però agli anni Cinquanta. In Italia c'era poco lavoro, i giovani partivano. «Con gli emigranti giunse il primo ambasciatore italiano, il conte Dal Balzo. Eravamo noi frati cappuccini a dargli le notizie dall'Italia. Un certo padre Alfio, del convento di Leichhardt, si alzava tutte le mattine alle quattro e riusciva a prendere una stazione radio italiana.»

Il convento dei cappuccini era il centro della comunità italiana. La Little Italy di Sydney sta ancora oggi a Leichhardt perché gli emigrati degli anni Cinquanta, che non sapevano una parola di inglese, cercavano casa da quelle parti, in modo da avere qualcuno che li potesse aiutare. «Ci chiamava la polizia, ci chiamavano gli ospedali. Magari un italiano era stato ricoverato, e non era nemmeno in grado di dire cosa si sentiva. Allora correvamo noi. Facevamo di tutto, dagli interpreti ai consulenti familiari. Naturalmente, gli italiani che arrivavano qui non avevano un soldo in tasca. Li ho visti tutti con la valigia in mano, anche quelli che adesso fanno i signori e girano con lo yacht per la baia.»

Erano gli anni dei *cazzottatori*, sospira padre Silvio con una vena di nostalgia. Gli anni in cui gli italiani andavano al porto con le fotografie in mano ad aspettare la nave dall'Italia, quella che portava le ragazze che avevano conosciuto per corrispondenza. «Arrivavano al mattino, li sposavo al pomeriggio. Poi partivano insieme. Li ho visti salire a Cooma, sulle Snowy Mountains, dove c'erano le dighe da costruire. Li ho visti andare su nel Queensland, per il tabacco e la canna. Li ho visti partire per Mareeba, Tully, Mackay. Mi arrivano ancora le foto di matrimoni e bambini. Ma chi se li ricorda tutti? Ne avrò sposati cinquemila.»

Leichhardt, anche oggi, è un piccolo mondo antico, e italiano. I negozi vendono magliette della nazionale di calcio, i manifesti annunciano «la tournée del famoso cantante italiano Tony Pantano», che appare con la camicia aperta e un ciondolo d'oro. Parramatta Road è una litania di case della bomboniera, agenzie funebri che offrono «cappelle in stile italiano», cinema che danno vecchi film di Franchi e Ingrassia. In Fraser Street c'è l'Apia Club, il più popolare ritrovo italiano di Sydney.

Pieno di *slot-machines* e sfolgorante di moquette colorata, si riempie al sabato sera, quando arrivano famiglie al gran completo e coppie di fidanzati che sembrano uscite da un documentario anni Sessanta.

In Parramatta Road sta anche la redazione di «La Fiamma», il principale giornale in lingua italiana d'Australia, che venne fondato, tanto per cambiare, dai padri cappuccini. Per via dei fusi orari, è il primo al mondo a uscire coi risultati del campionato italiano. Il nostro calcio, quaggiù, è seguito. Quattro squadre della prima divisione – il Marconi, l'Apia, il Brisbane City (che si chiamava Azzurri) e l'Adelaide City (un tempo, Juventus) – sono italiane, e il giornale si occupa assiduamente di loro. «La Fiamma» conduce inchieste che riguardano la comunità italiana, descrive matrimoni, battesimi e concorsi di bellezza, ma non ha niente che somigli a una pagina culturale. «Non interessa a nessuno» confessa il parmigiano Giuliano Montagna, uno dei due direttori. C'è invece un inserto popolare, «La Fiamma Rivista», dove si raccontano storie di personaggi italiani, come quella della cantante Fiordaliso «rapita da uno sceicco arabo pazzo d'amore».

Gli italiani d'Australia sono un milione su una popolazione di quattordici milioni. Trecentomila sono nati in Italia, e provengono da tutta la penisola. Secondo il censimento del 1976, la regione più rappresentata è la Sicilia, seguita da Calabria, Veneto e Friuli. Quarantamila arrivano da ex colonie, o da altri Paesi, come l'Egitto. Tutti gli altri sono nati qui: appartengono alla «seconda o terza generazione», sono cioè figli o nipoti di italiani.

Secondo le statistiche, gli italiani sono al primo posto tra le minoranze etniche come proprietari di case d'abitazione, come imprenditori in proprio, e all'ultimo come criminalità (ma qualcuno racconta che tra i grandi coltivatori di marijuana nell'interno del New South Wales gli italiani non mancano). Alcuni italiani sono diventati ricchi, come Giacomo Bajutti, costruzioni; Tristano Antico, cementi; Franco Belgiorno Nettis, uno dei proprietari della Transfield (costruzioni, ingegneria). Sono stato ospite di quest'ultimo a Clontarf, in una casa che guarda il mare. Ha due Rolls Royce in garage e tre figli maschi che guidano Alfa Romeo. Ogni anno viene in Italia. A Sydney è conosciuto perché si occupa d'arte, è il magnate della Biennale e non perde un'asta.

Pochi italiani, invece, hanno sfondato nelle professioni, o in politica. Dice Paolo Totaro, presidente della Commissione per gli affari etnici del New South Wales: «Com'è possibile che non ci sia mai stato un ministro di origine italiana? Che in una nazione con quattordici milioni di abitanti e quattordici parlamenti, tra statali e federali, ci siano tre, forse quattro, deputati di origine italiana? Quando, sei anni fa, mi hanno dato questo posto, credo di essere stato il primo italiano ad avere un incarico di rilievo nell'amministrazione. Se la vita di una nazione è un fiume che scorre, ho l'impressione che gli italiani d'Australia non siano nella *mainstream*, nella corrente principale, ma rimangano ai margini».

Essere fuori della *mainstream*, però, ha aiutato gli italiani a mantenere tradizione e lingua. Se il 43% di olandesi rinuncia all'olandese per l'inglese, solo il 7% dei nati in Italia non parla italiano in famiglia. Al Sydney Technical College, dove il corso di italiano è il più frequentato, mi assicurano che anche i figli e i nipoti degli immigrati ci tengono a imparare la lingua d'origine. Assisto a una lezione. Una studentessa racconta: «Nella *primary school* (elementari) dicevo d'essere nata a Torino. Era una bugia. Io sono nata ad Annandale, Sydney. Ma i miei sono italiani e io mi sento italiana. Mi piace di più».

Anche all'università Macquarie, una delle tre di Sydney, il corso d'italiano è tra i più seguiti. «Non solo per questioni etniche» spiega la professoressa Maria Teresa Piccioli. «C'è un fenomeno nuovo. L'Italia, in Australia, sta diventando di moda. Per ora tra la popolazione istruita, perché l'australiano medio non sta a sottilizzare: l'Italia resta il Paese dei fruttivendoli e dei pizzaioli. Ma sempre più gente va a vedere i film di Fellini, della Cavani o dei fratelli Taviani. Conosce Moravia, Calvino e Levi. Quando il Piccolo Teatro di Milano ha portato qui *Arlecchino*, non c'era un posto.» Anche Channel 0/28, il canale televisivo etnico (trasmette programmi in lingua originale con sottotitoli in inglese) è popolare. I laburisti al governo l'accusano però d'essere intellettuale e un po' snob, e parlano d'abolirlo. «Vediamo se hanno il coraggio» sibila Joanna Savill, una battagliera traduttrice del servizio italiano.

Sulla nostra emigrazione, ultimamente, si sono buttati anche cinema e teatro. Il protagonista del film *Moving Out* è Gino, uno studente stretto tra la famiglia d'origine e l'ambiente che lo circonda. L'interprete, Vince Colosimo, è naturalmente italo-australiano. Ad Adelaide è in cartellone una commedia che ha per titolo (in italiano) *L'emigrante*. La vicenda è quella di Lucia e Antonello, che lasciano Gagliano di Puglia per una Australia postbellica che vedono piena di promesse, e si rivela invece ostica. All'Open Stage Theatre di Melbourne, la stessa storia viene raccontata in una commedia: *Come to Australia, They Said* (Venite in Australia, dicevano).

Qui a Sydney, molti dei caffè alla moda sono italiani. Il Bar Reggio in Crown Street, che espone fotografie di Arezzo e panettoni Motta forse altrettanto antichi; la Pasticceria Roma, vicino alla stazione centrale; il Bar Coluzzi; il Tropicana in Victoria Street a King's Cross, dove servono cappuccini degni di questo nome. In Stanley Street, a East Sydney, c'è un locale che era il punto di ritrovo degli immigrati senza famiglia, che lì trovavano un piatto caldo a un prezzo ragionevole. Non aveva un nome, e gli avventori gliene trovarono uno: No Name, nessun nome. Piano piano, cominciarono ad arrivare studenti e giovani coppie, poi i giornalisti delle redazioni vicine. I proprietari – tre italiani bassi, scuri e robusti – hanno pensato fosse giunto il momento di battezzarlo. L'hanno chiamato The Arch (l'arco) ma, per tutti, rimane No Name. È diventato così popolare che non si trova posto. L'arredamento è rimasto uguale, rigorosamente in stile periferia italiana: luce al neon, tavoli di formica, biliardo, bancone in alluminio per prendere il caffè in piedi. Le signore *chic* arrivano con la Fiat Bambino – la nostra vecchia Cinquecento – e pensano che è tutto deliziosamente *trendy*. Gli italiani di Sydney le guardano e non capiscono. Ma finché pagano, facciano pure.

I NEON DI SEUL
1988

Pochi stranieri hanno imparato a orientarsi per questa città. Qualcuno non vuole dichiararsi battuto, e torna odoroso d'aglio dopo aver trascorso ore sugli autobus e nella metropolitana. Tutti gli altri si affidano al solito taxista che ogni volta finge di capire le istruzioni, sorride, si infila i guanti come un chirurgo, e poi va dove vuole. Una cosa, però, l'abbiamo imparata. Arrivando dallo stadio olimpico, ci si ritrova sempre in un viale. In fondo al viale campeggia un grande monumento rosso e blu, il cui significato è certamente profondo, ma nessuno conosce. Appena prima del monumento, la strada – uno di quei viali immensi che scoraggiano il pedone più ardito – si divide. A sinistra porta al villaggio degli atleti; a destra, verso il quartiere dei giornalisti.

La Città dei Neon compare lungo il rettilineo, oltre una staccionata. Durante le Olimpiadi nessuno c'è mai stato, perché la staccionata non presenta varchi; perché le scritte al neon hanno i caratteri dell'alfabeto coreano; perché tornando la sera eravamo tutti troppo stanchi per saltare le staccionate e chiedere ai passanti di tradurre i neon.

Non andarci è stato un errore, naturalmente. Se i coreani dell'organizzazione – sempre prodighi di indicazioni – avevano alzato una palizzata, significa che volevano tenerci lontani. Se volevano tenerci lontani, avevano qualcosa da nascondere. E se hanno qualcosa da nascondere, bisogna andare a vedere cos'è.

Per arrivare alla Città dei Neon occorre trovare un varco nella recinzione, sulla quale si allunga minacciosa la scritta «Pace, armonia, progresso». Una volta trovato il passaggio, bisogna camminare. Lo spettacolo vale l'escursione: ci sono alberghi, ristoranti, bar, negozi di barbiere, parcheggi, piccoli bordelli familiari dai quali si affacciano minuscole coreane in vestaglia. Tutti deserti, ma accesi e pronti, come se orde di clienti dovessero arrivare da un momento all'altro. Invece non è arrivato nessuno, né arriverà: il quartiere è stato attrezzato per i turisti coreani attesi ai giochi olimpici. Quando è stato chiaro che non sarebbero venuti, gli organizzatori, imbarazzati, hanno alzato la staccionata. I neon sono rimasti, e brillano a vuoto nella notte.

Tutto splende, nella città in attesa. Splendono le croci rosse in alto sulle chiese, diverse tra loro perché qui abbondano i nuovi messia, pronti ad annunciare ai fedeli la fine del mondo, soprattutto se le offerte saranno deludenti. Splendono i parcheggi deserti – il più grande si chiama Park 88: il numero, dicono qui, porta fortuna – dove gli inservienti montano la guardia a un'unica automobile, probabilmente la loro.

Splendono gli hotel, che sembrano tutti al primo giorno di una lunga stagione: ingressi puliti, camerieri pronti, menu esposti. L'Ura, il Soa Park e il Saboy Hotel hanno nomi in inglese (Saboy con la «b»: ai coreani capita sovente di sbagliare copiando). C'è il Serin Motel, isolato dagli altri, con una luce verde che ricorda le stazioni di servizio sulle autostrade. Ci sono infine le *yeo gwam*, locande per coreani, e hanno nomi misteriosi che luccicano nell'alfabeto *hangul*, inventato cinquecento anni fa per venire incontro alle donne, considerate non sufficientemente intelligenti per affrontare gli ideogrammi cinesi. Hotel, motel e *yeo gwam*, come tutto il resto, sono vuoti.

Sono vuote le discoteche, che si aprono sulla via con un arco di lampadine e scale che scendono in picchiata verso uno scantinato: dentro ci sono camerieri, ragazze minute appollaiate sugli sgabelli, disc-jockey che si entusiasmano vedendo entrare qualcuno. Alcuni di questi locali hanno nomi commoventi – World Cup Disco Club o Paris La Nuit – altri portano stampato nel neon il peccato ortografico originale. C'è per esempio un Caffè Casby che potrebbe essere Caffè Gatsby, ma non è importante perché, prima di avere clienti incuriositi da uno strano nome, occorre avere clienti.

Il motivo per cui la Città dei Neon accende ogni notte le sue luci oltre la staccionata non è evidente. È come se qualcuno – un responsabile, un signor Kim o un mister Park, un Direttore Generale dei Neon – pur di non ammettere il fallimento avesse deciso di non spegnere nulla, nemmeno una lampadina, finché gli stranieri venuti per le Olimpiadi non se ne fossero andati. Poiché gli stranieri continuano a vagare curiosi, occorre far finta di nulla, e tener tutto pronto e tutto illuminato, come se i clienti fossero momentaneamente assenti, come se potessero tornare tutti da un momento all'altro.

Sono aperti anche i locali dove i maschi coreani (se venissero, se avessero scoperto la Città dei Neon) troverebbero alcol e ragazze. Alcol da queste parti vuol dire *soju* e *makolli*, liquori distillati dal riso, il primo limpido e passabile, il secondo lattiginoso e micidiale. Le ragazze vengono dalla campagna. Per loro, circondare un uomo di attenzioni non è un lavoro insolito; e non è un lavoro per sempre.

Lavorano nei *room salon*, che sembrano gli spogliatoi di una piscina. All'ingresso sta un banco, dove un portiere affascinato alla vista di un avventore offre il menu e la scelta della compagnia. Una birra coreana OB costa duecento won (quattromila lire), una bottiglia di whisky dal nome improbabile sessantamila won. Le ragazzine accorrono tutte insieme, ridendo e sbattendo le pantofole, con le spille delle olimpiadi sulla vestaglia. La prescelta accompagnerà il cliente in una stanza con un tavolo basso, e gli servirà da bere, ed è pronta a discutere il resto. Altre ragazze aspettano negli *stand bar*, dove si acquista una birra e il diritto alla conversazione (i coreani stanno discutendo se sia giusto far pagare la conversazione a uno straniero che non capisce una parola, e può solo bere e sorridere). Altre ancora attendono nelle *kisaeng houses*, dove vengono condotti gli uomini d'affari stranieri perché vengano storditi d'aglio e sedotti dopo il digestivo.

Ma nella Città dei Neon, per dare ai coreani quel sesso ginnico che non giudicano importante, basta meno. Bastano gli *ibalso*, strani negozi di barbiere segnalati da colonnine luminose bianche, rosse e blu. Il taglio di capelli dura dieci minuti, se uno proprio insiste per averlo; poi arriva il pediluvio; poi il massaggio; poi il resto. Questi locali sono alloggiati dentro strani scantinati. Scendo di fianco a una scritta che dice: «Poccari Sweet». In fondo alle scale sta un uomo addormentato su una branda che si sveglia di colpo sentendo i passi. Davanti a un possibile cliente prima si spaventa, poi si entusiasma. Quando spiego a gesti di non voler restare, il guardiano geme e protesta, chiama la moglie e incita le ragazze. Che inseguano per le scale quello strano animale! Che riportino giù l'unico ospite della Città dei Neon.

LE BICICLETTE DI PECHINO
1989

La bicicletta targata 4.659.977, colore nero, marca Flying Pigeon (in inglese, «piccione volante») non ha la canna, e questo non sarebbe un male. Nessuno si accorge infatti se, tra sette milioni di ciclisti a Pechino, un italiano cavalca un modello da donna. Non ha il fanale, come la maggior parte delle biciclette cinesi, e neanche questo è troppo grave. Gli automobilisti di questa città sono abituati a schivare sagome all'imbrunire. Non ha i freni, e questo è più seccante. Le cicliste di Pechino si fermano come le contadine nella campagna lombarda: saltano a terra e bloccano il mezzo come fosse un cavallo. L'operazione richiede una certa maestria, che non si può pretendere da un nuovo arrivato. Le ragazzine, travolte mentre aspettano agli incroci, lo sanno, e non se ne hanno a male.

La bicicletta targata 4.659.977 è stata utile per osservare come i cinesi conducono l'insurrezione in appoggio agli studenti e in favore di una «maggiore democrazia», un concetto sul quale soltanto a Pechino esistono molti milioni di idee diverse. Anzi, più che utile, è stata indispensabile. Negli ultimi giorni i taxi impiegano tre ore per percorrere i sedici chilometri che separano gli alberghi della periferia ovest da piazza Tienanmen. Questo spiega la popolarità delle due ruote tra la stampa. Nessun giornalista iscritto all'albo pedala infatti attraverso trentadue chilometri di bailamme, se non ha bevuto o non è costretto.

Già in periferia, spingendo sui pedali del Piccione Volante, appare evidente che la dirigenza del partito ha motivo di preoccuparsi come mai si è preoccupata in quarant'anni di Repubblica Popolare. Passano, diretti in centro, camion con trenta contadini in piedi sui cassoni, applauditi dalla gente, seduta sui cavalcavia come fosse a teatro. Trasportano grandi stendardi, e i caratteri non lasciano dubbi circa il giudizio sugli studenti che digiunano in piazza: «Quei ragazzi meritano una medaglia», «Contadini e studenti sono nati dalla stessa madre», «Coraggio, non siamo tartarughe». I camion sorpassano sferragliando le biciclette sulle quali giovanotti della periferia portano le fidanzate in minigonna, con le gambe al vento e le calze di nylon alle ginocchia. Che la polizia assista e non dica nulla, quando di regola la multa è dieci yüan e il ritiro del mezzo, è una cosa che entusiasma la folla dei ciclisti.

La strada si allarga in Sanlihe Lu, che corre da nord a sud. Ormai l'orda che marcia verso piazza Tienanmen comprende di tutto: padre, madre e figlio a bordo di una sorta di triciclo con sedile al traino, biciclette di tutte le fogge, carretti a mano, venditori di oche che vogliono vedere cosa sta succedendo, ma non intendono abbandonare le oche.

Il passaggio di questa strana armata viene salutato da vecchie signore sbucate dagli *hutong*, e dai venditori di ghiaccioli, entusiasti per gli incassi della giornata. Ciclisti e spettatori si fermano rispettosi quando passa un corteo. Arrivano gli studenti delle scuole medie, con piccole fasce in testa e uno striscione che annuncia: «Fratelli più grandi, siamo con voi». Passa la scuola numero 35 – scuola modello, pare – preceduta da uno stendardo con la scritta: «La numero 35 non tace più».

La confusione attraverso la quale il Piccione Volante ha dovuto farsi strada nei primi chilometri non è nulla in confronto a quella che l'aspetta dopo aver girato a sinistra in Fuchengmenwai Dajie, a destra in Xisi Nandajie ed essere sbucato in Xichang'an Jie, il viale che con nomi diversi taglia la città e porta diritto in piazza Tienanmen. All'incrocio quattro fiumane di dimostranti provenienti da quattro direzioni cercano di passare contemporaneamente, e non passano.

Due poliziotti col berretto in mano, appollaiati sopra un manifesto con la scritta «Per salutare gli XI Giochi Asiatici con migliori primati!», guardano di sotto allibiti. Tra i camion bloccati nella calca c'è quello delle «Stelle del cinema che appoggiano gli studenti», degli uomini d'affari («Soldi ne abbiamo, ma non dimentichiamo il bisogno di giustizia») e degli operai dell'industria numero 501, che come molte industrie di interesse nazionale è, per discrezione, identificata con un numero. Naturalmente tutti i cinesi sanno a quale industria corrispondono i vari numeri. Affinché non si sbaglino, e possano informare gli stranieri, gli operai hanno scritto sul camion: «501. Lavoratori dell'industria aerospaziale».

Si prosegue. I cinesi in bicicletta, quando trovano un ingorgo, hanno un modo semplice di reagire. Smontano e spingono, sia la bicicletta che i vicini. In questo modo percorrono comunque cinquecento metri l'ora, ma tutto diventa più faticoso. Nessuno sembra preoccuparsene. Il giovanotto che in questo momento infierisce contro le ruote malconce del Piccione Volante sembra entusiasta perché, in piedi sul tetto d'un furgone, una ragazza mostra un ritratto di Mao Tse-tung. Gli chiedo se ha nostalgia di quei tempi, e se può togliere il suo pedale dalla mia ruota. Ma lui risponde solo alla prima domanda: «Non rivogliamo il presidente Mao. Ma portare in giro i suoi ritratti è divertente, perché fa arrabbiare Deng Xiaoping».

Il vecchio giocatore di bridge, che negli ultimi anni ha rispiegato alla Cina le vecchie regole del profitto, non è popolare in questi giorni. Non si contano gli striscioni ostili («Mr Deng, grazie e good-bye», «Xiaoping è come la luna: dà poca luce e cambia sempre») e gli slogan che senza troppa cortesia lo invitano alle dimissioni. Non lo ama nemmeno il venditore di bibite che con un piccolo altoparlante urla nelle orecchie indifese di chi è bloccato nell'ingorgo: «Gli studenti rischiano la vita, e lui cosa fa?». Non lo amano gli studenti che si tengono per mano in modo da creare un corridoio per le ambulanze, con a bordo l'ultimo studente svenuto dopo giorni di sciopero della fame. Non lo amano le squadriglie di piccole infermiere in lacrime. Non lo ama la folla che rumoreggia fuori dal portone di Zhongnanhai, splendido come l'ingresso di un tempio, dove vivono e lavorano le alte gerarchie del partito. È un bizzarro assedio in bicicletta, come non capita di vederne spesso.

È sulla piazza Tienanmen, sorprendentemente, che è possibile trovare un po' di respiro. Vista dal piedistallo di un monumento, è impressionante: mille striscioni rossi tra centomila teste nere. Al centro si indovinano gli accampamenti degli studenti che continuano lo sciopero della fame. La gente, per guardarli, è salita sulle tribune color porpora destinate ai gerarchi del partito durante le parate, sui gradini della grande Sala del Popolo, sugli alberi e sui portapacchi delle biciclette. Sotto le bandiere smunte destinate a Gorbaciov – che di qui non è mai passato, costretto a una visita *indoor* – sfila uno dei cento cortei che s'incrociano come serpenti sulla piazza. Uno striscione, immobile nella sera senza vento, annuncia: «Il governo deve ricevere il giudizio finale del popolo».

A questo punto viene il ritorno, altri sedici chilometri, più complicato dell'andata. Una folla impressionante si dirige ancora, alle nove di sera, verso la piazza. Non potendo entrare, spinge. Il Piccione Volante numero 4.659.977 corre contromano e incute rispetto. Una giovane amica cinese, studentessa a Beida, mi spiega che urlare in inglese non serve a niente. Bisogna invece gridare *Wo bu ting*, che in cinese vuol dire «Non mi fermo!». Funziona, perché la gente si sposta. L'importante è pronunciare bene: *Wo bu tong* significa infatti «Non sono d'accordo con voi», mentre *Wo bu teng* vuol dire «Non mi sono fatto male». Non ancora, s'intende.

LA MUFFA SOPRA BERLINO
1989

Forse è inevitabile che in vista di una festa di compleanno donne e nazioni vogliano farsi belle. Forse la Repubblica Democratica Tedesca ha ragione di sentirsi pesare addosso i quarant'anni, durante i quali un quinto della popolazione è fuggito, l'altra Germania è diventata più ricca e gli amici si sono fatti improvvisamente inaffidabili: la Polonia è cambiata, l'Ungheria sta cambiando e l'Unione Sovietica è tanto sciatta da essere considerata un cattivo esempio. Soprattutto, la Deutsche Demokratische Republik non è riuscita a diventare quello che voleva: una nazione comunista tedesca, nata dalla guerra e capace di prosperare nella pace.

Berlino vive una vigilia malinconica. Da queste parti gli anniversari servono solo per ripetere con più foga le cose di sempre («La gente, grazie ai rapporti di produzione socialista, conosce il benessere, apprezza l'uguaglianza e ama i propri leader!»). Decine di migliaia di giovani fuggiti attraverso l'Ungheria rendono queste affermazioni grottesche: la televisione occidentale li mostra mentre sollevano estatici i passaporti verdi della Repubblica Federale, e chi è rimasto li guarda e tace. Molti non hanno avuto il coraggio, o la prontezza, per imitarli. Di sicuro, però, hanno meno voglia di scendere in piazza a gridare i soliti slogan.

I capi comunisti hanno sempre saputo di dover creare una nazione, nello Stato regalato loro dai sovietici. Ci provò Walter Ulbricht, che sognava un popolo nuovo: tedeschi austeri della Prussia rossa, diversi – e migliori – degli altri tedeschi della Renania decadente, cattolica e romana. Ci sta provando Erich Honecker, che fu tra i primi a farsi cogliere dalla passione nevrotica per il restauro. Per mostrare che questa è la vera Berlino, capitale della vera Germania, ha ripulito statue e inaugurato palazzi. Due anni fa vide, in un dipinto esposto a una mostra, com'era il Lustgarten prima della pavimentazione nazista. Subito, diede ordine di rifarlo uguale.

Da qualche anno questa città ha scoperto di amare i muratori almeno quanto i soldati. In vista dei festeggiamenti per il giubileo (settecentocinquant'anni nel 1987) venne riparato il duomo protestante; restaurato il palazzo Ephraim, che prende il nome da un finanziere ebreo alla corte di Prussia; riaperta la Schauspielhaus, la sala da concerti costruita dall'architetto Schinkel nel 1821; ricreato l'intero quartiere antico intorno alla Nikolaikirche, dove le coppie con le giacche di finta pelle vanno a sedersi mansuete nei caffè, rassegnate alle angherie della cameriera di turno.

Con uno zelo molto tedesco e poco comunista i restauratori socialprussiani sono passati con la cazzuola in mano per tutto il Paese, scovando ovunque aquile dorate da rimettere sui portoni, targhe da lucidare e statue da spolverare. Sul Markisches Ufer è stata riaperta Ermeler Haus, un delizioso palazzo barocco affacciato sulla Sprea, adibito ora a ristorante. In questo comunismo rococò, tra affreschi di angeli grassi e fregi in ferro battuto, si aggirano camerieri biondi in abito da sera, soavi come il giovane Werther, compiti come James Bond. «Qui – mi dice uno di loro con orgoglio – vengono i tedeschi dell'Ovest quando vogliono dimenticare i McDonald's, e ricordarsi di essere tedeschi.»

La pretesa della Repubblica Democratica di rappresentare la *Deutschtum* (germanicità) è commovente. A Est sostengono che la vera capitale stava qui, sdraiata sotto i tigli, tra la porta di Brandeburgo e Alexander

Platz. L'attuale Berlino Ovest – dicono – era poco più di una periferia, e ha conosciuto solo la breve stagione di gloria del Kurfürsterdamm ai tempi di Weimar. Dopo essere stati guardati per anni con sospetto, tutti i grandi tedeschi sono stati arruolati sotto le bandiere della DDR: Lutero con la sua chiesa a Wittenberg; Schiller, Goethe e Liszt insieme alle loro case a Weimar; perfino il cancelliere Bismarck, «l'uomo che ebbe il buon senso di non prendersela con la Russia».

Insospettabili funzionari di partito raccontano fieri come un balcone dell'antico palazzo Hohenzollern sia stato incorporato nell'edificio del Consiglio di Stato, e portano gli ospiti ad ammirare le chiese gemelle sulla piazza dell'Accademia, bella e fasulla come le riproduzioni in vendita nei negozi di Berlino Ovest.

Solo gli Interhotel, gli alberghi per stranieri, non sono germanizzati, all'apparenza. Sembrano piuttosto svedesi o giapponesi, a seconda di chi li ha costruiti. Anche lì, però, è evidente la smania di essere più tedeschi, ora che è tanto difficile restare comunisti. Nell'atrio del Metropol, libri e opuscoli spiegano com'era la *Hauptstadt Berlin* al tempo di Bebel e Bismarck, e come si divertiva la gente nei bordelli di Friedrichstrasse. La strada è ancora lì, oltre la finestra, dominata dai neon trionfalistici di un *Kombinat* che produce automobili.

Se oltre il muro il proposito è dimenticare un passato ingombrante, qui la parola d'ordine è: ricordare. Ricordare tutto, perfino il nazismo di cui i capi comunisti si dichiarano vittime, salvate dai carri del sovietico Zukov. Ma soprattutto, ricordare la Prussia, «Stato autonomo altamente sviluppato sul piano economico e militare» (opuscolo *La DDR si presenta*, pagina 26).

Le affinità esistono, in effetti. Anche se forse non sono quelle di cui il regime va orgoglioso. Il Paese è pieno di minuscole imitazioni di Federico Guglielmo I: capi e capetti che, come lui, vorrebbero tutto dirigere e tutto regolamentare. Di piccoli burocrati che tengono la *Rechnung meiner Dukaten,* il «conto dei miei ducati», e così provano a far funzionare il socialismo. Di ideologi che potrebbero sottoscrivere il comandamento del prussianesimo: «Vivere la vita come un dovere austero e implacabile, da imporre a sé e agli altri, rudemente».

Se il *Soldatenkönig,* il «re-sergente», aveva trasformato il Paese in un'immensa caserma, i dirigenti di oggi gli somigliano. La nuove generazioni vengono militarizzate senza rimorsi. Questa è l'accusa che, in assoluto, piace meno alla dirigenza: la parola d'ordine, infatti, è «pace», e militaristi sono sempre gli altri. Ma i negozi per bambini sono pieni di carri armati e fucili automatici che non vengono chiamati con il loro nome (giocattoli di guerra): sono invece «giocattoli patriottici utili al rafforzamento della disponibilità alla difesa». I magazzini Centrum di Alexander Platz ne offrono una buona selezione. Trovo militari in varie pose, il cingolato delle truppe contraeree Fla-Sfl-57-2, il blindato T-62 che «può superare ostacoli, buche e salite superiori alla media». «Sembra ieri che i russi requisivano i soldatini storici di stagno, in quanto "simboli del militarismo tedesco"», sospira un professore, e chiede di non essere citato.

A Federico il Grande – la statua equestre è ricomparsa su ordine del partito – sarebbe piaciuto veder sfilare in camicia azzurra i giovani della Libera Gioventù Tedesca (*Freie Deutsche Jugend* o FDJ, pronuncia *fe-de-iot,* da cui il *Fidioten* con cui vengono dileggiati gli attivisti). Il sovrano prussiano, che prese soldati in pensione come maestri e rese obbligatoria l'istruzione elementare, avrebbe apprezzato gli stadi dell'educazione di un piccolo comunista: prima *Junge Pioniere,* poi *Thälmann Pioniere* (dal nome di un dirigente ucciso nel 1944), infine *Pioniere.* Ai ragazzi viene richiesta anche la *Jugendweihe* – vera cresima socialista – e questa promessa: «Promettiamo di amare la Repubblica Democratica, di mantenere l'amicizia con i bambini dell'Unione Sovietica e delle altre nazioni, di studiare con impegno e di essere disciplinati e ammodo». Quell'«ammodo» sarebbe piaciuto anche a Bismarck, che amava l'ordine e detestava Berlino dove – disse sprezzantemente nel 1881 – «regna sempre il progresso».

Da questo punto di vista, il fantasma del Cancelliere può star tranquillo. Qui a Est, da quarant'anni, non cambia niente.

I CAFFÈ DI BUDAPEST
1989

Tra le rivoluzioni in corso in questa parte del mondo c'è quella, silenziosa, della nostalgia. La gente riscopre, frequenta ed esalta tutto ciò che abbia più di quarant'anni. Se qualcosa ha più di quarant'anni, infatti, non può essere comunista. Se non è comunista, non può essere male.

Sta accadendo con i caffè. I budapestini, lentamente, si accorgono che questi vecchi locali, con gli stucchi, gli specchi e i vecchi camerieri con le espressioni affrante sono adatti per passare un pomeriggio parlando di politica, ora che finalmente la politica è qualcosa di cui val la pena di parlare. Non solo: i vecchi caffè piacciono ai turisti, perché ricordano la Mitteleuropa com'era. Più di quelli di Vienna, troppo perfetti e puliti.

Solo la vocazione socialista per il cattivo gusto potrebbe rallentare questa controrivoluzione. Il Belvarosi *kavehaz*, che quando venne costruito nel 1896 fu dichiarato il più lussuoso al mondo, oggi ospita uno scalcinato programma sullo stile del Lido di Parigi. Al caffè New York di Lenin Korut i camerieri passano il tempo a litigare in magiaro, mentre le comitive di turisti vagano tra i tavoli e le colonne come mucche al pascolo.

Prima di spiegare i motivi per cui questi locali stanno tornando di moda, vale la pena cercare di capire come nacquero e perché si affermarono. Gli ungheresi conobbero il caffè attraverso i turchi, che da queste parti campeggiarono per più di un secolo: se ne andarono nel 1686, tre anni dopo essere stati sconfitti sotto le mura di

Vienna. Il nemico in fuga e i suoi *kafedji* sono ricordati nel nome del primo caffè di Pest, fondato da un serbo nel 1714: si chiamava All'Imperatore Turco, ed era frequentato da barcaioli e mercanti. Alla fine del secolo, Pest disponeva già di alcuni dei più bei caffè d'Europa, se vogliamo credere a un viaggiatore inglese di nome Towson. Al caffè Kemnitzer (poi diventato Regina d'Inghilterra), scriveva, «ci sono posate d'argento, specchiere e riscaldamento».

All'inizio dell'Ottocento i caffè di Pest cambiarono stile e clientela. La Rivoluzione francese e Napoleone fornivano buoni argomenti di discussione: letterati e nobiluomini diventarono avventori abituali al posto dei verdurieri e dei manovali. Oltre al caffè e al rituale bicchier d'acqua, cominciarono a venire offerti i giornali in lettura. Un locale, La Fonte del Caffè Legrand, era abbonato a cinquanta testate, per la maggior parte straniere.

Lentamente i caffè andavano specializzandosi, diventando quello che gli ungheresi chiamano *torzskavehaz*, i tedeschi *Stammkaffee* e noi possiamo tradurre «caffè abituale». All'Aquila d'Oro – esiste ancora, ma è un ristorante – andavano gli studenti di medicina. Quelli di giurisprudenza si vedevano all'Imperatore Turco mentre i praticanti legali si trovavano al Pilvax. Questo locale raccolse in seguito i giovani radicali di idee anti-austriache, guidati dal poeta Sàndor Petöfi che, il 15 marzo 1848, in piedi su uno dei tavolini di marmo – non sulle scalinate del Museo Nazionale, come vuole la tradizione – recitò le strofe di *Talpra magyar!* (In piedi, magiari!), e incitò la città alla rivolta. L'indipendenza durò poco, ma il caffè Pilvax occuperà per sempre un posto nel cuore degli ungheresi.

Dopo il Compromesso con l'Austria (1867), con cui l'Impero degli Asburgo si divise in due Stati con un unico sovrano, la salute dei caffè ungheresi migliorò ancora. «I borghesi li frequentano volentieri per sfuggire ai loro appartamenti oscuri e scomodi», osserva un cronista dell'epoca. Forse anche per sfuggire alle mogli che dentro quegli appartamenti abitavano. Le donne perbene, infatti, nei caffè letterari di Budapest non andavano, se volevano continuare a essere classificate perbene. C'erano, in compenso, le altre.

In una città di duecentomila abitanti (un decimo della popolazione attuale), i caffè diventarono quattrocento, e vi lavoravano tremila camerieri. I proprietari gareggiavano nell'appendere specchi e innalzare colonne di marmo, e non badavano a spese. Se qualcuno falliva, qualcun altro era pronto a succedergli. I caffè erano il centro della vita intellettuale della città: ospitavano le redazioni dei giornali, erano sede di società artistiche e teatro di interminabili discussioni politiche. Il capo cameriere era una figura mitica: fungeva da banca, ufficio postale e confidente, sguinzagliava per il locale schiere di *pikolo* coi vassoi e sorvegliava che nessuno si prendesse troppe confidenze con la *kasszantunder*, «la fata della cassa», che doveva essere di bell'aspetto, appena un po' sciupata.

Tra i locali leggendari di quegli anni c'era il Japan – il nome veniva dalle piastrelle in stile giapponese – dove si ritrovavano i politici progressisti; il citato Belvarosi, il cui arredamento costò la leggendaria cifra di cinquecentoquarantamila corone, quarantamila di più del Café de la Paix di Parigi; il Caffè Fiume; il Central. Sopra tutti, però, stava il caffè New York.

Il locale aveva due sezioni distinte. All'ingresso una scala scendeva verso una sala soprannominata «acque profonde», la parte nobile del locale. In una sorta di loggione che correva tutto intorno stavano invece le redazioni delle riviste letterarie. Il New York fu un successo strepitoso fin dal giorno dell'inaugurazione, nel 1894. Ferenc Molnár, l'autore de *I ragazzi della via Paal*, pensò bene di scagliare le chiavi della porta d'ingresso nel Danubio, «affinché non potesse chiudere mai». Così andò, in effetti. Generazioni di letterati squattrinati passarono giorni e notti ai tavolini, sotto le immense colonne e fra gli specchi, con un semplice caffè davanti.

Per il New York, come per gli altri caffè di Budapest, il periodo d'oro finì con la Prima guerra mondiale. Nel 1920, di quattrocento locali ne restavano centodieci, e la reggenza dell'ammiraglio Horty non si rivelò un periodo felice: vennero imposte tasse sugli scambi, sul lusso, sullo spumante, sulla musica e sull'occupazione del suolo pubblico. Solo intorno al 1930 ci fu un breve risveglio – venne aperto in quegli anni il Dunapark, che ancora oggi guarda l'isola Margherita dalla parte di Pest – ma la decadenza continuò. Osserva Paolo Santarcangeli, un autore cui dobbiamo molte informazioni: «Se i proprietari trasferivano i maggiori costi sulla clientela, la perdevano. Se non lo facevano, fallivano». L'introduzione del caffè espresso, l'occupazione tedesca dell'Ungheria e l'avvento della Repubblica Popolare segnarono la sorte di questi locali. Nel 1954 il New York diventò Hungaria (il nome venne giudicato più patriottico). Ma i socialisti mostrarono subito che, dei caffè, gli importava poco.

Lo ammette anche Draveczky Balazs, direttore del Museo del commercio e dell'industria alberghiera. Nel suo ufficio in Fortuna Utca spiega che «ad affossare i caffè di Pest fu uno stile di vita più rapido», e «dopo la nazionalizzazione nessuno si curava delle cose vecchie». L'idea socialista del caffè è rappresentata da un quadro alle sue spalle, datato 1910. Al caffè New York due modelle eleganti conversano; sotto il tavolo, in penombra, un mendicante tende la mano. «Quadro politico», dice il direttore. Poi ricorda che il Pilvax, quello dove Sàndor Petöfi saliva sui tavoli, è in corso di ristrutturazione, e sarà pronto alla fine dell'anno. «Piace molto agli austriaci», sussurra.

LE FACCIATE DI BUCAREST
1990

È giusto che il comunismo sconfitto lasci qualche ricordo di sé: nessuno, tra vent'anni, potrà dire che ce lo siamo inventato. Dove il comunismo è stato stupido e grandioso, i ricordi saranno grandiosi e stupidi. Nicolae Ceausescu, che in materia non aveva rivali, ha lasciato un palazzo grande tre volte Versailles e undicimila appartamenti vuoti. Erano destinati alla nomenklatura, che non è stata spazzata via dalla rivoluzione di dicembre. Si è fatta soltanto più pudica: i funzionari bassi e grassi che gareggiavano nel trovare appellativi per il dittatore – il Genio dei Carpazi, il Danubio del Pensiero – sanno che non è questo il momento di prender possesso di attici pieni di archi e colonne. Meglio metterci le famiglie con quattro figli e i genitori a carico. Gente che, quando ha visto il nuovo balcone molto grande, ha pensato di metterci ad asciugare molta biancheria.

Nicolae Ceausescu, il *conducator*, ha voluto che il viale fosse due metri più largo degli Champs Elysées: cinque chilometri di facciate bianche e fontane, buttate come un insulto sopra il vecchio centro di Bucarest. Fino a poche settimane fa il boulevard si chiamava Vittoria del Socialismo: poi qualcuno si è ricordato che c'era stata una rivoluzione. In attesa del nuovo nome, la gente usa il nome vecchio.

Durante la costruzione, le vecchie chiese e le vecchie case non sono state giudicate importanti. Potendo, si spostavano. Non potendo, si demolivano. I lavori sono cominciati all'inizio del 1984: la rivoluzione ha bloccato i nuovi edifici quand'erano pressoché finiti. In Occidente «pressoché finiti» vuol dire prossimi alla conclusione. Da queste parti l'avverbio è una sentenza. Vuol dire che non sono stati finiti, e non lo saranno mai più.

Non hanno dubbi in proposito gli architetti Verona, Oproiu e Carlan, barbuti come cospiratori russi, malinconici come bambini abbandonati. Impiegati dall'istituto Project Bucuresti, da cui dipendevano i grandi lavori edilizi nella capitale, si sono occupati della Vittoria del Socialismo – intesa come progetto. Ogni sabato Ceausescu veniva a vedere, e bisognava fargli trovare una facciata pronta. «Lui non capiva i disegni» spiega Gheorghe Verona. «Lui voleva vedere i muri. Poi modificava, elaborava, perfezionava.» Ora i tre colleghi hanno messo in piedi uno studio professionale, sperando di trovare clienti privati. Lo hanno chiamato Studio Voc, dalle iniziali dei loro cognomi, e «perché suona un po' come Studio Vogue».

Sono disarmanti, i ragazzi dello Studio Voc. Spiegano che per un architetto, sotto Ceausescu, c'era poco da scegliere. O nel Project Bucuresti o nel Carpati Institute, che costruivano le stesse cose: i palazzi della Vittoria del Socialismo, cercando di farli meno brutti possibile.

In effetti, brutti non sono. Sono un sogno in *cinemascope*, il genere di costruzioni che un ricchissimo sceicco, a metà degli anni Settanta, poteva innalzare tra la sabbia, per far rabbia agli sceicchi vicini. Ma Ceausescu non aveva nessuno cui far rabbia. Solo la sua povera gente, che guardava e non capiva. Tra i romeni, la tesi più diffusa è che il Genio dei Carpazi, ospite dell'Eliseo e di Buckingham Palace, si fosse montato la testa. Ora che è morto, ridono. Prima non ridevano.

Sono andato, una domenica, a passeggiare nel deserto della Vittoria del Socialismo. Sullo sfondo, ingombrante come un brutto pensiero, il Palazzo del Popolo,

370.000 metri quadrati di superficie. Al centro, fontane asciutte, grondanti ornamenti di pietra. A pianterreno, in ogni palazzo, stanno i negozi: grandissimi, bellissimi e vuoti. Le poche mercanzie vengono distribuite con cura, i vestiti stesi in aria come aquiloni, in modo da occupare più spazio possibile. L'ordine maniacale dei negozi dev'esser frutto della riflessione di Ceausescu, detto il Danubio del Pensiero. Su un lato, tabaccheria, profumeria, articoli sportivi, autoricambi, artigianato, scarpe, stoffe. Sul lato opposto stoffe, scarpe, artigianato, autoricambi, articoli sportivi, profumeria, tabaccheria.

Ai piani superiori, da qualche giorno, sono arrivate le prime famiglie. Da una finestra esce la musica di una radio: musica balcanica, lamentosa, che vola sopra la biancheria stesa. Ogni duecento metri, lungo il boulevard, si apre un passaggio. Basta attraversarlo per ritrovarsi a Bucarest: vetri rotti, calcinacci e strani odori. Di qui devono passare i nuovi inquilini. La porta sul grande viale infatti è sempre chiusa, come se le autorità avessero deciso che un ingresso costituiva un lusso eccessivo, per gente che aveva già ottenuto un appartamento.

Sono salito. L'interno dei palazzi, a differenza delle facciate, è il trionfo del «quasi». Scale quasi pronte, muri quasi dipinti, serramenti quasi chiusi, porte quasi funzionanti: c'è la maniglia, ma manca la serratura; oppure c'è la serratura, ma manca la maniglia.

Le porte degli appartamenti sono di legno dolce, e sembrano provvisorie, proprio come il signor Radu, inquilino di un terzo piano, che apre e mi guarda come se avesse visto un fantasma. Lo rassicuro: volevo dare un'occhiata all'interno di un appartamento, ho bussato a caso. Risponde che in casa sua c'è confusione. Dico che non m'importa della confusione. Non ribatte, e si fa da parte.

Radu vive con la moglie Doina, tre figlie e il vecchio suocero in un appartamento con quattro stanze da letto: spettacolare, secondo gli standard romeni. Sono arrivati cinque giorni fa, e ancora non sanno manovrare gli interruttori. La casa è piena di scatoloni e coperte. La televisione ronza come un'ape dentro un barattolo. «Niente antenna» spiega il capofamiglia a gesti, dopo aver cercato l'aiuto delle figlie che, assicura, parlano francese, ma sono timide. Soprattutto nella casa nuova. Nella casa vecchia, in periferia, avrebbero certamente detto qualcosa in più di «*Bonjour, nous sommes roumaines*».

L'arrivo dello sconosciuto ha portato agitazione in famiglia. Doina offre liquore di prugne e il dolce avanzato dal pranzo di Pasqua. Radu scompare in pigiama e ritorna in giacca e cravatta. Le ragazze ridono con il mento sui pugni, appoggiate al tavolo tirato a specchio, di quelli che in Italia si vedono solo nelle pubblicità. La conversazione – romeno e italiano, e molti sorrisi – dura mezz'ora. Poi, il commiato. Tutti scendono fino al portello affacciato sui calcinacci, sul retro della Vittoria del Socialismo, due metri più larga degli Champs Elysées. Sono stato il primo ospite straniero nella nuova casa?, riesco a chiedere. «*Vous êtes le premier deplus quarante ans*» annuncia il nonno. Che non l'aveva detto a nessuno, ma parlava francese.

LE POESIE DI BELGRADO
1991

Non parlano di calcio e di donne, i ragazzi nei caffè di Belgrado. Parlano di prìncipi e battaglie perdute, di ecatombi lontane, di anarchici che sparavano agli arciduchi. Se comprate un quaderno in un negozio lungo Terazije, trovate in copertina le scene della battaglia di Kosovo Polje, anno 1389, in cui le armate serbe del principe Lazar si lasciarono trucidare dai turchi del sultano Murad I «per salvare l'Europa e la cristianità». Se di Tito si discute poco, nei saloni démodé dell'hotel Moskva, non è soltanto perché era croato. È perché il maresciallo è troppo recente. Se ne riparlerà tra cent'anni.

I serbi amano la storia: la succhiano, la mordono, la masticano, la gustano, la sputano. Sono convinti, non a torto, di esserne stati spesso protagonisti. Fu un giovane serbo, Gavrilo Princip, ad assassinare l'arciduca Francesco Ferdinando a Sarajevo, innescando la Prima guerra mondiale. La rivolta antitedesca di Belgrado, nel marzo 1941, ritardò l'invasione della Russia di tre mesi: abbastanza perché l'inverno sorprendesse gli eserciti di Hitler davanti a Mosca e a Leningrado.

Se italiani, inglesi e tedeschi, per andare d'accordo, hanno preferito dimenticare ciò che è accaduto nella Seconda guerra mondiale, qui non aspettano altro che di regolare i vecchi conti. Non c'è intervista in cui non senta descrivere i massacri compiuti dagli *ustascia* croati, che stavano dalla parte dei nazisti. È raro che in una discussione sul Kosovo non venga usata la parola «genocidio», per spiegare che la minoranza serba è minacciata dalla maggioranza albanese.

Per capire le ossessioni dei Balcani, storia e geografia sono indispensabili. Occorre sapere che i serbi sono rimasti sotto il dominio turco per cinquecento anni, sono cristiani ortodossi e usano l'alfabeto cirillico; i rivali croati sono stati per secoli sudditi fedeli dell'Austria, sono cattolici e usano l'alfabeto latino. Nelle due guerre mondiali i due popoli hanno combattuto uno contro l'altro, e molto fa pensare che stiano per farlo ancora. I serbi in Jugoslavia sono nove milioni, contro quattro milioni e mezzo di croati e due milioni di sloveni. Il guaio è che non vivono tutti in Serbia: ce ne sono almeno seicentomila in Croazia e il doppio in Bosnia-Erzegovina. Se la federazione si disintegrasse, ogni repubblica diventerebbe una mini Jugoslavia: e Dio sa se non ne basta una.

Mettere d'accordo gli slavi del Sud non è mai stato facile. Se ne accorse la scrittrice inglese Rebecca West la quale, arrivando da queste parti nel 1937, capì subito qual era stato l'errore dei viaggiatori che l'avevano preceduta. «I riformisti britannici» scrisse «erano gente molto umanitaria, e venivano nei Balcani per scoprire chi maltrattava e chi era maltrattato. La loro fede perfezionista non poteva accettare l'orribile ipotesi che tutti maltrattassero tutti.»

Non è cambiato molto, bisogna dire. Oggi come allora, questi serbi passionali suscitano curiosità. Un collega sloveno non è d'accordo: «Non sono né passionali né interessanti. Sono matti. In dicembre hanno votato tutti per il comunista Milosevic – 194 seggi in parlamento su 250, gli hanno dato – e adesso scendono in piazza perché non lo vogliono più». La professoressa Mirjana Prosic-Dvornic, antropologa dell'università di Belgrado, ha una teoria diversa: «Né passionalità né pazzia. Noi serbi abbiamo un forte senso della collettività, a differenza di voi italiani. E ora ci sentiamo una nazione frustrata. Tito, col suo motto "Una Serbia debole per una Jugoslavia forte" non ci è stato davvero amico».

Ma siete poi così diversi dai croati?, ho chiesto giorno dopo giorno nelle sedi dei partiti, nelle università e dentro ai caffè dove hanno ripreso a suonare vecchie canzoni come *Tamo Daleko* (Laggiù lontano sul mare), dedicata ai soldati serbi che combattevano in Grecia e in Albania. La risposta, sorprendentemente, è stata: le differenze esistono, ma non sono grandi. La curatrice del museo etnografico di piazza Studentski, Tatjana Zec, suggerisce di leggere *La penisola balcanica* di Jovan Cvijie, un libro introvabile pubblicato negli anni Venti. Quando si convince che un libro introvabile in serbo-croato non mi sarebbe di grande aiuto, accetta di esporne alcune tesi. Per esempio: i serbi che vivono a nord del fiume Sava hanno molto in comune coi croati della Slavonia (la foggia degli abiti, l'architettura delle case), e poco coi serbi del Sud. «Un'altra dimostrazione che le risse di questi giorni sono ridicole» sospira la signora Zec mentre si aggira per sale in penombra.

È in minoranza, però. Quasi tutti, qui a Belgrado, sono convinti di essere «un po' meglio». Prendiamo Dragoljub Kavran, ordinario di scienze politiche presso la facoltà di Legge di Bulevar Revolucije. Da serbo, sostiene che i serbi sono speciali. «Abbiamo una magnifica storia parlamentare, per cominciare. Il primo partito politico dei Balcani venne fondato qui nella metà del secolo scorso. Se mi consente, direi che abbiamo la democrazia nel sangue. Guardi cosa sta accadendo in questi giorni: il confronto tra i socialisti-comunisti di Milosevic e il nuovo "fronte democratico" è la prova che qui parliamo di politica, non di nazionalismo. I croati, invece, si sono fermati al secolo scorso. Non fanno altro che pensare allo Stato-nazione. Noi non siamo mai stati xenofobi. Loro sì.»

Una cosa, tuttavia, nessuno osa negare: i serbi, storicamente, sono turbolenti. Le prove sono dappertutto.

Non solo Francesco Ferdinando e moglie non sono morti nel loro letto, ma l'intera nazione ha sempre manifestato un entusiasmo imbarazzante quando si è trattato di menar le mani in nome della madre Serbia: la recente crociata contro gli albanesi del Kosovo è l'ultima dimostrazione. Ma loro ribattono: questi episodi provano che siamo orgogliosi, entusiasti, generosi, qualche volta eroici. Scriveva trent'anni fa Anton Zichka, un autore tedesco: «I serbi sopportano perfino Tito, che è croato. Perché, qualunque difetto possa avere, è un coraggioso».

Questa spavalderia incosciente, ancora oggi, li rende graditi a molti. I popoli latini e i greci hanno sempre avuto un debole per i serbi. I cugini croati, cauti e riservati, li considerano invece prepotenti e inaffidabili («Gente che ti fuma in faccia senza chiedere il permesso», mi dirà disgustato un traduttore di Spalato). Prendete questa poesia, scritta negli anni Venti da un certo Micic, che si faceva chiamare Barbarogentje, il «genio barbaro»: «Il cielo è colore d'azzurro / e dentro è seduto un vero Dio serbo / contornato da angeli serbi dalle voci pure / che cantano la gloria della loro razza suprema». A Belgrado, viene considerata una spacconata innocua. Ma a Zagabria desta ancora una certa inquietudine.

Lo sfascio della Jugoslavia oggi trova i serbi rassegnati, ma non depressi. Agli sloveni è già stata concessa la libera uscita. Ai croati, anche: a patto che, andandosene, «la Croazia restituisca i territori dove vivono i serbi». Questa idea – l'idea della Grande Serbia – è tanto pericolosa quanto popolare: e il presidente comunista Milosevic l'ha sfruttata senza rimorsi. Anche Vuk Draskovic, lo scrittore barbuto che ha guidato la protesta dei giorni scorsi, la pensa allo stesso modo. Quando l'ho incontrato, mi ha fissato con gli occhi spalancati e poi ha detto: «Se la Jugoslavia si spacca, noi serbi abbiamo il diritto di dire: "Fin qui, è Serbia". Dovremo combattere? Combatteremo».

Sono parole che da queste parti si sentono ripetere da seicento anni. Ogni volta, sono guai.

GLI SGUARDI DI ZAGABRIA
1991

Il palazzo del ministero degli Interni croato in Proleter-skih Brigada è pieno di ritratti di Tito che sorride, bene-volo come non è mai stato. Il viceministro Milan Brezak, un giovanotto con lo sguardo sereno dell'ex calciatore, parla per un'ora di importazioni di kalashnikov dall'Un-gheria, resistenza armata, servizi di controspionaggio. Nessuna insinuazione lo infastidisce, nessuna domanda lo turba. Salvo l'ultima: «Signor Brezak, com'è fatto un croato?».

A quel punto il viceministro cambia espressione e guarda Tito, che non scende in soccorso. Milan Brezak bofonchia qualcosa sul fatto che i «croati sono grandi la-voratori» e «amano la pace e la democrazia». Poi torna a parlare della trasformazione della polizia politica comu-nista in un moderno servizio di controspionaggio, argo-mento notoriamente più riposante.

C'è una certa soddisfazione nel girare Zagabria chie-dendo alla gente «Chi siete?», dopo aver fatto per dieci giorni la stessa domanda negli uffici e nelle piazze di Bel-grado. In Serbia dicono che i croati sono infidi, xenofo-bi e intolleranti. Solo il montenegrino Milovan Gilas, ex braccio destro di Tito, li ha definiti «intellettualmente raffinati», forse perché la moglie Stefica – croata – era lì ad ascoltare. Qui in Croazia dicono di essere «europei ragionevoli e tolleranti», ma non si spingono più in là.

Questa prudenza si spiega facilmente: parlare di ca-ratteri nazionali, da queste parti, serve soprattutto per litigare, e in quest'inizio di primavera, con i fiori nei parchi e la gente seduta nei caffè, nessuno ha voglia di litigare con un italiano. La reticenza dei croati si spinge fino al punto di tacere non soltanto *come* sono, ma anche *quanti* sono. Per saperlo, ci è stato suggerito un metodo: chiedere in Serbia e aumentare di un terzo; oppure domandare in Croazia e diminuire di un quarto. In attesa del nuovo censimento, in programma quest'anno, una risposta approssimativa dovrebbe essere questa: i croati in Jugoslavia sono circa quattro milioni e mezzo; di questi, un milione vive fuori dai confini della Repubblica, soprattutto in Bosnia.

La loro storia è movimentata come quella degli altri slavi del Sud. Arrivarono da queste parti intorno al quinto secolo, dal territorio del corso superiore della Vistola, e cent'anni dopo si convertirono al cattolicesimo. La Croazia divenne un regno nel decimo secolo, e nel 1091 venne conquistata dall'ungherese Laszlo I; l'unione con l'Ungheria è continuata per i successivi otto secoli. Sulla costa della Dalmazia i veneziani hanno comandato per quattrocento anni, gli austriaci per un centinaio e i francesi per una decina.

La Jugoslavia moderna – nata nel 1918, al momento della liquidazione dell'Impero austroungarico – fu una grossa delusione per i croati. Salvarono la costa adriatica, promessa all'Italia col Patto di Londra, ma si accorsero subito che era finita l'autonomia di cui avevano goduto come abitanti di una delle regioni storiche dell'Impero asburgico secondo il *Nagodba* (Compromesso) firmato con gli ungheresi nel 1868, un anno dopo l'*Ausgleich* (Unione) tra Austria e Ungheria. I croati, fin da allora, accusavano i serbi di essere prepotenti in politica e intolleranti nella religione. Così, quando nell'aprile del 1941 Italia e Germania attaccarono la Jugoslavia, non furono troppo dispiaciuti di dire addio a uno Stato che non avevano mai sentito come proprio. I serbi dissero subito – e dicono ancora – di essere stati pugnalati alle spalle.

La soddisfazione dei croati durò poco. Nella zona di occupazione tedesca venne fondato lo Stato indipendente di Croazia sotto il malfamato Ante Pavelic, capo degli *ustascia*, che prese a massacrare serbi, zingari, ebrei, e in genere tutti coloro che non erano d'accordo con lui. Ricomposta la Jugoslavia sotto Tito e i comunisti (e a spese degli italiani d'Istria e di Dalmazia), la Croazia ha continuato a sentirsi una nazione in prova: quando nel 1972 alcuni liberali si sollevarono durante la «primavera croata», vennero zittiti con poca grazia.

Gli ultimi avvenimenti sono noti. La Croazia non ha ancora dichiarato l'indipendenza, ma ha già preparato le valigie. Ha eletto un presidente fieramente nazionalista, proclamato il primato delle leggi repubblicane sulle leggi federali e annunciato che l'unica Jugoslavia possibile è una confederazione di Stati sovrani simile alla Comunità Europea.

Anche questo, per i croati, è un modo di dire che diffidano dei serbi, almeno quanto i serbi sospettano dei croati. Quando parlano dei cugini del Sud – che sono più numerosi, cristiani ortodossi, ex sudditi turchi e tuttora socialisti – i croati rivelano una caratteristica nazionale della quale non vanno orgogliosi, ma che possiedono comunque: si lamentano. Prendiamo Dragutin Dumancic, professore universitario, uomo raffinato, traduttore di Saint-John Perse e Samuel Beckett. Questo è ciò che pensa dei serbi: «Sono la nostra zavorra. Quando Zagabria era una seconda Praga – il parlamento croato ha lavorato in latino fino al 1846 – Belgrado era uno sporco villaggio orientale».

Anche nei palazzi del potere della città vecchia la pensano allo stesso modo. Quando siamo andati per gli uffici con la nostra domanda («Chi sono i croati?») abbiamo sentito dire: «Siamo settentrionali sfruttati dai meridionali. Guadagnamo metà della valuta pregiata dell'intero Paese, controlliamo l'85% del turismo, sforniamo i migliori prodotti industriali. Siamo stanchi di essere tassati e di pompare soldi al Sud». Non parlava un consigliere della Lega Lombarda in gita-premio, badate bene, ma il portavoce del presidente Franjo Tudjman.

Un'altra fissazione – innocua, questa, ma una fissazione – è quella di essere colonizzati linguisticamente. Un croato, ci hanno spiegato enfaticamente una domenica pomeriggio nell'ufficio del turismo, non parla serbo-croato. Parla croato. Abbiamo chiesto se non fosse la stessa cosa. Dopo qualche riflessione, ci è stato spiegato che in serbo bianco si dice *belo*, e in croato *bijelo*; treno, *voz* e *vlak*; tavolo, *trpeza* e *stol*. Alla ricerca disperata di differenze, i croati hanno ripescato vecchie parole e ne hanno inventate di nuove: telefono (*telefon* in serbo) è diventato *brzoglas*.

Questo sistema di domandare in giro «Chi è un croato?», aggiungendo subito dopo un'insinuazione, funziona. La gente si acciglia, ma risponde. Abbiamo provato a chiedere, per esempio: siete forse slavi che hanno imparato dai tedeschi? I nostri interlocutori si sono affrettati a rispondere che le cose non stavano così, ma i sorrisi erano troppo compiaciuti per essere sinceri. In effetti i croati, come i tedeschi, sanno essere duri. Nelle campagne lombarde «sei un *cruàt*» vuol dire ancora oggi «sei ostinato e testardo», in ricordo degli antenati dei ragazzi di Zagabria con la divisa austriaca.

Se è vero che i croati preferiscono essere i cugini poveri dei tedeschi che i fratelli ricchi dei serbi, è anche vero che a nord accettano la corte: i turisti scendono dall'Austria e dalla Germania; tedesche sono molte automobili; tedesche sembrano le canzoni e le ragazze. Zagabria appare ragionevolmente organizzata e pulita. Un po' tedesca, a pensarci bene, è anche l'abitudine di spazzare le piazze con gli idranti mentre la gente ci passeggia.

Alla domanda «Chi è un croato?» si potrebbe quindi rispondere «Uno slavo germanizzato», certi di essere sulla buona strada. Ma l'eterna diatriba con i serbi suggerisce altre ipotesi: «Noi siamo occidentali e loro sono orientali», assicura il vescovo ausiliario di Zagabria, monsignor Djuro Koksa, che ama l'Italia e gli italiani, anche quando gli chiedono se viene dalla *Jugo-slovacchia*. «Noi croati siamo gente difficile: dovete prenderci come siamo.» E come siete, Eccellenza? «Molto diversi anche tra di noi. I dalmati delle isole sono gente di mare. I dalmati della costa sono italianizzati, sofisticati, vestono bene: il tipo fisico è quello, e la cultura. I croati dell'interno sono dinarici. Gente di montagna.»

Monsignor Koksa e gli altri vescovi croati hanno scritto giorni fa ai confratelli nell'episcopato. Una lettera dura, nazionalista, senza sfumature, di cui abbiamo avuto copia in italiano. «Ci troviamo di fronte una tenace resistenza ai cambiamenti democratici, che si adopera perché il predominio dell'interesse serbo non venga messo in questione» si legge. «Le forze che sostengono questo programma sono i leader politici serbi, i quadri dell'esercito (in grande maggioranza serbi) e purtroppo alcuni rappresentanti della Chiesa ortodossa serba.»

Cristiani ma *cruàt*, direbbero nella campagna lombarda.

I BALCONI DI MOSCA
1991

Tra le molte cose incomprensibili che questa città offre al
visitatore ansioso di comprendere, c'è un'automobile di
latta. Un'automobilina a pedali come andavano di moda
trent'anni fa, quelle dove i bambini italiani venivano infi-
lati d'autorità prima delle fotografie di compleanno, per
poi essere estratti a forza quando volevano giocarci.

Questa di Mosca è verde. O meglio, era verde finché
qualcuno non ha pensato di incastrarla tra due balconi
al settimo piano del numero 93 di Leninsky Prospekt,
edificio numero 2, appartamento 61. Le automobiline
non sono fatte per stare appese all'aperto durante l'inverno di Mosca e, se proprio qualcuno pensasse che
quello è il loro posto, dovrebbero almeno essere legate.
La nostra automobilina non è legata, invece. Dondola
impercettibilmente nel vento, sette piani sopra le teste
dei bambini che giocano in cortile. Posso affermarlo con
sicurezza perché al numero 93 di Leninsky Prospekt, edificio numero 2, settimo piano, appartamento 61, sta il
mio ufficio. Vedo il piccolo rottame mentre scrivo, verde
e ruggine contro il cielo bianco.

L'automobilina, almeno finché resta incastrata tra i
balconi, non è importante. Ma è istruttiva, perché descrive bene l'umore di questa città: sfinita, povera e fatalista.
L'automobilina verde vale una bandiera bianca. Se nemmeno negli alloggi per stranieri – con le cancellate intorno e i miliziani di guardia – si riesce a mantenere un minimo d'ordine, se gli ascensori salgono cigolando nel buio

perché le lampadine vengono subito rubate, forse è tardi, per questo Paese. Lo scrittore Alexander Solženicyn, l'anno scorso, definì Mosca «un'isola corrotta e felice» nel marasma sovietico. Oggi l'isola è stata coperta dal mare, e sotto il mare vagano sommergibili, e sopra il mare volano astronavi.

Le astronavi sono le case degli stranieri. Diplomatici e giornalisti abitano dove vien detto loro di abitare, e cioè in una dozzina di grandi caseggiati sparsi per la città. Ce ne sono di discreti e di scadenti. Il mio giornale, fino a poco tempo fa, stava in Bolshaya Ordynka, tra alberi e piccole chiese colorate. Ora sta a diciannove chilometri dal centro, tra i palazzi spettrali di Leninsky Prospekt. Napoleone passò di qui, quando il suo esercito cominciò la ritirata di Russia. Ma saggiamente, non si fermò.

Dall'esterno non è facile capire che gli appartamenti degli stranieri sono astronavi. La facciata è malinconica, le scale pervase da quello strano odore russo, un impasto di vecchio, di rancido e di umido. Una volta entrati, però, tutto diventa chiaro. Negli armadi, sopra gli armadi e nei cassetti ci sono le cose che a Mosca non si trovano: dentifrici, shampoo, lampadine, sapone, sughi, sottaceti, tè, camomilla, biscotti. Le merci vengono importate dall'Occidente o dalla Finlandia. Questo avviene da anni, ma oggi l'istinto per la cambusa è particolarmente forte.

Meno si trova nei negozi, e più si cerca di tenere in casa. L'astronave dev'essere ben rifornita, per poter volare sopra le tristezze della città. Se a bordo finisce il dentifricio, per esempio, non si può scendere per comprarne un tubetto. Nell'astronave di Leninsky Prospekt – dotata di un'automobilina come scialuppa – siamo assai forniti di Cuki Alluminio Doppia Forza, camomilla e babyshampoo. Generazioni di corrispondenti e inviati potranno avvicendarsi nell'ufficio di Mosca: tutti avranno capelli morbidi e puliti.

Sotto il mare di Mosca passano invece i sommergibili russi. I moscoviti non possono permettersi di ordinare viveri in Finlandia, o di comprarli nei negozi in valuta, e cercano di arrangiarsi. Da sempre, comprano quello che trovano, e mettono da parte. Un amico, Boris, mi spiega che il verbo più usato nella lingua russa è *dostat*, procurarsi. La sera, a cena, le famiglie sembrano tribù indiane dopo una giornata di caccia: «Cosa ti sei procurato, oggi?». Che siano salsicce o lampadine, poco importa. Si comprano, e si mettono via.

Per questo il drammatico aumento dei prezzi d'inizio aprile provocherà reazioni solo a fine maggio. Gli appartamenti dei russi hanno un'autonomia di un paio di mesi: i sommergibili, per ora, non hanno bisogno di riemergere. È paradossale che, durante «la peggiore crisi economica del dopoguerra» (parole del vice primo ministro), nelle case russe ci sia di tutto. Strane storie circolano per Mosca: pare che alcune famiglie abbiano contratto malattie della pelle dopo aver dormito per mesi con dozzine di scatole di detergente sotto il letto.

Più è difficile comprare, più i russi ci provano, convinti che domani la stessa merce costerà di più, oppure sarà scomparsa. Le regole sono innumerevoli, ma la popolazione sembra conoscerle tutte. Per entrare in certi negozi – come il Passage di via Petrovka – occorre un invito; per comprare vodka (mezzo litro al mese per adulto) è necessario un buono; per ottenere la maionese bisogna portare un vasetto vuoto; per acquistare carne di seconda categoria nel *Gastronom* di viale Suvorovskij basta molta fortuna, e un po' di coraggio.

Non è facile immaginare cosa accadrà quando le cambuse si vuoteranno. La gente dovrà tornare nei negozi, dove la roba non c'è o, se c'è, ha questi prezzi: un pollo trenta rubli, pari a un decimo dello stipendio medio; un chilo di patate novelle, cinquanta rubli; un uovo, un rublo. All'inizio d'aprile lo zucchero è raddoppiato, il pane triplicato, la carne quadruplicata. Al mercato centrale di viale Cvetnoj – vicino al cinema Mir, dove la fantasia contadina di Krusciov impose uno schermo circolare – ieri queste cose c'erano tutte, e in abbondanza. Ma, davanti alle vecchie venditrici vestite come *babushki* e ai trafficanti del Caucaso con lo sguardo svelto, non si fermava nessuno.

Il brusco aumento dei prezzi è stato deciso dal corpulento Valentin Pavlov, primo ministro di Gorbaciov, per «stabilizzare il mercato» e ridurre i sussidi alle industrie, che stanno portando il deficit di bilancio verso i settanta miliardi di dollari. Mossa disperata, ma qualcosa si doveva tentare. Nei primi tre mesi dell'anno il prodotto interno è sceso dell'8% e il commercio estero del 30%, mentre l'inflazione è salita al 150%. Quando il governo tentò la strada dei prezzi, l'anno scorso, scatenò il panico e la corsa agli acquisti. Qualcosa accadrà anche stavolta, tutti ne sono convinti: gli stranieri, che osservano dalle astronavi, e i russi, quando trovano il coraggio di alzare il periscopio e guardare il mondo di fuori.

LE PORTE DI DUBLINO
1992

Immaginate che Samuel Beckett, alto e ossuto, torni a camminare per le strade di Dublino, lasciata nel 1968 e mai più rivista. Che attraversi le splendide piazze georgiane costruite dagli architetti inglesi del Settecento, e miracolosamente risparmiate dai costruttori irlandesi del Novecento. Che passeggi nei giardini al centro delle piazze, lusso e orgoglio della città: *Dublin can be heaven/With coffee at eleven/And a stroll in Stephen's Green*, «Dublino può essere il paradiso/Con il caffè alle undici/E due passi in Stephen's Green» canticchiava negli anni Quaranta l'attore Noel Purcell, dublinese per eccellenza, accompagnandosi col pianoforte.

Ebbene: se tornasse, Samuel Beckett s'accorgerebbe che a Dublino, da qualche tempo, si parla molto di Europa. Perfino lui, l'austero drammaturgo, è stato trascinato nella mischia. Gli irlandesi – che lo esasperavano: li chiamava *a vicious crowd*, una massa di dissoluti – non vogliono sentire discussioni: Beckett è irlandese, proclamano. S'indignano perciò con i francesi, i quali sostengono che il premio Nobel è vissuto in Francia e scriveva in francese; e detestano gli inglesi, colpevoli di ricordare che Beckett usava anche l'inglese, mentre i suoi critici più qualificati vengono dalla Gran Bretagna.

Questa bizzarra diatriba, ricordata da Anne Simpson nel libro *Blooming Dublin*, è il prototipo della «discussione europea» in voga di questi tempi: vagamente assurda, probabilmente inconcludente, ma non inutile. È importante, in altre parole, che Dublino si ricordi dell'Europa – al di là dei denari che ha ricevuto e riceve dalla Comunità. Ed è importante che gli europei si ricordino di Dublino, e non temano la sua diversità, la spaventosa cortesia della gente, l'onnipresenza dell'alcol, l'imbarazzante gioventù di una città dove metà della popolazione non ha venticinque anni, capitale d'un Paese in cui 1,4 milioni di persone, su una popolazione di 3,5 milioni, dipendono dalla previdenza sociale.

Questa combinazione di gioventù e indigenza – scrisse qualche tempo fa il quotidiano «Irish Times» – ha portato gli irlandesi ad assumere verso gli stranieri «un atteggiamento che ricorda quello dei ragazzi-eroi di Dickens, poveri ma onesti, col cappello in mano, desiderosi di rispettare le regole, speranzosi che qualcosa di buono possa venire dal solo fatto di esser buoni». È un vezzo che non deve ingannare: gli irlandesi sono gentili, ma hanno la gentilezza prudente degli italiani, appresa nei secoli trattando con i vincitori. E sono permalosi, quanto sono sensibili; vulnerabili, quanto sono sinceri; miti, ma non rassegnati.

Dublino, di quest'Irlanda, è l'anima. La città ha un'aria qua e là derelitta (la «cara, sporca Dublino» di Joyce non è scomparsa) ma la circostanza finisce per diventare una qualità. La grazia, quando appare, spicca di più. Compare d'improvviso in una delle magnifiche porte georgiane dipinte di rosso, di giallo e di blu elettrico, come se il pittore volesse vendicarsi del cielo grigio; passa veloce negli occhi di una ragazza in bicicletta; esce tra i vapori di un pub affollato; accompagna l'incedere di un vecchio lungo il fiume.

La grazia dei dublinesi è evidente nel modo con cui seguono il rugby o il calcio, sport amatissimi, sia in televisione sia allo stadio di Lansdowne Road: entusiasmo alle stelle, molta birra, nessuna violenza; nell'interesse disincantato con cui partecipano, in politica, all'eterna lotta tra Fianna Fail e Fine Gael; nella commovente passione per la lettura (i *bookstores* specializzati in libri usati sono dovunque: dalle vie intorno al Trinity College fino a Dun Laoghaire, punto d'arrivo dei traghetti).

La grazia di Dublino è nell'atmosfera quasi provinciale del centro, ogni venerdì e sabato sera. A seconda del ceto e del portafoglio, i dublinesi, uomini e donne, si ritrovano nei pub intorno a Grafton Street o nel Horse Shoe Bar dello Shelbourne Hotel, con i bicchieri in mano e la battuta pronta, lanciata nell'inglese a mezza bocca che gli irlandesi – dal più modesto degli emigrati fino ai Kennedy – hanno portato, e reso celebre, nel mondo.

Anche il visitatore più distratto si accorgerà presto che la città possiede una caratteristica comune ad altre due città d'Europa: Lisbona e Praga. Si tratta di una misteriosa qualità letteraria che sembra tessuta nell'aria, e trasmette una sorta di entusiasmo instabile, una sensazione piacevolmente inquietante. Tutti i grandi figli di Dublino – Yeats, Shaw, Beckett, Swift, Addison, Wilde, Joyce – hanno cercato di definire questa corrente che si muove sotto il *dubh linn,* lo «stagno nero» che dà il nome alla città. James Joyce (che abitò a ventitré indirizzi diversi) è forse colui che più s'è avvicinato al centro del mistero.

Che questa corrente esista, non ci sono dubbi. Dublino continua ad attirare stranieri che s'innamorano e ritornano; da Dublino continuano a uscire poeti, registi, musicisti e scrittori, come quel Roddy Doyle che è diventato il cantore dei dublinesi poveri, ma geniali e vitali, che abitano i quartieri a nord del fiume Liffey. Basta passeggiare la sera e dirigersi verso la musica – esce dovunque – per ritrovare i protagonisti del suo libro (poi un film di successo) *The Committments*: ragazzi e ragazze che formano complessi, si esibiscono, si separano, si riuniscono, cercano contratti. La Dublino degli anni Novanta, da questo punto di vista, somiglia alla Londra degli anni Sessanta, o alla Berlino degli anni Ottanta. È una terra di frontiera dove l'entusiasmo – e la Guinness – rendono tutto possibile.

A Dublino, ormai, c'è di tutto. L'Irlanda disinibita di Roddy Doyle convive con l'Irlanda cattolica e pudica, dove per acquistare un anticoncezionale occorre la ricetta medica. Professionisti di prima qualità e imprenditori di livello internazionale lavorano in una città dove gli appuntamenti non sono impegni, ma dichiarazioni di buona volontà. Le vie, nelle sere d'estate, sono ricche di personaggi eccentrici come le commedie di Sean O'Casey, amatissimo dai dublinesi. La nazione aristocratica degli *Anglo-Irish* – chiamati scherzosamente *West Brits*, gli «inglesi dell'Ovest» – convive con l'Irlanda ancora ferita, dopo settant'anni, dal fatto d'essere stata una colonia britannica. Fiona Griffin, autrice di un pamphlet sul carattere irlandese, sostiene che «l'Irlanda è come un bambino cresciuto sentendosi dire dai genitori che è stupido e cattivo. Un giorno i genitori – gli inglesi – se ne vanno. Nella nuova famiglia – l'Europa – tutti gli dicono di sorridere e star tranquillo. Ebbene: non è facile».

Eppure è così. Messi con le spalle al muro durante una discussione, gli irlandesi in genere, e i dublinesi in particolare, ammettono che ormai sono tranquilli, che l'Europa è una casa sicura. Le ferite di tanti anni (l'Eire è l'unico Paese europeo dove la popolazione si è ridotta della metà rispetto al secolo scorso, e ancora negli anni Ottanta ha perso il 20% della forza-lavoro a causa dell'emigrazione) sembrano lentamente guarire. Gli irlandesi hanno abbandonato il nazionalismo entusiasta, ma un po' infantile, che li ha sempre caratterizzati. Quando sono stati messi alla prova, come nel recente referendum sul trattato di Maastricht, hanno scelto l'Europa, mostrando realismo. È una piccola, grande vittoria. Vuol dire che l'Irlanda – che realista non è mai stata, e ha sempre amato le cause perdute – si è riconciliata con il Ventesimo secolo, giusto in tempo per il Ventunesimo.

I TRAM DI LISBONA
1992

È bello, se non fosse preoccupante, tornare sullo stesso tram *electrico* che scende in picchiata verso il fiume, e scoprire di invidiare un po' questo Paese di odori forti e colori tenui, con le finestre verdi e le ceramiche sui muri. Un Paese dove, dopo quattro anni, si ritrova lo stesso primo ministro, che può decidere e guidare; dove gli uomini politici non rubano; dove lo Stato non rischia la bancarotta; dove la criminalità organizzata non soltanto non spadroneggia, ma non esiste.

Certo, il Portogallo è povero. Eppure le tempeste che hanno spazzato molti Paesi europei nelle ultime settimane, arrivate qui in riva all'oceano sembrano semplici venti di stagione. La moneta – l'escudo – per ora regge, e senza far chiasso il parlamento di Lisbona si avvia ad approvare il trattato di Maastricht. Durante la recente presidenza di turno della Comunità, il Portogallo ha fatto molto di quanto era necessario in vista del Mercato Unico. «L'Europa non sarà un grande amore – filosofeggia il direttore del settimanale "O Expresso", José António Saraiva – ma è un buon matrimonio. Diciamo che ci va bene. Sappiamo infatti che, da soli, non andiamo da nessuna parte. Siamo piccoli, ma non siamo stupidi.»

Certamente no. I portoghesi sono orgogliosi e sognatori, ma non sono stupidi. Abitano questo Paese che ricorda l'Italia degli anni Cinquanta, un Paese non più rurale e non ancora industriale, ottimista e concreto, che ha imparato a memoria la cifra dei *fluxos financeiros* tra la Comunità e Lisbona: dal 1986 al 1990, un saldo attivo di quattrocentosessantasei milioni di contos (ogni conto è mille escudos), poco meno di cinquemila miliardi di lire, non pochi per uno Stato con dieci milioni di abitanti.

Il Portogallo ha anche un'altra fortuna, quella di avere un capo. L'algido e incorruttibile Aníbal Cavaco Silva, riconfermato nelle ultime elezioni, si definisce socialdemocratico ma è una sorta di giovane signor Thatcher con la brillantina sui capelli, temutissimo dai suoi ministri che, prima di rilasciare un'intervista, dicono «dobbiamo telefonare al professore». È proprio Cavaco Silva, assicura un diplomatico portoghese, a volere l'Europa. «Sebbene sia un nazionalista venuto dalla provincia si rende conto di una cosa: per nessun motivo il Portogallo può perdere questo treno.»

Di quest'Europa amata di amore freddo andiamo a parlare con António Figueira, giovane condirettore della rappresentanza della Comunità a Lisbona. Figueira parla il francese di Bruxelles, spara numeri come un tedesco e indossa uno di quei vestiti color sabbia che forse il padre o il nonno indossavano in colonia, nelle mattine africane. Senza imbarazzo, parla di questo Portogallo entusiasta ma povero, dove gli analfabeti sono ancora un sesto della popolazione, e i contadini costituiscono un quinto della forza lavoro – record europeo – ma non riescono a sfamare il Paese, che deve importare la metà del fabbisogno alimentare. Un Paese dove quasi tutto si produce sulla fascia costiera, da Setúbal a Braga; dove le industrie tessili del Nord, capaci di sfornare molti capi scadenti per l'Angola o il Mozambico, ora devono imparare a produrre pochi capi di qualità in grado di competere con i prodotti francesi e italiani.

Non importa, dicono tutti. Se l'Europa è un rischio, questo è il momento giusto per rischiare. Oltre tutto, fungerà da antidoto alla Spagna, da sempre poco amata.

Una Spagna con cui l'attuale governo portoghese ha stretto un'alleanza tattica, ma che per la gente rimane sempre quella del proverbio: *De Espanha nem bom vento nem bom casamento*, «Dalla Spagna né buon vento né buon matrimonio». Il termine *espanholado* – ricorda Alessandro Dell'Aria, dell'Istituto Italiano di Cultura in Rua do Salitre – «a Lisbona non indica soltanto chi parla un portoghese spagnoleggiante, ma vuol dire anche sbruffone, bullo, millantatore».

L'ombra del vicino d'Oriente si allunga ancora mentre facciamo colazione in un ristorantino pieno d'impiegati con la camicia bianca e di commesse con gli occhi color carbone – occhi che dietro i banchi dei negozi ti squadrano, ma non ti servono. L'amico che ci ha invitati sostiene che il grande interesse dei portoghesi per le ex colonie non è dovuto a generica nostalgia (*saudadismo*), ma «al desiderio di voltar le spalle alla Spagna, che sta tra il Portogallo e l'Europa come un deserto o un mare».

Scòrdati la carta geografica, amano dire i portoghesi all'ospite: questa è un'isola. Un'isola con i suoi vezzi e le sue passioni. La Francia, per esempio, e l'Inghilterra. «La Francia – racconta il quarantacinquenne direttore di "O Expresso" – è stata il rifugio di molti oppositori del regime, come l'attuale presidente Mário Soares, ed è rimasta un punto di riferimento per la mia generazione, che si è formata sui libri. Per mio fratello, che ha trentacinque anni e la cultura se l'è fatta sui dischi o al cinema, è più importante il mondo di lingua inglese. Non solo gli Stati Uniti, ma anche la Gran Bretagna di cui, come diceva Winston Churchill, siamo il più vecchio alleato. Il giornale della mia generazione era "Le Monde". I giornali della nuova generazione sono l'"Herald Tribune" e il "Sunday Times".» E l'Italia? chiediamo. L'Italia è lontana, bofonchia Saraiva lisciandosi la barbetta grigia.

Non c'è dubbio che il mondo esterno, a Lisbona, piace e interessa. I giovanotti che hanno fondato il settimanale «O Indipendente» guardano a Londra: magari pro-pongono il *fado* dopo cena, ma lo fanno col distacco di uno *young fogey* londinese. In un caffè-libreria di Rua de São Bento, a poche porte di distanza dai locali notturni dove gli immigrati di Capo Verde si picchiano con discre-zione il sabato sera, il proprietario mostra con orgoglio la sfilata di libri in inglese e francese. Dice che i suoi clienti leggono di tutto, da «The Economist» ai romanzi di Si-menon. Leggono in altre lingue per ovviare alla scarsità di traduzioni e per una vecchia abitudine contratta per far dispetto a Salazar, il cui Estado Novo non voleva, in fondo, essere molto nuovo, e scoraggiava le novità d'im-portazione.

Oggi il Portogallo non è più quella landa remota che la viaggiatrice inglese Rose Macaulay («tanto magra da sembrare trasparente, sempre prima in cima alle salite») veniva a esplorare negli anni Trenta. «Ma non è ancora un Paese moderno» spiega José Sasportes, una delle fi-gure culturali più influenti di Lisbona, direttore della fondazione Calouste Gulbenkian. A suo giudizio, molte delle apparenti qualità portoghesi – la dignitosa so-brietà, la solidità dei governi, la lealtà verso l'Europa – sono «virtù obbligatorie», dettate dalla povertà, dall'i-gnoranza e dall'ingenuità.

Forse per questo, gli diciamo, il Portogallo piace a noi italiani. Perché qui ritroviamo il nostro passato pros-simo. E le nazioni, come scriveva Guido Piovene, il pas-sato prossimo non smetteranno mai di sognarlo.

I MANDOLINI DI LUGANO
1992

Nel ristorante Country Club di Origlio, a pochi chilometri da Lugano, tre musicanti in costume suonano *Arrivederci Roma* con chitarra e mandolino, per la delizia di una comitiva arrivata dalla Svizzera tedesca. Chiediamo a Grytsko Mascioni – scrittore, nato sulla frontiera tra la Valtellina e i Grigioni, viaggia con due passaporti nella giacca – se questa è la prova che gli svizzeri non sanno che farsene dell'Europa, visto che l'hanno già in casa: un po' di Francia a Ginevra; molta Germania tra Basilea e San Gallo; e, come dimostrano i mandolini qui a Lugano, anche il Mediterraneo sul Ticino.

Mascioni sorride. Questa Europa è un gioco, dice. L'Europa vera, invece, ci farà discutere come ossessi, sospirare come amanti, preoccupare come bambini. «La decisione del governo di affrettare i tempi e chiedere l'adesione alla Comunità è esplosiva. Perché, vede, in questa faccenda non contano le statistiche. Contano le emozioni. La gente sente parlare di frontiere aperte e già immagina carovane di mafiosi in arrivo. Come se i mafiosi avessero bisogno del Mercato Unico, per andare dove vogliono.»

«Per gli svizzeri ogni idea nuova ha l'aspetto di un mostro» diceva Carl Jung: e l'Europa è un'idea nuova davvero. «Il motto del Ticino è "Liberi e svizzeri"» ricorda Mascioni mentre i nostri vicini di tavolo, sempre più convinti di essere a Trastevere, bevono vino bianco e cantano in coro. «Il timore è perdere l'autonomia comunale, i cantoni ridotti a semplici unità amministrative. Veder scomparire i nostri istituti di democrazia diretta.» Cose simili ci aveva raccontato Silvano Toppi, economista, già direttore del cattolico «Giornale del Popolo»: «Oggi gli svizzeri mal sopportano le decisioni che vengono da Berna. Figuriamoci quelle che arriveranno da Bruxelles. Credo che l'unica Comunità accettabile, per questo Paese, sia quella che propongono gli inglesi: la meno centralizzata e la meno burocratica possibile».

Un punto, però, sembra fuori discussione. Il 1986, l'anno in cui gli svizzeri bocciarono la proposta di aderire alle Nazioni Unite, è lontano. Spiega Mascioni: «Sei anni fa, in favore dell'apertura erano solo gli intellettuali, gente come Max Frisch. Adesso, contrari sono soltanto i verdi: forse dimenticano che appena oltre il confine abbiamo le centrali nucleari francesi, oppure pensano che le frontiere si possano sigillare. La maggioranza, invece, si rende conto che restare isolati di diritto, quando non lo siamo più di fatto, non ha senso. Oltretutto, la Svizzera potrebbe portare nella Comunità il suo contributo. Ad esempio, come giungere allo snellimento burocratico attraverso trovate artigianali».

L'impressione è che molta gente, nel Paese che si riteneva un *Sonderfall*, un «caso speciale», cominci a pensare che essere casi speciali potrebbe avere i suoi svantaggi. Qui nel Ticino, per esempio, anche chi non approva l'ingresso in Europa (artigiani, commercianti, agricoltori, piccoli imprenditori) è convinto che la strada sia segnata: prima o poi, la Svizzera sarà nella Comunità.

In attesa di quel giorno, si litiga. Il giornalista Marco Horat, che per la Radio Televisione della Svizzera Italiana (RTSI) conduce un programma chiamato *Passe-partout*, è convinto che l'argomento esplosivo sarà l'immigrazione. «Appena la gente si rende conto che "Comunità Europea" significa "frontiere aperte", ne vedremo delle belle» dice. È anche convinto che, sull'Europa, molti svizzeri abbiano le idee confuse, quando ne hanno. Per provarlo, estrae un quotidiano da un cestino. «Di corsa nell'Europa» dice il titolo di prima pagina. All'interno, c'è un'intervista a un «delegato per le questioni europee». Alla domanda «Quali saranno le conseguenze dell'abolizione delle frontiere?» costui risponde: «Non ci ho pensato più di quel tanto».

Per dimostrare che la Svizzera, nei prossimi anni, sarà un luogo movimentato – sarebbe sorpreso Orson Welles, che si lamentava della noia di questi posti – Marco Horat decide di organizzare un piccolo dibattito. Prima di una riunione dell'Associazione Archeologica Ticinese, di fronte a un caminetto misteriosamente acceso nel sole di maggio, mette di fronte Alma Bacciarini, ex consigliere nazionale (deputata) a Berna, e Ferruccio Camponovo, direttore generale della banca OTB. Quasi subito, i convenuti dimenticano l'ospite italiano e cominciano ad accapigliarsi con garbo. Lei è per l'Europa, lui contro. Bacciarini esordisce dicendo che la Svizzera «non può più andare avanti con accordi bilaterali, e deve imparare a pensare in grande». Camponovo ribatte che basta l'ingresso nello Spazio Economico Europeo; della Comunità, non c'è alcun bisogno. Bacciarini insiste: «Far entrare quarantamila frontalieri quando ci fanno comodo, e cacciarli ai primi segni di disoccupazione, è una dimostrazione di egoismo». Camponovo non demorde: «Questi slanci europei mi vanno bene. Tra due generazioni, però. Signora, mi dica: perché nel matrimonio vuole anche l'amore? Accontentiamoci dell'interesse».

Queste due visioni – una idealista, l'altra realista – si scontrano dovunque. Anche davanti al liceo senza nome di Lugano, quello che secondo Montale avrebbero dovuto intitolare a Carlo Cattaneo. In un bar, tra divani in similpelle e studentesse in fuga da scuola, incontriamo Giovanni Orelli. Professore, critico e romanziere (è autore de *Il sogno di Walacek*, pubblicato da Einaudi),

Orelli si definisce «uomo di sinistra blanda; uno che appena passa il confine italiano si ritrova, come minimo, al centro». La sua teoria è semplice: «La Svizzera – assicura – è il Paese delle scelte utilitaristiche. Fa solo quel che le torna vantaggioso».

Maestosamente calvo, vestito di velluto, Orelli parte da lontano. «Quando, nel 1798, noi ticinesi abbiamo avuto la possibilità di decidere con chi stare, se con gli italiani o con gli svizzeri, abbiamo scelto gli svizzeri che pure ci avevano dominato per tre secoli. Il comandamento, da queste parti, era ed è uno solo: "La patria è dove si sta bene". Se ci convinceremo che conviene, saremo tutti per la Comunità.» Mostriamo a Orelli un titolo sull'«Eco di Locarno» aperto sul tavolo: «Accusato di tenere la casa in disordine/Tipografo ricorre alla Corte Europea». Chiediamo se questa Svizzera si convincerà mai che l'Europa della malavita, delle minoranze e delle periferie conviene. Orelli si volta verso le sue studentesse che fumano, e sorride. Poi parla del suo eroe, il calciatore Walacek. Veniva dalla Cecoslovacchia. Pare fosse una buona mezzala.

LE SEGRETARIE DI BRUXELLES
1992

Tutte le città del mondo, prima o poi, devono subire le lodi di un viaggiatore. Alcune città inglesi hanno ricevuto sorprendenti elogi da noi italiani; e molte città italiane, ai tempi del Grand Tour, strapparono applausi ai visitatori britannici, che forse intendevano esprimere così il sollievo d'essere solo di passaggio. I più galanti verso le città d'Europa, da sempre, sono i *travel writers* americani, che chiamano *charming* quasi tutto, specialmente quando non capiscono quasi niente.

Ciò che è accaduto a Bruxelles sembra, perciò, insolito. Tutto nasce da un articolo di «Newsweek», settimanale di buon prestigio e discreta tiratura. Il titolo era *Euro-Capital Punishment* (Pena euro-capitale), ma avrebbe potuto essere *Bruxelles fa schifo*. Prima di vedere come hanno risposto gli abitanti, ed esaminare i demeriti della capitale amministrativa dell'Europa (se ne ha), passiamo in rassegna le contumelie apparse sulla rivista americana.

Dopo un sottotitolo piuttosto esplicito («Oh, essere in Inghilterra, a Parigi, a Roma! Dovunque, meno che a Bruxelles»), l'articolo (duecentoquarantacinque righe) elenca le discutibili attrattive della capitale belga. Sebbene sia il centro d'Europa, scrive «Newsweek», la città è rimasta un borgo fiammingo. La vita notturna è un disastro: *dinner parties* inamidati e prostitute malandate che pattugliano le strade intorno alla stazione Nord. I ristoranti servono maionese sulle patatine. I bar, birra tiepida. Odiare Bruxelles, per gli stranieri, è un'occupazione a tempo pieno; andarsene lontano nei fine settimana, l'unico sollievo. Il loro sentimento verso la città è riassunto nel Manneken Pis: «la statua di un bambino nudo impegnato a urinare dentro una fontana pubblica».

I *bruxellois*, prosegue «Newsweek», non sono teneri verso gli ospiti, e vanno capiti. Gli eurocrati, i funzionari della Comunità guadagnano di più e pagano meno tasse. Hanno scuole virtualmente gratuite per i figli, nove settimane di vacanze all'anno e negozi speciali. Nove segretarie su dieci si dichiarano invalide per andare in pensione con il 70% dello stipendio senza aver raggiunto la prescritta anzianità di servizio, e praticamente ogni autista e usciere conclude la carriera allo stesso modo. Non solo. Quando le cose con gli indigeni si mettono male, scrive «Newsweek», molti eurocrati staccano l'adesivo della Comunità dall'automobile.

Le reazioni sono comparse nella rubrica delle lettere qualche settimana più tardi. Gli eurocrati, sdegnati, hanno ricordato che la birra è fredda, non tiepida; e la maionese sulle patatine si trova soltanto da McDonald's, che è americano. E poi – hanno aggiunto, offesi – Bruxelles offre splendidi parchi, i migliori ristoranti fuori della Francia, abbondanza di abitazioni, traffico scorrevole. Il signor Jean-Claude Charrault, capo-divisione della Commissione, ha scritto per negare d'aver tolto l'adesivo della Comunità dall'automobile.

Qui finisce, purtroppo, la diatriba, che prometteva molto. Resta da stabilire se Bruxelles sia il sottoscala d'Europa, come lasciano intendere certi americani; o se abbia i titoli per diventarne la capitale, com'è nelle sue intenzioni.

La verità è semplice, e perfino un po' ovvia. Il fascino di Londra, Roma, Parigi o Berlino risulta evidente: non occorre andarlo a cercare. Le attrattive di Bruxelles sono nascoste. Funzionari di lungo corso e giornalisti accreditati conoscono i meandri gastronomici della città, e citano la combinazione di carne e spirito nei quadri di Rubens. Amano ricordare che Bruxelles è a un passo dall'Olanda e dalla Francia, e a due passi da tutto il resto. Tengono a osservare che rimanere bloccati nel traffico è cosa rara, perché Leopoldo II magari considerava il Congo proprietà personale, ma sapeva disegnare una capitale.

C'è dell'altro. In città, un residente su tre è straniero. Oltre all'esercito della Comunità (quattordicimila persone sparse in venticinque edifici), vivono a Bruxelles duemilatrecento funzionari della NATO, e migliaia di interpreti, traduttori e giornalisti. In vista del Mercato Unico, sono calati in città almeno ventimila lobbisti, rappresentanti e consulenti (europei, soprattutto, ma anche americani e giapponesi). Se Bruxelles otterrà anche le sessioni plenarie del Parlamento Europeo, aumenteranno i parlamentari, che ora vengono a Bruxelles per i lavori delle commissioni e dei gruppi politici. Ci sono, poi, i diplomatici: ambasciatori in Belgio, ambasciatori presso la Comunità, ambasciatori alla NATO. «Se qualcuno grida "Al fuoco!" in un teatro» scherzano qui «metà del pubblico scappa, metà si rivolge al proprio governo e attende istruzioni.»

Questa corte dei miracoli non poteva non fare di Bruxelles un luogo bizzarro. Il numero dei ricevimenti è vertiginoso, il consumo di alcol imponente, la conoscenza delle lingue straordinaria, il numero di giovani segretarie con le serate libere sufficiente a togliere il sonno a molti uomini di passaggio. I prezzi sono adeguati agli stipendi robusti e alle indennità di residenza. I denari entrano ed escono dalle tasche con una velocità che gli interessati non capiscono, ma i commercianti locali apprezzano. I belgi che hanno stipendi tre volte inferiori, e gli immigrati che magari uno stipendio non ce l'hanno proprio, sono meno entusiasti.

«Newsweek» ha colto queste inquietudini, e ha parlato di crisi di rigetto. Francamente, ci sembra eccessivo.

Fiamminghi e valloni sono troppo impegnati a bisticciare tra loro, per aver tempo di prendersela con gli stranieri. E la città, nella sua storia, ha visto ben altro. Di qui sono passati, spesso pieni di cattive intenzioni, spagnoli, austriaci, olandesi, francesi. Per due volte, nel Novecento, gli eserciti tedeschi hanno impiantato le cucine da campo sulla Grand Place. Non sarà un'armata di segretarie vivaci a spaventare Bruxelles.

LE PAROLACCE DI STOCCOLMA
1992

«Non c'è pericolo che un mattino un tedesco della Frisia si svegli siciliano, né che uno scozzese diventi veneziano» scriveva Hans Magnus Enzensberger nel suo libro *Ach Europa!*. Ebbene: arrivasse oggi a Stoccolma, avrebbe sorprese.

A noi è accaduto. Siamo venuti quassù per capire quali virtù gli italiani possono mutuare dal Nord – se dobbiamo diventare un po' svedesi, in poche parole – e veniamo a sapere che gli svedesi stanno assumendo i vezzi del Sud. Stanno diventando un po' italiani, in altrettante poche parole.

L'autore di questa strabiliante affermazione siede impassibile e scalzo nel suo appartamento di Stoccolma, mentre la moglie armena prepara il caffè e il figlio passeggia per la casa vestito da gnomo della foresta. Si chiama Åke Daun, ha cinquantasei anni, è professore ordinario di etnologia presso l'università delle capitale. Autore quattro anni fa di un bestseller dal titolo *Den Svenska Mentalitet* (La mentalità svedese), ha appena scritto un nuovo saggio, *Den Europeiska Identiteten* (L'identità europea) nel quale – dopo studi sul campo, analisi statistiche e riflessioni a tavolino – giunge a questa conclusione: il carattere svedese cambia, assumendo caratteristiche meridionali. E tra le nazioni d'Europa, l'Italia tende a imporsi come modello.

Inutilmente abbiamo cercato di smuovere il professore dalla sua convinzione, dicendogli che stava distruggendo un mito. Nonostante tutti i suoi problemi, la Svezia rimane infatti, per molti italiani, il prototipo dello «Stato che funziona». Per questo veniamo fino a Stoccolma. Non ci deluda, professore. Non ci dica che vi siete stancati di indicarci la via.

Åke Daun, mentre carovane di Volvo inzaccherate passano sibilando sulla strada, appare serenamente irremovibile. Le sue ricerche sul campo, spiega, si basano su una lunga serie di interviste con studenti dei due Paesi. In Italia sono state condotte nelle università di Modena e Verona, considerate rappresentative perché raccolgono studenti da ogni regione. I risultati, dice il professore, concordano in pieno con quelli di una ricerca del 1990, conosciuta con il nome di *European Values System Studies.*

Chiediamo: prima di raccontarci come voi svedesi sarete domani, ci spieghi come siete oggi. Ci dica, per esempio, se sessant'anni di «Stato sociale» hanno cambiato il carattere della gente. Åke Daun inizia a raccontare, deliziando lo straniero affamato di luoghi comuni. La Svezia è un Paese omogeneo, dove è accettabile essere «uno dei tanti»; in Italia, ognuno vuole essere interessante e importante. In Italia è maggiore il desiderio di avere compagnia; in Svezia, fino a oggi, la gente stava bene da sola. Tra gli italiani il peso della tradizione e delle abitudini è più forte, mentre gli svedesi si sono dimostrati disposti al cambiamento. In Italia occorrono molte parole per farsi capire; in Svezia – come in Giappone – molto poche. Gli svedesi credono che il prossimo sia fondamentalmente buono; gli italiani, il contrario. Alla domanda «È meglio essere prudenti o fiduciosi?», il 72% degli italiani ha risposto «prudenti», contro il 39% degli svedesi. Infine: il 13% degli italiani ha incluso «voglia di lavorare» tra le virtù da insegnare ai figli; in Svezia questa percentuale scende al 4%. Questo, dice Åke Daun, è certamente un frutto della *welfare society*: la gente si è convinta che «comunque ci penserà lo Stato». Il problema è che lo Stato non ci pensa più.

Il «modello svedese» non è l'unico elemento ad aver influito sul carattere nazionale, sostiene il professore. Fondamentali sono stati gli immigrati. O meglio, il fatto di dover trattare, lavorare e discutere con persone tanto diverse. Poi ci sono i viaggi, i contatti, gli affari, le mode, le lingue. Di tutte queste cose gli adulti sono *informati*; da queste stesse cose i ragazzi vengono *formati*. Sono loro i cittadini di domani. Meno svedesi di come se li aspetta il mondo. Più italiani, invece.

Basta guardarsi intorno, dice Åke Daun. Non occorrono etnologi o antropologi per capire. Gli svedesi sono oggi più vivaci, più rapidi, più flessibili e più aggressivi di quanto fossero vent'anni fa. Più legati alla famiglia, che viene usata per compensare il senso di alienazione di un sistema dove sei, prima di tutto, un numero su una tessera. Meno fiduciosi negli altri e, soprattutto, nella correttezza e nella competenza dell'autorità.

Rassegnati a una certa dose di indecenza nazionale? chiediamo, curiosi di sapere se siamo riusciti a dare il cattivo esempio. Daun non risponde, ormai lanciato nel suo catalogo. «Di sicuro» dice «stiamo imparando ad arrangiarci. Né più né meno come voi italiani. Ormai accettiamo che le relazioni con altre persone siano talvolta strumentali, e in questo modo il confine tra amicizia e convenienza, anche in Svezia, si confonde. Aumentano i casi di malcostume e corruzione, e l'onestà personale, che gli svedesi mettevano sempre tra le virtù principali, è scivolata indietro nelle classifiche. Tutti gli studi lo confermano.»

Lo svedese del futuro, dice il professore, non sarà più la persona iperpuntuale che non perdonava un ritardo di dieci minuti. Non berrà alcolici soltanto per cambiare il proprio comportamento, o per superare l'imbarazzo e l'ansia, com'è accaduto finora; berrà anche per festeggiare il buon umore, come fate voi in Italia. È già diventato più curioso, più interessato all'altra gente. Fino a qualche tempo fa in Svezia non si parlava mai del carattere degli altri. Lo aveva notato anche la scrittrice Susan Sontag: una volta ci limitavamo a dire che qualcuno era *trevlig*, che equivale all'inglese *nice*, e vuol dire un po' tutto: decente, accettabile, simpatico.

Non è finita, dice il professore. L'imperturbabile svedese, in un Paese dove gli immigrati sono una parte importante della popolazione, è diventato più irritabile: lo si vede nel traffico, o nelle code davanti a uno sportello. È il risultato delle fatica di dover interpretare i nuovi arrivati, e degli inevitabili malintesi. Gli svedesi hanno anche imparato a prendere in giro il prossimo, cosa mai vista. «È in grande aumento l'uso di insulti e parolacce, di cui» dice Åke Daun, assumendo un'aria professorale «in Italia esiste, se non sbaglio, una grande tradizione. Il problema è che la lingua svedese è povera di parolacce. Così le nuove generazioni ne hanno prese in prestito dal greco e dall'arabo.» I giovani Lars, Birgita e Lena smoccolano in arabo e in greco per le strade di Stoccolma? chiediamo increduli. Anche in italiano, risponde serafico il professore.

I TOPI DI HELSINKI
1992

Il 30 novembre faceva freddo, eppure la gente era uscita per le strade. Migliaia di persone stavano in piedi,
ferme contro il vento che arrivava dal golfo di Finlandia, mentre intorno cadevano le prime bombe, urlava-
no le sirene, sbraitavano gli altoparlanti. I fari della
contraerea cercavano sagome nel buio. Pochi parlavano: non ce n'era bisogno. Tutti sapevano cosa stava accadendo.

Questo non avveniva solo nell'inverno 1939, quando
la piccola Finlandia fu aggredita dall'Unione Sovietica,
quaranta volte più forte. È accaduto ieri, in una Helsinki
elegante e riscaldata, profumata di legno chiaro, attraversata da Volvo e Mercedes cariche delle prime compere natalizie. L'idea di trasformare in uno spettacolo *sons
et lumières* l'anniversario della *Talvi Soda* – la «guerra d'inverno», forse la più gelida mai combattuta, di certo una
delle più eroiche – ha attirato una grande folla. Sembrava di assistere a una messa pagana: gente raccolta, facce
pallide, candele in mano. Abbiamo chiesto a un'anziana
signora perché fosse venuta al freddo, ad assistere a uno
spettacolo vagamente angoscioso. Ha risposto: «Perché
qui, caro amico, la storia e la Russia sono sempre a un
passo. Meglio non dimenticarselo».

Una frase banale, se vogliamo. Ma è il riassunto di
due settimane di viaggi e d'incontri in questa Finlandia
che sembra avere un motto: ricorda sempre chi sei, dove
sei, e quello che ti è successo. La fine dell'Unione Sovie-

tica porterà molte novità, mi sono sentito ripetere da militari che hanno cavalcato a fianco del maresciallo Mannerheim, da ambasciatori che hanno dovuto sorridere ai sarcasmi di Stalin, da vecchi ministri che sognano ancora la Carelia perduta. Ora che l'URSS non c'è più, entreremo nella Comunità Europea, aderiremo all'Unione Europea Occidentale, rivedremo il concetto di neutralità, mi hanno spiegato accademici illustri e alti funzionari ministeriali. Ma tutti – molti senza parlare, soltanto con gli occhi color acqua dei finlandesi – hanno finito per ribadire lo stesso concetto: l'Unione Sovietica è scomparsa. Ma la Russia è sempre allo stesso posto.

Lo storico Matti Klinge abita in Ullankatu, in una solida palazzina anni Venti, dentro un grande appartamento perfettamente ordinato e discretamente illuminato. Le finestre guardano sulla nuova ambasciata russa, monumento involontario alla goffaggine sovietica e alla rassegnazione finlandese: la sua costruzione venne inclusa tra le riparazioni di guerra, dopo che i russi, nell'inverno del '39, avevano bombardato per errore la propria ambasciata. Con le cautele dell'accademico, Klinge introduce una verità fondamentale: i finlandesi non amano i russi. Siamo troppo diversi, dice. Noi nordici, loro bizantini. Noi luterani, loro ortodossi. Noi con l'alfabeto latino, loro con i caratteri cirillici. Però in qualche modo li capiamo, lascia intendere. Abbiamo l'orgoglio del topo che riesce a giocare il gatto.

È un esercizio che i finlandesi stanno perfezionando da due secoli, da quando nel 1809 gli zar strapparono la Finlandia alla Svezia, e ne fecero un granducato dell'Impero Russo. Non fu, complessivamente, un cattivo affare per i finlandesi, che mantennero il vecchio sistema amministrativo e giudiziario, e conquistarono un'autonomia da Mosca perfino superiore a quella di cui godevano gli ungheresi dopo l'*Ausgleich* con l'Austria, concedendosi piccoli lussi, come quello di pubblicare nella sezione «notizie internazionali» le informazioni in arrivo da San Pietroburgo. Dei sudditi, gli zar apprezzavano la cautela. Durante una rivolta in Polonia, nel 1830, Nicola I disse: «Lasciate tranquilli i finnici: non ci hanno creato alcun fastidio». In occasione di un'altra rivolta polacca, trent'anni dopo, i finlandesi restituirono la cortesia. I dirigenti di Helsinki invitarono i connazionali «a evitare gesti inconsulti che avrebbero soltanto danneggiato la Finlandia, senza procurare alcun vantaggio ai poveri polacchi». Soltanto quando la Russia cadde in preda alle convulsioni della Rivoluzione d'Ottobre, i finlandesi – prudenti, ma non pavidi – pensarono di approfittarne. Nel dicembre 1917 dichiararono l'indipendenza, e l'anno dopo, guidati da Carl Gustav Mannerheim, devoto ufficiale zarista, la difesero.

Dopo due guerre «vittoriose nella sconfitta» – sebbene battuta nel 1939-40 e ancora nel 1941-44, quand'era alleata della Germania, la Finlandia riuscì a conservare l'indipendenza – il vecchio gioco è ripreso. Per quarantacinque anni, l'Unione Sovietica è stata irretita con una miscela di prudenze, cortesie, genuflessioni, splendide bugie, dolorosi silenzi dopo gli atroci fatti d'Ungheria o l'invasione dell'Afghanistan. Perfino in occasione del *putsch* moscovita dell'agosto 1991 le autorità finlandesi hanno evitato di usare il termine «colpo di Stato»: non si sa mai, hanno ragionato.

Abbiamo chiesto a Johannes Virolainen – ex primo ministro dal 1964 al 1966, ministro a più riprese dal 1950 al 1979, confidente del presidente Urho Kekkonen – se tutto ciò basta a spiegare il fatto che questo Paese, unico tra i vicini dell'URSS, non sia diventato un satellite comunista. O se invece, dietro il capolavoro della Finlandia, non ci siano altri motivi. Magari «l'eccezionale clemenza» di Stalin verso un avversario valoroso, di cui parla il biografo del dittatore, Isaac Deutscher; oppure la consapevolezza, da parte sovietica, che il boccone finlandese poteva forse essere inghiottito, ma non digerito. Risponde Virolainen: i finlandesi hanno dimostrato nel '39, e sarebbero pronti a dimostrare nuovamente domani, di sapersi difendere con le unghie e con i denti. Nient'altro? «Una consapevolezza: quando c'è di mezzo la Russia, dobbiamo fare da soli. Perché, mi perdoni: se mai dovesse accaderci qualcosa, chi di voi verrebbe ad aiutarci?»

Non è solo, Johannes Virolainen, a credere che la Finlandia, ancora oggi, debba contare soltanto sulle proprie forze. Lo abbiamo sentito ripetere anche da Johan Nykopp, il diplomatico che nell'autunno del 1939 accompagnò per tre volte a Mosca il ministro degli Esteri J.K. Paasikivi, nel tentativo – inutile – di evitare la guerra. Nykopp è oggi un ottantaseienne dal portamento eretto, padrone di sei lingue e di una mente pronta. Circondato da libri di storia, vive in un appartamento modesto, affacciato su un mare color acciaio. «Lei mi ricorda che in Finlandia l'appellativo "anti-sovietico" poteva affossare una carriera politica, e a Helsinki non si trovavano i libri di Solženicyn. Tutto vero. Talvolta l'*appeasement* nei confronti di Mosca irritava anche me. Ma sapevamo di essere soli. Vuole sapere a quali altri compromessi siamo dovuti scendere? Mi lasci citare Clemenceau: certe cose non si scordano, ma non si raccontano.»

Di questi pudori, la politica estera finlandese è ancora piena. Le interviste sono cortesi, ma raramente esaurienti. C'è una sorta di sufficienza, non verso l'interlocutore, ma verso il mondo in genere, un mondo pericolosamente approssimativo che tende a dimenticare l'antica saggezza di Bismarck, secondo cui «la Russia non è mai tanto forte – né tanto debole – come sembra». Così, mentre l'Occidente disarma, la Finlandia compra sessantaquattro avanzatissimi aerei da caccia F/A 18 dagli Stati Uniti; nel momento in cui l'opinione pubblica mondiale sollecita lo sgombero dell'Armata Rossa dai Paesi Baltici, Helsinki pensa preoccupata che quei soldati si avvicineranno ai suoi confini; mentre tutti festeggiano la fine della dittatura a Mosca, Matti Meikäläinen – l'uomo della strada, il Mario Rossi finlandese – già vede colonne di russi affamati muovere da San Pietroburgo e puntare verso le luci accoglienti della Finlandia. Gli abitanti di quella città e di questo Paese, in fondo, sono lo stesso numero: cinque milioni.

Mentre molti Stati confinanti approfittano della fine dell'URSS per avanzare pretese verso la Russia, la Finlandia chiude gli occhi, pensa alla Carelia perduta, e tace. Al ministero della Difesa, Risto Penttilä, giovane consigliere per la sicurezza educato a Oxford e a Yale, spiega: «Insieme ai territori perduti nella guerra mondiale, la Finlandia dovrebbe tirarsi in casa trecentomila russi che oggi abitano a Viipuri e dintorni. Si troverebbe così nella condizione dei Paesi Baltici. Ci conviene?».

Solo Johannes Virolainen, vecchio careliano, sogna. Ricorda una sera al Cremlino, quando Nikita Krusciov – non sopportando d'avere due ministri degli Esteri astemi alla propria tavola (l'ospite finnico e Andrej Gromyko) – voleva imporre un brindisi. «Mi spiace, non bevo» disse Virolainen. «Oh bella! E perché non beve?» ruggì Krusciov. «Perché manca l'occasione.» «E un'occasione quale sarebbe?» «Ci dia indietro la Carelia» rispose pronto il finlandese.

Ma era uno scherzo. Perché il topo, mentre giocava col gatto, sapeva perfino essere spiritoso.

LE MOSCHE DI SEATTLE
1994

Questa città ha un golfo, un paio di laghi, isole, ponti, spiagge, strade in picchiata come San Francisco, grattacieli (non troppi, né troppo alti), alberi, montagne sullo sfondo, un magnifico mercato e un caffè squisito. Tuttavia, se volete rendervi popolari, dite che è scialba. Lamentatevi della pioggia. Dite che è provinciale. Soprattutto, ripetete continuamente: «Trasferirmi qui? Non ci penso nemmeno».

Il problema di Seattle – l'avete intuito – è questo: è sfacciatamente di moda. Da tre anni guida la classifica delle «città più vivibili» d'America. Tramontato il sogno della California, è sorto il mito del Nord-Ovest. Seattle, non si sa quanto volentieri, lo riassume: negli ultimi dieci anni, la popolazione è cresciuta di un quarto. I residenti diventano possessivi. Questa città tollerante con tutte le immigrazioni (scandinavi, cinesi, giapponesi, coreani) sta scoprendo l'intolleranza. Particolarmente invisi sono i californiani e i connazionali della costa atlantica. Ma i *Seattlelites* sono generosi con la propria ostilità. Ce n'è per tutti. Anche per gli italiani se, arrivando, esagerano con i superlativi.

Non è facile spiegare perché Seattle è speciale. La geografia, certamente, ha una parte importante. La città, chiusa tra il Puget Sound e il lago Washington, è costruita su una serie di colline, e le vie offrono viste mozzafiato in ogni direzione. A nord ci sono isole e spiagge; a ovest, al di là del braccio di mare, le Olympic

Mountains; a sud, la costa del Pacifico. Però piove, dice la gente. Ma Seattle, nelle tabelle delle precipitazioni, è preceduta da centoventicinque città americane, comprese Miami, Houston e New York. Non fa nulla: Seattle, nella fantasia degli abitanti, è la Rainy City, e gli adesivi sulle automobili recitano *We Don't Tan. We Rust* («Noi non ci abbronziamo. Noi arrugginiamo»). Il sospetto è che sia un trucco del «Movimento per Sminuire Seattle», fondato da un anziano giornalista del «Seattle Times». Lo scopo, sempre lo stesso. Disinformazione. Scoraggiare nuovi arrivi.

Per adesso, non funziona. La città è il miele, e gli americani sono le mosche. Seattle è una sorta di ricca arcadia liberale, dove chi possiede inclinazioni artistiche può svilupparle, e chi crede di possederne può continuare a crederci. I caffè sono pieni. I musei, eccellenti. Le librerie, come la Elliott Bay Book Company, sono affollate (e non solo quando piove). Jonathan Raban, uno scrittore inglese che nell'89 ha piantato tutto e si è trasferito qui, sostiene di ricevere cinque telefonate la settimana da lettori di passaggio, commossi ed entusiasti. Lui è il messia, questa la terra promessa.

La gente arriva, e scopre che Seattle è patria di tanta gente e di tante cose. Di Jimi Hendrix e della sua prima chitarra; della Boeing, aeroplani; di Bill Gates e della Microsoft; del simbolo «Smile»; del film *Sleepless in Seattle* e della serie televisiva *Twin Peaks*, che ha conferito l'ombra e il mistero necessari a un posto che rischiava di essere troppo solare. Infine, Seattle è patria della musica grunge, sulla quale l'industria e i media americani si sono lanciati come iene, lasciandone solo le ossa. Come genere musicale, il grunge è figlio illegittimo dell'hard rock e del punk. Dal primo, ha preso il suono sporco e ossessivo; dal secondo, la trasgressione e la sciatteria. Funziona: cinque anni fa, in America, uno era trasandato; adesso è grunge.

Quest'avamposto liberaleggiante si regge su solide

fondamenta economiche. L'elettronica è ubiqua. La Boeing dà lavoro a centomila persone. A Everett, qui vicino, si costruiscono i giganteschi jumbo 747: è il più grande impianto del mondo, e genera più *export dollars* per gli Stati Uniti di ogni altra industria. L'Alaska, dai tempi della corsa all'oro, è considerata una sorta di dipendenza. Lo Stato di Washington fornisce legname alla Cina, alla Corea e al Giappone. La gente e i giornali parlano di questi Paesi con grande dimestichezza, come fossero dietro l'angolo. Non lo sono, ma in mezzo c'è soltanto mare.

Certo: anche Seattle, come altre città americane, ha i suoi guai. Anche qui c'è criminalità – ma non è molta, ed è confinata nei quartieri meridionali. A nord di Yesler Way – la vecchia Skid Row, dove i tronchi venivano fatti rotolare fino al porto – la città è impeccabile. A Seattle perfino l'America «politicamente corretta» sorride, un evento quasi miracoloso. Le razze si mescolano in quartieri accoglienti (le case più belle sono dei primi arrivati, gli scandinavi; seguono tutti gli altri). I trasporti pubblici, in centro, sono gratuiti. Il riciclaggio differenziato (carta, vetro, alluminio) è un riflesso condizionato. La polizia pattuglia le strade in bicicletta (la speciale «squadra antidroga» è fornita di mountain-bike). Da Ray's Boat House, noto ristorante sul mare, il bagno degli uomini è fornito di fasciatoio per neonati.

Infine, c'è il caffè. Come un camion marcia a gasolio, Seattle va avanti a caffeina. È la droga di moda. Le macchine per l'espresso sono dovunque: nelle anticamere dei dentisti e sotto i cavalcavia. Nei bar esistono opuscoli, con guida alla pronuncia delle combinazioni possibili, da Caffè Latte (*caf-ay' là-tay*) a Caffè Americano (*caf-ay' a-mer-i-cah'-no*). Starbucks Coffee è la marca più celebre. Si tratta di una catena di negozi che, da Seattle, ha invaso gli Stati Uniti. Starbucks, come Gap (abbigliamento), è il riassunto degli anni Novanta. È l'America che ha smesso di protestare, e ha deciso di viziarsi un po'.

Forse è questo, il segreto di Seattle. La città, nel suo eremo di nord-ovest, è un'oasi, il punto d'arrivo di una nazione di viaggiatori cronici. È la fine dell'America. Dopo aver provato tanti modelli e bruciato tante occasioni (la Florida troppo violenta, la California troppo affollata), gli Stati Uniti ricominciano da qui: verde, alberi, acqua, libri, sport, caffè e camicie di flanella. Se Miami è ormai una donna provata, e Los Angeles una ragazza bruciata, Seattle è un'adolescente fin troppo corteggiata. Potrebbe diventare uno splendore, oppure buttarsi via.

I RONDÒ DI CITTÀ DEL MESSICO
1995

Questa città ha le dimensioni di Shanghai, le pretese di Parigi, il caos allegro di Napoli e una sorta di qualità onirica che ricorda, in qualche modo, Seul. Durante la giornata, ai semafori, la povertà diventa spettacolo: in tre giorni ho contato sedici giocolieri, otto clown e un mangiatore di fuoco che si avvicinava agli automobilisti soffiando fiamme, e li costringeva ad alzare precipitosamente il finestrino. La sera, quando la luce scende, i neon inondano una mercanzia modesta e abbondante, sulla quale venti milioni di persone – Città del Messico è la più grande metropoli del mondo – esercitano con entusiasmo i propri diritti di neo-consumatori.

Oggi meno di ieri, tuttavia. Il Messico, infatti, ha appena registrato un terremoto meno tragico di quello giapponese ma, nel suo genere, preoccupante. Una svalutazione improvvisa, gestita con goffaggine dal nuovo presidente Ernesto Zedillo, ha fatto crollare la moneta (il peso), ha messo in fuga i capitali stranieri e riportato il Messico ai primi anni Ottanta, quando una flessione nel prezzo del petrolio impedì di pagare i creditori.

Negli ultimi dieci anni, il Messico aveva risalito la china. Negli ultimi sei, l'ex presidente Carlos Salinas de Gortari aveva applicato robuste politiche neo-thatcheriane che qualcuno definiva coraggiose e qualcun altro incoscienti. A prezzo di sudore e lacrime – lacrime vere, non quelle che noi italiani giuriamo di versare quando i governi fingono di torchiarci – i messicani avevano quasi cancellato il debito pubblico, ridotto l'inflazione dal 157 al 10%, firmato il trattato per il libero scambio con gli Stati Uniti e il Canada (NAFTA). Erano convinti d'essere finalmente alle soglie del Primo Mondo; dopo il crollo, hanno scoperto d'essere nuovamente sul ciglio del Terzo. Non sorprende che siano amareggiati.

Sullo Zocalo – la piazza principale, con «lo zoccolo» di una statua a Carlo IV di Spagna – la folla raccoglie le firme contro Salinas. Due anni fa, lo adorava. Gli eroi di ieri – i *tecnócratas* provenienti da Harvard e da Yale – sono diventati, da un giorno all'altro, oggetto di scherno. La stampa, dopo averli incensati, ha cominciato a chiamarli *perfumados*, i «ragazzi profumati», accusandoli di arroganza e inesperienza. A cena in un ristorante nella *colonia* (quartiere) Polanco – semivuoto: la crisi si fa già sentire – incontro uno di loro. Un pezzo grosso, uno dei negoziatori del trattato NAFTA. Ha un'aria dolente, e risponde alle domande con battute e sorrisi nervosi. Preferisce parlare dell'Italia e di quel *«Dini guy»* che aveva conosciuto a Roma alla Banca d'Italia, e adesso è primo ministro.

Dileggiare i *tecnócratas* è una magra consolazione, per i messicani. La crisi è un brusco risveglio per una nazione che credeva d'aver raggiunto, finalmente, un minimo di prosperità. Nei centri commerciali di Plaza Universidad – quartiere di Coyoacán, dove nel 1940 Trotskij venne ucciso da un sicario di Stalin – ragazze brune inseguono affannate i clienti offrendo *tarjetas,* le carte di credito per cui le banche messicane non chiedono alcuna garanzia (e dalle quali hanno avuto brutte sorprese). Niente da fare: l'epoca dei piccoli lussi è finita. Le puntate negli USA, care alla classe media, hanno ormai costi proibitivi. «E chi tocca i viaggetti negli Stati Uniti – mi spiega un uomo d'affari – in questa città, politicamente, è morto.»

La circostanza è nota. Alan Riding, ex corrispondente del «New York Times» e autore del classico *Distant Neighbours* (Vicini distanti), ha scritto: «Durante i periodi di espansione economica, la *middle class* viene mantenuta apolitica grazie al miglioramento dello standard di vita; ma nel momento in cui le cose si mettono male, questa stessa classe media passa alla critica militante». Questo, certamente, è uno di quei momenti. Non si tratta soltanto di rinunciare alla seconda automobile e al terzo paio di scarpe Nike per i figli. La svalutazione, quasi certamente, riaccenderà l'inflazione, la bestia nera del Messico.

I benestanti sono, insieme, preoccupati e delusi. La qualifica di «nazione povera» li ha sempre infastiditi. Per capire come si sentono oggi, basta guardarli entrare al San Angel Inn, un ristorante ricavato dalla magnifica *hacienda* dove andava a riposarsi il generale Santa Ana. Gli uomini con i capelli stirati, il cellulare in mano, lo sguardo di chi cerca altri sguardi. Le giovani donne vestite e truccate come Joan Collins di provincia. Una strepitosa combinazione di esibizionismo sudamericano e *overstatement* statunitense, dagli effetti quasi comici.

Non sono tutti così, per fortuna del Messico, i borghesi messicani. Alcuni sono sinceramente addolorati che il proprio Paese, una volta ancora, sia caduto di fronte all'ostacolo. Kenza de García Robles – nuora di un premio Nobel, inglese impeccabile, giovane docente dell'Itam, l'università dell'élite – mi racconta d'esserci rimasta male quando, durante un congresso a Praga, i delegati esteuropei la snobbarono in quanto «rappresentante del Terzo Mondo». Poi aggiunge: «Forse avevano ragione». Intorno a noi, piazza San Jacinto brulica di ragazzini bruni che rincorrono le auto della polizia con uno straccio lurido in mano, offrendo approssimativi lavaggi.

Resta la domanda più importante: questa crisi è solo un capitombolo sulla strada giusta, oppure dimostra che la strada è sbagliata? In altre parole: il «modello neo-liberista» – privatizzazioni, libero scambio, investimenti stranieri, spesa pubblica sotto stretta sorveglianza – s'addice a un Paese povero, quale certamente è il Messico? Oppure è una fantasia accademica, ed è meglio abbandonarla prima che provochi sofferenze e nuovi disastri?

Dopo aver posto la domanda, ho collezionato ogni genere di risposte. Un diplomatico mi spiega che i costi sociali del «modello neo-liberista» sono troppo alti: se il salario reale dovesse ridursi ancora, il Messico rischierebbe di esplodere (sta già accadendo, in Chiapas e in Tabasco). Un gruppo di giornalisti residenti (i corrispondenti di «The Economist», «Wall Street Journal», «Business Week» e «Baltimore Sun») ritiene invece che il modello possa funzionare, con qualche modifica. Gli investimenti stranieri, ad esempio, dovrebbero essere diretti e a lungo termine (come accade in Cile), non soltanto speculativi. Ed è fondamentale che il governo cerchi di collaborare con l'opposizione, offrendo una democrazia vera: non la solita parodia messicana.

La risposta più articolata, tuttavia, la ottengo da Jorge Castañeda. Figlio di un ex ministro degli Esteri, proprietario di una bella casa a San Angel, Castañeda è forse il messicano più ascoltato dagli stranieri. Laureato a Princeton, con un dottorato all'università di Parigi, è professore di economia e di relazioni internazionali dal 1978; scrive su «Newsweek» e sul «Los Angeles Times»; è autore di sei libri. Nell'ultimo, *Utopia Unarmed* (Utopia Disarmata, 1993), c'è la risposta – una risposta – alla mia domanda. Jorge Castañeda, con la brillantezza un po' arrogante dei messicani colti, si dice convinto che il Messico, se non cambia strada, è nei guai. L'unica possibilità, sostiene, è imboccare una «terza via», diversa da capitalismo e socialismo. Una socialdemocrazia che non si chiami socialdemocrazia, e prenda in prestito idee dalla nuova Asia (politica industriale) ed esperienze dalla vecchia Europa (pensioni, salario minimo, assistenza sanitaria). Seduti in poltrona nel prato inglese curato da giardinieri color tabacco, vien quasi voglia di crederci. Forse la chiave verso la modernità – non solo per il Messico, ma per tutta l'America Latina – è questa: mercato, libero scambio, una rete di sicurezza per i più deboli.

Al tramonto, tornando lungo il *periferico*, osservo stormi di automobili con le targhe fosforescenti che s'avventano tutte insieme sulle *glorietas* (rondò), aggredendole da destra e da sinistra come non accade in nessun'altra città del mondo. La cosa straordinaria è che ne escono illese. Ecco: se il santo che le protegge getta un occhio anche alla politica economica, allora il Messico ce la può fare.

I FRUTTI DI ATLANTA
1996

A poche settimane dalle Olimpiadi, l'aeroporto di Atlanta-Hartfield la sua medaglia d'oro l'ha già vinta: è il più esteso del mondo, e il più cervellotico. Il *make-up* preolimpico – ancora in corso, e in ritardo – non ha fatto nulla per migliorare la situazione. Per recuperare le valigie occorre camminare per un chilometro; poi salire su un treno che si ferma in stazioni misteriose annunciate da una voce metallica alla *Star Trek*; quindi riconsegnare le valigie, che compariranno presso l'uscita. I corridoi sono inondati da una luce ospedaliera, biancastra, e le condutture dell'aria condizionata spuntano dai soffitti, come le interiora di un gigantesco animale. L'aeroporto di Los Angeles, in confronto, è un'oasi di prevedibilità. Chicago O'Hare è semplice come Orio al Serio.

Sul piazzale, per fortuna, l'America torna a sembrare America: una macchina funzionante, a patto di sapere come funziona. Un'aria insolita corre incontro al visitatore. Gli Stati Uniti offrono spesso questo esotismo domestico, che gli americani sanno apprezzare. Scendere dagli aeroplani, in questo Paese, vuol dire annusare l'odore ferroso di New York, il vento profumato del Pacifico, l'aria umida del Sud. L'ingresso in città – che avviene di sera, per chi arriva dall'Europa – lascia senza fiato. Atlanta è nella categoria di Detroit: un insieme di neon e grattacieli, strapiombi tra le case, autostrade urbane, passaggi pedonali aerei (*skywalks*). Un luogo dove non si passeggia, non ci si ferma, si corre da un rifugio all'altro forniti di indicazioni prestampate che i portieri d'albergo tengono pronte nel cassetto, per non perder tempo in spiegazioni. L'effetto cumulativo ricorda il film *Blade Runner*. Un futuro affascinante, anche se non del tutto rassicurante.

Atlanta – tre milioni di abitanti l'area urbana, quattrocentomila la città vera e propria – è divisa in questo modo: il centro (*downtown*) arriva, a sud, fino a Underground Atlanta (negozi e ristoranti in stile inizio secolo, da evitare dopo il tramonto). A nord inizia una *midtown* che mescola palazzi anni Trenta e stamberghe, ristoranti alla moda e *sexy-shops* malconci, monoliti di uffici e il magnifico teatro Fox, il secondo più grande d'America dopo la Radio City Music Hall di Manhattan: una fantasia egiziana-bizantina-hollywoodiana, salvata a stento dalla demolizione (i danni che altrove producono gli incendi, qui li provoca la frenesia del nuovo). Ancora più a nord – dopo il museo intitolato a Robert W. Woodruff, un tempo proprietario della Coca-Cola – c'è la zona residenziale di Buckhead. A ovest stanno Virginia Highlands e Inman Park, due quartieri che i quarantenni bianchi di Atlanta, soldi alla mano, hanno riscattato dalla decadenza. Sono zone piene di giardini e di alberi, dove vecchi negozianti dividono l'affitto con giovani artisti (alcune combinazioni: barbiere/pittrice, ottico/prodotti macrobiotici). Nei portici davanti alle case le sedie a dondolo gridano ai visitatori: siete al Sud, non dimenticatelo.

Del meridione americano miracolato dall'aria condizionata, Atlanta è la locomotiva. La chiamano «la città delle tre C»: congressi, CNN e Coca-Cola. Da qui vengono il conservatore futurista Newt Gingrich e molto del rock che lui detesta. La città ha conosciuto, negli ultimi dieci anni, una crescita impetuosa: l'occupazione è cresciuta del 46%, la popolazione aumenta del 3% l'anno (la Georgia è oggi il decimo Stato degli USA) e il prodotto interno lordo è superiore del 2% alla media nazionale. Atlanta si è potuta permettere alcune costruzioni spettacolari (molte sono dell'architetto Portman); altre stanno per sorgere, come Geonova, una sfera di cinquantacinque metri di diametro che diventerà il più grande schermo del mondo. Dice Roberto Foah, l'ideatore, figlio di un gentiluomo napoletano arrivato in America nel 1940: «Sarà la nostra torre Eiffel».

In questa città che cominciava a essere contenta di se stessa, le Olimpiadi sono arrivate come un ciclone. A quattro mesi dall'inizio dei giochi, Atlanta è un cantiere. Se lo stadio olimpico è quasi terminato, l'Olympic Park è ancora una buona intenzione (anzi, il *Centennial* Olympic Park; questo Paese non rinuncia mai alla tradizione, quando è compresa nel prezzo). Il progetto di pavimentare parte della zona con «mattoni commemorativi» è stato, per ora, un fallimento (gli americani hanno deciso che trentacinque dollari sono troppi per incidere la frase *Ted loves Tracy*, e lasciarla ai posteri). In centro sono in corso lavori per trasformare l'International Boulevard in un viale con marciapiedi, panchine e alberi. Visitiamo il campus universitario di Georgia Tech, futuro villaggio olimpico, che comprende otto nuovi dormitori; anche qui muratori, giardinieri, elettricisti e pittori.

Tornando verso il centro, passiamo di fianco al Nuclear Research Center (durante le Olimpiadi verrà chiuso; non si sa mai) e attraversiamo un povero quartiere di casette popolari – vie dai nomi leggiadri (Luckie Street, Lovejoy Street), regno di spacciatori e deliquenti – destinato a essere bonificato all'americana: giù tutto, e rifare da capo. Non verrà demolito, invece, lo spettrale edificio dell'Imperial Hotel, che accoglie il visitatore all'imbocco di *downtown*. Qualcuno ha proposto di coprirlo con un telone; altri di utilizzare il terreno per la sosta delle automobili. Anche questa è una differenza tra l'Europa e l'America: in uno spazio tra due palazzi noi vediamo un buco; loro, un parcheggio.

Il fascino di Atlanta sta anche in queste cose: praticità, ottimismo e ingenuità. Il sistema di trasporti urbani si chiama come una fanciulla (MARTA), e le fanciulle hanno nomi che sembrano locomotive (Wylodean, Pandrea). La pèsca, simbolo dello Stato, è un'ossessione. *Peachtree* è il nome di cinquantacinque strade (da Peachtree Avenue a Peachtree Way), e getta nel panico i visitatori. I ristoranti italiani si chiamano Mi Spia, The Mad Italian, Mama Mia's e Avanzare (ho chiesto: «"Avanzare" nel senso di procedere, o di lasciare il cibo nel piatto?»).

La città è una purissima spremuta nazionale, non annacquata dalla storia o dalla geografia. Se Miami è anche cubana, San Diego un po' messicana e Boston vagamente europea, Atlanta – come Chicago – è soltanto americana. Una città di *transient population*: la gente va e viene, e questo fatto – muoversi – rappresenta gli Stati Uniti più della bandiera. Da qui arriva *Via col Vento*. La casa rossa di Margaret Mitchell è bruciata recentemente, e tre abitanti su quattro dicono che la ricostruzione (pagata dalla Mercedes-Benz) è denaro buttato via. Da Atlanta viene Martin Luther King, che nella Ebenezer Baptist Church – la sua chiesa di Auburn Avenue – chiamano «Martin King». I Giochi porteranno al quartiere undici milioni di dollari, e serviranno a ricordare che il messaggio del reverendo è ancora poco ascoltato.

Andiamo alla funzione domenicale. Il pastore Jo Roberts, saltando da un angolo all'altro del pulpito di fronte a matrone vestite come regine, grida: «Fratelli! Arrivano le Olimpiadi! Atlanta è ancora una città di *crack-cocaine* e ragazze-nonne di ventott'anni!». Sincero, e coraggioso: ma non lo staranno a sentire. I drammi dell'America urbana sono noti. Ora però sta per cominciare la festa, e dicono che piangere non va bene.

I TETTI DI MANHATTAN
1996

Ho vissuto in una casetta di Georgetown, a Washington, e non mi è mai passato per la testa di arrampicarmi sul tetto. I tetti di New York sono invece una calamita: turisti e registi, con uguale incoscienza, sfidano vento e vertigini per osservare dall'alto la città verticale, e lanciarsi in prevedibili commenti. Le strade come canyon, i grattacieli come vette, il vetro come ghiaccio vivo. Oppure: le vie come fiumi in piena, i parchi come isole, le bandiere come vele. Se istituisse una «tassa sulla metafora», non c'è dubbio, il sindaco Giuliani potrebbe ripianare il deficit.

Se New York è soffocata dai paragoni, i tetti di Manhattan sono assediati dai superlativi. I *rooftops* sono piattaforme aeree che offrono, insieme, prospettive mozzafiato e una certa domesticità: lassù ci sono piccole porte, abbaini, fili tesi, comignoli, lucernari, minuscoli rifugi, piscine, ogni tanto un giardino.

Il cinema se ne è accorto subito. La decima musa non aveva trent'anni e già s'inerpicava sui tetti di Manhattan. Forse Dorothy Parker non fu la prima attrice appesa a un cornicione: ma certamente nel 1925 la signorina era là, con cappellino regolamentare, penzolante dall'Algonquin Hotel, nel film *Play Ball*. Su un terrazzo, tre metri più in basso, un materasso; di fronte, su una piattaforma di legno, il regista Spencer Gordon Bennett con cinepresa. Lo sfondo era classico: una distesa di cubi e parallelepipedi, simile al mastodontico

Lego del figlio di un ciclope. Mancava soltanto l'Empire State Building, però aveva una giustificazione: non esisteva ancora.

Venne costruito sei anni dopo (1931), e quasi immediatamente un'altra attrice (Fay Wray) si trovò appesa, nei panni di Ann Darrow, alla nuova costruzione. Questa volta, però, c'era il trucco: la sommità dell'Empire State venne riprodotta con un modellino alto tre metri; la protagonista ci salì sopra e, immaginando di essere catturata da King Kong, cacciò un urlo terrificante, che doveva servire a ottenere il primo finanziamento (seicentottantamila dollari) dai banchieri di New York. Nel 1976, la Bestia tornò in città, cambiando però Bella (Jessica Lange, debutto cinematografico) e grattacielo (le torri del World Trade Center). Due anni dopo toccò a Superman. Christopher Reeve, nelle fotografie di scena, è ritratto in piedi sul solito cornicione, dove sarebbe tornato con regolarità negli anni seguenti (1980, 1983, 1987). Sempre nella categoria del fantastico, ricordiamo il primo *Ghostbusters* (1984). I volti in pietra sui cornicioni di New York si animano, e Sigourney Weaver è giustamente preoccupata.

La forza evocatrice dei tetti di Manhattan si capisce da questo: non hanno ispirato soltanto incubi, ma sono diventati il palcoscenico di tutti i sentimenti. Sebbene un film solo si intitoli *Rooftops* (un musical diretto dal regista di *West Side Story* Robert Wise, ambientato nel quartiere di Alphabet City), il motto del cinema newyorkese potrebbe essere: «Porta sul tetto le tue emozioni». Sulla sommità del già citato Empire State Building (mostri a parte) c'è stato sempre affollamento: Cary Grant ha atteso invano Deborah Kerr in *Un amore splendido* (*An Affair to Remember*), imitato recentemente da Warren Beatty, che invece aspettava Annette Benning. In extremis, invece, è arrivata Meg Ryan, per la gioia di Tom Hanks e del di lui figliolo (*Sleepless in Seattle - Insonnia d'amore* si conclude a Manhattan).

Su tetti più tradizionali – bassi, piatti, spaziosi, con scale antincendio per consentire facile accesso a ladri, psicopatici, pompieri e aspiranti suicidi – sono transitate altre vite di celluloide. Il corpulento Gérard Depardieu e la deliziosa Andie MacDowell (*Green Card - Matrimonio di convenienza*) salgono sul tetto per scattare le «fotografie delle vacanze», destinate a convincere gli ispettori dell'immigrazione. Winona Ryder siede sui tetti con l'innamorato in *Reality Bites*, per provare al mondo che i *twentysomethings* non hanno mai freddo. Potremmo andare avanti, ma non è necessario. Basta ricordare che Woody Allen e il direttore della fotografia Carlo Di Palma si sono arrampicati spesso sui tetti di New York, e ne hanno sempre riportato giù qualcosa (un titolo? *Radio Days*, dove i bambini cercano dall'alto i sottomarini tedeschi).

Fin qui il cinema. Ma il fascino dei *rooftops* di Manhattan non ha bisogno di due attori che si baciano protetti dal bavero dei cappotti, con lo sfondo dei grattacieli. L'architettura e il clima di New York – che passa rapidamente da rigidità polari a eccessi tropicali, come ben sanno gli italiani che arrivano col vestito sbagliato – fanno sì che tutto quanto avviene sui tetti di questa città assuma i contorni dell'epica. Stendere la biancheria su un palazzo di Bologna vuol dire stendere la biancheria; la stessa operazione, in cima a un *browstone* nel West Village, è l'inizio di un romanzo, una fotografia artistica, un esterno di *NYPD Blues*.

Talvolta, bisogna dire, l'epica è genuina. È il caso dei serbatoi cilindrici (*water tanks*) inventati centovent'anni fa come misura antincendio (come far salire l'acqua fino al sesto piano mantenendo la sufficiente pressione? si chiesero i newyorkesi. Meglio farla scendere). Ogni edificio oggi dispone di questi *barrels* dal tetto conico – sembrano bizzarri missili preistorici – che forniscono anche acqua potabile, pompata fin lassù elettricamente. Talvolta vengono mimetizzati (come nella Trump Tower); più spesso sono visibili (anche l'Hotel Pierre ha i suoi sontuosi *water tanks*). Vengono costruiti sul posto, nel corso di una sola, frenetica giornata. Sei centimetri di legno, come isolante, valgono sessanta centimetri di cemento, resistono a qualsiasi temperatura e non falsano il sapore dell'acqua. I «barili volanti» contengono fino a quarantamila litri; alcuni risalgono agli anni Venti. Gli artigiani che li costruiscono sono bizzarri alpinisti-falegnami, del tutto insensibili alle vertigini, al vento e al rumore. Usano tecniche che risalgono ai celti; il che appare splendidamente assurdo, e pertanto perfettamente comprensibile, per gente che passa la vita sui tetti di New York.

LE CITTÀ DENTRO MILANO
1996

Milano mi ha sempre fatto una curiosa impressione. Mi sembrava un puzzle costruito con i pezzi delle città straniere che conoscevo. Convinto che fosse una sciocchezza, quasi una scortesia nei confronti della città che mi ha accolto, non ho mai parlato di questa sensazione, né scritto.

Un giorno però ho scoperto che, per Carlo Castellaneta, Milano in via Melchiorre Gioia è Berlino Est. Mentre Alberto Arbasino vede il quartiere tra Sant'Alessandro e San Lorenzo come un (mancato) «Marais parigino». Allora si può fare, ho pensato. Si può girare il mondo restando in città.

Anche a me, come a Castellaneta, Milano ricorda talvolta l'Europa orientale. Non so perché viale Tunisia non si chiami viale Romania. Mi sembra di rivedere la stessa combinazione di vecchio-dignitoso e nuovo-frettoloso, di autobus e cattivi parcheggi, di negozi con le porte a vetri che vendono prodotti imprecisati. Avvicinandosi alla stazione Garibaldi, la sensazione si fa più forte. Milano acquista un po' del fascino provvisorio di Varsavia: palazzi postmoderni e terreni inspiegabilmente vuoti, pochi marciapiedi e molte rotaie.

Tornando verso il centro, si può passare per New York. Non la New York dei grattacieli, ma quella delle facce sbalordite, delle Case della Valigia, della pornografia prontocassa, dei cartellini fosforescenti con l'indicazione delle offerte speciali. Corso Buenos Aires è la Settima Strada: un nome argentino per una strada milanese che sa di America. Non l'ho scoperto io, l'effetto-Manhattan. Alcuni residenti mi hanno confessato di amare il quartiere perché possiede questo carattere: inquietante, vivo, in continuo cambiamento (per gli stessi motivi, altri milanesi se ne tengono alla larga).

In certi orari, corso Buenos Aires ricorda anche Oxford Street a Londra: stessa fretta, stesse vetrine, stesso traffico. La Londra tradizionale, invece, a Milano si nasconde. Qualche volta compare in una traversa di Città Studi, o in uno sbuffo di verde intorno a piazza Piemonte. Mancano, a Milano, le casette *two up and two down* (due stanze sotto e due stanze sopra), e mancano le siepi. C'è però un po' di Tottenham Court Road in piazzale Cadorna, e un sospetto di Vauxall al Lorenteggio.

Se Milano raramente si avvicina a Londra (per questo piace agli inglesi, mentre i milanesi sognano Green Park), ricorda spesso Parigi. Ma Arbasino ha ragione: è un'emulazione difficile. Parigi, infatti, ha un fiume nel mezzo, come quasi tutte le grandi città lontane dal mare (da Praga a Vienna, da Mosca a Memphis, da Torino al Cairo). Milano, come Pechino, non ha questa fortuna. Tuttavia, Milano ci prova. Ricorda Parigi quando è elegante e ordinata (via XX Settembre, via Vincenzo Monti), quando si dà un tono (Foro Buonaparte, Brera), quando si apre e respira (Viale Argonne, via Vincenzo Foppa), ma anche quando appare vissuta e vivace: in corso Magenta, certamente, ma anche in Largo Treves, in via Buonarroti o in corso Garibaldi.

Talvolta le suggestioni architettoniche non bastano, e qualcos'altro fa scattare l'analogia: un episodio, una scritta al neon, il movimento nelle strade. La mia Milano è Madrid intorno a piazzale Loreto, ed è Lisbona nelle strade a scacchiera tra corso XXII Marzo e viale Piave. Le vie regolari, le facciate sobrie, gli uffici commerciali al terzo piano mi ricordano vagamente la città pombalina, la *Baixa* di Fernando Pessoa. Non so se vive un Bernando Soares meneghino, un impiegato di concetto che sale e scende quelle scale, e osserva i tetti dalla finestra. Forse esiste, si chiama Colombo, e sta battendo al computer il suo *Libro dell'inquietudine*.

Spesso i *déjà vu* milanesi cambiano insieme alle stagioni. In autunno e in primavera, la parte finale di via Mecenate mi ricorda Amman. Un posto che sta a un passo dalla modernità, ma non ci arriva mai. La città della manutenzione approssimativa, degli infissi invecchiati, dei parcheggi che alla prima pioggia si trasformano in acquitrini. Gli amici che lavorano alla Rizzoli, e guardano le frange di Milano da un edificio color rame (in Medio Oriente sarebbe un hotel di costruzione sovietica, o la sede della CIA), non approvano le mie fantasie. Potendo scegliere, all'esotica Amman preferirebbero una banale Baltimora, con il porto, i parcheggi, la metropolitana e i McDonald's.

Non so, invece, dove Milano sia Milano. Forse dov'è inimitabile perché eccentrica (la Stazione Centrale o la torre Velasca) o dov'è inimitabile perché nessuno si sogna d'imitarla (i palazzi slavati e squadrati, ricordo della furia costruttrice degli anni Sessanta). Forse negli angoli più belli (Sant'Ambrogio), oppure nelle vie di passaggio (via Porpora, viale Coni Zugna) dove contano soltanto le targhe delle automobili in seconda fila, le fiancate degli autobus e le facce della gente. Ma forse, per sapere dove Milano somiglia a Milano, dovrei rivolgermi ai milanesi. Basta che non rispondano «Sui Navigli», perché non ci credo.

RINGRAZIAMENTI

Vorrei ringraziare Indro Montanelli, che mi ha insegnato cosa guardare; e alcuni viaggiatori intelligenti come Eric Newby, Colin Thubron, Paul Theroux, Bill Bryson, P.J. O'Rourke, Jan Morris, Bruce Chatwin, Clive James, H.M. Enzensberger, Egisto Corradi, Guido Piovene, Giorgio Manganelli, Michele Serra, Enzo Biagi, Alberto Arbasino.

Grazie anche agli amici con cui ho imparato a viaggiare (com'erano lontane la Finlandia e l'America!), ai colleghi che mi hanno aiutato e sopportato, e a tutti quelli che hanno accettato di parlare con me quando avevo un taccuino in mano. A mia moglie Ortensia, oltre ai ringraziamenti, vanno le scuse per averla portata in viaggio di nozze sulla ferrovia Transiberiana. La sua vendetta è avermi costretto, da allora in poi, a usare i mezzi pubblici di trasporto (dovunque fossimo: da Pechino a Leningrado, da Città del Capo a Detroit, da Bucarest a Lisbona).

Infine, un commosso grazie a tutti gli «italiani con valigia» che ho spudoratamente spiato nel corso degli anni: studenti senza soldi e studentesse senza testa, commercianti entusiasti e sadici accompagnatori turistici, ladri di posacenere negli alberghi, stimati professionisti trasformati in contrabbandieri, signore malinconiche perché avevano portato il cappotto sbagliato. Come avrei potuto scrivere questo libro, senza di loro?

INDICE DEI LUOGHI

INDICE GENERALE

INDICE GENERALE

L'INGLESE

«Beppe Severgnini ha colpito giusto con il suo libro, *L'inglese*. Ha intravisto una nicchia di mercato che è destinata ad allargarsi: il malinteso culturale. E il problema non è solo quello – trattato con raffinatezza e divertimento nel libro di Severgnini – della lingua imparata male e usata sbadatamente. (...) È anche quello di un mondo piccolo e senza frontiere, che ci sbatte tutti insieme. (...) Mi sembra che Severgnini abbia aperto la strada. Ora bisogna fare il passo successivo.»

Furio Colombo, *La Stampa/Tuttolibri*

«Ma come sono fatte, domanderete, queste lezioni semiserie? In modo serissimo.»

Luciano Satta, *La Nazione*

«*L'inglese* di Severgnini non promette miracoli: non è un manuale, né un nuovo metodo rivoluzionario. È invece un esilarante viaggio dentro la lingua inglese, al termine del quale il lettore si accorge di saperne qualcosa di più.»

Enrico Franceschini, *la Repubblica*

«Divertente, semiserio, efficacissimo, sicuramente più di una grammatica o di un ponderoso saggio.»

Giuseppe Pederiali, *Il Giorno*

«Il rapporto tra italiani e lingua inglese è paradossale, fatto di episodi grotteschi. E questo paradosso ha affascinato un giornalista esperto di inglesità come Beppe Severgnini.»

Giampiero Mughini, *Panorama*

«Severgnini è riuscito perfettamente nel suo scopo: quello di sdrammatizzare una lingua, raccontandola come se fosse una storia divertente.»

Lauretta Colonnelli, *Amica*

«Questo libro è quanto di più ameno si possa immaginare in materia di didattica umoristica.»

Romana Rutelli, *Corriere del Ticino*

«Severgnini non solo parla inglese meglio di molti inglesi, ma ne scrive anche con tale autorità che il suo secondo libro, *L'inglese,* è diventato uno strepitoso best-seller in Italia.»

William Ward, *The European*

INGLESI

«Lo mandai a fare il corrispondente da Londra. Mi tirai addosso molte critiche, più che fondate: a fare il corrispondente, e specialmente da una capitale come Londra, ci vogliono giornalisti d'esperienza e Severgnini non ne aveva nessuna. Ma io avevo puntato sul suo naturale talento, e vinsi la scommessa. Prima ancora di averne imparato la lingua, il piccolo provinciale Severgnini aveva capito il Paese, le sue grandezze, le sue miserie, i suoi vezzi e i suoi vizi.»

Indro Montanelli (dalla prefazione a *Inglesi*)

«Il quadro della Gran Bretagna che ne deriva, agli occhi degli italiani, è quello di un paese alquanto strano. Avendo letto il libro, devo dire che Severgnini ha ragione. In ogni caso l'Italia non è, neanche lei, un paese normale. Comunque non vedo ciò come un difetto. Non possiamo essere tutti svizzeri o svedesi.»

Keith Morris, console generale britannico
(British Council di Milano, presentazione del libro)

«Il nostro sembra bravo e informato dovunque egli vada a vivere. Egli sa perché studia l'orografia e l'anamnesi di un Paese, ma soprattutto perché pretende di sapere: è veloce nell'inghiottire un panorama e poiché il suo amato mestiere gli impone di scrivere, ne racconta biologicamente i connotati.»

Giorgio Soavi, *il Giornale*

«Questo Severgnini è uno che non parla a vanvera e che se ne intende. E ha anche una sua scrittura. Ho letto certi pezzi dall'Est: sfugge sempre al gergo comune, e sa dove bisogna andare a cercare.»

Enzo Biagi, *Panorama*

«È con gioia che salutiamo la pubblicazione del libro di Beppe Severgnini sugli inglesi. E la soddisfazione è doppia perché si tratta di un libro scritto divertendosi (lo si capisce fin dalle prime pagine), e con l'intenzione di divertire il lettore.»

Mino Vignolo, *Corriere della Sera*

«Dico la verità. Non mi piaceva affatto l'idea di recensire un nuovo libro sugli inglesi. Già me lo immaginavo, quel volume: una raccolta di vecchi articoli aggiornati e imbellettati. Invece, una sorpresa. Il giovanissimo Severgnini ha dipinto un ritratto di questi isolani pregevole, perché vivido e intelligente, brillante e arguto.»

Mario Ciriello, *La Stampa/Tuttolibri*

«Un lavoro puntiglioso di vivisezione della società britannica, classe per classe, dall'aristocrazia londinese di Belgravia ai sottoproletari della Liverpool postindustriale; eseguito secondo gli insegnamenti della scuola umoristica d'anatomia sociale di Evelyn Waugh, epperò da un discepolo che, quantunque acquisito alle maniere composte dei gentlemen rimaneva inconfondibilmente italiano.»

Carlo Cavicchioli, *Famiglia Cristiana*

«Beppe Severgnini ci ha osservato mentre mangiavamo, parlavamo, ci vestivamo e cadevamo ubriachi, e ha raccolto le sue scoperte in un libro che si chiama *Inglesi*. Tornando qui a lanciarlo – o a difenderlo – il signor Severgnini dimostra coraggio. Gli italiani hanno amato il libro. Però non era su di loro.»

Stephanie Calman, *The Times*

«Non so davvero cosa dire. Non so se darle un pugno in bocca o stringerle la mano.»

Terry Wogan, *BBC1*

«L'italiano Beppe Severgnini ha intuito i paradossi di una terra dove, per comprare un biglietto d'autobus, occorrono quattro thank-yous.»

The Sunday Times

«Quello di Severgnini è un libro notevole, scritto in tono scanzonato, utile perché ricorda a molti di noi (compreso il sottoscritto) che c'è ancora molta potenza nel motore inglese.»

Norman Stone, *The Evening Standard*

«Non capita spesso di vedere nella classifica dei best-seller in Inghilterra il libro di un giornalista straniero che illustra "le vite, gli amori, le eccentricità dei britannici" (...) È capitato a un libro critico, fresco e acuto al tempo stesso, in cui l'autore gioca con gli strumenti cari agli inglesi, lo humour e l'ironia.»

Aridea Fezzi Price, *il Giornale*

ITALIANI CON VALIGIA

«Più mi allontanavo dall'Italia, più me la trovavo vicina. Più fuggivo, più gli italiani mi inseguivano. Implacabili, inimitabili, inossidabili.»

Beppe Severgnini

«Uno dei libri più divertenti che mi sia capitato di leggere (...) non è un trattatello spocchioso (...) Severgnini è coinvolto in prima persona nelle disavventure, negli equivoci, nei tranelli che racconta.»

Giulio Nascimbeni, *Corriere della Sera*

«Lo spirito è quello giusto per uno scrittore di costume: molta ironia e qualche salutare scampolo autoironico. Il ritmo è quello dell'inviato, lo humour è inglese, la molla è la curiosità. Il risultato è un libro di viaggio per italiani, una guida intelligente e spiritosa, una informale lezione di comportamento e di geografia.»

Marco Innocenti, Il Sole 24 Ore

«Il libro riserva alla nostra gente all'incirca lo stesso trattamento che *Inglesi* inflisse ai sudditi d'Elisabetta... Se Severgnini ha potuto anatomizzare allo stesso modo, senza complessi e col bisturi dell'ironia, prima gli inglesi e poi i propri concittadini, è perché appartiene a una leva di nuovi europei, cresciuti in una cultura cosmopolita.»

Carlo Cavicchioli, Famiglia Cristiana

«Per l'italiano che voglia comunque avventurarsi all'estero è consigliabile, prima di salpare, la lettura propedeutica e ironica del volume di Beppe Severgnini.»

Massimo Dini, L'Europeo

«Stile inconfondibile, acuto nelle osservazioni e bonariamente umoristico. Con *Italiani con valigia* Beppe Severgnini ha fatto di nuovo centro (...) Consigliamo di leggere questo ritratto divertito e divertente del bel paese in viaggio: ridere di se stessi è un ottimo esercizio di igiene mentale.»

Annalisa Bianchi, Qui Touring

«Beppe Severgnini, signori, è un sadico. Proprio così. Prima c'erano stati gli inglesi, poi l'inglese, a confondere le acque. E noi, ingenui, a sorridere. Ora tocca a noi, cari connazionali. Noi con le nostre valigie, piene di leggerezze, di smargiassate, di shopping fatui, di piccole bugie e grossi bluff.»

Lorenzo Vigna, Gazzetta di Parma

«*Italiani con valigia*: un divertente decalogo per il moderno turista che Beppe Severgnini ha scritto proprio per noi italiani.»

Carlo Carlino, l'Unità

UN ITALIANO IN AMERICA

«La scoperta dell'America – che resta una faccenda complicata, come fu quella originale – non dipende dalle miglia percorse in automobile, o dal numero degli Stati visitati. L'America si scopre attraverso i dettagli. Per trovarli, occorre avere la curiosità del nuovo arrivato e la pazienza di un *beachcomber*, uno di quei matti che passano al setaccio le spiagge alla ricerca di piccoli oggetti preziosi. La spiaggia è l'America. Il matto sono io. Auguratemi buona fortuna.»

Beppe Severgnini

«Dedicando agli americani la sua attenzione costante, guardandoli con un filo di diffidenza (dovuta ai troppi anni passati in Inghilterra), Severgnini li scopre benissimo, perché solo osservando questo Paese pragmatico, libero, intrattabile e bellissimo senza preconcetti lo si può afferrare. Altrimenti lo si perde. Severgnini dice di aver preso a modello Barzini, Prezzolini e Soldati. In realtà il suo italiano richiama quello, magnifico, dello *Zibaldino* di Guareschi. C'è in Severgnini una semplicità, un'intimità con il lettore che, nella sua generazione, nessun altro ha e che richiama proprio Guareschi. Pensare chiaro, scrivere chiaro, sguardo al dettaglio.»

Gianni Riotta, *Corriere della Sera*

«Racconta come funziona l'America quotidiana, nelle sue abitudini, nei suoi tic, nel costume, nelle stravaganze. Nei vizi e nei vezzi. *Un italiano in America* è un libro intelligente, divertente e rassicurante (...) un piccolo capolavoro di ironia e di garbato intrattenimento, un'autentica lezione di umorismo... Beppe Severgnini è il più brillante scrittore italiano di costume.»

Marco Innocenti, *Il Sole 24 Ore*

«La scoperta dell'America rimane una faccenda complicata come fu quella originale. Con questo avvertimento, Beppe Severgnini apre il suo ultimo libro (...) Armati di una guida come questa scoprire l'America è un po' meno complicato, ma sempre sorprendente.»

Enrico Franceschini, la Repubblica

«Severgnini ci delizia con la voluttà dei particolari, che sono quelli che fanno grande una storia. Con l'umorismo di un Guareschi ci racconta il suo diario di vita familiare, sempre venato da un'irresistibile ironia. Oggetto: l'aria condizionata, le macchine, i supermarket, la posta, i telefoni. Piccole cose senza importanza. Anzi, piccole cose di grande importanza. Se avete intenzione di trasferirvi negli Usa, portatevi dietro questo piccolo libro. Meglio di un manuale di prima sopravvivenza.»

Piero degli Antoni, Il Giorno

«Di fronte a tanti avvenimenti che lo sconcertano, l'ironia è forse l'unica arma rimasta a un rappresentante della vecchia Europa paracadutato da queste parti. Provocatorio e tenace, Severgnini insiste, non molla, forte soprattutto delle ragioni del suo buonsenso.»

Giancarlo Meloni, il Giornale

ITALIANI SI DIVENTA

«La più tenera, divertente, intima, graffiante, godibile, malinconica, ironica autobiografia che io ricordi.»

Marco Innocenti, Il Sole 24 Ore

«Ricordi come tanti, fatti di niente. Ricordi di Severgnini Beppe, nato in una clinica di Crema il 26 dicembre 1956, dopo una corsa in Topolino, alle due di notte, con molti peli sulle braccia. Ricordi, si sente, conservati con cura, tenuti ben piegati in fondo al cassetto della memoria (...). *Italiani si diventa* è qualcosa di più di una semplice autobiografia: una manciata di immagini, suoni, riti sospesi tra l'autoritratto e lo schizzo di una generazione.»

Nicoletta Melone, il Giornale

«Inviato speciale e cronista di se stesso, Severgnini è rientrato con gli occhi del bambino, del ragazzo, dello studente universitario nei fotogrammi del suo filmino di ricordi. Dove è fiorito il giornalista. Che arriva sempre per ripartire. E mai parte per arrivare.»

Francesca Dallatana, *Gazzetta di Parma*

«L'autore, che è vissuto tanto in Inghilterra, sa come si traduce l'antica parola "umore" in quella lingua. E l'umorismo serpeggia dappertutto, rompe la facile crosta del racconto autobiografico per diventare – grazie a Severgnini – la vera sostanza del libro.»

Giorgio Calcagno, *La Stampa/Tuttolibri*

«Ma la domanda vera è: perché risulta così difficile e penoso qualificarsi come italiani? A un simile interrogativo possono rispondere legioni di storici, con tomi ponderosi. Oppure un giornalista come Beppe Severgnini, maestro riconosciuto della saggistica di costume.»

Dario Fertilio, *Libreria di Tabloid*

«Dalle pagine di Severgnini esce anche il gusto per la trasgressione: per carità, una trasgressione garbata, lontana da gesti eclatanti, da gesti drammatici di rottura. Una trasgressione vissuta prima di tutto dentro di sé, sulla base della consapevolezza di ciò che può rendere eccitante un'esperienza.»

Sergio Giulio Vicini, *Mondo Padano*

«Per essere italiani basta avere cittadinanza e passaporto. Ma diventare italiani è invece un processo più complicato fatto di pappe, foto di gruppo e di famiglia in posa, di gite in montagna con i compagni di classe, di famiglie in partenza per il mare con la macchina stracarica alle prime luci dell'alba.»

Fabio Bonaccorso, *il Cittadino* (Lodi)

«Sono aneddoti, ma non solo. È il tentativo di una storia minima d'Italia. Dove, cammin facendo, si sorride e magari ci si commuove. Una storia dove anche un plaid di lana a quadrettoni multiuso (...) potrebbe diventare la bandiera d'Italia.»

Laura Frugoni, *Gazzetta di Parma*

«Il personaggio-Severgnini ha i suoi fans e potrebbe ormai diventare protagonista di una storia a fumetti (in parte lo è già). Potrebbe essere il fratello più giovane di Bobo: altra generazione, altra sponda.»

Paola Carmignani, *Giornale di Brescia*

«Una lingua chiara e uno stile incisivo quelli di Beppe Severgnini, giornalista e scrittore arguto che resta nell'orbita delle sue capacità di grande osservatore del costume.»

Mariella Radaelli, *Corriere del Ticino*

«Lo sguardo e la parola: queste le due coordinate lungo le quali Beppe Severgnini sta costruendo il suo successo. Uno sguardo limpido, profondo, disincantato, capace di arrivare all'essenza senza farsi distrarre da banali luccichii. Una parola secca, mai fuori posto, tagliente e comica, capace di suscitare il riso, ma non quello vuoto e grasso, piuttosto saggio, ruvido, sì anche amaro, ma sensato.»

Paolo Pugni, *Studi Cattolici*

«Storia dei primi 25 anni di una vita personale, quella dell'autore, una delle penne più brillanti del giornalismo italiano, che si trasforma, con stile leggero ma efficace, in una storia nazionale. Una storia vista da Crema, dalla provincia della Bassa. A Milano ci si perde come in un labirinto futuribile.»

Claudio Baroni, *Giornale di Brescia*

MANUALE DELL'IMPERFETTO VIAGGIATORE

«Ben venga questo libro, di consigli e schede stilate con ironia, assai utile perché non sgarra mai dalla verità di fatti e comportamenti, che trasforma la nostra ansietà in sorriso. Ignorando l'ira furibonda che ci assale, nei fatidici luglio e agosto, nelle straripanti stazioni, soprattutto negli aeroporti, nel caos che ci prevarica, l'epigrafe di Severgnini svela subito in modo schietto: "Il viaggio è una questione secondaria. A me interessano i viaggiatori".»

Alberto Bevilacqua, *Grazia*

«Non ho dubbi che all'estero il milanese diventa più milanese, il napoletano più napoletano, gli italiani più italiani. Io il viaggio lo considero un amplificatore di caratteri nazionali, individuali, regionali, che esistono e possono essere utili nel ragionamento se uno non li utilizza a scopo offensivo o denigratorio. Ma io lo faccio a scopo ironico o affettuoso.»

Beppe Severgnini

«Classe 1956, un metro e ottanta di anglofilia e spirito d'osservazione, un passato da corrispondente per *il Giornale* e *la Voce*, un presente da inviato per il *Corriere della Sera* (e di rubrichista per *Io donna*), primo italiano ammesso alla corte dell'*Economist*, Severgnini ha ripreso la lente d'ingrandimento con cui da sempre mette a fuoco le sue "piccole storie di grande importanza".»

Paola Piacenza, *Io donna*

«Se siete all'aeroporto o alla stazione, e state per partire per un viaggio di lavoro o per una vacanza, fate attenzione a Beppe Severgnini: potreste finire in un suo libro.»

Duilio Tasselli, *Oggi*

«Il viaggio diventa una lente di ingrandimento perché in viaggio, come in amore, la gente abbassa le difese e si mostra per quello che è. Per sua disgrazia e per la gioia di Severgnini, superbo sfottitore del prossimo.»

Marco Innocenti, *Il Sole 24 Ore*

«Mettono in valigia scarpe in abbondanza, soprattutto quelle che scivolano, si bagnano, si sfilano e non servono a niente. (...) Considerano eccentrico allacciare le cinture di sicurezza in auto, privati del caffè espresso entrano in crisi d'astinenza pochi metri dopo la frontiera (...). Sono, in altre parole, la tribù degli italiani in vacanza, descritti con benigna ironia da Beppe Severgnini.»

Enrico Franceschini, *la Repubblica*

«C'era un tempo in cui partire era un po' morire. Poi, però, (...) da popolo di santi, poeti e navigatori siamo diventati un popolo di viaggiatori. Allegri, spensierati, un po' incoscienti, ma soprattutto imperfetti.»

Raffaele Lorusso, *La Gazzetta del Mezzogiorno*

«Il cellulare attaccato all'orecchio appena varcano il confine di un paese a misura di roaming, i vestiti firmati ma sempre sbagliati, i commenti fuori luogo al cospetto di tutto quanto risulta diverso dalla pasta al pomodoro della mamma (...). Italiani in vacanza, tanto provinciali da far tenerezza, a volte incredibilmente ingenui, a volte sorprendentemente furbacchioni.»

Cristiana Grasso, *Il Tirreno*

«Il libro di Severgnini è un grande specchio davanti al quale sfiliamo vedendoci, sorridendo di noi, indicando amici e conoscenti, insieme allo stesso autore che giustamente non si sente escluso dalla sua analisi.»

Giulio Nascimbeni, *Corriere della Sera*

«Il libro, utile, forse addirittura indispensabile alle differenti specie di *viaggiatore*, è colmo di consigli, avvertenze e notizie che forniscono in maniera dettagliata una serie infinita di situazioni che si verificano prima, durante e dopo un viaggio.»

Giovanna La Vecchia, *Italia sera*

Finito di stampare nel febbraio 2007 presso
il Nuovo Istituto Italiano d'Arti Grafiche - Bergamo
Printed in Italy

ISBN 978-88-17-12608-3